*Gerald Messadi*
*roman,* Un personnage sans couronne, *à vingt ans. Journaliste, actuellement rédacteur en chef-adjoint d'un grand mensuel scientifique, il est l'auteur de plusieurs dossiers de société :* L'Alimentation-suicide, La Fin de la vie privée, *et, chez Robert Laffont,* Requiem pour Superman *(la crise du mythe américain).*
*Chez Robert Laffont, il a aussi publié en collaboration avec Bruno Lussato,* Bouillon de culture; *un pamphlet :* La Messe de saint Picasso; *en 1988 et 1989,* L'Homme qui devint Dieu *(la vie de Jésus) en trois volumes; en 1990 un roman :* Matthias et le diable; *en 1992* Le Chant des Poissons-Lunes *et en 1993* Histoire générale du Diable.

Dans le récit historique *L'Homme qui devint Dieu,* Gerald Messadié reconstituait l'histoire de Jésus dans sa réalité quotidienne, inconnue du grand public. Ce récit, qui s'écartait fortement de la tradition chrétienne, se fondait sur des sources et des analyses que l'auteur présente ici sous une forme accessible à tous. En plus des éléments qui étaient le récit, on y trouvera des faits dont la plupart ne sont connus que des spécialistes. Par exemple, la véritable histoire de Lazare, le « jeune homme nu » de l'Évangile de Marc, l'identité de la Samaritaine, qui était la grande prêtresse d'une secte de gnostiques, la description de la personnalité réelle de Marie de Magdala, le fait que les Esséniens, dont Jésus suivit l'enseignement, choisissaient leurs recrues d'après leur signe astrologique et leur physique, le fait que Jésus compta soixante-dix disciples en plus des « Douze », qui étaient d'ailleurs quatorze, et auxquels appartenait Lazare, la date réelle de l'arrestation de Jésus et les raisons politiques pour lesquelles il célébra sa Pâque trois jours avant les autres Juifs, les preuves de la fascination qu'il exerçait sur Hérode Antipas et des raisons politiques de son arrestation, la preuve que Barabbas n'a jamais existé, la preuve que Simon-Pierre, qui était un Zélote, ne fut pas le premier pape, titre qui revient à Jacques le Mineur, et bien d'autres encore qui ont été ensevelis depuis près de deux mille ans sous les interprétations tendancieuses et des monceaux d'érudition.
Cet ouvrage sans équivalent est rigoureusement référencé.

*Paru dans Le Livre de Poche :*

L'Homme qui devint Dieu
Matthias et le diable

GERALD MESSADIÉ

*L'HOMME*
*QUI DEVINT DIEU*

**

# *Les Sources*

*Nouvelle édition*
*augmentée de*

Lettre ouverte
aux gens de bonne foi
et à quelques chiens de garde

LAFFONT

1

# Avant-propos

Ces pages constituent l'appareil critique du récit historique *L'Homme qui devint Dieu*. Elles se divisent en deux parties : une analyse générale des textes qui fondent l'interprétation chrétienne du personnage de Jésus et des notes spécifiques sur des points qui ont paru litigieux aux lecteurs du premier tome, mais qui sont cependant très bien connus des exégètes. À aucun moment, ces pages n'abordent le domaine théologique. Mon entreprise est strictement historique.

Jésus ayant été un personnage historique, né, présumé mort au cours du premier tiers du Ier siècle de notre ère, mais vraisemblablement mort au dernier tiers du même siècle, il entre dans le domaine de l'étude historique aussi bien que ses contemporains. En dépit de leurs imprécisions et de leurs contradictions, les Évangiles, canoniques et apocryphes, promus au rang de textes sacrés, appartiennent au même domaine puisqu'ils fondent, eux, l'existence historique de Jésus.

Si les Évangiles n'avaient pas existé historiquement et décrit un personnage historique, le christianisme n'existerait pas. C'est une évidence à laquelle les accusations d'« historicisation » coupable d'un Jésus éternel ne changent rien.

Il n'y a là, contrairement à certaines assertions,

aucune impiété. Les quelque trois mille chercheurs de la Society of Biblical Literature, aux États-Unis, ne font rien d'autre que préciser les vérités historiques sous-jacentes à la Bible. Cependant, leurs travaux ne paraissent que dans des revues savantes et sont donc soustraites à l'appréciation du public ; les conclusions parfois troublantes qui en découlent sont donc pratiquement celées. Or, il me semble anormal que les travaux de spécialistes soient tenus secrets de ceux qu'ils concernent au premier chef, en l'occurrence les chrétiens et tous ceux qui s'intéressent à Jésus. Et peut-être y a-t-il lieu, à ce propos, de demander si les réactions, souvent surprenantes, suscitées par le premier tome de ce livre ne sont pas dues à ce que j'ai porté à la connaissance du public une version de la vie de Jésus qui, je le répète, ne pouvait surprendre aucun spécialiste. C'est une situation que j'ai bien souvent connue dans l'exercice de mon métier de journaliste scientifique. D'abord, les experts prétendaient refuser au public l'accès à des données qui étaient en leur possession, puis ces données ayant quand même été obtenues et publiées, ils manifestaient leur mauvaise humeur et leur dépit, soit en arguant que les données avaient été mal transcrites, ce qui était faux, soit en refusant de plus en plus jalousement d'en dire davantage. L'un des plus singuliers travers du savoir est qu'il tend à engendrer une rétention de l'information, et la France n'est certes pas la plus mal partagée du monde à cet égard.

L'annonce de notes sur lesquelles j'avais fondé mon récit a suscité — j'en réfère au public, ultime recours — une masse étonnante d'humeurs peccantes, comme on disait autrefois, c'est-à-dire de manifestations émotives et âcres. Des conseilleurs, ce qui n'est pas la même chose que des conseillers, m'ont pressé de renoncer à leur publication. Passe encore que je fisse « du roman », mais me mêler de commentaires sérieux ! Je n'étais pas exégète et l'on sait que ceux qui y ont le plus à perdre s'emplissent d'alarmes dès qu'on éclaire ce qu'ils ont l'habitude de croire à la lampe de l'esprit critique. Étaient-ce assurément des astronomes que les prélats qui sommèrent Galilée, au nom de la foi, justement, mais certes pas de la Foi, d'abjurer ses théories sur l'héliocentrisme qui régissait le système solaire ? Étaient-ce des astronomes que ces hérétiques (Luther et Melanchthon) qui emplirent Copernic de terreur au point qu'il n'osa pas publier non plus ses vues sur le fait que c'est bien la Terre qui tourne autour du Soleil et non l'inverse ? Les convictions religieuses, on le voit, ne sont pas forcément favorables à l'objectivité. Ni Rome ni les hérétiques n'ont le privilège de l'erreur, non plus que celui de la vérité.

Ajoutons pour faire le poids qu'il n'y avait pas, à l'époque, d'écoles d'astronomie. Copernic, Galilée, Kepler et les autres fondateurs de l'astronomie scientifique furent ainsi des amateurs.

Il eût donc fallu des titres universitaires spécialisés pour aborder une lecture critique des Évangiles, canoniques ou apocryphes. Singulière restriction que celle qui voudrait réserver la lecture critique des textes sur lesquels se fonde une religion à ceux-là seuls qui ont fait profession de les étudier. Ce qui reviendrait à dire que le commun des mortels n'a de liberté que celle de les réciter mécaniquement, sous la férule de magisters. On mesure le mépris dans lequel on tiendrait là les croyants, mépris qui évoque la mésaventure de l'abbé Marc Oraison lors du concile de Vatican II : Oraison s'était acquis une certaine célébrité dans sa défense de l'éducation sexuelle, célébrité sulfureuse pour certains ; se trouvant donc dans un groupe de religieux qui en discutaient, il se vit soudain aborder par le cardinal Ottaviani, qui le tança publiquement en ces termes : « *I spaghetti e la paura !* » L'éminent prélat voulait ainsi signifier que la seule éducation sexuelle admissible consistait dans les spaghetti et la peur. En d'autres termes, des fidèles dûment nourris et terrorisés n'auraient guère besoin d'éducation sexuelle. Il ne s'agit pas ici, bien évidemment, d'éducation sexuelle, et l'on peut douter à bon droit que la promesse de spaghetti et la menace de châtiments temporels ou autres pût entamer ma résolution de lire publiquement les Évangiles d'un œil critique.

Journaliste scientifique depuis plus de trente ans, j'étais donc fondé à exposer à quelque trois millions et demi de lecteurs les vues de spécialistes sur les recherches en matière de gravitation, de physique atomique, de chimie, de biologie moléculaire, d'ethnologie, d'archéologie, mais certes pas d'exégèse biblique. Car, à en croire ceux qui se disaient scandalisés, seuls les spécialistes étaient fondés à lire ou commenter les spécialistes ! Dormez, bonnes gens, dans les ténèbres extérieures ! Même la lecture des spécialistes vous est interdite. Vous pouvez commenter la destination de vos votes politiques, mais non celle des oboles que vous donnez au culte et encore moins la lecture qui vous est faite des documents sur lesquels ce culte s'appuie.

Or, je soutiens ici que, en dépit de leur difficulté de lecture pour le profane, les ouvrages d'exégètes sur lesquels je me suis fondé, et dont la liste est fournie dans la bibliographie en fin de ces pages, sont néanmoins accessibles à toute personne qui veut se donner la peine de les déchiffrer ou qui a quelque habitude des lectures savantes.

Je revendique également la capacité pour la raison, en se fondant sur ces ouvrages, d'avancer des explications originales. Car l'évidence est là : je n'ai pas fait un simple travail de compilateur. Et je ne peux que présenter mes regrets à ceux qui refusent de croire que l'intelligence humaine, raisonnablement aidée, soit incapable de faire œuvre d'intérêt. Ce sont les descendants de ceux-là même qui, en d'autre temps, ont reproché à Pasteur de faire une expérimentation médicale dangereuse, alors qu'il était chimiste et microbiologiste, mais non médecin, quand il vaccina le petit Joseph Meister contre la rage, les descendants encore de ceux qui traitèrent Edison d'ignare, parce que tout son savoir se limitait à ce qu'il avait acquis en trois mois de fréquentation de l'école publique dans sa jeunesse. Ni la gloire ni la raison ne sont de leur côté.

Les titres universitaires sont certes précieux, mais c'est un poète qui a inventé le phonographe (Charles Cros).

Sincère ou feinte, une certaine surprise m'a été exprimée à propos de ma thèse selon laquelle Jésus n'est pas mort sur la croix, alors que je me définis comme croyant. Comment se croire croyant si l'on rejette le dogme de la résurrection ? Autre manifestation d'arrogance, qui ne laisse pas de surprendre : ceux qui admettent le dogme de la résurrection de Jésus sont un peu moins d'un milliard sur une planète qui en compte déjà cinq ; faut-il supposer que ceux qui n'adhèrent pas à ce dogme ne croient pas en Dieu, ou tout au moins en un Dieu, et qu'ils demeurent des païens comme ils passaient pour l'être il y a cinq siècles ? N'avons-nous donc pas, nous Occidentaux qui avons occis assez de gens au nom du Dieu de justice et de miséricorde pour noyer la planète, selon les termes du poète anglais Shelley, n'avons-nous pas appris la tolérance ? Faut-il donc considérer que les chefs de la chrétienté ne peuvent, dans les meilleurs des cas, témoigner que de la condescendance attristée aux bouddhistes, aux musulmans, aux hindouistes, aux shintoïstes, aux Druzes, aux Bahaïs, aux animistes qui constituent les quatre cinquièmes de cette planète humaine ?

Il faut donc que je clame ici que, élevé dans le rite

catholique, je me proclame à nouveau croyant dans le Dieu qui, à en croire les astronomes, décida de créer la matière il y a quinze milliards d'années, mais que je me refuse, selon le droit imprescriptible de tout être qui revendique sa dignité, à croire en la résurrection de Jésus, parce que ma conviction, basée sur l'analyse des Évangiles, est qu'il n'est pas mort sur sa croix.

Élevé dans la culture occidentale, de surcroît, je ne peux entendre sans émotion la *Passion selon saint Jean* de Bach, mais élevé également dans un pays musulman, je ne peux non plus entendre sans émotion, fût-elle d'un autre type, l'appel du muezzin à la prière, que ce soit à Djakarta ou Stamboul.

À ceux qui s'étonneraient de cet œcuménisme, qu'ils jugeraient sans doute excessif, je dois rappeler qu'au Caire, où j'ai passé ma jeunesse, et plus précisément au collège de la Sainte-Famille que dirigeaient et dirigent encore les pères de la Compagnie de Jésus, dans le vieux quartier de Faggalah, les nombreuses églises du voisinage sonnaient interminablement leurs cloches tout au long de la période de Pâques. Selon leurs calendriers respectifs, Coptes catholiques, Arméniens catholiques, Melkites, Coptes orthodoxes, Syriaques, Latins, Grecs orthodoxes, Arméniens orthodoxes, Maronites, Grecs catholiques célébraient la résurrection du Pantocrator ; le son de ces cloches passait les fenêtres des classes où le P. Doutreleau initiait ses élèves aux finesses de Tacite, ou bien le P. Markevitch à la conversion des énergies. J'avais comme condisciples des juifs et des musulmans et c'est ainsi que, très tôt, je fus initié aux différences qui séparaient les Juifs Sépharades des Ashkénazes, et les Musulmans sunnites des Musulmans chiites. Plus tard, je fus instruit des différences entre les quatre grandes écoles de loi islamique, hanafite, malékite, shafeïte et hanbalite, puis à celles qui séparent la Sunna et la Chi'a des Khawarij, puis des Mourjites, des

Kadarites, des Mou'tazilites, des Wahabites, des bâbistes ou Bahais et, enfin, des Ahmadiyas.

J'étais alors partagé entre deux sentiments, l'un qui était l'étonnement admiratif devant la tolérance que se manifestaient ces communautés, l'autre, qui était le désarroi causé par la multiplicité des interprétations de la divinité.

J'allai, âgé de dix-sept ans, m'en entretenir avec le philosophe français converti à l'Islam, René Guénon, qui vivait dans la réclusion volontaire. Pouvait-il exister, lui demandai-je, plusieurs religions révélées ? Et comment expliquer la tolérance ? La tolérance en question le fit sourire ; il me renvoya aux livres d'histoire.

Quarante ans plus tard, le conseil de René Guénon est toujours valable. La publication de *L'Homme qui devint Dieu* me valut un très abondant courrier, parmi lequel se détachaient quelques lettres de reproches assez vifs, notamment celui d'avoir attenté à la dignité des chrétiens. Le 7 septembre 1988, j'en trouvai un écho fidèle dans la protestation, publiée par *Le Monde* de ce jour, des cardinaux Decourtray et Lustiger contre la diffusion du film de l'Américain Martin Scorsese, tiré du roman de Nikos Kazantzakis, *La Dernière Tentation du Christ*. « Ils (les disciples du Christ) réclament le respect pour ce qu'ils ont de plus précieux au monde : leur foi dans le Christ qui meurt sur la croix. Ces millions d'hommes et de femmes ne veulent pas imposer leur foi à ceux qui ne la partagent pas », déclaraient les prélats. Néanmoins, en l'occurrence, ils prétendaient imposer le silence à ceux qui ne partageaient pas leurs vues. En effet, si ça avait été un film produit, non pas par un Américain, mais par les Ahmadiyas, qui postulent, justement, que Jésus était un homme à part entière et seulement un homme (qui n'est pas mort sur la croix), les catholiques eussent donc réduit au silence les Ahmadiyas. Or, il n'y a pas que les fidèles de ces derniers qui partagent certaines de leurs vues : il en est d'autres, donc apparemment Scorsese. En d'autres termes, la communauté catholique, plus nombreuse, eût imposé aux Ahmadiyas la loi du plus fort. Nous n'étions plus loin des guerres de religion. Or, cela se passait juste après la fin de la guerre Iran-Irak, entretenue, sinon déclenchée, par l'antagonisme sunna-chi'a, et qui a décimé ces deux pays. Comme on voit, les leçons de l'Histoire ne sont pas toujours entendues.

Le conseil de René Guénon ne quitte donc pas ma mémoire. Il est bien récent, en effet, que les chrétiens n'entendent pas imposer leur foi à ceux qui ne la partagent pas. Mais ils leur ont imposé la mort dans un passé qui n'est pas très éloigné. De quoi donc dérivent deux mille ans d'antisémitisme, si ce n'est de la phrase que Matthieu, et lui seul, prête aux Juifs à l'occasion du lavement des mains de Pilate : « Que son sang retombe sur nous et sur nos enfants ! » ? Et de quelle masse démoniaque d'arrogance dérive donc l'antisémitisme nazi, si ce n'est de celle qu'ont entretenue deux mille ans durant les chrétiens, sûrs d'être, eux, les dépositaires uniques et absolus de la Vérité ? Où donc a été inventé le mot pogrom, si ce n'est dans la Sainte Russie tsariste, dont les services secrets, l'Okhrana, concoctèrent au début du siècle l'un des documents les plus infâmes de l'histoire des religions, ce faux dont la fausseté insigne continue de duper pourtant des ignorants, le « Protocole des Sages de Sion » ?

N'est-ce pas en 1869, comme le rappelle Etiemble dans un livre, *Racismes*, dont la lecture s'impose à tout croyant, que Sa Sainteté le pape Pie IX bénit l'ouvrage d'un certain Gougenot des Mousseaux, *Le Juif, le judaïsme et la judaïsation des chrétiens*, que le directeur du séminaire des Missions prit la peine de préfacer ? 1869, c'était il y a à peine plus d'un siècle. En 1893,

Mgr Meurin, rappelle encore Etiemble, publiait à Paris *La Synagogue de Satan*, au titre explicite.

Assez des juifs, dira-t-on, ils n'avaient qu'à ne pas condamner Jésus. Du 24 août au 17 septembre 1572, donc, soit durant vingt-cinq jours, les catholiques massacrèrent en France cinquante mille huguenots. « Pénible souvenir », comme le concédait avec beaucoup d'inconfort le religieux qui dut me faire face sur la 5e chaîne un midi de 1988, après les nouvelles. Le souvenir ne fut pas pénible pour tous ; bien que les parpaillots rôtis en plein Palais-Royal, entre autres lieux, crussent en Jésus (ils avaient toutefois le tort de rejeter l'influence de Rome), Catherine de Médicis reçut les félicitations de toutes les puissances catholiques. Mieux, le pape Grégoire XIII donna l'ordre d'allumer des feux de joie en l'honneur de cette œuvre pie et fit frapper une médaille commémorative. À la première occasion, il conviendra d'en faire frapper copies et de les exposer dans un Mémorial de la Tolérance religieuse.

Affaire politique, dira-t-on. Mais, le 18 octobre 1685, les dragonnades qui suivirent la révocation de l'édit de Nantes, la démolition des temples protestants et les exactions ordinaires, hélas, chassèrent une bonne partie de l'élite française (près de trois cent mille personnes) outre-Rhin et en Suisse. Là, pas de raisons politiques. Le reste se convertit.

La Terreur révolutionnaire a duré du 5 septembre 1793 au 27 juillet 1794 ; elle a envoyé à l'échafaud mille quatre cents ci-devant. C'était une entreprise athée. Mais il est impossible d'estimer combien de dizaines de milliers de gens l'Inquisition a démembrés, pendus, brûlés, athées, blasphémateurs, hérétiques, schismatiques, sorciers, de la fin du xe siècle jusqu'en 1808, date de son interdiction en Espagne par Napoléon. On peut supposer que c'était là des sévices condamnés par la religion ; nenni ; quand, en 1813, les Cortés déclarèrent que l'Inquisition était anticonstitutionnelle (elle n'admettait, au cours de ses procès, que les témoins à charge, jamais d'avocats), le Vatican protesta énergiquement. Au nom de Jésus et au défi du commandement : « Tu ne tueras point. » Je demande ici la « sanctification » de Calas !

Juifs, protestants, chrétiens suspects même, nul n'a donc échappé à la ferveur qui se disait inspirée par la dévotion à Jésus. Quand, au terme de huit croisades, dont la première avait été prêchée « au nom du Christ » par le pape Urbain II et dont la dernière s'acheva en 1291 à la chute du royaume chrétien de Jérusalem, l'Occident chrétien comprit enfin qu'il était vain d'essayer d'imposer sa foi à l'Islam (il en retira toutefois l'idée miséricordieuse de la Croix-Rouge, inventée par Saladin sous l'emblème du Croissant Vert), il alla l'imposer à la force des armes à feu aux Indiens d'Amérique. Qu'on relise l'*Histoire générale des choses de la Nouvelle-Espagne*, du moine franciscain Bernardino de Sahagún (éd. The School of American Research & The University of Utah, Salt Lake City, 1960-1970), et l'on comprendra pourquoi l'Inquisition, encore, en interdit la publication pendant cinquante ans ; pour pouvoir la rédiger tranquillement, Sahagún l'écrivit d'abord en nahuatl, la langue aztèque. Les armes à feu furent chargées à la fois de mettre fin au paganisme et d'assurer la possession des colonies du Nouveau Monde à Sa Majesté très chrétienne Charles Quint. Il est vrai que la couronne d'Espagne avait ses traditions : ça avait été en 1492, année de la découverte de l'Amérique, ô coïncidence, que le juif dit Ferdinand le Catholique avait signé le décret ordonnant l'expulsion de tous les juifs d'Espagne.

Les dignitaires du catholicisme ont donc la mémoire apparemment courte quand ils réclament le respect de leur dignité et, du coup, confisquent à leur profit le personnage de Jésus. Mais Jésus n'appartient à personne et il appartient à tous. À chacun revient la liberté imprescriptible d'étudier selon sa conscience le personnage admirable de ce juif du premier siècle qui s'érigea contre le pharisaïsme et, l'oublie-t-on assez, contre le respect superstitieux de la parole écrite renforcée par la tradition. Il est grand temps de rappeler que ceux qui ne croient pas au dogme catholique ont aussi droit au respect, tout comme ils ont le droit d'exprimer leur vision de Jésus, en livres ou en films.

La censure oblique, donc hypocrite, qui se manifeste dès que l'on propose une image de Jésus qui diffère de celle, décidément sulpicienne à force d'affadissement que l'on veut imposer en haut lieu, cette censure, donc, ne connaît pour le moment d'autre frein que celui des constitutions. En Amérique, où les lois varient d'État en État au gré des électorats locaux, et où les lois fédérales n'interviennent qu'en cas de recours de justice, devant la Cour suprême, c'est-à-dire en des circonstances exemplaires, on a ainsi vu en 1986 les autorités chrétiennes fondamentalistes faire retirer de bibliothèques municipales de l'Arkansas les exemplaires du *Journal* d'Anne Frank pour non-conformité théologique.

La mise en forme, fût-elle romanesque, d'une image « différente » de Jésus suscite forcément le scandale. Ceux qui se scandalisent oublient toutefois deux points majeurs : le premier est que ce sont eux-mêmes qui créent ce scandale par leur intolérance. Le second, beaucoup plus savoureux, est que Jésus fut, puisqu'il s'agit de lui, maître ès scandales. Toute l'histoire de son ministère public est constituée d'une succession de scandales ; il ne respecte pas le sabbat, il ne se lave pas les mains avant de toucher à la nourriture, contrevenant ainsi formellement à la tradition juive, il voue les familles aux gémonies, il vitupère inlassablement les chefs religieux de l'époque, il dit qu'il est venu apporter la dissension dans les familles, il fréquente des gens douteux, s'entoure publiquement de femmes, dont toutes ne sont pas de mœurs recommandables à en croire les évangiles canoniques eux-mêmes, va chasser les marchands du Temple à coups de fouet, alors qu'il sait fort bien que le commerce est une des sources de subsides de cet organisme, et quand il est convoqué par l'autorité religieuse suprême de Jérusalem, c'est-à-dire de tous les juifs, il lui répond avec tant de désinvolture qu'un des policiers qui l'a arrêté lui donne un coup de poing en s'écriant : « Est-ce là une façon de répondre au grand prêtre ? »

Pourquoi donc Jésus a-t-il été condamné à mort si ce n'est parce que le scandale permanent qu'il entretenait, en plus de la menace d'une sédition nationale, avait fini par devenir insupportable aux autorités religieuses ?

On jugera à cet égard d'un autre scandale, qui est la transformation d'une leçon de rébellion en un dogme de soumission qui interdit d'exercer sa liberté d'analyse et de jugement à l'égard de ce révolutionnaire. Mais il est vrai que ce fut le sort de bien d'autres révolutionnaires que d'engendrer à leur insu des cultes de soumission. Le conseil de René Guénon, encore une fois, était juste. La tolérance inter-religieuse qui m'avait étonné au Caire n'était le fait que d'un hasard local et temporaire. La suite des événements devait, hélas, le démontrer.

Je n'ai pas cherché le scandale, donc, et l'évidence est là : *L'Homme qui devint Dieu* reflète, de l'avis général, ma fascination passionnée pour ce personnage. De nombreux lecteurs m'ont écrit pour me dire qu'enfin, grâce à ce livre, Jésus redevenait présent pour eux, et quelques-uns pour me dire qu'ils avaient retrouvé leur élan religieux. Je les en remercie ici.

Au reste, on n'écrit pas un livre de plusieurs centaines de pages si ce n'est par amour, pas plus que l'on ne consacre une dizaine d'années de recherches à un personnage indifférent. Ce fut le produit, je le rappelle, de la lecture fortuite des Évangiles, l'un après l'autre, au cours d'une seule nuit. Le livre avait été placé, selon la tradition américaine, dans le tiroir de la table de nuit de la chambre d'hôtel où j'étais arrivé tard et sans autre lecture. Toutes les chambres d'hôtel de l'ensemble du territoire nord-américain sont munies d'un volume des deux Testaments, à l'intention des voyageurs pieux, des distraits ou des indifférents. J'eus ainsi l'occasion de lire les Évangiles d'un œil neuf, au lieu de les réciter comme on me l'avait fait faire dans mon enfance.

L'élément le plus singulier de l'humeur qui m'a été témoignée est l'indignation causée par le fait que Jésus eût fait l'objet d'un récit historique, avec des éléments inventés, destinés à combler des lacunes évidentes des Évangiles. Indignation paradoxale, car elle devrait logiquement inciter ses auteurs à interdire toutes les représentations picturales de Jésus, et il y en a, qui prêtent à Jésus des caractères directement issus de l'imagination des artistes. Ce genre d'argument évoque irrésistiblement les querelles que les censeurs de l'Inquisition menaient au Greco sur la longueur inusitée des ailes de ses anges. Cette longueur était « traditionnellement » de huit pieds, alors que le peintre représentait des ailes de douze pieds ! Qui donc avait fixé cette tradition ? Certes pas des délégués du Saint-Office qui avaient été mesurer les ailes des célestes créatures.

La Tradition a été abondamment évoquée, mais en des circonstances auxquelles j'étais étranger, dans les accusations d'impiété scandaleuse adressées à *L'Homme qui devint Dieu*. Mais les accusateurs, et ceux qui s'en sont faits les émissaires dociles, oublient que cette tradition a considérablement varié au cours des siècles, selon les vents de l'arbitraire, c'est-à-dire de la commodité, et que son établissement a été le fait de gens qui s'élisaient entre eux *ad perpetuum*. Ni la vérité historique, qui eût dû, par exemple, faire rejeter les incroyables pataquès du nom de « Thomas Didyme » et de la fable de Barabbas (v. notes) ni le respect du croyant ne semblent avoir préoccupé les fondateurs de cette tradition.

Les bûchers de l'Inquisition étant heureusement éteints, et le bras séculier des Églises étant, Dieu merci, amputé, comme me l'ont aimablement rappelé quelques journalistes, il m'a semblé qu'il était enfin possible d'écrire tout haut ce que l'on ne consignait jusqu'ici qu'à des textes savants et secrets, c'est-à-dire, en bon grec, apocryphes.

Je n'ai eu ni n'ai toutefois aucune intention polémique. Mon seul but est de faire bénéficier le lecteur qui n'a pas le loisir de faire des compilations savantes des masses d'informations actuellement disponibles sur Jésus et qui sont infiniment supérieures à celles dont disposaient les précédentes générations de chercheurs bibliques. S'il y a polémique, elle est postérieure à mon récit. Et bien que je ne l'aie pas cherchée, elle ne me surprend pas.

Ces pages devraient faire justice de tout soupçon d'impiété préméditée ou de recherche « sensationnaliste » que m'ont attribuées certains lecteurs, troublés dans leurs habitudes. Elles contiennent, en effet, et comme on le verra, un nombre considérable de notes et d'informations dont je ne me suis pas spécifiquement servi dans *L'Homme qui devint Dieu*, même si je les gardais présentes à l'esprit ; si je m'en étais servi dans un cadre romanesque, l'effet en eût été considérablement plus provocant que celui que je recherchais ; ainsi de ce que l'on peut appeler « l'affaire Lazare ». J'ai donc préféré les réserver à un second ouvrage, celui-ci, qui fait plus appel à l'esprit critique qu'à l'émotion, et qui seront donc moins pénibles pour ceux des lecteurs les plus attachés à l'essentiel des traditions chrétiennes, traditions dont plus d'un théologien, d'ailleurs, déplore le conservatisme outrancier.

Je souhaite qu'on lise ces pages, non comme un exercice d'érudition ou d'autojustification, mais comme un autre livre sur Jésus, destiné aussi bien à ceux que le récit *L'Homme qui devint Dieu* laissa parfois perplexes qu'à ceux qui, ne pouvant consacrer plusieurs années à des recherches, souhaitent avoir le résultat des miennes sous une forme et dans un volume commodes.

En tout état de cause, ces pages illustreront aussi la révérence, pour dire le moins, que *L'Homme qui devint Dieu* témoigne à Jésus. Qu'on me permette de redire ici ce que j'ai déjà dit à la presse : c'est que je trouve admirable le personnage de Jésus. Ce sont l'admiration et l'élan qu'il m'inspire qui m'ont porté à consacrer plus de dix ans à l'étude de son message et de ses contradictions.

# 2

# Sources

Les libertés que j'ai prises avec les évangiles canoniques ont été, en dépit des apparences, beaucoup plus restreintes qu'elles ne l'ont paru et se basent sur les réserves les plus courantes des chercheurs bibliques. Ces réserves sont au nombre de trois.

La première est que les Évangiles ne constituent pas les rapports directs de témoins qui se seraient nommés Marc, Luc, Matthieu et Jean ; ce sont des textes *selon* ces auteurs. La preuve en est que, lorsque au IIe siècle Marcion, armateur de Bithynie, disciple de Paul et prêcheur vigoureux, affirma que le seul évangile authentique était celui de Luc — qu'il avait lui-même quelque peu remanié —, il fut taxé d'hérésie par le clergé, qui savait bien alors qu'aucun des évangiles en circulation, y compris ceux que l'on appelle de nos jours apocryphes, n'était une transcription directe.

La deuxième raison de réserve est que les premières versions connues des évangiles canoniques étaient déjà des traductions en grec à partir de sources qui, de l'avis général des philologues, furent sémitiques. Le grec de saint Marc, par exemple, a frappé les chercheurs comme étant du « grec de traduction », ce qui n'est pas étonnant, car il est certain que Jésus parlait une langue sémitique, presque certainement l'araméen, dans ses discours au peuple de Palestine, et que les premières transcriptions de ses dits furent rédigés dans cette langue et/ou en hébreu. La première Église de Jérusalem, source de la tradition christologique, parlait d'ailleurs encore araméen. Les versions grecques devinrent nécessaires dès lors que les apôtres allèrent prêcher dans le Bassin méditerranéen, où dominait largement le parler grec, véritable *lingua franca* du monde du Ier et du IIe siècle. Les premiers traducteurs en grec étaient probablement recrutés dans des provinces qui, surtout durant le siège de Jérusalem par Titus, en 70, et encore plus après le sac de la ville en 132, après l'échec de la révolte de Bar Kocheba, n'avaient plus guère de rapport avec la Palestine telle que l'avait connue Jésus. On ne sait pas qui étaient ces traducteurs, mais on peut raisonnablement supposer que nombre d'entre eux furent des Palestiniens de la première diaspora, qui parlaient encore araméen et sans doute parfois hébreu, mais pour lesquels la réalité du monde juif du premier tiers du Ier siècle devenait de plus en plus floue. C'est ce qui explique des anachronismes tels que la confusion entre Hérode le Grand, mort en 4 avant notre ère, et son fils Hérode Antipas, des fabrications telles que le massacre des innocents, qui n'est rapporté par aucun historien, alors que les événements du règne d'Hérode le Grand ont été abondamment détaillés par un Flavius Josèphe, et des erreurs de traduction telles que celle qui a fait prendre Jésus le Nazaréen pour Jésus de Nazareth, les Nazaréens étant une secte qui n'avait rien à voir avec l'obscur hameau de Nazareth. Ce dernier point, qui peut surprendre, est analysé p. 95.

Il n'y a donc pas lieu de prendre au pied de la lettre des textes de sources multiples, indéniablement altérés par de très nombreuses transcriptions et traductions, de l'araméen en grec, du grec en grec, puis du grec en latin par saint Jérôme. Comme le savent tous les exégètes, ni les évangiles canoniques ni les autres n'ont été des textes *ne varietur*, qui nous seraient parvenus de sources précises ; il n'y a pas lieu non plus de s'en étonner, car la notion de texte historique n'existait alors pas, et les premiers « historiens », tels que Tacite, n'ont été, à tout prendre, que des rédacteurs d'annales et les évangélistes, ou, plus exactement, les nombreux rédacteurs des évangiles, n'avaient écrit leurs textes que dans un esprit de prosélytisme encore plus éloigné de la notion moderne d'histoire. Il n'en demeure pas moins que ces textes ont été écrits à une période déterminée de l'histoire et que comme tels, ils sont disponibles à cette forme d'analyse historique des textes qu'est la philologie.

Or, celle-ci nous enseigne que non seulement les évangiles canoniques ne proviennent pas de ces sources théoriques auxquelles on a assigné des noms, Luc, Marc, Matthieu, mais encore que les identités de leurs auteurs sont aléatoires. Dans son article de l'*Encyclopaedia Britannica*, édition de 1962, le révérend A.E.J. Rawlinson, évêque de Derby, auteur d'une étude sur l'Évangile de Matthieu parue dans les *Westminster Commentaries*, rappelle que, sur les six cent soixante et un versets de l'Évangile de Marc, on en retrouve, à peu de variantes près, six cents dans l'Évangile de Matthieu et trois cent cinquante dans celui de Luc. C'est d'ailleurs la raison pour laquelle ces trois évangiles-là constituent le groupe dit synoptique, parce qu'ils s'inspirent d'une même source, directement pour Marc, indirectement pour Matthieu et Luc ; cette source, aujourd'hui encore inconnue, a été désignée comme la source Q, initiale du mot allemand *Quelle*, source ; Matthieu et Luc y ont eu accès à travers Marc, et Marc, lui, sans doute, y a puisé directement. Maladroitement aussi, encore une affaire de traduction, car Marc commet des fautes de grammaire que Matthieu et Luc corrigent, et il use de mots grecs rares, que Matthieu et Luc remplacent par des mots courants, plus compréhensibles de leurs auditoires. Toujours est-il que nous n'avons pas connaissance de la source Q qui, selon Rawlinson et d'autres auteurs, aurait été non pas sémitique, mais grecque. Sur ce point, comme sur l'ensemble des sources des Évangiles, on consultera l'excellente étude de Bruce M. Metzger, *The Early Versions of the New Testament*, référencée dans la bibliographie. Car il y eut sept versions syriaques des Évangiles, cinq versions coptes, six versions arméniennes, six autres géorgiennes, cinq versions éthiopiennes, cinq autres en langues de l'Asie Mineure, trois versions latines, cinq versions gothiques, cinq versions slavonnes et trois versions mineures européennes...

Sans m'engager ici dans des exposés qui exigeraient un volume à eux seuls, je voudrais signaler au lecteur que de nombreux travaux de philologie sur les évangiles canoniques ont permis d'esquisser raisonnablement ce que fut le contenu de l'hypopéthique source Q. Or, il semble que celle-ci se soit réduite essentiellement à des dits de Jésus (comme l'Évangile de Thomas). Et qu'elle ne comporte pas de référence à la Passion. Pour le détail de ces travaux, connus des spécialistes, je me permets de renvoyer le lecteur à l'étude, très approfondie, de G.A. Wells (non traduite), *Did Jesus Exist ?* (v. bibl.).

Cela ne signifie pas que la Passion n'ait pas eu lieu, mais que les auteurs des évangiles canoniques (et apocryphes) ont rédigé leurs ouvrages à partir d'un canevas réduit, qui avait sans doute été exploité en premier par Matthieu (v. tableau p. 57), dont Marc et Luc se sont ultérieurement inspirés, Jean ayant suivi un « itinéraire » indépendant.

Toutefois, cette chronologie n'est pas définitive, car il semble également qu'il y ait eu des étapes dans la rédaction des textes qui nous sont parvenus et dont on a, vers le ve siècle, décidé la canonicité. C'est ainsi qu'une forme antérieure de l'Évangile de Luc, dite « Proto-Luc », dispute actuellement la faveur des spécialistes à l'Évangile de Matthieu.

Ces considérations savantes sont toutefois utiles dans une lecture analytique des Évangiles, secondée par les études critiques. Elles permettent, en effet, de suivre les variations des versions de chaque Évangile dans leur relation des épisodes de la vie de Jésus et des paroles qui lui sont attribuées. Elles permettent également de mieux saisir le point de vue caractéristique de chaque évangéliste.

En tout état de cause, il n'y a pas lieu de postuler que les évangiles canoniques et encore moins, à l'intérieur de ce groupe, les synoptiques devraient être considérés, selon l'expression, comme « parole d'évangile ». D'abord, ils ont été rédigés dans des lieux très différents et dans des conditions qui n'étaient certes pas garantes d'objectivité. L'Évangile de Matthieu, dans sa deuxième et peut-être troisième version, celle dont nous disposons actuellement, a été écrit à Alexandrie assez probablement (Wilson, *Jesus — The Evidence*, v. bibl.) et reflète des partis pris parfois antisémites et parfois prosémites. Celui de Luc a visiblement été rédigé à l'intention de gens parlants grec par un lettré grec, peut-être à Antioche (Wilson, déjà cité). La tradition la plus ancienne atteste que celui de Marc a été écrit à Rome par quelqu'un qui n'avait peut-être jamais mis les pieds en Palestine, car il en ignore la géographie. La même tradition atteste que celui de Jean a été rédigé à Ephèse, et la majorité des exégètes et philologues s'accorde à conclure qu'il a été en tout cas rédigé en Asie Mineure hellénistique par un auteur qui, lui, connaissait au moins Jérusalem (voir tableau p. 58).

Aucun de ces évangiles, en tout cas, n'est de première

main, aucun n'a été transmis dans sa langue originelle. Mais peut-être découvrira-t-on un jour d'autres manuscrits, originaux, ceux-là.

Cet espoir n'est pas illusoire, et j'en donne ici un exemple. En 1941, le Dr Morton Smith, plus tard professeur d'histoire ancienne à l'université Columbia, à New York, se trouva contraint de rester en Palestine, en raison de la Seconde Guerre mondiale. Un prêtre grec orthodoxe se prit d'amitié pour lui et l'invita à séjourner quelque temps au monastère de Mar Saba, à une vingtaine de kilomètres de Jérusalem. Mar Saba est, avec Sainte-Catherine, l'un des deux grands monastères orthodoxes du désert. Quand Smith y retourna, en 1958, ce fut encore sur l'invitation du clergé du monastère, pour étudier et répertorier leur collection de manuscrits et de livres. Ce fut alors qu'il découvrit, sur la dernière page d'une édition des lettres de saint Ignace à Antioche, qui datait du XVII^e^ siècle, un texte manuscrit qui remontait, lui, au XVIII^e^ siècle et qui était, en fait, la copie d'une lettre de Clément d'Alexandrie, l'un des plus célèbres parmi les Pères de l'Église, qui vécut à la fin du II^e^ siècle ; cette lettre était adressée à un certain Théodore ; elle évoquait un évangile secret, c'est-à-dire apocryphe, de Marc, fondé sur l'évangile canonique, mais comprenant en plus des additions destinées à certains disciples du Christ, désignés tantôt comme « ceux qui se sont perfectionnés » et tantôt comme « ceux qui ont été initiés aux grands mystères ». Et elle citait des passages de cet évangile inconnu à ce jour.

Or, ces passages sont extrêmement troublants, notamment celui qui se rapporte à la résurrection de Lazare. Le début du récit est conforme, en gros, à celui des versions canoniques : « Une femme dont le frère vient de mourir est éplorée et se jette aux pieds de Jésus ; les disciples la repoussent, mais Jésus la suit dans le jardin où se trouve la tombe et, tandis qu'il s'approche de celle-ci, il entend un grand cri venant du sépulcre. Jésus roule alors la pierre circulaire qui clôt le caveau, comme tous les caveaux juifs, et là se trouvait le jeune homme ; « Jésus lui tendit la main et le releva. Mais le jeune homme, le regardant, l'aima et commença à le supplier de rester avec lui. Et ils sortirent de la tombe et entrèrent dans la maison du jeune homme, qui était riche. Après six jours, Jésus lui dit ce qu'il avait à faire et, le soir, le jeune homme vint à lui, vêtu d'un vêtement de lin sur son corps nu. Et il resta avec Jésus cette nuit, car Jésus lui enseigna le mystère du royaume de Dieu. Et dès lors, ressuscité, il retourna sur l'autre rive du Jourdain » (Wilson, *Jesus — The Evidence*, v. bibl. ; Smith, *Clement of Alexandria and a Secret Gospel of Mark ; The secret Gospel*, v. bibl.).

Clément d'Alexandrie complète la citation en assurant qu'il n'y a rien dans l'évangile secret qui justifie les rumeurs que Théodore a entendues et selon lesquelles Jésus et le jeune homme étaient nus durant l'initiation. Mais il restaure aussi dans son intégralité un passage jusqu'alors demeuré énigmatique dans l'Évangile de Marc. En effet, au verset 46 du X^e^ livre, Marc écrit : « Ils (dix disciples et Jésus) arrivèrent à Jéricho ; et tandis qu'il quittait la ville, avec ses disciples et une large foule... », etc., précision déroutante, car que sert de rapporter que Jésus est allé à Jéricho si rien ne s'est passé de notable dans cette ville ? Or, Clément d'Alexandrie écrit : « Et la sœur du jeune homme que Jésus aimait et sa mère et Salomé étaient là, et Jésus ne les reçut pas. »

Ces passages inconnus sont extrêmement troublants pour cinq raisons essentielles et quelques autres accessoires. La première est cette nuit initiatique que Jésus aurait passée avec un ressuscité. Si l'on veut bien exclure d'emblée le soupçon d'une relation de nature homosexuelle, analysée dans la note sur Sepphira

(p. 112), il faut évoquer la pratique d'un rite initiatique inconnu que Jésus aurait pratiqué. Peut-être ne fut-ce que le baptême, ce qui expliquerait que le jeune ressuscité ne fût vêtu que d'une robe de lin, qui évoque singulièrement la tenue des Esséniens au baptême du soir. Mais cette explication n'est pas entièrement satisfaisante, on le verra dans la note sur l'arrestation de Jésus (p. 242), épisode au cours duquel il semble bien que l'on retrouve le même jeune homme.

La deuxième raison est que l'épisode de la résurrection de Lazare (je suppose que c'est bien lui, car son nom n'est pas cité par Clément d'Alexandrie) se serait donc trouvé originellement, mais sous une tout autre forme, dans l'Évangile de Marc ; or, on ne le connaissait que par l'Évangile de Jean et, de manière extrêmement indirecte, par celui de Luc (XVI ; 19-31). Mais il est vrai qu'il existe des raisons sérieuses de penser que l'Évangile de Marc a souffert d'amputations, évidemment impossibles à estimer.

La troisième raison est qu'il aurait existé, aux dires de la citation attribuée à Clément d'Alexandrie, un évangile parallèle, au moins contemporain de cet auteur et vraisemblablement antérieur, et qui aurait déjà subi des expurgations au début du IIe siècle ; c'est-à-dire qu'il y avait déjà des autorités qui manipulaient les témoignages primitifs selon les convenances de l'Église primitive.

La quatrième raison est que le récit de Marc, selon Clément d'Alexandrie, retire une bonne partie du caractère surnaturel de la résurrection de Lazare. En effet, quand Jésus arrive près du tombeau, Lazare est déjà en train de crier, c'est-à-dire qu'il est vivant avant que Jésus roule la pierre du tombeau. Jésus ne fait que l'aider à se lever. On peut supposer évidemment, dans la tradition de l'hagiographie chrétienne, que Lazare a ressuscité par l'effet à distance de la présence de Jésus ;

c'est cependant là sans équivalent dans les autres miracles de Jésus. On peut imaginer aussi bien que c'est l'intuition de thérapeute qui a indiqué à Jésus, d'après le récit de la sœur de Lazare (Marie-Madeleine, selon toute vraisemblance), que le jeune homme n'était pas mort ; jusqu'à nos jours, on trouve, même dans un pays aussi médicalisé que la France, des déclarations de décès prématurés.

La cinquième et dernière raison de trouble est que l'Évangile de Marc ayant servi de source à ceux de Matthieu et de Luc, on se demande pourquoi l'épisode de Lazare ne s'y trouve pas, fût-ce sous la forme « expurgée » qu'utilise celui de Jean.

On peut évidemment imaginer que la lettre retrouvée par Smith est une fabrication ; dans ce cas, la question posée plus haut demeurerait sans réponse : que se passa-t-il à Jéricho ?

Mais il existe une raison forte de penser que cette lettre est bien authentique : c'est un passage de l'Évangile de Marc, le canonique bien sûr, qui a longtemps excité les curiosités ; il se situe dans le contexte de l'arrestation de Jésus : « Parmi ceux qui suivaient (le cortège de Jésus et de la police), il y avait un jeune homme qui ne portait rien d'autre qu'un vêtement de lin. Ils essayèrent de s'emparer de lui ; mais il quitta le vêtement de lin et s'enfuit nu » (Mc. XIV ; 51-52). Ce jeune homme et son vêtement ressemblent singulièrement à celui du passage inconnu de la lettre de Clément. Ce serait donc Lazare.

Toutefois, Lazare ne fait pas partie des disciples, alors que, rapporte Marc (XIV ; 32), c'est avec ses disciples que Jésus s'est rendu à Gethsémani, après la Cène. Et Lazare n'ayant pas non plus participé à la Cène, on ne voit pas ce qu'il ferait à Gethsémani. Ce raisonnement a déjà été fait, et l'on a supposé donc que le jeune homme qui s'enfuit nu dans la nuit serait Jean, puisqu'il est, avec Jacques d'Alphée, l'un des deux plus jeunes du groupe.

Cette explication est cependant boiteuse pour deux raisons ; la première est qu'il n'est pas coutumier, dans le monde juif de l'époque, d'aller nu sous une robe de lin, encore moins en avril, mois souvent frais en Palestine ; on portait normalement un pagne, évoquant nos braies moyenâgeuses, le *saq*, au-dessus une tunique ou *chalouk*, serré à la ceinture, et, par-dessus, le manteau ou *talith*. La seconde raison est que la ressemblance du jeune fuyard avec le Lazare de l'épisode tronqué est beaucoup trop forte, par l'âge et le vêtement du jeune homme, pour être négligée. Mais les questions qui se posent sont destinées à demeurer sans réponse jusqu'à la découverte d'autres fragments de l'Évangile de Marc ; la principale de ces questions étant : Lazare fut-il un des disciples de Jésus sous un nom que nous ne connaissons pas ?

Et garda-t-il jusqu'au bout sa singulière tenue en souvenir de l'initiation qui suivit sa sortie du tombeau ?

J'ai évoqué plus haut les amputations que le manuscrit de Marc aurait subies. Au début du IIIe siècle, déjà, l'auteur chrétien Hippolyte surnommait Marc « l'apôtre aux doigts courts », parce que son évangile est le plus court des quatre. Aux XIXe et XXe siècles, les philologues ont confirmé les soupçons d'Eusèbe de Césarée et de saint Jérôme selon lesquels la fin au moins de l'Évangile de Marc est une insertion étrangère à la main qui a rédigé le manuscrit originel. Dans son étude détaillée de l'*Encyclopaedia Britannica*, Helmut Heinrich Koester, professeur adjoint de littérature néotestamentaire à la Harvard Divinity School, résume l'opinion de la majorité de ses confrères en déclarant que le dernier verset authentique de l'Évangile de Marc est XVI ; 8, et que le reste est une compilation tardive, comme le prouvent les Codex Sinaïticus et Vaticanus. Koester estime également probable qu'il y eut un « proto-évangile » de Marc, impossible à définir. Ce qui semble renforcer la vraisemblance de la citation de Clément d'Alexandrie.

Donc l'Évangile de Marc dont nous disposons n'est ni entier ni entièrement authentique. À une époque indéterminée avant le IIIe siècle, il a été, pour parler familièrement, « tripoté » à des fins inconnues.

L'Évangile de Matthieu non plus n'est pas exempt d'altérations tellement nombreuses que l'évidence, déjà dégagée par de nombreux exégètes, finit par s'imposer de façon éclatante : il y a bien eu aussi un évangile antérieur à celui de Matthieu, qui n'a pas été écrit par « Matthieu », personnage aussi fictif que « Jean », comme on le verra plus loin, mais par Lévi le Publicain. Car Matthieu le Publicain, c'est-à-dire le collecteur d'impôts, fut Lévi le Publicain. Il n'est pas besoin d'aller chercher, pour le prouver, des références dans des textes obscurs ; il suffit de se référer à l'Évangile de Marc : « Et sur son chemin, il (Jésus) vit Lévi fils d'Alphée, assis dans la maison des douanes, et il lui dit : "Suis-moi" ; et Lévi se leva et le suivit. » (Mc. II ; 14). Dans l'Évangile de Matthieu, on lit ceci : « Et tandis qu'il passait là, Jésus vit un homme appelé Matthieu dans la maison des douanes, et il lui dit : "Suis-moi" ; et Matthieu se leva et le suivit. » (Mt. IX ; 9). Étrange poste de péage où Lévi perdit son identité et devint Matthieu !

Que signifie ce changement ? Simplement que l'auteur dit « Matthieu » est un personnage tardif, qui a repris les témoignages de Lévi et se les est appropriés, mais qui s'est ensuite présenté comme témoin direct de Jésus pour renforcer son autorité. Ce qui est beaucoup plus important est que cela indique que l'Évangile de Matthieu n'est pas non plus un témoignage direct, mais une compilation sur laquelle on est fondé à avoir des doutes.

Le doute naît déjà de la lecture successive des quatre Canoniques : on s'y avise rapidement que Matthieu multiplie à l'excès les assertions non de la messianité de Jésus, mais de sa divinité. Alors que, dans les trois autres évangiles, les disciples s'adressent à lui sans vocatif ou, en tout cas, n'introduisent leur discours que par le mot « maître », chez Matthieu, eux et les autres ne lui adressent la parole qu'après les vocatifs « Fils de David », « Seigneur », « Fils de l'homme » (formule excessivement ambiguë comme le montre la note p. 230) et, en plus d'un passage, Matthieu le désigne comme Roi d'Israël et Fils de Dieu.

J'en prends pour illustration le passage suivant, emprunté à Marc : c'est celui de la femme qui souffrait d'hémorragies. « Parmi eux (les gens qui se pressaient autour de Jésus, sur les bords du lac de Génésareth) se trouvait une femme qui souffrait d'hémorragies depuis douze ans ; en dépit d'un long traitement prescrit par de nombreux médecins, sur lequel elle avait dépensé tout son avoir, elle n'avait pas connu d'amélioration ; au contraire, son état avait empiré. Elle avait entendu ce que les gens disaient de Jésus, alors elle vint derrière lui et toucha son manteau ; car elle se disait : "Même si je ne touche que son vêtement, je serai guérie." Et là, sur-le-champ, l'origine de ses hémorragies s'assécha et elle sut en elle-même qu'elle était guérie de son mal. En même temps, Jésus s'avisant que son pouvoir l'avait déserté, se retourna dans la foule et demanda : "Qui a touché mes vêtements ?" Et il cherchait autour de lui qui l'avait fait. Et la femme, tremblant de peur parce qu'elle s'était rendu compte de ce qui lui était arrivé, vint se jeter à ses pieds et lui avoua la vérité. Il lui dit : "Ma fille, ta foi t'a guérie. Va en paix, délivrée à jamais de ton mal." » (Mc. V ; 25-34).

Dans sa naïveté, ce premier récit présente Jésus comme un guérisseur porteur d'un « fluide » qui lui échappe au contact, même indirect, de la maladie. Il permet aussi de supposer que la guérison de la femme peut être interprétée comme un phénomène d'autosuggestion, dans le cadre de ce que l'on appelle aujourd'hui la médecine psychosomatique. Chez Matthieu, il est écrit : « Alors une femme qui souffrait d'hémorragies depuis douze ans vint par-derrière et toucha le bord de son manteau ; car elle se disait : "Si seulement je peux toucher son manteau, je serai guérie." Mais Jésus se retourna et la vit et dit : "Aie confiance, ma fille ; ta foi t'a guérie." Et dès ce moment elle fut guérie. » (Mt. IX ; 20-22). Matthieu transforme donc le récit de Marc de manière à doter Jésus de prescience et d'un pouvoir magique ; Jésus sait sans l'avoir vue que la femme est derrière lui, et elle n'est guérie que lorsqu'il le lui a dit.

Petites variantes lourdes d'intentions. Mais Matthieu détourne aussi de manière évidente des textes de l'Ancien Testament, se disant sans doute que personne n'ira les contrôler. Ainsi, pour renforcer l'idée que la naissance de Jésus était annoncée de tout temps, notamment par les prophètes de l'Ancien Testament, il écrit à propos de l'alarme que l'annonce de la naissance aurait value à Hérode : « Et ils (les prêtres de Jérusalem) le (Hérode) renvoyèrent à la prophétie qui dit : "Et toi, Bethléem de la Terre de Juda, tu es loin d'être la moindre aux yeux des maîtres de Juda ; car de toi naîtra un chef qui sera le berger de mon peuple Israël." » (Mt. II ; 6). Or, la citation (maltraitée) est la suivante : « Mais toi, Bethléem Ephratah, qui es si petite parmi les familles de Juda, de toi viendra vers moi quelqu'un qui commandera en Israël. » (Michée ; V ; 2). Les « familles » de Michée sont devenues des « princes », Bethléem qui était « si petite » est devenue « loin d'être la moindre », et la tournure « qui gouvernera en Israël » est devenue « le berger de mon peuple Israël », etc.

Ce n'est certes pas le seul passage où Matthieu sollicite les textes de l'Ancien Testament jusqu'à leur faire dire exactement le contraire de ce qu'ils disaient. Il fait ainsi prononcer à Jésus les paroles suivantes : « J'ouvrirai la bouche pour dire des paraboles ; je dirai des choses cachées depuis la fondation du monde. » (Mt. XIII ; 35). Ce passage a connu un certain succès de nos jours, comme on sait. Il est tiré des Psaumes : « J'ouvrirai la bouche pour dire une parabole ; j'énoncerai les vieux dits d'autrefois, que nous avons entendus et connus et que nos pères nous ont récités. » (Ps. XXVIII ; 2). Aucun rapport comme on voit. John Allegro a recensé plusieurs de ces falsifications patentes dont Matthieu s'est rendu coupable, dans *The Dead Sea Scrolls — A Reappraisal* (v. bibl.). L'inventaire complet exigerait un volume ; qu'on veuille bien m'excuser d'y renoncer.

La conclusion essentielle est que l'Évangile de Matthieu n'est guère fiable non plus ; c'est un texte de seconde main rédigé dans des intentions prosélytes et où l'auteur s'efforce d'imposer une image de Jésus déjà divinisée, avec un enseignement apparemment structuré, alors qu'il n'est structuré que par l'auteur sous cette forme-là. Pour Matthieu, l'enseignement de Jésus était déjà inscrit dans l'Ancien Testament — ce qu'il n'était pas —, et cet enseignement est encore plus rigoureux que celui des Scribes et des Pharisiens. Très visiblement, Matthieu s'efforce d'atténuer le détachement provocateur de Jésus à l'égard de la Loi écrite, qui lui vaudra les récriminations sans fin des Pharisiens. À cet égard, il est très différent des Évangiles de Marc et de Jean en particulier.

Si l'Évangile de Marc s'inspire d'une source perdue, qui fut sans doute de première main, et si celui de Matthieu peut être considéré comme dérivé aussi d'une source ancienne, peut-être un évangile perdu de Lévi le Publicain, il n'en va pas de même de celui de Luc, qui ne se rapproche des témoignages primitifs que par la source Q citée plus haut. Luc est un helléniste élégant, un médecin selon la tradition (douteuse), qui ne semble pas connaître la Palestine et qui est certainement tardif pour la raison essentielle que voici : il en est contradiction fondamentale avec Marc et Jean, parce que, pour lui, ni la Passion de Jésus, ni sa résurrection, ni la chute de Jérusalem (qui a eu lieu en 70) ne doivent être pris pour des signes de la fin des temps, du moins c'est ce qu'il fait dire par Jésus (par exemple, en XVII ; 20-25). Luc se situe donc après la chute de Jérusalem, qui était censée annoncer l'apocalypse, et il a constaté qu'elle n'est pas advenue, tout comme les Esséniens, qui attendaient la fin des temps au tremblement de terre de 30 avant notre ère, ne l'ont pas vu se produire non plus. La vie continue. Luc écrit donc vers la fin du Ier siècle, plus probablement le début du IIe. Son Évangile a délibérément abandonné les prétentions de témoignage que cultivait Matthieu pour devenir un texte hagiographique.

L'Évangile de Luc est écrit d'une seule main et ne semble pas comporter d'ajouts ou de lacunes (ce qui ne veut pas dire : d'omissions). Mais, en dépit de ses intentions théologiques évidentes, c'est aussi le plus romanesque des quatre Évangiles au sens moderne du terme. Luc raconte l'histoire de Jésus en en réarrangeant les thèmes selon sa convenance, et parfois de manière non seulement improbable, mais géographiquement absurde. Pour lui, à l'évidence, la Palestine est devenue un pays abstrait où l'on n'ira pas vérifier ses dires. Si l'on peut reconstituer plus ou moins les déplacements de Jésus durant son ministère à travers les Évangiles de Matthieu et de Marc, c'est bien ardu chez Luc (v. carte p. 153).

L'Évangile de Luc est singulier, parce qu'il présente une vue « confucianiste » et « stoïque » (au sens grec) de Jésus, dont témoignent des dictons tels que celui-ci : « Si vous ne vous êtes pas montrés dignes de la richesse de ce monde, qui vous confiera la richesse réelle ? » Et il présente également une valeur « historique », parce qu'il permet de retrouver ce qui a été emprunté à Marc, et qui a le plus de chances d'être vrai, et ce qui ne l'a pas été, et qui peut alors être soupçonné de fabrication ultérieure.

Car Luc ajoute des fioritures hagiographiques évidentes, comme dans le récit de la tentation de Jésus par le Démon. Il n'y a évidemment pas assisté, mais il en fait un conte fantastique dans ce qui constituera la meilleure tradition — anticipée — du romantisme allemand. Sa naïveté ne réside plus, comme avec Marc, dans le récit direct des événements, mais dans les enluminures littéraires que la perspective temporelle rend visibles.

Transcriptions relativement tardives du ministère de Jésus à partir de documents aujourd'hui perdus, transcriptions souvent tendancieuses aussi, sans doute tronquées, les évangiles canoniques ne sont donc pas ces témoignages originaux et authentiques que la tradition voudrait supposer. À cet égard, l'enseignement catholique entretient le consensus imposé sur la valeur de ces documents, qui prévalut jusqu'au début de ce siècle.

Car, il faut le souligner, c'est à la fin du XIX^e^ siècle seulement que des exégètes et philologues commencèrent à étudier sérieusement la valeur documentaire réelle des Évangiles. Au XVIII^e^ siècle, l'Allemand H.S. Reimarus, qui s'y était aventuré, bien qu'il eût pourtant l'autorité d'un professeur des langues orientales à l'université de Hambourg, prit des dispositions pour que ses analyses ne fussent publiées qu'à titre posthume. Un siècle plus tard, F.D. Strauss, professeur à l'université de Tübingen, perdit son poste pour avoir contesté les éléments surnaturels des Évangiles ; c'est dire que la critique n'était pas libre. Il fallut attendre Wilhelm

Wrede, à la fin du XIXe siècle, et Rudolf Bultmann, au début de celui-ci, pour dire enfin tout haut, et sans être bâillonné, que la valeur historique des Évangiles était bien mince. Le scandale resta toutefois circonscrit au cercle des grands lettrés.

Ce ne fut pas le cas de l'émoi que suscita, en 1863, la *Vie de Jésus* de Renan ; cette fois-ci, le texte atteignait même ceux qui n'avaient pas étudié les langues anciennes ni acquis des notions d'analyse historique ; c'était un texte qu'on dirait aujourd'hui « grand public ». Et pourtant, comme l'observe justement son préfacier d'une édition moderne (v. bibl.), Jean Gaulmier, Renan s'était efforcé de sauver ce qui restait de la tradition. N'importe, une brèche était ouverte dans celle-ci. Elle n'a cessé depuis lors de s'agrandir, non seulement grâce aux progrès de l'exégèse, mais également grâce aux manuscrits inconnus que l'on a découverts.

Je n'ai pas, jusqu'ici, souligné l'importance particulière de Bultmann. Son œuvre majeure, *L'Histoire de la tradition synoptique* (v. bibl.), constitue la halte obligée de quiconque entend faire une lecture critique des Évangiles. Elle mérite une mention particulière, parce qu'il ne s'agit pas seulement de son œuvre majeure, mais d'une œuvre majeure de toute l'exégèse évangélique. Né en 1884, mort en 1976, Rudolf Bultmann a apporté à l'analyse stylistique des Évangiles cet imparable esprit de méthode qui fut l'honneur de la tradition académique allemande. L'analyse stylistique, il convient de le rappeler, est une discipline rigoureuse qui permet de juger de l'homogénéité spécifique des textes et, par étude comparative, de leur originalité. En termes plus banals, elle permet de dire que tel texte est bien entièrement ou non de la main de tel auteur, l'étude comparative permettant d'établir le sens, donc l'intention, et l'origine des variantes. Bien évidemment, cette discipline, qui fait appel à la philologie, à l'épigraphie, à la linguistique, est considérablement plus complexe que ne le laisserait penser cet abrégé. Cette méthode, académiquement connue sous le nom de critique des formes ou *Formgeschichte*, est plus couramment désignée sous celui de radicalisme critique.

Bultmann, qui reprenait le flambeau d'une longue tradition d'exégèse illustrée donc par Reimarus, déjà cité, David Friedrich Strauss, Wilhelm Wrede et d'autres, sans omettre Martin Dibelius et K.L. Schmidt, qui furent ses contemporains, voire ses pairs, se plaçait aussi dans la tradition, authentiquement protestante, d'une lecture libre des Évangiles. Celle-ci, appuyée sur sa compétence, lui permit de conclure qu'il n'y avait pas grand-chose d'historiquement valable dans les Évangiles ; ceux-ci étaient non pas des rapports historiques, mais les produits des premières communautés christiques de croyants.

En d'autres termes, il était frivole de prendre tel ou tel détail pour « parole d'Évangile », car ils étaient purement et simplement invérifiables. Et cela n'avait aucune importance pour la foi, parce que la foi ne s'attache pas à des textes. En dépit de ce postulat paradoxal, sinon provocateur, Bultmann se conformait fidèlement à l'enseignement de Jésus, qui reprochait inlassablement aux docteurs de la Loi une lecture myope des textes. Renouant ainsi directement avec les idées de Luther, Bultmann accusait donc implicitement d'idolâtrie des textes ceux qui témoignaient d'une révérence par trop sourcilleuse à l'égard des Évangiles. Pour lui, c'étaient en somme des fables pieuses.

Telle était la rigidité de la tradition qu'à sa parution, en 1921, l'ouvrage de Bultmann fit l'effet d'une bombe. On ne pouvait contester l'autorité ni la compétence de l'auteur, sauf dans ces cercles où l'on détecte si aisément l'odeur du soufre. Dans le recueil de ses essais publiés entre 1933 et 1952, *Foi et compréhension*, Bultmann n'en fut guère ému (la deuxième édition, augmentée, de *L'Histoire de la tradition synoptique* était parue quelques années auparavant, en 1934) : « Je ne me suis encore jamais senti mal à l'aise dans mon radicalisme critique, écrivait-il, mais au contraire tout à fait à l'aise. Par contre, j'ai souvent l'impression que mes collègues conservateurs du Nouveau Testament se sentent très mal à l'aise, car je les vois toujours occupés à des travaux de sauvetage. »

Pis, bien pis, en 1941, Bultmann lança une campagne dans laquelle il demandait à l'Église de démythifier enfin son enseignement. Il n'en avait pas seulement aux dogmes de l'Immaculée Conception et du Sépulcre vide, mais aussi bien à ceux de l'Incarnation, de la Résurrection, de l'Ascension, de la Seconde Venue, qui dérivaient selon lui de l'esprit apocalyptique juif et du gnosticisme hellénistique. Seul, pour lui, un acte de Dieu pouvait délivrer l'homme de son existence « inauthentique ». On est loin du compte.

N'ayant pas eu de maître dans mes recherches, mais seulement un ami théologien traditionaliste, jésuite, qui suivait mon travail avec un scepticisme agacé, je n'ai découvert Bultmann que quelque trois ans après m'être engagé dans des recherches de nature purement historique, sur ce que fut la Palestine au Ier siècle, puisque j'avais alors entrepris une étude purement historique de Jésus. Le choc, je dois en convenir, fut brutal. Les évangiles canoniques constituaient, en effet, la base de mes recherches ; or s'ils constituaient des fabrications des premiers croyants dans lesquelles étaient sertis quelques rares passages authentiques, mon travail était désormais sans objet.

Au bout de plusieurs mois, toutefois, me revint en mémoire un conseil que j'avais suivi instinctivement. Ce conseil m'avait été donné dans ma jeunesse par l'égyptologue Alexandre Piankoff, traducteur du *Livre des morts des anciens Égyptiens*, à qui j'avais exprimé un jour l'impatience que me valait le ton excessivement sentencieux de Socrate dans les dialogues de Platon : « Lisez et relisez jusqu'à ce que vous entendiez une voix sortir du texte. » Or, j'avais relu un nombre incalculable de fois les Évangiles et, de fait, parmi les « parasites » des interventions dénoncées par Bultmann, j'entendais la voix d'un rebelle singulier. Passer d'un Évangile à l'autre en quête de la « tonalité » qui semble juste fut comme passer à la radio d'une longueur d'onde à l'autre, à la recherche de la station que le fading, les interférences et les parasites rendent par moments inaudible.

J'étais donc dans la situation très inconfortable que voici : d'une part, bridé par la méfiance qu'avait inspirée Bultmann à l'égard des tripotages et fabrications de la première communauté christique ; de l'autre, « intimement convaincu » qu'il y avait « un quelque chose » dans les Évangiles que les auteurs et copistes n'avaient pas réussi à occulter complètement. Mon inconfort évoquait, certes, celui de ces collègues dont Bultmann disait, comme on l'a vu plus haut, qu'ils étaient « occupés à des opérations de sauvetage ». À ceci près que, à la différence de ces érudits, j'avais le sentiment de faire plutôt de la restauration, à l'instar de ces véritables artistes que j'avais vus nettoyer des œuvres d'art pour essayer de retrouver, sous les retouches et les vernis, l'œuvre originale.

Le radicalisme critique de Bultmann a été salutaire, parce qu'il a permis de dégager l'exégèse évangélique du carcan de lecture littérale qui prévalait jusqu'alors et qui, paradoxalement, incitait certains exégètes parmi les plus traditionalistes à des gloses extravagantes. Confrontés à des contradictions flagrantes dans les textes canoniques, ces traditionalistes se livraient à des exercices de rhétorique qui, pour être artificieux, n'en étaient pas moins éblouissants ou, si l'on se place du point de vue opposé, pour être éblouissants, n'en étaient pas moins artificieux. Exemple : selon la théologie, le Christ est ressuscité en tant que « corps glorieux », possédant à la fois les propriétés d'un corps physique et les privilèges d'un corps immatériel ; il était donc à la fois capable de manger de la nourriture terrestre et de traverser les murs. Mais alors, on s'explique mal qu'il ait roulé la pierre qui fermait le sépulcre pour en sortir, puisqu'il pouvait aussi bien la traverser. Ce que nos exégètes expliquaient par le fait que la pierre roulée signalait le sépulcre déserté à l'intention des croyants...

Toutefois, le radicalisme critique présente le défaut de ne pouvoir rendre la qualité immatérielle d'une œuvre d'art, car les Évangiles sont d'abord un texte littéraire. Si l'on me permet ici un parallèle, je recourrai à la critique d'art classique (non celle de la nouvelle critique, qui est devenue un exercice mystérieux, qui sert apparemment à exprimer les impressions du critique) : cette critique se sert de deux disciplines, qui sont l'iconographie et l'iconologie. L'iconographie dit en substance : ce tableau, de telle et telle dimension, est réalisé selon telle technique ; il est fait dans tel style, sous l'influence de telle école, à telle époque. L'iconologie, elle, dit : ce tableau représente ceci et cela, il fait référence à tel événement, tel personnage, tel lieu, il est peint dans telle gamme de couleurs qui se réfère à telle ou telle influence. Aucune des deux disciplines ne permet toutefois d'évaluer la qualité intrinsèque du tableau, et c'est pourquoi il reste extrêmement difficile de savoir si telle version du *Verrou* de Fragonard est ou n'est pas une copie de telle autre, et/ou inversement.

L'admirable méthodologie de Bultmann ne rend ainsi qu'un compte très flou du ton des Évangiles, de leur qualité littéraire. Il n'est donc pas surprenant que Bultmann ait rejeté la majeure partie de ces textes comme inauthentique. C'est le défaut d'une autre méthode appliquée par Bernard Dubourg aux Écritures, celle d'une lecture numérologique — spécifiquement : pséphologique — inspirée par la Kabbale. L'excès de méthode aboutit à dissoudre le problème dans l'acide critique.

Outre la recherche de la rigueur qui avait inspiré Bultmann, il y avait chez celui-ci une intention théologique qui, paradoxalement, le rangerait au rang des traditionalistes les plus rigides. S'il rejette, en effet, une part immense des textes évangéliques, c'est qu'il les trouve profondément imprégnés de gnosticisme, ce qui est exact. Or, implicitement, et comme l'ensemble de la tradition catholique la plus stricte, Bultmann rejette le gnosticisme ; pour lui, Jésus n'a pas pu être peu ou prou gnostique. Plus royaliste que le roi, en quelque sorte, il en vient à rejeter quasiment les seuls textes qui fondent l'existence de Jésus. On juge de l'ampleur du paradoxe.

Une étude analytique de Bultmann déborderait de très loin le cadre de ce chapitre, qui est destiné à présenter mes sources ; de plus, elle entrerait fort avant dans la théologie, où je ne suis pas compétent. Qu'on me permette toutefois d'évoquer une dernière raison pour laquelle la thèse sous-jacente à l'œuvre de Bultmann, et notamment à *L'Histoire de la tradition synoptique*, n'emportait pas mon assentiment entier, soit dit ici en profonde modestie et révérence à l'égard de cet auteur : c'est qu'il en arrivait, sous le couvert imparable de sa méthode, à revendiquer finalement un Jésus qui ne se fondait sur rien d'autre que quelques bribes. Finalement aussi, Bultmann proposait un Jésus ineffable, indescriptible, quasi mystique, un Jésus dont l'existence ne reposait sur rien d'autre que la certitude imminente qu'on avait de son existence. À force de vouloir démythifier, il mythifiait lui aussi.

En poussant à l'extrême la position de Bultmann, on

pourrait dire qu'il faisait totalement abstraction de l'idée que Jésus a eu une existence historique, puisque, après tout, il est né à l'époque historique, dans une province déterminée d'un des nombreux empires du monde, et qu'il a, fait crucial, appartenu à une des nombreuses religions du monde, l'une des plus anciennes, certes, mais non la plus ancienne. Bultmann a également fermé la porte à toute évolution historique de la connaissance de Jésus, nonobstant qu'un quart de siècle avant sa mort on avait fait deux découvertes considérables, celle de l'Évangile de Thomas et celle des manuscrits de la mer Morte. Dans sa rigueur, son attitude évoque la proclamation magnifique et désespérée des Druzes qui, pour rejeter toute conversion, disent que « le vent a fermé la porte, refermé le livre et soufflé la chandelle, la plume est cassée et l'encrier est sec ».

Or, les deux découvertes que voilà tendent fortement à contredire le refus que Bultmann oppose à toute coloration gnosticiste de l'enseignement de Jésus. Les notes de la dernière partie de cet ouvrage et la critique le confirment : les manuscrits de la mer Morte sont bien de coloration gnosticiste et l'Évangile de Thomas est foncièrement gnostique. Rien donc n'autorise à penser que Jésus n'ait pas participé à ce courant, majeur et historiquement mort. Du moins un Jésus historique, qui était bien celui dont j'entendais retrouver les traces.

Comment les retrouver ?

C'est ici que l'amateur possédait une sorte de supériorité sur le savant, du moins dans un pareil domaine : il n'était lié par aucune disicipline stricte, mais pouvait combiner l'analyse historique à celle des formes. C'était en fin de compte un travail de romancier.

Comparé à l'histoire, le roman passe généralement pour un genre secondaire. L'invention, qui y est nécessaire, est assimilée au mythe ; comme elle n'est pas fondée sur des faits enregistrés, elle est prise pour l'objet d'un divertissement proche du dérisoire. C'est une erreur. Waterloo vu par Fabrice del Dongo restitue beaucoup plus puissamment la vérité de la bataille que bien des récits exacts. La réalité que Stendhal reconstitue, comme s'il l'observait par le fameux petit bout de la lorgnette, inspire ce vécu sans lequel l'Histoire est schématique, comme irréelle.

De plus, il est dérisoire de prétendre exclure l'imaginaire et la sensibilité de l'image que nous nous faisons de Jésus. C'est même nécessaire de les y établir, afin de contrebattre l'image qui est généralement imposée par la tradition et qui a été fabriquée par la sensiblerie énervée de la fin du XIXe siècle. Image tellement puissante que le cinéma même, dans ses efforts d'originalité les plus insolents, s'y est plié comme inconsciemment. On ne retrouve guère dans ce personnage fadasse, flasque victime, de Scorcese, par exemple, le vengeur qui déclare : « Pensez-vous que je sois apparu pour établir la paix sur la Terre ? Non, je vous le dis, mais la division. » (Lc. XII ; 51-53). Paroles subversives dont Marc confirme la violence : « Je ne suis pas venu apporter la paix, mais le glaive. » (Mc. X ; 34-36).

Seul donc le roman pouvait suppléer à la carence de l'érudition en vécu.

Mais il fallait bien une méthode. Elle a consisté :

- à suivre Bultmann en ce qui touche aux textes les plus suspects des Évangiles, tels que la conclusion de l'Évangile de Marc, dont la fausseté est notoire, alors que c'est le seul passage des Évangiles qui parle de l'Ascension ;
- à construire une grille historique qui pût servir de canevas général, permettant d'inclure des éléments évangéliques et d'en exclure d'autres. L'un des exemples les plus significatifs, qui semblent avoir échappé à la fois à Bultmann et aux évangélistes, est la date à

laquelle Jésus a célébré « sa » Pâque, avant la Pâque traditionnelle juive. Si la totalité de ce que disent les évangélistes était controuvée, selon Bultmann, il y aurait beaucoup plus de cohérence dans leur récit et Jean n'aurait pas laissé passer ce détail en apparence incompréhensible. Mais les travaux d'Annie Jaubert ont indiqué que Jésus a célébré, en effet, sa Pâque le mercredi, selon la tradition essénienne à laquelle il restait attaché. Il y a eu beaucoup de travaux depuis Bultmann, qui donnent quand même plus de consistance aux récits évangéliques que ne le laisse penser Bultmann ;

• cette méthode consistait, enfin, à user de raisonnement, en s'appuyant à la fois sur le radicalisme critique et sur l'histoire pour interpréter certains détails négligés des Évangiles. J'en donne ici un autre exemple, qui est l'extraordinaire incongruité du fait que deux membres du tribunal qui a condamné Jésus à mort, Joseph d'Arimathie et Nicodème, vont, selon les Évangiles, réclamer à Pilate le corps du crucifié, et cela au péril de leur sécurité. C'est là un point tellement bizarre que les évangélistes n'ont pu l'inclure par hasard. Or, sa portée est considérable.

En cours de recherches, j'ai relevé des concordances ou des contresens que Bultmann, essentiellement attaché à l'analyse formelle des textes, a sans doute volontairement négligés. Le passage censuré de l'Évangile de Marc déjà cité offrait une concordance, par exemple. Les pataquès impensables sur les noms de Thomas et de Barabbas constituaient des absurdités, par exemple encore.

J'ai cité Bultmann parmi mes sources principales ; il me paraît donc nécessaire de citer un autre auteur, qui doit se détacher très particulièrement de la bibliographie communiquée en fin de cet ouvrage, et qui est Albert Schweitzer. Son évocation à ce point-ci est opportune, parce qu'il a servi en quelque sorte de réactif à Bultmann et qu'il a constitué l'encouragement le plus fort à poursuivre l'entreprise d'un récit historique.

Schweitzer, prix Nobel, oncle — inattendu — de Sartre, est mieux connu du public pour son œuvre auprès des lépreux africains à Lambaréné, et des musiciens pour sa monumentale édition critique des œuvres pour orgue de Jean-Sébastien Bach, réalisée avec le célèbre Charles-Marie Widor ; mais il est également l'un de ceux qui ont le plus tôt et le plus fortement éclairé ce que l'on peut appeler le problème de Jésus. Ayant obtenu en 1902 le deuxième de ses trois doctorats en théologie, Schweitzer est encore sous le coup des chocs créés par ces contestataires de l'authenticité des Évangiles qu'étaient les Wrede, Weiss, von Harnack (Bultmann n'avait pas encore publié son *Histoire*). Et Schweitzer apporte la conclusion clarifiée à leurs travaux ; elle peut se résumer ainsi : non seulement les Évangiles sont infidèles, dans la lettre et dans l'esprit, mais la tradition qui s'est bâtie sur eux était faussée dès l'origine. C'est pourquoi il évoque, dans l'avant-propos de son livre *Le Secret historique de la vie de Jésus* (v. bibl.), une « fraude de la tradition ».

Pour Schweitzer, il y a bien eu un Jésus historique, mais il ne doit pas être confondu avec l'image que la Tradition a commencé à élaborer à partir du IIe siècle, avec force dogmes. Il n'a, en fait, quasiment rien à voir avec celle-ci, qui a « évacué » le sens de la messianité. Pour Schweitzer encore, Jésus a couru au-devant de sa Passion, dans un héroïque mépris de sa vie. Sa messianité devait demeurer secrète durant sa vie terrestre et ne s'accomplir qu'à la fin des temps, entraînant la Révélation universelle de sa nature divine. Sa Passion était donc un moyen de forcer la main de Dieu et de déclencher la fin de l'Histoire. C'était là une illustration magnifique de l'apocalyptisme juif.

On voit sans peine que Schweitzer se situe aux

antipodes de Bultmann qui, lui, rejette les Évangiles parce qu'il estime qu'ils sont trop marqués par l'apocalyptisme juif et le gnosticisme hellénistique, ce qui, il faut le répéter, sous-entend que Jésus ne serait ni apocalyptique ni gnostique.

Schweitzer ne dit certainement pas que Jésus est un gnostique. Il ne semble pas avoir approfondi, du moins dans ses écrits, la notion mystérieuse de Fils de l'homme, que Jésus utilise si souvent, et qui (v. note p. 230) est un pur produit de l'apocalyptisme juif, cultivé si ardemment par les Esséniens, et du gnosticisme. Il en fait, assez superficiellement, un « artifice » littéraire tardif. Mais le scénario qu'il décrit, c'est-à-dire le passage du Fils de l'homme-Messie secret au Messie révélé de la fin des temps, est essentiel au gnosticisme judéo-hellénistique.

La lecture du *Secret historique de la vie de Jésus* fut donc décisive pour moi. Schweitzer était, en effet, le premier auteur et, apparemment, le seul qui défendît ce qui était ma conviction intime, à savoir qu'il y avait bien eu un Jésus historique et que les versions tardives des Évangiles, les seules dont nous disposions, étaient infidèles (à l'exception, on va le voir, du quatrième, celui de Jean, donc), enfin que la tradition chrétienne ne reflétait certes pas l'enseignement de Jésus.

Qui plus est, et à la différence d'un Renan, dont la *Vie de Jésus* (en réponse à une question qui m'a souvent été posée) ne suscita pas en moi une grande émotion, Schweitzer était empli d'enthousiasme passionné pour l'héroïsme de Jésus.

Ultime raison d'adhésion à la thèse de Schweitzer : il justifiait et confortait la réserve instinctive que j'avais eue pour les Évangiles synoptiques, qui font le récit du ministère public de Jésus et qui ne font que cela, en surface, sans visiblement bien comprendre l'essence de la messianité, et ma préférence pour l'Évangile de Jean, qui, lui, raconte la vie de Jésus, fût-ce avec des carences et des déformations.

Toutefois, Schweitzer, comme Bultmann, n'avait pu inclure dans son œuvre les conséquences des découvertes des manuscrits de la mer Morte et de l'Évangile de Thomas. Sans contredire sa thèse, du moins pas autant qu'elles contredisaient celle d'un Jésus non gnostique, selon Bultmann, elles imposaient des révisions assez profondes. L'apocalyptisme essénien se révélait comme la source de l'élan de Jésus au-devant de sa Passion et l'Évangile de Thomas montrait que le gnosticisme n'était pas une donnée qu'on pouvait éliminer avec l'impérieuse désinvolture de la tradition chrétienne.

Il devenait donc nécessaire de rechercher les autres éléments du moule qui avait formé Jésus. Patient travail, qui prit donc dix ans. Il fallait beaucoup lire, et je voudrais rendre hommage à un ouvrage d'histoire que j'ai consulté avec une fréquence considérable : il s'agit du *Jérusalem au temps de Jésus* de Joachim Jeremias (v. bibl.), qui est l'une des sources les plus riches et les plus admirablement exactes des très nombreux ouvrages d'histoire auxquels j'ai dû recourir sur la Palestine du Ier siècle.

Certaines déclarations à la presse sur l'origine de détails inconnus, tels que l'âge de Joseph, père de Jésus, qui est indiqué par le Protévangile de Jacques, ont été reprises de façon malhonnête par des plumitifs « téléguidés », au train arrière desquels tinta un grelot de mauvais aloi... On a donc voulu faire croire que, pour réunir les éléments de *L'Homme qui devint Dieu*, je me serais servi de sources fuligineuses, tirées des plus sulfureux parmi les Évangiles apocryphes, voire de textes démoniaques, que sais-je ! Ce genre d'assertion est démenti par l'évidence de ce livre : 90 p. 100 des références du présent ouvrage sont empruntées aux évangiles canoniques. Il ne me reste qu'à déplorer que ceux des traditionalistes qui s'en prétendent les plus férus ne les aient pas lus.

Il est, en revanche, vrai que j'ai témoigné un intérêt particulier à l'Évangile de Jean, dit le quatrième, et qui constitue, comme le savent tous les exégètes, un cas à part, ne fût-ce qu'en raison de son unité de style. Bultmann ne s'y est pas vraiment attaqué, car il offre beaucoup moins de prise à sa méthode que les synoptiques : il est, en effet, incomparable. Et même C.H. Dodd, qui lui a consacré le volumineux ouvrage qu'est *La Tradition historique du quatrième évangile*, en essayant d'aller au-delà de la *Formgeschichte*, n'en a apparemment pas épuisé la substance. Car l'Évangile de Jean ne ressemble à rien, mais il est étonnamment riche.

Bien des questions se posent au sujet de cet évangile, qui eût dû être apocryphe, tant il est marqué par l'hérésie qui fait le plus horreur à la Tradition catholique, le gnosticisme. Tout d'abord, pourrait-il avoir été écrit par Jean de Zébédée, l'apôtre « favori » de Jésus (c'est ainsi qu'il se nomme lui-même, sans grande modestie) ? Rien n'est plus douteux : Irénée, évêque de Lyon, né à Smyrne, probablement, et qui connut Polycarpe, lequel fut évêque de la même ville de Smyrne, outre qu'il figure parmi les Pères apostoliques, Irénée, donc, rapporte sur la foi de Polycarpe que l'auteur de l'évangile attribué à un « Jean » vécut sous Trajan, c'est-à-dire entre 90 et 117. Cela, déjà, exclut Jean de Zébédée comme auteur vraisemblable de cet évangile : car lorsqu'il fut recruté avec son frère Jacques par Jésus, au début du ministère public de celui-ci, vers 27, il devait avoir au moins quinze ans. Sous le règne de Trajan, il aurait eu entre soixante-dix-huit et cent cinq ans. Ce n'est pas entièrement impossible, à cette différence près que, « vécut sous » n'est pas « mourut sous », et que cent cinq ans est quand même un âge extrême. De plus,

Papias, autre Père apostolique, qui mourut martyr avec Polycarpe vers 165, rapporte (*cf.* « The Gospel of John », par Frederick von Hügel, *Encyclopaedia Britannica*, 1962) par aileurs que le vrai Jean de Zébédée fut mis à mort par les juifs avant 70, c'est-à-dire avant le siège de Jérusalem. Inutile donc, et quelque doute qu'émette Eusèbe sur les capacités intellectuelles de Papias, tout Père apostolique qu'il fût, d'aller postuler une longévité extraordinaire de Jean. L'affaire serait simple et il faudrait conclure que, tout comme les synoptiques, l'Évangile de Jean fut écrit par un tiers.

Ici se posent, toutefois, des difficultés considérables, que n'ont pas résolues de très nombreuses études sur le sujet. La première est la remarquable unité de style et d'inspiration du quatrième évangile qui, jointe à la profonde et presque déviante originalité du texte, indique un seul auteur ou, en tout cas, deux auteurs d'étroite parenté intellectuelle. La deuxième est la frappante similitude d'inspiration des quatre épîtres, de l'Apocalypse et du quatrième évangile, et la similitude stylistique de ladite première épître et du quatrième évangile, tous textes attribués à un hypothétique Jean. De ces difficultés, magistralement indiquées par l'abbé Loisy dans *Le Quatrième Évangile* (2e éd. Paris, 1923), il semble ressortir qu'il aurait existé un auteur unique de ces lettres, dit Jean, que ce fût Jean de Zébédée ou un autre. La troisième difficulté, qu'on veuille bien me pardonner de l'évoquer à titre personnel, car je n'en ai clairement rencontré mention dans aucune étude sur cet évangile, est d'ordre littéraire : indépendamment de sa véracité historique, cet évangile est plein de la voix d'un homme, un seul et non une cohorte de rédacteurs, qui connaît bien l'aventure de l'homme nommé Jésus, qui y a longuement réfléchi et qui lui a prêté une signification tout à fait différente de celle des auteurs des synoptiques, d'un mysticisme qui est aux franges du gnosticisme ;

c'est-à-dire encore aux antipodes de la théologie de l'Incarnation : dans le gnosticisme, mouvement qui sera exposé plus en détail à propos de l'Évangile de Thomas, il n'y a pas, pour parler bref, descente de la divinité dans l'homme, mais ascension de l'homme vers la divinité. Que « Jean » soit très fortement marqué par le gnosticisme n'est pas douteux, il le manifeste d'emblée dans les versets 1 à 5 et notamment dans le verset 5 : « La lumière brille dans les ténèbres et les ténèbres ne l'ont jamais maîtrisée. » C'est là le credo du gnosticisme, qui est dualiste, c'est-à-dire distingue nettement entre l'esprit et la matière, et dont le dualisme contribuera, dans la deuxième moitié du IIIe siècle, à la naissance de l'hérésie manichéenne. De fait, l'Église, comme le notait l'abbé Loisy, déjà cité, n'a jamais pris position à l'égard du quatrième évangile. La rigueur exigeait de l'interdire, sa puissance d'inspiration l'interdisait. Signalons que, pour son impudence, Loisy fut excommunié.

C'est l'assurance du style qui frappe le plus dans le quatrième évangile ; « Jean » ne s'embarrasse pas de considérations pseudo-historiques, destinées à conforter la véracité de son récit ; il commence par un raccourci audacieux de la Genèse et, dès le verset 19, aborde son récit par l'entremise du témoignage du Baptiste. Parmi maintes audaces, il supprime les allégories et ne cite que trois paraboles. Tout au long de son évangile, bizarrement, il ne se met jamais en scène, alors qu'il était le disciple préféré de Jésus. Toutefois, dans les livres XVIII à XX, ceux qui racontent l'arrestation, la crucifixion et la résurrection, il offre un luxe étonnant de détails, analysés dans les notes de cet ouvrage. « Jean » s'exprime comme quelqu'un qui aurait disposé d'un témoignage de première main, celui d'un témoin direct ; il donne d'ailleurs la clef de sa position dans le récit : « Cela est garanti par un témoin oculaire, dans le témoignage duquel il faut avoir confiance. »

(Jn. XIX; 35). C'est bien la preuve, étonnamment négligée, que « Jean » n'est pas Jean de Zébédée : il ne dit pas « je ».

Qui fut-il donc ? Irénée, donc, assure que le personnage exista et qu'il vécut sous Trajan. Et Eusèbe rapporte ce fait crucial : Papias conut, du temps qu'il était à Hiérapolis, en Syrie, deux Jean et non pas un (H.J. Holtzmann, *Handkommentar*, 1893, et W. Wright & N. McLean, *The Ecclesiastical History of Eusebius in Syriac*, Cambridge, 1898). Il semble donc plausible que « Jean », dit évangéliste, ait rencontré à Hiérapolis Jean de Zébédée, avant 70, et qu'il ait recueilli sa version personnelle des événements, l'interprétant à son gré et selon sa culture. Pour Loisy et d'autres auteurs — il y a presque unanimité sur ce point —, ce fut un juif lettré, qui vécut en Asie proconsulaire, ce qui confirme l'affirmation d'Eusèbe selon laquelle le quatrième évangile fut « publié » à Ephèse (publication s'entendant évidemment ici au sens de texte offert aux copistes). D'où tenait-il sa troublante connaissance de la Palestine et en particulier des bords du Jourdain et de Jérusalem ? Probablement, pour reprendre l'avis de Hügel, d'une visite approfondie de ces lieux.

Cette hypothèse selon laquelle le quatrième évangile serait donc la transcription des récits oraux de Jean de Zébédée à « Jean » l'évangéliste, sensiblement plus jeune que lui, est renforcée par la coloration gnosticiste de cet évangile ; de fait, le gnosticisme apparut justement au début du Ier siècle en Asie Mineure. La question qui se pose alors est la suivante : le gnosticisme concordait-il avec la version et les convictions de Jean de Zébédée ? Il faudrait tout un ouvrage et d'autres compétences que la mienne pour en débattre avec quelque sérieux, après, bien sûr, les discussions qu'Épiphane entretint à ce sujet, au IVe siècle, avec les chrétiens de son temps. Si le gnosticisme de l'évangéliste correspondait à celui de

Jean de Zébédée, il faudrait supposer qu'une bonne partie des disciples perçut donc l'enseignement de Jésus comme étant gnosticiste avant le temps de ce courant ; c'est parfaitement plausible, comme j'entends le démontrer plus loin ; il n'en reste pas moins que la formulation des dits de Jésus telle que « Jean » la pratique ne correspond pas à celle des mêmes dits tels qu'ils sont rapportés par les synoptiques, et que « Jean » prête à Jésus des dits qu'on ne trouve pas dans les synoptiques. En tout état de cause, le quatrième évangile est seul des canoniques qui semble aussi fortement interprétatif.

Ma situation de biographe était donc la suivante : d'une part, je disposais des trois Évangiles synoptiques, axés sur la rédemption des pécheurs par le sacrifice suprême de Jésus et imprégnés d'un sentiment millénariste (celui d'une fin imminente du monde) ; de l'autre, j'avais un document singulier, inspiré par le sentiment de la révélation, et mystique jusqu'à en aborder le gnosticisme. D'une part, les synoptiques reflétaient l'interprétation judéo-chrétienne telle qu'elle s'est perpétuée jusqu'à nos jours ; de l'autre, le quatrième évangile ouvrait la porte à une interprétation, mettons plus extrême-orientale, de l'aventure de Jésus. Pour reprendre encore cette antithèse : d'une part, je disposais de textes visiblement très altérés dans leur transcription, et dont l'histoire reste, jusqu'à plus amples découvertes, impossible à reconstituer ; de l'autre, j'avais un texte visiblement univoque, considérablement moins orthodoxe et, à certains égards, presque embarrassant pour la tradition théologique. Comme le feraient et l'ont fait d'autres biographes, j'ai donc accordé une préférence secrète à un témoignage beaucoup plus proche de ce qu'on appelle « la première main ». Restait à conforter mon sentiment que Jean avait été plus proche de l'enseignement de Jésus.

Ce qui renforce mon sentiment que « Jean » a pris

moins de libertés qu'on serait enclin à le supposer avec les récits recueillis de la bouche de Jean de Zébédée est le cinquième évangile, celui de Thomas. Henri-Charles Puech a publié sur cet évangile une étude magistrale, dans le second tome de son ouvrage *En quête de la gnose*, Gallimard, 1978 ; j'y renvoie donc les lecteurs désireux d'approfondir leurs connaissances sur cet évangile très peu connu. Je me limite ici à rappeler deux faits saillants : retrouvés en 1945 près de Nag Hamadi, en Égypte, les treize volumes ou débris de volume de cet évangile, rédigé en copte sahidique au début du IIIe siècle, sont une collection des dits de Jésus, la plus vaste dont nous disposions ; et ils sont d'inspiration nettement gnosticiste. Ils semblent, selon Puech, être originaires de Syrie ou plus précisément d'Edesse, l'actuelle Urfa de Turquie, près de la frontière syrienne.

Puech, qui rejette prudemment toute valeur canonique de l'Évangile de Thomas, qu'il répugne même à nommer cinquième, estime qu'il s'agit là d'une traduction du grec en sahidique (t. II, p. 72-73) qui conserve des aramaïsmes ; le texte aurait donc été rédigé en araméen en premier lieu, à une date antérieure, comme ce fut le cas des canoniques et, en tout cas, des synoptiques. Le point est intéressant, car il révèle une parenté d'origine avec ces Évangiles. Un autre point intéressant est le rapport particulier de Thomas avec Edesse : en effet, Thomas aurait été censé avoir envoyé un missionnaire nommé Addai, qui fut certainement Tatien, personnage hautement singulier, missionnaire, hérétique et, entre autres titres, professeur probable d'un des Pères de l'Église, Clément d'Alexandrie, à charge de convertir le roi de la ville d'Edesse, Abgar, et les habitants de la ville. Tatien aurait été muni d'un texte syncrétique des quatre évangiles, sorte d'évangile résumé, le *Diatessaron*. En fait, il est hautement improbable que Thomas ait jamais connu Tatien. Louis Leloir, entre autres spécialistes (il a traduit le *Commentaire de l'Évangile concordant ou Diatessaron d'Ephrem de Nisibe*, Éditions du Cerf, Paris, 1966), estime que Tatien est né vers 120. En 120, Thomas était mort, sauf à avoir atteint, et encore, à la naissance de Tatien, cent cinquante ans.

Tatien a donc écrit le *Diatessaron* sans l'autorité directe de Thomas. Disons qu'il existe de ce texte six versions, sinon sept, une syriaque, dont dérive l'arabe, une latine, une néerlandaise, une perse, une toscane et une vénitienne. L'étude comparative de ces versions a mobilisé bien d'autres compétences que la mienne et je renvoie donc le lecteur à la bibliographie du P. Leloir dans l'ouvrage déjà cité. L'essentiel de l'affaire réside dans la question suivante : la plus ancienne version du *Diatessaron* permet-elle de se faire une opinion de ce qu'aurait été la version originelle de l'Évangile de Thomas ? Et, surtout, de savoir si le gnosticisme avéré de cet évangile est ou non original ?

Bien évidemment, philologues et exégètes répugnent à l'extrême à de telles spéculations. Il n'en demeure pas moins que deux faits autorisent au moins à émettre l'hypothèse d'une filiation directe et point trop infidèle entre le *Diatessaron* arabe, qui est gnosticiste, et l'Évangile de Thomas. Le premier est fourni par l'analyse de Metzger, déjà cité, qui note soixante concordances sur cent cinquante repères entre le *Diatessaron* et l'Évangile de Thomas. Tatien a donc repris soixante points de ce dernier évangile. Le second est l'antériorité de l'Évangile de Thomas, dont attesterait déjà sa forme araméque, qui, comme je l'ai rapporté, transparaît en filigrane dans la version copte. En effet, les versions araméques des évangéliaires ont disparu très tôt de la littérature chrétienne archaïque, car l'araméen n'était essentiellement parlé qu'en Palestine. Au Nord, il fallait parler syriaque, perse, arménien, au Sud arabe, à l'Ouest et dans l'ensemble du Bassin méditerranéen, grec.

Qu'en déduire ? Qu'il y eut certainement une version aramaïque de l'Évangile de Thomas qui put être rédigée tôt dans la deuxième moitié du Ier siècle, peut-être avant, hypothétiquement entre 40 et 60, qui fut rapidement transcrite en grec, puis, à l'intention de la Haute-Égypte et de l'Éthiopie, en copte ; et que, selon toute vraisemblance, ce fut de la version grecque que s'inspira Tatien. Enfin, qu'en termes plus simples il n'existe pas de preuves absolues que le gnosticisme de l'Évangile de Thomas, de surcroît reflété dans le *Diatessaron* arabe, ait été une fabrication après coup des gnostiques d'Edesse, mais qu'il n'est pas absurde de supposer, au contraire, que ce gnosticisme était présent dans la première version de l'Évangile de Thomas. Rien n'est plus dense que le sable des exégèses, mais le bon sens permet de penser que si les chrétiens d'Edesse, dont le rigoriste Tatien, ont choisi l'Évangile de Thomas pour modeler d'après lui le *Diatessaron*, c'est qu'il était déjà gnosticiste. Si cet évangile n'avait pas correspondu à leurs convictions, ils se seraient rabattus, si j'ose dire, sur celui de « Jean », qui leur offrait un tuf au moins aussi accordé à leurs inclinations.

Sur cinq évangiles, il y en avait donc déjà deux qui se rangeaient du côté d'une interprétation gnosticiste de l'enseignement de Jésus, celui de « Jean » et celui de Thomas.

Le profane peut se demander, ici, quelle est l'importance de ce point ; elle est immense. L'ampleur relative des discussions théologiques de mon récit l'indiquent. La pensée gnosticiste, en résumé, considérait qu'il existait deux divinités, un double principe du Bien et du Mal, d'une part, le Démiurge, de l'autre, au-dessus de Dieu. L'empire du second recouvrait celui du premier. C'est le problème que la théologie orthodoxe a prudemment écarté, d'abord de synode en synode, puis au premier concile de Nicée, au premier concile de Constantinople, enfin, aux conciles de Nicée et de Chalcédoine. S'il était le moins du monde proposé d'envisager l'hypothèse d'un Démiurge supérieur à Dieu, celui-ci, en bref, était rabaissé au rang d'un antagoniste du Démon. Il n'y avait plus lieu d'imaginer une incarnation divine en la personne humaine de Jésus ; celui-ci n'était plus un Messie dépêché par le Tout-Puissant, mais un initié venu guider l'humanité vers la Révélation, tout comme un Apollonios de Tyane, par exemple. En fin de compte, cette branche du judaïsme qu'était le christianisme naissant risquait fort de se fondre dans l'hindouisme et le bouddhisme. Dès le IIe siècle, l'Église s'efforça de colmater les brèches par lesquelles les grands vents asiatiques s'engouffraient, menaçant d'ébranler l'édifice encore frêle de son interprétation de Jésus. Le *Diatessaron*, justement, fut l'évangéliaire qui lui valut le plus de peines, car non seulement il fut lu aux offices et par les fidèles de l'Église syriaque et de l'Orient, jusqu'au Ve siècle, bien après donc que Tatien eut été déclaré hérétique, mais encore il influença l'Église occidentale après que les quatre évangiles canoniques eurent été imposés aux fidèles (*Encyclopaedia Britannica*, éd. 1964). Mais le *Diatessaron* n'était certes pas la seule version évangélique qui divergeât d'avec les canoniques ; une véritable masse d'évangiles avait cours dans l'ensemble du monde chrétien. Parmi les plus anciens, il y avait l'évangile des Hébreux, celui des Ébionites, celui des Égyptiens, celui de Philippe, celui de Matthias, celui de Pierre, ainsi que les sermons de Pierre ; celui de Barnabé... Il y avait la Stichométrie de Nicéphore et le synopsis du Pseudo-Athanase... Beaucoup ont été perdus, dont nous n'avons la liste que par Épiphane, mais parmi les évangiles « thomasiens », on retrouve des versions différentes telles que le fragment du Fayoum, le manuscrit d'Oxyrhynchos, des appendices tels que la Pistis Sophia ; l'Évangile de Thomas connut, en effet, la ferveur des copistes. Mais en plus, il y avait les évangiles de l'enfance de Jésus, tels que le protévangile de Jacques (sans doute Jacques le Mineur), celui de la naissance de Marie, l'évangile arabe de l'enfance, l'arménien, l'Histoire de Joseph le charpentier, en plus de discours, d'Évodius, de Cyrille de Jérusalem, de Démétrios d'Antioche, de Cyrille d'Alexandrie, les évangiles de la Passion, dont un fragment d'un évangile de Pierre, l'évangile de Nicodème, dit aussi Actes de Pilate, une quantité remarquable de fragments et de documents, tels que la lettre de Pilate à Tibère et l'histoire de Joseph d'Arimathie, le narratif du Pseudo-Mélite, une foule d'actes, de Jean, de Paul, de Pierre, d'André, de Thomas, de Philippe, de Matthias, de Barnabé, de Thaddée, des épîtres, des apocalypses... Pour l'inventaire de ces documents, on se référera au toujours magistral ouvrage de Montague Rhodes James, *The Apocryphal New Testament*, référencé dans la bibliographie.

Le croyant contemporain qui aborde pour la première fois cette masse prodigieuse de documents, presque tous méconnus du grand public, risque d'être saisi de vertige et cela d'autant plus que certains d'entre eux, tel le manuscrit publié en 1935 par Bell et Skeat, et qui est un fragment d'un évangile inconnu de la première moitié du IIe siècle, et contient des paroles inconnues de Jésus, sont singulièrement troublants. Ce croyant se demande alors : « Lesquels sont bons ? Et pourquoi donc sont-ils inconnus ? »

En réalité, si l'on suit la démarche historique, il est évident que tous ces évangiles sont des textes authentiques autant que les canoniques ; ils ont été écrits à des moments divers des premiers siècles de l'Église chrétienne, sur la base de rapports oraux et de traditions, comme le fut, par exemple, *L'Odyssée*. Ce ne sont certes pas des textes historiques, mais les évangiles canoniques, on l'a vu, ne le sont pas non plus, si l'on fait une exception hypothétique pour celui de « Jean ». La notion moderne d'histoire, c'est-à-dire d'enregistrements de faits précis et vérifiés, n'existait pas alors, et le plus près que s'en soient approchés des auteurs antiques, ce sont Tacite dans les *Annales*, Jules César dans les *Commentaires de la guerre des Gaules*, Flavius Josèphe dans *La Guerre des Juifs*, mais ce sont là encore des annales politiques, et les disciples de Jésus, ceux qui l'avaient connu et encore plus ceux qui ne l'avaient pas connu, n'avaient certes aucun souci de transcrire des événements historiques, mais seulement « la bonne nouvelle », *evangelion*. Les textes dits apocryphes reflètent donc, en plus de faits rapportés et le plus souvent déformés par la transmission et enjolivés par la ferveur, l'état d'esprit des évangélistes. Ils sont inconnus parce que l'Église les a rejetés.

Ce rejet était théoriquement fondé sur trois critères : doctrine, usage et origine apostolique. De ces trois critères, auxquels un texte devait satisfaire pour être déclaré canonique, seul le dernier présentait un caractère historique, puisqu'il spécifiait que, pour être reconnu, un texte devait avoir été transmis par les apôtres. Il était cependant nécessaire mais non suffisant, car si un texte était bien apostolique, mais non conforme au canon, il était quand même rejeté, comme ce fut le cas pour l'Évangile de Thomas et le *Diatessaron* qui en découlait partiellement.

Il va de soi que le parti pris de l'Église ne peut donc en aucun cas guider l'historien. Chacun est donc fondé à supposer que l'Église a rejeté des ouvrages qui satisfaisaient bien au caractère apostolique, mais non au critère doctrinal. Et cela d'autant plus aisément que la philologie n'existait pas et que les Pères de l'Église pouvaient prendre les décisions qui leur semblaient conformes aux intérêts de leur communauté sans, pour dire le moins, une grande rigueur scientifique.

L'interdiction pure et simple de certains évangiles n'était pas commode. À la fin du IIe siècle, par exemple, Irénée, évêque de Lyon, déjà cité, originaire de Smyrne et l'un des théologiens les plus éminents de l'Église primitive, utilisait les quatre canoniques actuels, sans doute parce qu'ils posaient le moins de problèmes doctrinaux, plus treize épîtres de Paul, Pierre et Jean, la Révélation et « Le Berger d'Hermas » ; au Ve siècle, après le décret du pape Gélase Ier, « Le Berger d'Hermas » était rejeté parmi les apocryphes. Au IVe siècle, autre exemple, Eusèbe, déjà cité, reconnaissait les écrits de Jacques, acceptés par la grande majorité des fidèles, ainsi que, entre autres textes, l'évangile des Hébreux. Au Ve siècle, le décret gélasien avait rejeté ces deux ouvrages parmi les apocryphes, eux aussi. Toujours au IVe siècle, le Codex Sinaïticus reconnaissait l'épître de Barnabé (ainsi que « Le Berger d'Hermas »), qui fut, bien sûr, rejetée également parmi les apocryphes par le décret gélasien. Comme je l'ai dit plus haut, ce n'était pas toujours la compétence philologique ou épigraphique qui inspirait les interdictions ; c'est ainsi qu'au VIIIe siècle, le canon muratorien mentionne toujours l'Apocalypse de Pierre comme licite à la lecture, bien que d'origine discutable, alors que, depuis trois siècles, elle était rejetée par le décret gélasien.

On pourrait multiplier ce genre d'exemples pendant plusieurs pages ; je suppose mon but atteint, qui était de démontrer que l'unanimité fut, pendant des siècles, loin d'avoir été atteinte entre les théologiens en ce qui concernait les textes évangéliques. Et, en tant que chrétien, je me demande, incidemment, s'il n'eût pas été plus sage de suivre la politique de Clément d'Alexandrie, qui se souciait bien peu de la canonicité et qui, n'accordant d'importance qu'à l'inspiration, enseignait des textes depuis lors rejetés, comme l'évangile des Hébreux, l'évangile des Égyptiens, la Didaché, l'épître de Barnabé et bien d'autres. Après tout, Clément d'Alexandrie n'était pas si mal placé dans le temps pour juger de l'authenticité d'un texte, et Luther se rangea plus tard à son exemple, en contestant les distinctions canoniques et en déclarant que ce qui compte, c'est ce qui mène à Jésus *(Was Christum treibet)*. Qu'on me consente de douter, sans impertinence, que les chrétiens auxquels Clément d'Alexandrie et Irénée lisaient des textes aujourd'hui rejetés aient été induits en erreur et précipités dans le schisme ou l'hérésie...

Je voudrais simplement rappeler à ce propos que le mot « apocryphe », qu'on entend de nos jours comme équivalent de « faux », signifia autrefois tout autre chose : un texte apocryphe était simplement un texte trop précieux pour être mis entre toutes les mains (comme le souligne Montague Rhode James, déjà cité) : « Il devait être réservé à l'initié, au cercle restreint des croyants. » De fait, des textes qu'on lisait donc au grand jour, dans les églises, aux offices, devinrent tout d'un coup, et surtout après le décret gélasien, secrets ; seuls quelques moines, hétérodoxes, continuaient de les transcrire et continuèrent, de fait, pendant des siècles ; c'est ainsi que nous disposons aujourd'hui de versions coptes, slavonnes, arabes et perses de textes apocryphes.

Je voudrais également rappeler que les versions *ne varietur* qu'on propose (ou impose ?) de nos jours des textes évangéliques sont discutables. Rien que dans les papyrus de textes évangéliques retrouvés en Égypte, l'*Encyclopaedia Britannica* (éd. 1978) ne recense pas moins de cent cinquante mille variantes. Qui décidera de la version autorisée ?...

Enfin, à ce point-ci de mon exposé, un lecteur profane se demandera pourquoi donc Gélase I^er^ prit une décision aussi autoritaire que l'interdiction de plusieurs dizaines de textes révérés par les fidèles. C'est que ce pape était une forte nature, excédé par la rébellion de l'Église d'Orient et notamment par l'hérésie d'Acace, elle-même causée par le refus de Rome d'accepter la formule de paix ou Hénotique, que l'empereur Zénon de Byzance avait offerte aux monophysites. Il y avait déjà bien assez, dans le jeune monde chrétien, d'agitation doctrinale sans qu'on allât encore, dans la sphère romaine, tolérer des écrits évangéliques non concordants et que chacun interprétait à sa guise, y compris les évêques ; Gélase résolut donc de restreindre les textes afin de fixer le canon, donc le pouvoir de la papauté.

Le chrétien contemporain l'oublie, le méconnaît ou l'ignore aisément : les divergences sur des points théologiques revêtaient, dans les premiers siècles, une importance politique. Même de nos jours, dans les pays de l'Est, les divergences sur l'interprétation de Marx n'auraient certes pas les répercussions des querelles sur la nature du Christ dans l'Église, ou plutôt les Églises primitives. Quand Sévère, évêque d'Antioche, soutenait qu'il y avait deux natures dans le Christ, mais que son corps était corruptible et que son intelligence n'était pas infinie, et quand, symétriquement, Julien, évêque d'Halicarnasse, soutenait au contraire que les deux natures étaient indissolublement unies au *Logos* de manière à ne plus être consubstantielles avec l'humanité du personnage, donc que le corps de Jésus n'était pas corruptible et que son intelligence était infinie, ils déclenchaient des émeutes dans les rues. Une guerre civile flambait à Jérusalem, à Alexandrie, à Antioche, à Constantinople. L'Empire romain d'Orient, qui s'étendait de Ctésiphon aux Colonnes d'Hercule, tremblait sur ses bases. Puis les conséquences financières et économiques étaient immenses, car les deniers des princes et du peuple allaient à telle Église plutôt qu'à telle autre. Les infinis distinguos théologiques exposés dans les conciles, et qui peuvent nous paraître « byzantins », portaient en eux des conséquences politiques considérables. Les versions de la vie et des paroles d'un juif nommé Jésus, qui avait, au Ier siècle, œuvré pour la rénovation de la foi juive, s'étaient, cinq siècles plus tard, changées en ouvrages d'importance politique. Comme quoi les rapports entre le système de référence métaphysique et le système politique sont beaucoup plus étroits que certains raisonnements contemporains ne voudraient le laisser croire...

En tout état de cause, une étude historique des textes évangéliques n'a que faire des soucis politiques de l'Église primitive et encore moins de la tradition qui a fixé le canon. J'étais donc tout à fait fondé à utiliser, dans mon essai de reconstitution de la vie de Jésus, tout passage qui me convînt des évangiles apocryphes. Et là réside la troisième des réserves évoquées en début de chapitre.

Encore fallait-il choisir, en effet.

Parmi les évangiles de l'enfance, j'ai d'abord retenu celui de Jacques ou Protévangile, selon le nom qui lui a été donné au XVIe siècle par Guillaume Postel, son introducteur. Il s'agit d'un texte qui a connu une grande diffusion et qui remonte au moins au IIe siècle. Je voudrais, à ce propos, préciser mon point de vue sur la porté de cette ancienneté. Un évangile était alors la transcription écrite d'une tradition orale ; il ne pouvait donc être écrit en quelques jours, ni quelques mois ni même quelques années ; si certaines parties (la première et la deuxième) circulaient déjà vers 130, c'est que le germe des textes remontait vers la fin du Ier siècle. Son intérêt spécifique est que, de VIII ; II à XX, il offre un luxe d'informations sur les circonstances du mariage de Joseph et de Marie qui ne se trouvent dans aucun texte évangélique. Elles sont frappantes par leur réalisme dans un ensemble de textes qui verse aisément dans l'hagiographie merveilleuse. De plus, ces informations recoupent certaines de celles des canoniques, notamment celles sur les frères de Jésus. On en retrouve plusieurs dans l'Évangile du Pseudo-Matthieu, mais celui-ci n'est, selon les spécialistes, qu'une version dérivée du Protévangile.

L'Histoire de Joseph le charpentier est un texte tardif, puisqu'il date du IVe siècle, mais il comporte, dans sa transcription du Protévangile, quelques détails intéressants sur la vieillesse du personnage. Il s'agit toutefois là d'un texte hagiographique dont la diffusion fut confinée à l'Égypte.

L'Évangile de Pierre est intéressant par son ancienneté, puisqu'il remonte au milieu du IIe siècle, et par sa répercussion dans la littérature de ce siècle, car il y est fréquemment cité ; Justin martyr, philosophe et apologiste né vers 100, en aurait eu connaissance également. Mais ce texte est intéressant, paradoxalement, par son inexactitude flagrante, car il révèle, de manière caricaturale, les erreurs d'interprétation qui sévissaient déjà parmi les premiers chrétiens et que l'on retrouve dans les canoniques ; c'est ainsi qu'il présente Hérode Antipas comme le « roi d'Israël », et c'est encore ainsi qu'il reflète un antisémitisme étonnant pour l'époque ; c'est peut-être le premier de tous les textes antisémites.

Les Actes de Thomas, enfin, l'un des textes les plus longs et les plus riches littérairement du vaste ensemble des apocryphes, m'ont offert une considérable matière à réflexion. Disponibles en versions syriaque et grecque, ils ont été parfois attribués à l'écrivain syrien Bardesanes, qui connut un grand retentissement jusque deux siècles après sa mort en 222. Il reste possible, selon M.R. James, déjà cité, que la version grecque soit antérieure ; personnellement, j'avance l'hypothèse que la version originale grecque ait servi de base à une transcription syriaque, comme l'invite à croire la forme rhapsodique orientale de ces textes, très longs et souvent d'une remarquable beauté. Les Actes de Thomas racontent, avec force détails historiques, mais également romanesques, l'apostolat de Thomas en Inde. Ils contiennent la seule mention connue dans la littérature évangélique de la présence de Jésus en Inde, en même temps que Thomas ; c'est là un point dont j'exposerai ultérieurement la portée vraisemblable.

En outre, je me suis servi d'un certain nombre de textes classiques, tels que le théâtre d'Aristophane et d'Euripide et les écrits de Flavius Josèphe, ainsi que des nombreux travaux archéologiques, historiques et critiques recensés dans la bibliographie en fin d'ouvrage.

Il existe une littérature assez abondante sur les manuscrits de la mer Morte pour qu'il soit utile d'y ajouter. En ce qui concernait mon entreprise, ces documents présentaient un intérêt général et un autre, particulier. Accessoirement aussi, ils démontraient que, contrairement à certaines idées, les découvertes ne sont pas closes sur le monde judéo-chrétien. L'intérêt général était d'éclairer le contexte religieux du ministère de Jésus. Philon d'Alexandrie, Josèphe et quelques auteurs antérieurs à la découverte des manuscrits, en 1947, tel Ernest Renan, ont bien mentionné les Esséniens, mais ils ne l'ont fait qu'en passant, faute de documents, d'intérêt peut-être à l'époque. Une meilleure connaissance de cette secte singulière ne faisait qu'accentuer d'ailleurs l'étrangeté du silence absolu de Jésus à son égard. On croirait qu'il ignore son existence, ce qui est évidemment impossible. Les Esséniens, qui maintenaient des distances méprisantes avec le reste de la communauté juive, et notamment avec le clergé du Temple, qui pour les Esséniens participait à l'apostasie d'Israël, devaient avoir l'effet d'une épine dans le pied du clergé. Celui-ci, en effet, n'ignorait pas que les Esséniens considéraient le Temple rebâti par Hérode comme une abomination et qu'ils clamaient haut et clair leur intention de « libérer » Jérusalem et d'interdire enfin l'accès des lieux du culte aux « bâtards et étrangers ». (« Bâtard » doit s'entendre ici au sens de « païen », les juifs de l'époque tenant que tout païen était en quelque sorte un « enfant de p... » — Jeremias, déjà cité, v. bibl.) Ce point est extrêmement important ; il indique d'abord la grave dissension qui régnait dans le peuple juif, déjà déchiré par l'aversion réciproque que se portaient les Samaritains et les Pharisiens et Sadducéens ; il révèle ensuite qu'il existait à l'intérieur d'Israël une communauté qui partageait le point de vue de Jésus à l'égard du Temple et de son clergé. Josèphe, intrigant rebelle et renégat, et qui avait élevé les Esséniens au rang de héros, est fort embarrassé sur ce point ; il essaie, en effet, de faire accroire que c'étaient les gens du Temple qui ne permettaient pas aux Esséniens de célébrer des sacrifices, ce qui est faux, comme l'a démontré John Nolland (*Revue de Quoumrân*, n° 36, p. 555-562) : c'étaient les Esséniens qui exécraient les gens du Temple.

Un autre grand intérêt des manuscrits de la mer Morte est la révélation d'une veine gnostique, dont attestent, entre autres, les versets suivants de l'hymne « La justification est l'œuvre de Dieu » de leur Code pénal : « Dans l'être éternel mon œil a contemplé — une sagesse qui est cachée à l'homme de science — et une finesse subtile cachée aux fils d'homme, — source de justice et fontaine de puissance, — ainsi que lieu de gloire cachés à l'assemblée charnelle. »

L'intérêt particulier des manuscrits consiste dans le point, abondamment débattu, de l'influence éventuelle des Esséniens sur Jésus. Trois points dogmatiques plaident en faveur de cette hypothèse, qui n'apparaissent certes pas avec autant de relief ni de spécificité dans toute la littérature judaïque antérieure, qui sont donc neufs et que l'on retrouve dans l'enseignement de Jésus : la charité fraternelle, le mépris des plaisirs des sens et des richesses et le souci de pureté. « Je ne rendrai à personne la rétribution du mal », spécifie la Règle de la communauté (X ; 17-18). « Tu n'as pas placé mon appui dans le gain », dit également l'Essénien, s'adressant au Seigneur (Hymne R, X ; 22), enfin, les précautions insensées que doit prendre l'Essénien quand il va à la selle et la peur d'être rendu impur, fût-ce par le contact de l'huile, ainsi que les autres règles de pureté physique et sexuelle sont très précisément détaillées dans la Règle. Si Jésus ne semble pas avoir été obsédé par les préceptes de pureté physique, son célibat avéré durant au moins les trois années de son ministère public témoigne de son choix de l'abstinence.

Un point particulier et très spécifique plaide fortement en faveur d'une appartenance temporaire de Jésus à la communauté du Quoumrân : c'est que Jésus célèbre la Cène à la veille de la Pâque, ce qui constitue une anomalie considérable, et qui ne s'explique, comme Annie Jaubert l'a magistralement démontré dans *La Date de la Cène*, que si Jésus s'est conformé au calendrier essénien, pour lequel la Pâque tombait le mercredi 14 Nizân, deux jours en avance sur la Pâque de Jérusalem. Même plusieurs années après avoir quitté les Esséniens, Jésus a conservé, donc, l'habitude de célébrer la Pâque un jour précis, et d'ailleurs déterminé très logiquement.

L'hypothèse de l'appartenance de Jésus à la communauté essénienne est renforcée par la personnalité de son cousin. Jokanaan est un anachorète solitaire, tel que le décrivent les Évangiles ; il n'appartient donc pas, au moment où il entre en scène, pour ainsi dire, à la communauté essénienne ; mais de très nombreux détails le désignent comme un homme qui a, lui aussi, adopté les pratiques esséniennes, donc qui a suivi leur enseignement : sa nourriture est celle des Esséniens, sa pratique du baptême rappelle beaucoup la leur et, comme eux, il cite la parole d'Isaïe : « Préparez dans le désert le chemin de Yahweh. » Nombreux sont ceux, dont le cardinal Jean Daniélou dans *Les Manuscrits de la mer Morte et les origines du christianisme*, qui estiment les coïncidences trop nombreuses pour être fortuites et qui en déduisent que Jésus et Jokanaan appartinrent aux Esséniens. « ... Les découvertes de Quoumrân résolvent un nombre considérable de problèmes que l'exégèse n'arrivait pas à résoudre », écrit le prélat : « origine de Jean-Baptiste, date de la Pâque, origine de la hiérarchie, vocabulaire de saint Jean », et ajoute le cardinal, avec une audace qui me sera pourtant vivement reprochée quand je reprendrai son point de vue, « origine du gnosticisme ».

Car là réside l'importance fondamentale des manuscrits de la mer Morte : ils démontrent que les Esséniens étaient profondément marqués par le gnosticisme et que Jésus, ayant suivi leur enseignement, a été, lui aussi, marqué par le gnosticisme. Dès lors, le gnosticisme de l'Évangile de « Jean » n'apparaît plus comme adventice et l'authenticité de celui de Thomas devient beaucoup moins contestable.

Mais surtout, la constante réserve de Jésus vis-à-vis du titre de Messie s'éclaire d'un jour nouveau : il ne pouvait être le Messie, puisque celui-ci, dans l'attente essénienne, ne pouvait être que l'incarnation de la puissance divine qui se manifesterait à la fin des temps et seulement alors. Si l'attente messianique était forte à Quoumrân, comme l'était l'expectative de la consommation des temps à laquelle elle était liée, les Esséniens ne concevaient absolument pas le Messie comme un personnage susceptible de s'insérer dans le cours de l'histoire : le Messie sera pour eux « le rameau issu de l'arbre de Jessé » qui apparaîtra à la fin des temps. Et c'est la raison pour laquelle même leur Maître de Justice, personnage de référence dans leur communauté, n'est jamais assimilé au Messie.

Ces considérations évoquent pour finir un point que n'a abordé, à ma connaissance, aucun auteur : pourquoi Jésus a-t-il quitté les Esséniens ? On ne se détachait de leur communauté que parce qu'on en était chassé pour faute grave, ou bien en raison d'un désaccord fondamental. J'exclus personnellement la faute grave, encore que le rigorisme sourcilleux des Esséniens ait dû contrarier Jésus, plus attaché à l'esprit qu'à la parole de la Loi. Mon hypothèse était que Jésus ne pouvait demeurer indifférent à l'attente messianique du peuple d'Israël, qui, lui, n'escomptait d'aucune manière, bien entendu, que le Messie entraînerait la fin des temps. Bien au contraire, pour les juifs, le Messie devait augurer une ère nouvelle. Mais, comme on l'a vu plus haut, les Esséniens s'étaient désolidarisés du peuple juif, attitude d'autant plus difficile à soutenir pour Jésus, sans doute, qu'elle s'accompagnait du désespoir inhérent à tous les millénarismes. Pour les gens de Quoumrân, la situation était scellée, il ne restait plus qu'à attendre la fin du monde. Ce fut ainsi que Jésus finit par les quitter.

Sans doute fut-ce aussi la raison pour laquelle Jokanaan les quitta. Mais pour Jokanaan, Jésus est probablement le Messie. S'il quitte Quoumrân, c'est à la fois que son ardeur est incompatible avec le désespoir essénien et qu'il attend, comme les autres juifs, un Messie qui s'insérera dans l'Histoire pour la renouveler.

On conçoit donc l'influence, indirecte mais déterminante, des manuscrits de la mer Morte sur la conception de mon récit. Peut-être conviendra-t-on également que mon audace n'a consisté qu'à tirer les conséquences des raisonnements et des convictions des exégètes, cardinal Daniélou compris.

Cela étant, il convient de se garder d'un excès comme de l'autre en ce qui concerne ces manuscrits, à la fois célèbres et méconnus, et sources de querelles larvées, mais tenaces, qui frisent parfois la discutaillerie : les manuscrits n'indiquent pas plus que les Esséniens furent des « préchrétiens », comme s'empressent dans les années 1980 de le conclure certains épigones de l'Église, qu'ils ne sont étrangers à la formation de l'Église, comme, trente ans plus tôt, d'autres épigones de la même Église le proclamaient.

Le lecteur que ces nuances, délicates, et pourtant fortes, non décisives, pourraient confondre les comprendra sans doute mieux exprimées dans les termes suivants. Si les manuscrits de la mer Morte « annonçaient » Jésus en quelque sorte, et notamment préfiguraient sa messianité, Jésus se situerait dans le droit fil d'une histoire religieuse et spirituelle, qui le légitimerait, à défaut de vérifier, comme s'y sont employés en vain les évangélistes, sa légitimité davidique.

Depuis les origines du christianisme, en effet, les sectataires de Jésus s'emploient avec un soin inutile à légitimer Jésus, d'abord à coups de généalogies truquées qui en feraient l'héritier du trône juif, puis, après la découverte des manuscrits de la mer Morte, à « prouver » qu'il était le messie qu'attendaient les Esséniens, élus parmi les élus.

En revanche, si les mêmes manuscrits étaient totalement étrangers à la formation de Jésus, ils ne constitueraient qu'une découverte archéologique sans aucun effet sur l'enseignement traditionnel de l'Église.

Paradoxalement, les deux attitudes se sont succédé. Dans les années 1950, quand le déchiffrage des manuscrits avait débuté et qu'on commençait à en publier des fragments, certains experts, dont John Allegro, maintes fois cité dans ces pages, relevèrent l'étrange parenté d'esprit qui reliait l'enseignement de Jésus à celui des

Esséniens. Des autorités ecclésiastiques s'alarmèrent : si l'on prouvait que la doctrine de Jésus lui avait préexisté, on lui retirait son originalité et, pis, son essence révélée. L'Église chrétienne n'apparaissait plus que comme un rameau du judaïsme, et c'était évidemment insupportable.

Dans sa communication à l'Académie des inscriptions et belles-lettres, *Trente années de recherches sur les manuscrits de la mer Morte*, en 1977 (v. bibl.), M. André Dupont-Sommer, secrétaire perpétuel de cette Académie et autorité majeure dans le domaine des écrits intertestamentaires, rappelait les faits, non sans une pointe de malice. « Il est évident que la répugnance marquée, tout au début, par de nombreux théologiens, s'est trouvée vite dépassée. En février 1951, une revue religieuse jugeait à propos de faire savoir à ses lecteurs : "Depuis des années, lisons-nous, les historiens des origines chrétiennes étudient les documents de toute espèce qui peuvent les renseigner sur l'histoire et l'enseignement de Jésus et de ses premiers disciples... Mais les documents récemment découverts n'accroissent guère sur ce point nos connaissances... L'identification des membres de la Nouvelle Alliance (les disciples du Christ) avec les Esséniens ne peut être affirmée actuellement avec certitude". » Passons sur les termes dédaigneux tels que « des documents de toute espèce », en ce qui concerne les manuscrits de la mer Morte. Toujours est-il que, l'année suivante, rapporte Dupont-Sommer, la même revue publiait sous pseudonyme un article d'une tout autre teneur : « Il est à peine besoin de signaler l'immense intérêt de ces découvertes... Des chrétiens ne verront pas sans joie et sans émotion que les découvertes modernes leur permettent de serrer de plus près la vie du peuple juif des environs de l'ère chrétienne. » « Quel revirement ! » remarque Dupont-Sommer. Passons cette fois-ci sur les dérobades du second texte : il ne s'agissait nullement de « serrer de plus près la vie du peuple juif des environs de l'ère chrétienne », mais plutôt les rapports étroits entre l'enseignement d'une secte juive et celui de Jésus. En 1957, le cardinal Jean Daniélou, dans *Les Manuscrits de la mer Morte et les origines du christianisme* (déjà cité, v. bibl.), boucle le revirement avec un paragraphe étonnant d'audace : « Le Maître de Justice est un de ceux qui ont préparé, avant Jean-Baptiste, la venue du Christ » (p. 81). Certes, l'éminent prélat se garde bien d'identifier le Maître de Justice, personnage révéré des Esséniens, à Jésus, mais enfin il en fait un précurseur. Or, si le Maître de Justice fut un précurseur de Jésus, Héraclès, Persée et Adonis le furent aussi, comme je l'indique dans le chapitre suivant.

La vérité, qui, près d'un demi-siècle plus tard, se dessine clairement, est beaucoup plus simple : les Esséniens ont bien influencé Jésus, mais ce ne sont pas des préchrétiens ; ils sont spécifiquement juifs, même s'ils incarnent une forme tardive du judaïsme ; sur le modèle de l'adjectif « hellénistique », pour désigner la culture grecque tardive, on pourrait dire qu'ils sont « judaïstiques ». Mais ils restent, je le répète, foncièrement juifs, et Jésus a donc été partiellement formé par des juifs. C'est, comme on dirait dans le langage de la fin des années 1980, le « noyau dur » de l'affaire. Il n'y a là aucune prédestination, mais simplement un enchaînement historique.

Car on ne peut pas étudier Jésus hors d'un cadre historique et, j'insiste, d'un cadre historique juif.

La plus grande difficulté m'est apparue assez tôt dans mes recherches : c'était l'analyse de Jésus sous deux angles différents et simultanés. Si l'on voulait réduire au minimum les marges d'erreur dans la reconstitution du personnage, il fallait, en effet, reprendre les sources à la fois sous l'angle de l'analyse historique contemporaine et, comme je me le proposais, sous celui de la sensibilité de l'époque.

Cette difficulté se révélait encore plus ardue quand il fallait aborder les épisodes surnaturels rapportés par les sources, essentiellement dans les canoniques, ceux dont, je le répète, je me suis le plus servi. Au regard contemporain, essentiellement habité par l'aspect laïc de la réalité, quand il ne s'abandonne pas à une superstition infantile, ces passages apparaissent comme naïfs et controuvés, et doivent donc être rejetés. Le lecteur moderne, qui lit dans les Évangiles que Jésus, par exemple, devint lumineux, accueille la description de cette transfiguration avec autant de scepticisme que l'éblouissement de Saül sur le chemin de Damas ; ce sont, pour lui, des fables et des enjolivures que les auteurs des Évangiles ont ajoutées à leurs récits pour les rendre plus captivants.

C'est vrai dans une certaine mesure, et le travers apparaît avec un relief confondant quand on lit la plupart des évangiles apocryphes ; ce sont des légendes dorées, dont la fantasmagorie s'accentue au fur et à mesure que les auteurs sont distants de Jésus dans le temps. Mais il est, par ailleurs, erroné de nier la réalité de certains phénomènes physiques du mysticisme. Chez des personnages aussi intenses que Jésus, il n'y a pas lieu de douter que certains « prodiges » aient eu lieu, tels que ceux que l'on a enregistrés chez des mystiques de périodes beaucoup plus récentes. L'historien des religions Mircea Eliade rapporte (*Méphistophélès et l'androgyne*, p. 93, v. bibl.) des cas d'« expériences de lumière » qui ont été analysés, voire ressentis, par des psychiatres modernes.

Dans son automatisme incantatoire, la lecture ou plutôt la récitation moderne des Évangiles ne favorise guère l'analyse critique ; ou du moins, celle-ci n'est concédée qu'à quelques auteurs dont le langage savant voile le propos, et qui, le plus souvent, ne traitent que de points très limités et ne changent pas grand-chose à la lecture ordinaire des Évangiles. Comme on le verra dans ce livre, le double éclairage permet de rendre à cette lecture un relief complètement différent en bien des points.

Bien évidemment, un tel travail amène le lecteur à s'interroger sur mes titres de chercheur biblique. Je n'en ai pas d'autres, je le redis volontiers, que plus de trente ans de pratique de déchiffrage de textes scientifiques et leur « traduction » en langage accessible à toute personne dotée d'une certaine culture. D'où le temps, considérable, que ce travail a requis.

Il me paraît vain et, pis, arrogant de refuser une lecture critique des Évangiles et des textes annexes à toute personne qui n'aurait pas fait d'études d'épigraphie ou de philologie. Si l'on craint que j'aie pu me tromper, on se reportera aux références détaillées sur les points les plus litigieux ; leur autorité devrait faire justice de craintes ou de soupçons de fantaisie ou d'interprétation abusive dans l'établissement de ce dossier.

J'ajoute enfin que les notes qu'on trouvera dans la seconde partie de cet ouvrage n'ont pas toutes été exploitées dans *L'Homme qui devint Dieu* ; plusieurs d'entre elles ont seulement contribué à bâtir l'appareil critique sur lequel j'ai fondé mon récit ; d'autres ont servi à des chapitres qui ont été éliminés, comme je l'ai dit, pour des raisons d'économie. Peut-être le lecteur du présent ouvrage y trouvera-t-il de l'intérêt quand même.

## RÉSUMÉ DES THÉORIES ACTUELLES SUR LES DATES DE RÉDACTION DES ÉVANGILES

| **Source Q** (disparue) consistant en dits de J. en sémitique ou en grec | | | **Jean*** | **Thomas*** | **Jacques*** |
|---|---|---|---|---|---|
| **Matthieu*** | **Marc** | **Luc** | (Auteur présumé mais discuté de l'« Apocalypse » qui porte son nom)<br>Aurait écrit ou dicté une première version avant sa mort, antérieure à la chute de Jérusalem<br>Seconde version rédigée v. 100 ou 125, selon les auteurs<br>Version actuelle rédigée à Ephèse | Dits de Jésus, sans récit de liaison, rédigés entre 60 et 70 en aramaïque ou en hébreu, puis transcrits en grec<br>Version actuelle rédigée à Edesse | Protévangile, rédigé entre 120 et 130 |
| rédigé de toute façon après la chute de Jérusalem (70), sans doute en 90.<br>Inspiré de Q et de Marc<br>Version actuelle rédigée à Alexandrie<br>Inconnu de Clément de Rome en 95 et d'Ignace en 110<br>Première citation : Polycarpe, entre 120 et 135 | (auteur ultérieur des Actes des Apôtres)<br>Première version rédigée tout de suite après la chute de Jérusalem (70), 71 (selon Brandon) ou 72<br>↓<br>Seconde version, témoignant une connaissance de Matthieu et de Luc, tronquée et incomplète ; méconnaît la Palestine<br>Version actuelle rédigée à Rome<br>Inconnu d'Ignace en 110 et de Polycarpe entre 120 et 135. | Première version ou « Proto-Luc », inspirée de Q et de Marc, rédigée v. 75, voire 71<br>↓<br>Seconde version rédigée v. 93-94 (a utilisé les « Ant. Jud. » de F. Josèphe, qui datent de 93 selon Cadbury). Helléniste élégant<br>Version actuelle rédigée à Antioche<br>Inconnu de Clément de Rome en 95 et d'Ignace en 110<br>Première citation : Polycarpe, entre 120 et 135 | | | |

* Désigne ceux des évangélistes qui ont nommément figuré parmi les premiers disciples de Jésus. Mais il est également admis que cette identité est formelle et qu'il n'existe pas de preuve qu'aucun texte évangélique puisse être attribué à un disciple ou à un auteur quelconque.

Ce résumé des travaux poursuivis dans le dernier quart de siècle présente une version moyenne des théories, les plus généralement admises. Ces théories varient, en effet, en fonction des travaux, et c'est ainsi que de nombreux philologues estiment actuellement que l'Evangile le plus ancien serait celui de Luc, alors que l'antériorité était traditionnellement attribuée à Marc.

# 3

# Réflexions

On ne consacre pas dix années à la recherche et à l'interprétation de données sans réflexions incidentes. La première et sans doute la plus déterminante fut que l'interprétation du personnage de Jésus selon toutes les Églises se conforme à un schéma universel.

Depuis les origines de l'humanité et les premiers rites religieux, qui furent sans doute funéraires, l'être humain a eu peur de la mort et de la nature et s'est efforcé d'abord de les exorciser selon un code, puis de créer un intercesseur imaginaire entre lui et les puissances célestes, finalement maléfiques, puisqu'elles condamnaient irrévocablement l'individu à l'indignité de la pourriture. C'est ainsi que Moïse monte sur le Sinaï pour recevoir des mains de Dieu Lui-même les dix commandements ; c'est là le code grâce auquel les juifs peuvent espérer, s'ils s'y conforment, quelque répit de la sourcilleuse Toute-Puissance. C'est également ainsi qu'Héraclès est conçu par une mortelle, Alcème, qu'a visitée Zeus dans une de ses nombreuses escapades extraconjugales. Héraclès est chargé de mettre un peu d'ordre ici-bas et d'éliminer un certain nombre de dangers, du lion du Cithéron et de l'hydre de Lerne aux juments mangeuses d'hommes de Diomède. Pour finir, il descend aux Enfers où, symbole de son pouvoir contre la mort, il délivre Alceste et quelques autres. Cependant, la fatalité guette et le sang du centaure Nessos l'empoisonne. Heraclès met lui-même fin à ses jours. Un tel héros ne suffisant pas, les Grecs en adoptent un autre, originaire de Thrace ou de Phrygie, Dionysos. Il est, lui aussi, fils de Zeus et d'une mortelle, Sémélé, que son scepticisme perdra (ne voulant pas croire que son amant était bien le maître de l'Olympe, elle le pria de se montrer dans sa toute-puissance ; il étincela, elle se consuma), car le scepticisme est toujours puni dans les histoires religieuses. Dionysos, divinité protectrice de l'agriculture et des vignes, fait le même voyage aux Enfers qu'Héraclès, pour délivrer Sémélé. Mais au terme de ses aventures, il est mis en pièces par les Bacchantes, ses propres prêtresses. Car le sort des intercesseurs est rarement enviable.

Si la nature d'Osiris, l'intercesseur égyptien, est entièrement divine, elle est contradictoire, car, après avoir mis fin au chaos qui régnait avant lui, il est démembré par Seth, et ce n'est qu'après avoir retrouvé son treizième fragment, le pénis, qu'Isis le reconstitue et qu'il peut enfin aller dormir son sommeil éternel dans les constellations. Zarathoustra, lui, eut bien une existence historique, puisqu'il vécut vers le VIIIe siècle avant notre ère, mais sa légende, telle que la rapportent les Avesta, est qu'il naquit de gouttes de lait tombées du ciel, qu'il affronta les démons et en débarrassa la Terre, et qu'enfin Satan lui-même vint l'induire en tentation.

Zarathoustra, du moins, ne connut pas la fin tragique des héros. Mais Tammouz, le Sumérien, Babylonien et Assyrien, fils du dieu Ea ou Enki de la mer infernale des eaux pures, et d'Ishtar ou Astarté, se noie et meurt tandis qu'il gardait des troupeaux ; il est mis au sépulcre, à la porte duquel pleure une prêtresse annonciatrice de Marie de Magdala ; il descend aux Enfers, en est sauvé par sa femme Beltis et ressuscite quelque trente-deux siècles avant notre ère.

Né d'une pierre, comme le germanique Buri (non cependant par la grâce d'une vache, mais d'une flèche), Mithra, peut-être le plus abouti des intercesseurs, mène combat contre les puissances ténébreuses, qu'il défait le 24 décembre, le jour où le soleil invincible, *Sol invictu*, reprend son pouvoir grâce à lui. Les initiés de rang supérieur, à partir du rang du Lion, célèbrent la victoire dans un rite fondé sur la consommation de pain et d'eau, rite initiatique.

Il n'est jusqu'au Mexique que ce schéma ne se retrouve : Huitzilopochtli, le Soleil, qui a tué les étoiles pour protéger sa mère, sauf une, est mis à mort par Quetzalcoatl, l'Étoile du matin, qui le dépèce, le mange et le donne à manger.

Une étude sur les destins comparés du héros dans les mythologies exigerait bien plus d'espace qu'il ne m'en est ici dévolu et dépasserait le cadre de cette réflexion. Je voulais simplement illustrer brièvement l'universalité du schéma qui régit le rapport imaginaire de l'être humain avec la divinité, qui s'est imposé à ma recherche d'un Jésus historique. Comme Héraclès, Dionysos et Zarathoustra, Jésus est né d'une mortelle visitée par la divinité. Comme Héraclès, Dionysos, Osiris, Tammouz, Huitzilopochtli, il est supplicié au terme de sa vie terrestre (du moins dans la tradition chrétienne) ; comme Héraclès, Dionysos, Tammouz, il descend aux Enfers et ressuscite les morts ; comme Tammouz, il sort vivant de son sépulcre ; comme Zarathoustra, il est tenté par Satan lui-même… Enfin, il est censé être né le jour même où les puissances de la lumière, dans le mithraïsme, retrouvent leur ascendant.

Il était évident que la tradition chrétienne avait constitué, peut-être partiellement reconstitué, une image de Jésus étonnamment similaire à celle des dieux-héros d'autres religions. Je dis : « reconstitué », parce que, entre autres points de ressemblance, le choix du 24 décembre comme date de naissance est visiblement emprunté tel quel au mithraïsme. Il n'était même plus suspect, mais à rejeter sans débat.

À un certain point de cette réflexion, il était tentant d'aller jusqu'au terme des conclusions imposées par tant de similitudes et de postuler que Jésus était un mythe, fabriqué de toutes pièces par les apologistes. C'est la thèse que développe et défend donc G.A. Wells dans son étude *Did Jesus Exist ?* (v. bibl.). Le christianisme aurait très bien pu exister sans le Christ, selon Wells, l'attente du Messie étant si forte qu'une secte aurait pu se persuader et persuader les autres qu'il était bien arrivé et, à partir de ce postulat, imaginer ses actes, ses dits et son destin, de manière à forger un personnage héroïque. Après tout, il n'existe pas de preuves historiques, au sens habituel de ce terme, de l'existence de Jésus, et les deux références que l'on en trouve dans Josèphe et dans Tacite ne sont certainement pas concluantes. Dans les *Antiquités judaïques*, en effet, Josèphe parle, en quelques mots rapides, d'un grand prêtre sadducéen qui aurait fait mander, en 62, des « hors-la-loi » devant le Sanhédrin pour qu'on les lapidât ; il s'agissait de « Jacques et quelques autres », ce Jacques est donné comme « frère de Jésus, celui qu'on appelle Christ ». D'abord, Jacques n'était pas frère de Jésus, ensuite il serait singulier que Josèphe, dont les rapports fourmillent de détails, ne mentionne Jésus qu'avec cette désinvolture, une fois en passant. Plusieurs études donnent fortement à penser que les mots « frère de Jésus, celui qu'on appelle Christ », ont été interpolés tardivement par un copiste mal informé.

Toujours est-il que l'absence de toute référence à l'aventure de Jésus dans l'œuvre de Josèphe, qui naquit fin 37-début 38 et mourut vers 95, comporte une leçon : c'est que l'aventure de Jésus était passée inaperçue jusque vers la fin du Ier siècle et qu'elle n'atteignit quelque notoriété qu'au début du IIe.

Tacite, lui, qui écrit ses *Annales* vers 120, fait référence aux chrétiens, qui « tirent leur nom et leur origine du Christ, qui, sous le règne de Tibère, fut mis à mort sur une sentence de Ponce Pilate ». Or, ce n'est pas là un témoignage externe, objectif, mais un rapport sur l'existence des chrétiens qui, par ailleurs, ne faisait pas de doute. Le mythe aurait pu, à la rigueur, se constituer quatre-vingt-dix ans après la crucifixion.

Ce qui peut renforcer les doutes est un certain nombre de détails, tel celui que rapporte Josèphe dans *La Guerre des Juifs* ; en VI, 3, il parle d'un certain Jésus, campagnard, fils d'Ananias, qui, quatre ans avant la destruction de Jérusalem, apparaît à la fête des tabernacles pour crier : « Une voix de l'orient, une voix du couchant, une voix venue des quatre vents, une voix contre Jérusalem et le Sanctuaire, une voix contre le fiancé et la fiancée, une voix contre le peuple tout entier ! » On le saisit, on le fait fouetter, il crie : « Malheur à Jérusalem ! » Le ton évoque bizarrement celui de Jésus et l'on se prend donc à penser que les imprécations de Jésus contre Jérusalem et le Sanctuaire pourraient bien avoir été « empruntées » par les évangélistes à ce Jésus fils d'Ananias. Ou encore que le personnage de Jésus est une extrapolation de cet imprécateur...

Çà et là, dans les Évangiles, canoniques et apocryphes, apparaissent toutefois des traits qui contrebattent le scepticisme. Le plus fort est le trou dans les récits des synoptiques sur les quelque quinze ans qui séparent le majorat de Jésus du début de son ministère public. En effet, l'irrésistible tendance des fabrications est de « faire cohérent » et, là, les synoptiques sont incomplets jusqu'à l'incohérence. Peut-être, d'ailleurs, est-ce la difficulté posée par ces années « dans le désert » qui induit « Jean » à omettre complètement la jeunesse de Jésus.

Tout aussi révélateur est le fait que les Évangiles ne mentionnent les Esséniens à aucun moment ; ce silence apparaît en quelque sorte comme la preuve négative que leurs auteurs ont bien décrit, tardivement, un homme dont ils ne connaissent la biographie que de manière incomplète.

Révélateur également est le comportement contradictoire de Jésus tel que les évangélistes le rapportent. Il ne dit jamais qu'il est le Messie, déclaration qui eût aisément pu lui être prêtée, mais qu'il ne s'autorise pas même quand la partie est perdue, devant Pilate, par exemple. D'une certaine manière, même, cette omission contredit leur message évangélique ; en tout cas, elle ne la facilite pas. Les premiers auditeurs qu'ils allaient convertir pouvaient, en effet, objecter aux apôtres : « Pourquoi prétendez-vous qu'il est bien le Messie, alors qu'il ne l'a jamais dit ? » De plus, sur la croix, le fils présumé de Dieu se laisse aller à ces paroles de désespoir terrible : *Eli, eli, lamma sabbachtani ?* qui risquaient de choquer profondément les premiers croyants, tout au moins, et de susciter en eux le doute : qu'était donc ce dieu incarné qui se plaignait amèrement d'avoir été trahi par la Toute-Puissance paternelle ? Il faut reconnaître que les évangélistes ont pris là un risque important, qui ne renforce guère l'hypothèse d'une fabrication.

Tout aussi singulière aurait été, dans une fabrication, la place anormalement privilégiée que Jésus accorde aux femmes et qui, elle aussi, pouvait choquer les croyants.

Enfin, le point essentiel est l'enseignement même de Jésus. À peine essénien, détaché du judaïsme, il est, dans ses contradictions mêmes, beaucoup trop original et provocateur pour être le produit des seules angoisses messianiques d'un groupe de juifs qui furent donc si effacés qu'un Josèphe ne les mentionne même pas. On est donc tenté de conclure que si ce n'était pas Jésus, fils de Joseph, qui a conçu cet élargissement des pratiques religieuses juives aux dimensions de l'univers, c'est un égal, qu'importe son nom. À l'exception possible de Zarathoustra, qui fut lui aussi un personnage historique, les constructions mythologiques évoquées plus haut présentent immanquablement un caractère symbolique, souvent naïf, qui les « signe ». La fable y domine, tramée de fantastique. Si l'on retranche le fantastique, il n'en reste qu'un bâti philosophique ou théologique. Dans les Évangiles, tout au contraire, ce qui jure, c'est le fantastique. La résurrection de Lazare, qui sort de la tombe avec sa puanteur et ses bandelettes, contrarie le fil des récits. La multiplication des pains est invraisemblable, à moins que son symbolisme ne soit impénétrable. L'on a envie de les retrancher pour entendre le vrai Jésus. Mais le public du temps ne concevait pas la divinité sans un cortège de prodiges. Les évangélistes en ont donc « remis », et, si mon scepticisme surprend, il faut rappeler que c'est l'excès de prodiges dans tant d'apocryphes qui les a fait aussi rejeter. Certains d'entre eux sont des contes de fées qui caricaturent les canoniques et en accusent les faiblesses.

Il n'en demeure pas moins que le schéma évoqué plus haut demeure et qu'il est troublant de retrouver dans la bouche de Jésus, à cinq siècles de distance, les mots qu'Euripide met, presque tels quels, dans la bouche de Dionysos : « Prenez ceci ; c'est mon corps... ceci est mon sang, le sang de l'alliance, versé pour le grand nombre » (Mc. XIV ; 22-24). Il est tout aussi troublant de le voir quitter le sépulcre vivant. Il est également troublant de voir les célébrants consommer symboliquement le corps de Huitzilopochtli — sous la forme d'une galette — tout comme ils mangent l'hostie chrétienne. Une fois de plus, ce schéma immanent que l'on perçoit dans la vie de Jésus telle qu'elle est rapportée par les Évangiles ne trahirait-il pas une fabrication ?

Ici, il faut rappeler que ces schémas du héros sont vécus aussi par les héros, et je dirais même qu'ils sont vécus par les héros plus intensément que par les autres. Tout révolutionnaire affronte les pouvoirs constitués ; la pesanteur de l'histoire fait qu'il est d'abord sacrifié. Ce n'est que plus tard que son exemple acquiert l'intensité illuminatrice qui lui revient. Bolívar sur son lit de mort n'a pas été crucifié physiquement, mais il s'écrie : « Travailler pour la révolution, c'est labourer la mer ! » Il ne se doute guère, alors, que son exemple ne commencera à être entendu, et bien faiblement, qu'un siècle plus tard. De la première édition de l'un des ouvrages majeurs des temps modernes, *Ainsi parlait Zarathoustra*, Nietzsche ne diffusa que sept cents exemplaires. Crucifixion transposée pour un génie. Quelque vingt-trois siècles plus tôt, Socrate, qui estime que la démocratie est une forme de tyrannie particulièrement injuste, puisqu'elle assujettit la totalité de la Cité à la loi du plus grand nombre, en fait du *démos*, qu'il exècre, paie de sa vie sa liberté de pensée et affronte son tribunal avec une insolence de dandy ; comme on lui demande d'estimer sa peine, il répond qu'il devrait siéger au prytanée, aux frais de la Cité !

L'échec immédiat est donc la sanction quasi inévitable des révolutionnaires, puisqu'un révolutionnaire est un idéaliste qui affronte le pouvoir temporel. Même s'il n'a pas de grandes perspectives historiques en mémoire, il le sait dans sa chair. Jésus sait bien qu'il ne peut pas faire autrement que d'affronter le corps constitué du peuple juif, le Sanhédrin, puis l'ensemble du clergé, voire la masse du peuple, tantôt saisie de soubresauts d'angoisse et de révolte, tantôt inerte, et il sait tout aussi bien qu'il se retrouvera tôt ou tard seul devant cette masse hostile. Même Simon-Pierre, Céphas, le trahira. L'homme est trop intuitif pour méconnaître la pusillanimité de ses suiveurs apparemment les plus dévoués (il était, dit Jean, bon psychologue). De fait, aucun des disciples ne sera présent à son supplice. Il sait qu'il sera condamné. Il se comporte donc, surtout à la fin de son ministère public, à l'instar des héros mythologiques. Il retrouve instinctivement les attitudes mentales de ces héros, il s'offre à être consommé, comme Dionysos et Huitzilopochtli. Il s'identifie à l'agneau pascal comme Tammouz au chevreau sacrificiel. Berger malchanceux, il se conforme au schéma de l'échec, comme Tammouz encore, autre berger.

Restent les ambiguïtés de Jésus. Ce sont elles qui lui prêtent son relief. Il s'est réclamé de la protection divine, il dénoncera sa trahison du haut de la croix. Il se présente à la fois comme le restaurateur de la Loi de Moïse et comme le destructeur de la tradition, puisqu'il ne respecte pas le sabbat, comme un messager de paix et comme un porteur de violence. Et surtout, il se laisse présenter comme un Messie sans jamais souscrire à ce titre.

Peut-être y a-t-il bien dans l'expression « Fils de l'homme », empruntée à la vision de Daniel, une connotation messianique. Encore un schéma, celui-là plus spécifiquement juif. Mais il n'en reste pas moins que Jésus s'en défend. Fils de l'homme et céleste, certes, Messie, non. J'y vois comme une forme de rébellion contre les schémas juifs, justement. « Fils de l'homme » est une formule de l'Ancien Testament et, pour Jésus, ce testament est éternel. Il constitue la transcription la plus riche et la plus bouillonnante des rapports que la créature ait entretenus avec son Créateur. Jésus accepte donc, voire revendique, le titre de Fils de l'homme, puisqu'il procède ainsi de la vision de Daniel, visionnaire tendre et fou qui a défié Nabuchodonosor lui-même ; peut-être est-ce le vieux Joseph qui lui a autrefois lu ce texte, ou du moins des fragments araméens, puisque, fait singulier, une large partie du Livre de Daniel a été écrite en araméen, la seule langue que Jésus enfant pouvait entendre, avant qu'on lui inculquât, si on les lui inculqua, des rudiments d'hébreu. Bref, il admet et revendique le titre de Fils de l'homme, car il ressortit au monde ancien, celui d'avant la décadence. Mais ce terme de Messie...

De quel Messie s'agit-il donc ? Celui du prophète, du Messie d'Aaron, dont le pouvoir est temporel, ou encore celui d'Israël, dont le pouvoir est spirituel ? À Quoumrân, où Jésus a sans doute affronté de plus près la notion de Messie, les idées n'étaient certes pas claires. Les meilleures études sur les manuscrits de la mer Morte ne permettent pas de savoir si, pour les Esséniens, leur Maître de Justice, mis à mort de façon infâme par Alexandre IV Jannée, à Damas, un siècle et demi environ avant le début de notre ère, avait été définitivement assimilé au Messie, ou bien s'ils en attendaient un autre, ou bien encore s'ils attendaient le retour de ce même Messie, ressuscité.

Quelque vingt siècles plus tard, des exégètes tels que E.M. Laperrousaz, A. Dupont-Sommer, M. Simon ont offert les analyses, les informations et les spéculations les plus riches sur la signification de l'attente messianique telle qu'elle est reflétée par les manuscrits de la mer Morte. Que l'on me permette de douter en toute humilité qu'un jeune juif d'une vingtaine d'années, fils de charpentier, sans doute aucun exceptionnellement intelligent et instruit pour sa condition, ait disposé d'un appareil critique aussi formidable quand il entra au monastère de Quoumrân. Que put-il voir et sentir ? Que ces gens révéraient un chef disparu, le Maître de Justice, qu'ils avaient élevé à la dignité suprême de Messie, c'est-à-dire d'oint délégué par Dieu, le terme *Messih* (en hébreu *massih*, en grec *khristos*) signifiant simplement « oint », la délégation divine étant implicite. Il fut donc fasciné, révérencieux, puis réservé. Le rôle était limité. Ce Messie-là ne pouvait être que celui des Esséniens, et la restriction, avec le temps, rendit le personnage de Messie de moins en moins séduisant, car il était si peu universel, œcuménique, dirait-on aujourd'hui.

Mais, s'il parvient bien à se détacher du schéma juif, et là réside avec le moins d'ambiguïté sa capacité à fonder une religion nouvelle, Jésus ne rompt pas avec le schéma universel. Le héros doit être mis à mort. Un psychanalyste porté sur la facilité — et je m'étonne, ou peut-être est-ce à tort, que Freud ne s'y soit pas aventuré — parlerait sans doute de masochisme. Explication frivole autant qu'outrée, car Jésus est héroïque autant que tragique. Il affronte la Bête immonde de l'Histoire, armé de la seule volonté de transcendance. Il sera condamné, qu'importe, au moins ne sera-ce pas dans le malentendu. En termes philosophiques, il réaffirme la nature essentielle de la métaphysique dans un monde déjà altéré par la naissance de la dialectique. Pour lui, Pharisiens et Sadducéens sont des dialecticiens, en effet, dans le meilleur des cas, car en fait ce seraient plutôt des petits monnayeurs de la dialectique, c'est-à-dire des casuistes. À la fin, ils s'entendraient avec le Diable. Entre Nietzsche et lui, il n'existe vraiment qu'une différence, c'est que, pour lui, Dieu n'est pas mort. Mais les gnostiques n'ont pas menti, il préfigure Nietzsche, car il postule que Dieu est à naître en chacun de nous. « Le royaume des Cieux est comme un grain de moutarde que l'homme a semé dans son champ » (Mc. XIII ; 31).

Cette double conformité, externe, celle de l'interprétation de la tradition chrétienne, et interne, celle du rôle que le héros lui-même s'assigne, est à la fois contrariante et saisissante. Elle est contrariante, surtout en ce qui touche à la tradition chrétienne, parce qu'elle banalise

Jésus à l'excès. Elle réduit le personnage à une version rénovée d'Héraclès, de Dionysos, de Tammouz, avec des touches osiriaques, mithraïques, zoroastriennes, rénovée donc par le contexte judaïque. Tous ces personnages condamnaient l'empire du Mal bien avant Jésus, mais cet empire était indéfini. Avec Jésus, l'empire du Mal échappe pour la première fois au *fatum* antique et revêt un visage un peu plus précis : ce sont les prêtres archaïques et rigoristes jusqu'à en être vétilleux, les « sépulcres blanchis » et remplis d'ossements qu'il a si sauvagement attaqués, les gens d'argent aussi, des marchands du Temple aux divers prévaricateurs qui, fatalement, encombraient le paysage social de la Palestine du Ier siècle, paganisée à l'extrême, jusqu'à la superstition la plus stupide, et qui faisaient de Jérusalem une Babylone hypertrophique, sous occupation étrangère par-dessus le marché, ce sont enfin les gens sans générosité de cœur non plus que de poche (et qui vit jamais l'une sans l'autre ?).

À cet égard, l'étude historique de Jésus est savoureuse. S'il est inepte et cocasse de trouver en lui un prémarxiste, comme s'y sont risqués quelques naïfs, il est par ailleurs indubitable que le personnage, pour employer la terminologie contemporaine, est « de gauche », ou, plus exactement, anarchiste. Il n'en finit jamais de s'en prendre aux corps constitués, notamment le clergé de Jérusalem, avec lequel il a un compte éternel à régler, sans doute celui de son père ou plutôt grand-père, Joseph. Il se comporte finalement comme un chef de bande, celle des disciples, pleutres lamentables au demeurant, habile à éluder les confrontations dangereuses, mais ne répugnant pas aux barouds d'honneur, comme celui qui consiste, justement, à aller flanquer de grands coups de pied dans les tréteaux des marchands du Temple.

Hélas, c'est justement cet aspect-là que les Églises

récusent avec impatience, promptes à remplacer chaque fois que c'est possible ce personnage en colère par celui du Pantocrator, cet anarchiste qui voue les riches aux gémonies (« il est plus facile au chameau de passer par le chas d'une aiguille qu'au riche de franchir la porte du Royaume ») par l'image édulcorée d'un rédempteur au cœur saignant. Je l'ai bien assez vu, chaque fois que le commentaire ecclésiastique a atteint une presse intimidée par le scandale : pas question d'arracher Jésus au moule patiemment, savamment fixé par le canon. J'ai dit plus haut que la conformité de Jésus avec le schéma du héros sacrifié et sanglant est contrariante. À la fin, elle serait plutôt dérisoire. Le personnage est beaucoup trop vif, il échappe aux mains des thuriféraires comme des sycophantes. Ceux qui veulent emprisonner Jésus dans le cadre saint-sulpicien, cadre ô combien universel et symbolique, sont aussi dépités que ceux qui prétendent, par exemple, qu'il n'a jamais existé. Je confesse ici n'avoir jamais éprouvé grande souffrance morale à défier le fatras de deux mille ans d'ensevelissement sous le bavardage des conciles.

Là où mon travail fut considérablement moins commode fut quand j'affrontai la conformité intérieure de Jésus avec le mythe du héros, conformité que j'ai donc qualifiée de saisissante. Elle l'est parce que, indéniablement, à un certain moment de son court ministère — trois ans, le plus vraisemblablement, trois quarts d'une présidence américaine, moins de la moitié d'un septennat français —, le ton de Jésus change soudain. Il était clair, violent, plein de confiance, il devient sombre, énigmatique et presque amer. Les constats moroses abondent. « On ne coud pas un morceau de tissu qui n'a pas rétréci sur un vieux manteau » (Mc. II ; 21). « Les nations et les royaumes se feront la guerre ; la terre tremblera en plus d'un lieu ; il y aura des famines... » (Mc. XIII ; 7-8). « Vous renierez tous votre foi... » (Mc. XIV ; 26). « L'esprit est vif, mais la chair est faible » (Mc. XIV ; 39). Tout au long des canoniques, et surtout d'ailleurs des canoniques, Jésus devient sinistre au sens romain du mot ; selon qu'on se réfère aux synoptiques ou à « Jean », il annonce soit la fin du monde, concomitante à la sienne, soit la sienne seulement.

Les citations qui confirment cette évolution sont trop nombreuses pour laisser le moindre doute sur le fait que Jésus se sut perdu vers la fin de son ministère. Il se conformait donc, force est de le répéter, au schéma antique du Héros vaincu par le *fatum*, le même *fatum* que celui des très vieilles civilisations auxquelles il succédait à son insu. À son insu, disons-le bien, car il n'entrevoyait alors pas d'autre Royaume que celui de ce Père dont il allait pleurer le reniement sur la croix. Il ignorait sa formidable victoire ultérieure. Preuve, s'il en fut, et bien au-delà des ratiocinations de Sévère d'Antioche, que la prescience n'était pas son fort.

Comment donc distinguer le schéma surimposé par la tradition judéo-chrétienne de celui que Jésus vécut dans sa chair ? Il n'était qu'un sauf-conduit possible : ses propres paroles, telles que les rapportent les cinq évangiles. Quand il déclare à ses disciples : « Il y en a pourtant quelques-uns d'entre vous qui n'ont pas de foi » (Jn. VI ; 64), il sait déjà que son destin est scellé, et le commentaire de « Jean », « car Jésus savait tout au long ceux qui étaient sans foi et celui qui allait le trahir », est une apostille *a posteriori*, qui n'indique que l'opinion de « Jean ». En réalité, tous ses disciples allaient lui faire défaut à l'heure du jugement, y compris le favori supposé, Jean de Zébédée. De même, quand il adresse aux juifs de Jérusalem ces paroles effroyables de rancœur : « Votre père est le Démon et vous avez choisi d'accomplir ses désirs » (Jn. VIII ; 44) et qu'il insiste, on serait tenté de dire lourdement, sur ce déni

(« vous n'êtes pas les enfants de Dieu », Jn. VIII ; 47), on perçoit sa colère et sa déception. À quoi les juifs répondent, d'ailleurs, avec la même vivacité, qu'il n'est pas juif, mais samaritain.

Outre les variations de l'humeur de Jésus — qui, soit dit en passant, attestent à leur façon de la réalité et de l'historicité de son personnage —, j'ai été considérablement aidé par les hésitations et les doutes que reflètent les Évangiles. Loin d'être ces représentations figées comme des enluminures byzantines qu'on nous offre trop souvent, les Évangiles trahissent, en effet, l'incertitude de Jésus et des personnages qui l'entourent. C'est le Baptiste qui lui envoie demander, soudain pris de scrupules, s'il est bien le Messie ou bien s'il y en a « un autre » ; c'est Jésus qui répond prudemment que les sourds entendent et que les aveugles voient, mais qui ne convient pas qu'il est le Messie — car il n'en sait rien et, sans doute, fidèle aux gnostiques, suppose-t-il qu'il pourrait être à son insu un Messie caché. C'est encore Jésus qui agonit les apôtres d'injures et qui, de manière obscure, déclare d'affilée que celui qui le désavouera sera désavoué par les anges de Dieu, mais que l'on pardonnera à celui qui aura médit du Fils de l'homme (Lc. XII ; 8-9), ce qui est pour le moins contradictoire. C'est Jésus qui se laisse porter, lors de l'entrée à Jérusalem, par l'attente messianique populaire, mais, de façon ambiguë, ne dit jamais qu'il est le Messie et qui, à la fin, sur la croix, déclarera dans un cri déchirant qu'il a été abandonné, donc désavoué, par le Père dont il se réclamait. Contradictions, ambiguïtés fertiles. En fait, ni lui ni les autres ne sont certains de sa messianité et, paradoxalement, les disciples encore moins que les autres. Il ne devra finalement son salut qu'à deux juges du Sanhédrin, dénouement paradoxal s'il en fut. L'aventure semblait linéaire, mais à considérer les textes de près, ne fût-ce que les canoniques, elle est pétrie d'incertitudes. Vingt siècles de dogmes de plus en plus rigides ne sont pas parvenus à effacer l'humanité de ce héros-là.

Je souhaite enfin répondre à deux observations qui m'ont été faites et qui portent sur le « pittoresque » du récit de *L'Homme qui devint Dieu* et le caractère souvent familier du langage. Une immense majorité des gens qui se sont intéressés à l'aventure de Jésus se représentent la Palestine du Ier siècle comme l'antique terre biblique qu'ils peuvent parfois entrevoir, de nos jours encore, vertes collines semées de hameaux et de bosquets de la Galilée, paysages plus ardents, plus âpres aussi, de la Judée, coupés par les perspectives de villes immémoriales telles que Jérusalem et Jéricho, provinces peuplées de silhouettes bibliques... Plusieurs siècles de culture iconographique ont entretenu cette vision complètement irréelle de la Palestine d'alors. Or, cette terre était sous occupation romaine de fait depuis 40 avant notre ère et, peu après la mort d'Hérode le Grand en 4 avant notre ère, l'occupation *de facto* des États vassaux s'était transformée en une domination *de jure*. Le pays était parsemé de monuments romains, mais aussi de sanctuaires étrangers, par exemple mithraïstes et isiaques. On voyait aussi souvent sur les routes des légionnaires blonds que des Noirs d'Afrique. Ethniquement et culturellement, le pays était totalement abâtardi. Il m'a paru indispensable de faire revivre le quotidien dans lequel Jésus s'adressait aux juifs, y compris la pullulation de messies suscités par la fermentation religieuse et le choc des cultures. Même les Romains dans ce pays parlaient grec, et ce n'étaient certes pas des juifs raciniens, drapés comme au Théâtre-Français, qui circulaient dans les rues de ses villes, mais aussi des militaires de toutes les ethnies de l'Empire, des Galates et des Abyssins, des Nabatéens et des Gerrhéens, des Bithyniens, des Pontins, des Cappadociens, des Arméniens, des Parthes, des Syriens, des Égyptiens, des Cyréniens, des Achéens, des Macédoniens, des Moésiens, des Dalmates, des Illyriens, des Rètes, des Noriques, des Pannoniens, des Chypriotes, des Crétois... Ce n'étaient pas seulement des juifs que les quelque deux cent cinquante mille visiteurs qui venaient chaque année à la Pâque à Jérusalem. Nos contemporains oublient souvent que l'on voyageait aussi, à l'époque, et même que l'on voyageait beaucoup, car il n'y avait pas de « vacances » d'été : on voyageait toute l'année. Et l'on se rendait à Jérusalem comme on va de nos jours au carnaval de Venise ou de Rio, au festival de Spolète ou bien à Épidaure.

Si le grec était la *lingua franca* de la Méditerranée orientale, les juifs entre eux parlaient couramment l'araméen, l'hébreu étant réservé à la liturgie et au Temple. Or, l'araméen était une langue de la rue, riche en images et en rhétorique comme l'est de nos jours l'arabe populaire. On voudrait, mais par habitude, que Jésus eût parlé une langue noble, sorte d'équivalent de celle de Bossuet. Puissance de l'idéalisme ! Bien des paraboles parmi les plus intelligibles de Jésus n'étaient que des illustrations familières de sa pensée. Il raconte des « histoires » : « Un homme allait de Jérusalem à Jéricho quand il tomba dans les mains des voleurs, qui le dépouillèrent, le battirent et le laissèrent pour mort... » (Lc. X ; 30) ; « Un homme sema dans son champ de bonnes graines, mais pendant que tout le monde dormait, son ennemi vint et sema de l'ivraie... » (Mt. XIII ; 25).

L'étrangeté de certains critiques est que tout à la fois ils insistent que Jésus naquit au début de notre ère, donc à un moment déterminé de l'histoire du monde, en Palestine, c'est-à-dire dans un lieu déterminé, qu'il eut un corps et qu'il parla dans une langue spécifique, et qu'ils rejettent toute tentative de le représenter comme un personnage réel, sous prétexte qu'elle l'« historicise ». Et pourtant, quoi de plus « historicisant » que l'incarnation qu'ils soutiennent également et dont la manifestation la plus éclatante est que, justement, ils font débuter l'Histoire à la naissance de Jésus ! Dans la même démarche, ils se scandalisent du parler que je prête à Jésus, oubliant après tout que l'homme parlait la langue du peuple et que celle qu'ils revendiquent pour lui est celle de l'aristocratie lettrée des XVIIe et XVIIIe siècles français !

Nouveau miracle des fabrications posthumes !

Les miracles attribués à Jésus par les Évangiles ont été pour moi un autre, et ample, sujet de réflexion. Comme le schéma évoqué plus haut, ces faits surnaturels jusqu'à l'absurde sont offensants parce qu'eux aussi banalisent Jésus à l'excès. Il n'est quasiment pas un héros de toutes les mythologies du monde qui n'ait passé pour avoir ressuscité des morts. C'était le cas d'Asclépios, comme d'Héraclès, mais aussi d'Orphée et de Dto-Mbha Shi-lo, le sauveur du Yunnan ; les Berang Senoï de Malaisie racontent que le légendaire Budak Yoid Intoe ressuscita son ennemi Bonsu, et, dans la mythologie confucéenne, Tai-i Chên-Jen ressuscita son pupille No-cha. L'inventaire des résurrecteurs et des ressuscités serait fastidieux ; son seul but est de démontrer symboliquement que l'esprit est vainqueur de la mort. Il me paraît donc que, quelle que soit l'interprétation que l'on offre de Jésus, magique ou historique, il serait absurde jusqu'à l'immoralité de prêter à cette exceptionnelle intelligence un acte contre nature et, en tout cas, contrevenant à la loi divine. Pourquoi ressusciter Lazare, puis qu'il devait mourir de nouveau ? Il y a là une puérilité insoutenable ; son scandale procède d'ailleurs bien plus de la volonté de prouver les pouvoirs surnaturels de Jésus que de l'utilisation du mythe. Le symbole disparaît dans le conte de fées. J'ajoute qu'à l'époque les connaissances physiologiques étaient du plus rudimentaire et qu'un thérapeute un peu avisé pouvait, à l'occasion, s'apercevoir qu'une personne tenue pour morte, parce que son pouls ou son rythme cardiaque n'étaient plus perceptibles, était quand même vivante ; la stimulation de certains centres nerveux pouvait alors susciter à nouveau des signes de vie. C'est sans doute pourquoi l'on attribue aussi des résurrections à un contemporain de Jésus, Apollonios de Tyane. Si l'on s'étonne de tant d'ignorance des signes cliniques de la mort véritable, qu'on veuille se rappeler que, jusqu'au début de ce siècle, on mordait — fortement — le petit doigt d'une personne présumée morte pour s'assurer qu'on n'allait pas mettre au tombeau un corps vivant.

Il est très probable que Jésus a, en effet, acquis des rudiments, alors très rares, de savoir médical. Où les aurait-il acquis ? Chez les Esséniens, dont l'un des noms était d'ailleurs Thérapeutes ? Peut-être en Égypte, en Asie aussi, où il est très probable qu'il alla pendant ses années obscures. Toutes les civilisations antiques ont amassé un certain nombre de recettes thérapeutiques, dont certaines sont d'une étonnante modernité. Dès le IIe siècle avant notre ère, les *Manuels de médecine corporelle* de l'Empereur Jaune témoignent d'une connaissance de la circulation du sang commandée par le cœur, que Harvey ne découvrit qu'en 1628, pour ne citer que cet exemple-là.

Les maladies de peau et d'yeux étaient alors endémiques, du fait d'une méconnaissance évidente des règles d'hygiène, et il est tout aussi probable que Jésus disposait d'une petite pharmacopée qui lui permettait de traiter certains ulcères, facilement appelés « lèpre », et certaines ophtalmies purulentes, que j'ai personnellement vues en Orient, et qui empêchent d'ouvrir même les yeux, tant les sécrétions sont abondantes et durcies, qu'on appelait sans doute tout aussi facilement « cécités ».

Les cas de « possession » étaient au moins aussi courants. Tout laisse croire qu'il s'agissait de l'hystérie décrite par Charcot et à laquelle pouvaient remédier des remèdes tels que les drogues, comme la rue, très courante, et même l'hypnose. On trouvera dans les notes des précisions à ce sujet.

Cela ne signifie guère que Jésus n'ait pas eu des dons de guérisseur. Ni qu'il n'ait pas été le siège de phénomènes physiques singuliers. Ces phénomènes semblent désormais peu douteux, qu'ils ressortissent à l'hystérie, nosologie passe-partout, ou à d'autres causes. Dans un ouvrage recensé dans la bibliographie, *Les Phénomènes physiques du mysticisme*, Herbert Thurston, S.J., détaille, avec une méticulosité digne de la Commission des médecins de Lourdes, des prodiges tels que l'élongation du corps, l'incorruption et la non-rigidité de cadavres, les températures anormalement élevées de certains cadavres et, surtout, la lévitation.

L'inclusion de la lévitation a surpris certains lecteurs dans un ouvrage qualifié donc d'« historicisant ». Comme tous ceux qui se sont intéressés au paranormal, où je ne passe guère pour indulgent et où, au cours de mes longues années de journalisme scientifique, j'ai été plutôt taxé de « fanatisme scientiste », je ne peux qu'être frappé par l'abondance et la précision des témoignages concernant ce phénomène. On peut évidemment soupçonner là soit l'hallucination, collective ou individuelle, soit la supercherie. Je ne suis pas enclin à admettre la supercherie dans le cas d'une sainte Thérèse d'Avila, par exemple. J'imagine mal ou, plus précisément, je n'imagine pas du tout qu'au terme d'une vie ascétique on se laisse aller à machiner des supercheries qui, par ailleurs, requièrent un certain équipement. Je ne vois pas non plus sainte Brigitte de Suède ni saint

Joseph de Cupertino manigançant leurs lévitations à l'aide de cordes et de poulies... De tels stratagèmes eussent été vite découverts.

Reste l'hallucination ; elle est plausible. Or, on est halluciné quand on attend un phénomène défini ; il y a alors autosuggestion. Mais quand sœur Anne de l'Incarnation, compagne de sainte Thérèse, entre à l'improviste dans la cellule de celle-ci, comme elle l'a rapporté dans sa déposition de Ségovie sous le serment, et qu'elle la surprend en l'air, tremblante, j'ai peine à invoquer l'hallucination. J'évoque plutôt le témoignage de disciples d'un moine zen qui, au XVIIIe siècle, virent leur maître passer dans les airs.

Il n'existe même pas un embryon d'explication rationnelle de la lévitation. Et l'on se demandera pourquoi rejeter, par exemple, certains prodiges et en accepter, fût-ce avec réserves, d'autres. L'explication du choix est simple, c'est que je ne crois pas que Jésus ni le Baptiste aient jamais usé d'une singularité dont ils étaient privilégiés pour prouver leur pouvoir. Les témoignages disponibles sur les personnages censés avoir lévité concordent à travers les siècles sur l'embarras que le phénomène leur causait quand il était public et sur leur insistance à le garder secret.

Enfin, les réflexions sur l'un des points majeurs de *L'Homme qui devint Dieu*, à savoir que Jésus n'a pu mourir sur la croix, sont incluses dans la note détaillée sur ce point.

# 4

# Notes

*Sous leur forme originale, les notes que voici devaient correspondre à des numéros de renvoi insérés dans le texte du récit et elles étaient plus de deux mille. L'impossibilité matérielle de les inclure à la suite du récit dans un même volume, sauf à proposer un ouvrage de plus de mille pages, m'a fait abandonner ce système. Pour en rendre la lecture commode et ne pas obliger le lecteur à se référer constamment au récit par des indications telles que p. 10, 11e ligne, elles ont été ici groupées par familles thématiques. Les numéros des pages seuls sont parfois indiqués, pour les situer dans le récit, et parfois ne le sont pas, car l'énumération de toutes les pages auxquelles elles se réfèrent serait fastidieuse.*

*L'essentiel, me semble-t-il, est d'éclairer le lecteur sur certains points et de lui fournir les raisons et les raisonnements qui m'ont amené à des interprétations différentes de la biographie de Jésus.*

*Les références bibliographiques sont incluses directement dans le texte, de même que les références évangéliques, bien sûr. Un index en fin d'ouvrage permet au lecteur de retrouver la page où les thèmes sont analysés, ainsi que les mots clefs.*

*1. Le supplice de la crucifixion* (p. 9-15). Ce supplice était déjà ancien au Iᵉʳ siècle ; il semble originaire de Perse. Hérodote rapporte au Vᵉ siècle avant notre ère, dans ses *Histoires*, que Darius le Grand avait, au VIᵉ siècle, fait crucifier trois mille Babyloniens. Peut-être le supplice est-il même plus ancien, puisqu'il semble qu'on en trouve mention dans le Deutéronome (XXI ; 22 23) et dans Josué (VIII ; 29 et X ; 26). Il est possible que, dans sa forme primitive, cette technique de mise à mort consista à clouer la victime sur un arbre. Les autres peuples adoptèrent par la suite la crucifixion ; on en retrouve des traces chez les Celtes, les Bretons, les Germains et les Grecs : le général athénien Xanthippos fit ainsi crucifier le satrape perse Artayctes. Les Romains ensuite adoptèrent aussi la crucifixion. Bien qu'elle représentât une mort infâme, généralement réservée aux esclaves et aux étrangers, les généraux romains faisaient parfois crucifier les soldats romains rebelles. Scipion fit aussi crucifier les soldats romains déserteurs à la fin de la deuxième guerre punique. On peut avancer que, du VIᵉ au Iᵉʳ siècle, des dizaines de milliers de gens ont été crucifiés dans les pays méditerranéens, le Proche et le Moyen-Orient.

Selon Martin Hengel (v. bibl.), « c'était une opération

tout à fait choquante, “obscène” au sens originel du mot ». Elle constituait la plus grande indignité que l'on pût endurer, puisque l'on était crucifié nu. À partir du IIIe siècle avant notre ère, dans l'Empire romain tout au moins, la crucifixion fut réservée aux basses classes, comme en témoignent le Pseudo-Manèthe et Plaute en plusieurs lieux. Adoptée par les juifs, la crucifixion semble avoir été cependant appliquée aux gens coupables de crimes de haute trahison, et c'est ainsi qu'Alexandre IV Jannée, grand prêtre, fit crucifier huit cents Pharisiens et qu'après sa mort, par vengeance, les Pharisiens se vengèrent des conseillers sadducéens de ce roi et firent à leur tour crucifier cinq ou six douzaines de « sorciers » sadducéens, comme le rapporte la Mishna, recueil de jurisprudence des lois de l'Ancien Testament du Talmud.

Il semblerait que, jusque vers le IIe siècle avant notre ère, il n'y ait eu aucune technique de crucifixion. Parfois, c'étaient des cadavres qui étaient attachés ou pendus à des arbres ou des poteaux, parfois c'étaient des condamnés vivants qui étaient cloués à ces supports. Sénèque rapporte que certains crucifiés l'étaient la tête en bas, et que, dans d'autres cas, ils étaient empalés à travers leurs parties génitales, ou encore que leurs bras étaient étirés et cloués sur un tasseau transversal. La croix avait parfois la forme d'un T, parfois celle de la croix traditionnelle. Exceptionnellement, la victime était non pas clouée, mais simplement attachée à la croix.

Avec leurs habitudes de réglementation, estime Hengel, les Romains codifièrent le supplice et son instrument, du moins pour les châtiments ordinaires. On ne sait pas si le type de croix qu'ils favorisaient en Palestine était en T, *crux commissa*, ou latine, *crux immissa*, mais on sait que la hauteur du pilier vertical était proportionnelle à la gravité de la faute (*cf.* Hengel), pour que le crucifié fût encore plus visible. La croix comportait un support fessier ou *sedula*, dont on verra plus loin l'usage.

On a supposé, jusqu'en des temps récents, que le condamné traînait sa croix jusqu'au lieu du supplice. Cette croyance ne résiste ni à l'analyse ni aux documents. En premier lieu, on ne dit pas à quel endroit le condamné aurait été chargé de sa croix, à supposer, comme c'est le cas dans cette « Vignette » qui ouvre le récit, que ce fût à Jérusalem, et l'on imagine difficilement qu'un condamné eût pu traîner sans dommages pour l'instrument et l'environnement un appareil long de quelque trois mètres et dont le tasseau transversal ne mesurait pas moins de deux mètres, à travers les étroites ruelles de la ville. Le bois était un matériau précieux en Palestine, et les croix réglementaires, qui devaient être taillées dans le cèdre du Liban ou le chêne d'Asie Mineure — et non dans l'olivier, selon la pieuse tradition, car c'est un bois qui ne se prête absolument pas à la taille de tasseaux de trois mètres de long —, ne pouvaient être laissées à la discrétion de condamnés qui n'avaient certes cure de les abîmer ou pas. En deuxième lieu, une croix en cèdre ou en chêne des dimensions que j'ai indiquées, et qui sont minimales, devait peser une centaine de kilos, et l'on ne voit ni un condamné qui a subi une flagellation préalable tirer un pareil appareil sur des centaines de mètres, ni l'appareil lui-même supporter d'être traîné sur les pavés, encore moins pendant les crucifixions en masse.

En troisième lieu, dans une comédie, la *Mostellaria*, Plaute décrit à deux reprises le sort du condamné qui devait traverser la ville vers le lieu de son supplice : ce qu'il traîne, c'est le tasseau transversal ou *patibulum*, qui sera ensuite attaché au pilier vertical, qui d'ailleurs porte seul, originellement, le nom de *crux*. Ce *patibulum* est bien assez lourd déjà : j'en ai fait peser un en chêne, à Paris ; son poids était de vingt-deux kilos. Force est donc de rejeter la tradition iconographique chrétienne, basée sur les témoignages de Luc et de Jean.

En quatrième lieu, on a supposé (car il n'existe pas de « Traité de crucifixion » de l'époque) que, le condamné ayant porté sa croix jusqu'au lieu du supplice, il était cloué à celle-ci alors qu'elle était couchée par terre; dans cette hypothèse, il aurait ensuite fallu redresser cette croix pour la tirer jusqu'au trou où la *crux* devait être enfoncée et calée. Opération déjà malaisée, mais rendue beaucoup plus improbable par le stade suivant ; quand le condamné était mort, il fallait réutiliser la croix ; était-on alors censé soulever de terre un appareil qui, cadavre compris, faisait au moins cent cinquante kilos ? Les auteurs de cette hypothèse ne se sont sans doute pas risqués à une telle entreprise, qui menaçait de se solder par la destruction de nombreuses croix. Si l'on prend le cas d'une croix de quatre mètres de haut, par exemple, il faut au moins l'enterrer sur la profondeur de un mètre pour lui prêter quelque stabilité ; imagine-t-on de desceller un appareil aussi solidement enfoui ? Ce serait à peu près aussi commode que de desceller un poteau télégraphique.

Il est par ailleurs essentiel à la compréhension de mon argumentation sur la crucifixion de Jésus de savoir comment ce type de supplice entraînait la mort. Les nombreuses conversations que j'ai eues au cours des années sur ce point reflétaient la conviction, apparemment partagée par beaucoup de monde, que les seules plaies infligées aux mains et aux pieds suffisaient à entraîner la mort; il n'en est rien, la très abondante littérature des médecins militaires français en Indochine et en Algérie, pour ne citer que celle-là, sur les blessures endurées par les soldats sur le champ de bataille dépassaient très souvent, et de loin, en gravité celles que subissaient les crucifiés. Dans *Le Baron Larrey, chirurgien de Napoléon* (v. bibl.), André Soubiran rapporte que Larrey procédait à des amputations de membres entiers sans anesthésie et que le plus grand danger que pouvaient affronter ces malheureux était celui de l'infection. Pour conclure cet argument, je rappelle que la presse internationale a rapporté, en 1988, entre autres années, et avec photos à l'appui, le cas d'un homme qui, au Mexique, se faisait crucifier, avec des clous dans les mains, depuis trente-quatre ans. On le tenait en croix une heure ou deux, puis on l'en descendait et l'on recommençait l'année suivante. Ce n'est donc pas l'effusion de sang des plaies inhérentes à la crucifixion qui peut être considérée comme fatale.

Grossier autant qu'il paraisse, le supplice était raffiné quand la victime était vivante. Il était conçu pour maintenir la victime au bord de la suffocation, capable de respirer en s'appuyant à la fois sur ses pieds, pour autant qu'elle pût endurer la tension causée par le clou qui les traversait, et sur un billot triangulaire qui soutenait les fesses, la *sedula*. En effet, la position des bras en extension empêchait le libre jeu des muscles thoraciques et contraignait le crucifié à la respiration superficielle, pénible pour le cœur ; en fait, elle se ramène à un halètement. Entre autres effets, la respiration superficielle prolongée entraîne une acidose qui délabre les tissus et réduit la résistance du supplicié proportionnellement à sa constitution, et cela d'autant plus qu'elle s'accompagne d'anoxémie, c'est-à-dire de diminution de la quantité d'oxygène contenue dans le sang. La situation pouvait s'aggraver d'une accumulation de liquide pleural dans la partie inférieure de la plèvre, c'est-à-dire d'une pleurésie.

En tout état de cause, la tétanisation des muscles du thorax, l'acidose, l'anoxémie et la pleurésie éventuelle n'entraînaient pas une mort rapide. Douris, historien, gouverneur de Samos, cité par Hengel, rapporte que les dix chefs de la ville crucifiés par Périclès survécurent dix jours sur la croix ; il ne fut mis fin à leur supplice que par fracture du crâne à coups de massue. Les Romains, eux, mettaient fin à la vie du supplicié, si la nature n'y avait pas déjà pourvu par une défaillance d'organe, en brisant ses tibias. Incapable dès lors de se soulever sur ses jambes, ni même par extension du thorax, la *sedula* étant inclinée, le supplicié était entièrement pendu à la croix par ses bras. La tétanisation des muscles thoraciques s'accélérait alors jusqu'à entraîner l'asphyxie terminale.

Il faut toutefois préciser que, contrairement à ce que l'on serait tenté de croire, la crucifixion par les clous était relativement moins pénible que celle où le condamné était attaché par des cordes. En effet, celles-ci bloquaient la circulation sanguine, menaçant l'organisme de défaillance cardiaque.

***2. La date de naissance de Jésus*** (p. 17-61). Aucun historien contemporain sérieux, pas même le très traditionaliste Daniel-Rops, ne conteste que Jésus soit né plusieurs années avant l'an 1 de notre ère. Daniel-Rops situe la naissance en 6 ; il me paraît plus probable qu'elle eut lieu en 7 avant notre ère. En tout cas, selon les évangiles canoniques mêmes, elle eut lieu sous le règne d'Hérode le Grand (Mt. II ; 1), qui mourut en 4 avant notre ère, et selon Luc (II ; 2), elle eut lieu peu après le décret de recensement de César Auguste, « alors que Quirinius était gouverneur de Syrie ». David Hughes (v. bibl.) rappelle qu'en 1924 on a mis à jour en Turquie, à Ankara, une inscription ancienne qui donnait les dates des recensements ordonnés par Rome ; il y eut bien un recensement en 8 avant notre ère. L'ennui, si l'on peut dire, est que Quirinius n'était alors pas encore gouverneur de Syrie ; de 9 à 6 avant notre ère, son poste était occupé par Caius Sentius Saturninus (Hughes) ; son premier mandat, car il en tint deux en Syrie, dura de 3 à 2 avant notre ère et le second, de 6 à 7 de notre ère. Or, il y eut bien un recensement alors que Quirinius était gouverneur de Syrie, mais il eut lieu en 6 de notre ère. Ou bien donc le recensement a eu lieu sous Hérode le Grand, et dans ce cas il se situe vers 8 avant notre ère, ou bien il eut lieu sous Quirinius, et il se situe en 6 de notre ère. De toute façon, Luc ou son copiste a confondu deux recensements quasi symétriques. Je dis bien « symétriques », car, le temps que l'édit impérial de 8 avant notre ère arrivât en Palestine, on était en 7 avant notre ère. Il devient délicat de faire un choix entre les deux dates : ou bien Jésus avait déjà sept ans en l'an 1, ou bien il n'allait pas, à cette date, naître avant six ans. Dans le premier cas, soit dit en passant, l'an 1989 équivaut à l'an 1996 de l'ère chrétienne, dans le second, à l'an 1982.

L'affaire se complique du fait que les Actes de Luc mentionnent bien le second recensement, qui eut lieu « dans la trente-septième année de la victoire de César sur Antoine à Actium », c'est-à-dire en 6.

Ce n'est pas le seul exemple de confusion des faits que l'on trouve dans les Évangiles, du fait des méconnaissances des copistes grecs. Celle-ci m'a paru relativement facile à débrouiller en fonction d'événements astronomiques qui ont coïncidé avec la naissance de Jésus et qui ont eu lieu en 7 avant notre ère. L'analyse en est offerte plus loin. Je conclus donc que Jésus est né en 7 avant notre ère, après le recensement qui eut lieu sous Hérode le Grand.

Je propose que Jésus soit né non pas le 24 décembre à minuit, bien entendu, vieille date païenne qui marquait, entre autres, la victoire de Mithra sur les ténèbres, mais en avril et, plus précisément, au moment de la Pâque, c'est-à-dire aux alentours du 15.

Luc, mais lui seul, rapporte que Jésus naquit « dans

une mangeoire », c'est-à-dire dans une étable de Bethléem, « parce qu'il n'y avait pas de chambre où ils (Joseph, elle et l'enfant) « pussent loger dans la maison » (II ; 7). Le détail est incongru autant que révélateur, incongru parce que cette précision hôtelière cadre mal avec les dimensions de l'aventure qui s'amorce (et quoi qu'en aient les tenants du symbole du dieu qui naît dans une étable), révélateur, parce que le seul moment où Bethléem « affichait complet » était en avril. En effet, la Pâque amenait à Jérusalem un nombre considérable de visiteurs. Joachim Jeremias s'est livré, dans *Jérusalem au temps de Jésus* (v. bibl.), à des études extrêmement poussées des témoignages anciens sur ce nombre ; l'affluence était énorme, car Josèphe, pourtant fiable à l'ordinaire, se laisse aller à une estimation apparemment extravagante de trois millions de visiteurs, entre 63 et 66. Cette estimation est taxée d'extravagante à première vue, parce que, la superficie de Jérusalem étant de 2 329 kilomètres carrés et la densité de population pour une personne de 25 mètres carrés, on arrive à une population située entre 55 000 et 95 000 personnes. Il semble donc absurde qu'on ait pu, à un moment quelconque de l'histoire de Jérusalem, compter plus d'une personne par mètre carré ; la puanteur des déjections eût été intolérable, pour ne citer que cet aspect édilitaire. Toutefois, Jeremias ne tient pas compte de la possibilité que les trois millions de visiteurs mentionnés par Josèphe représentent non pas les personnes qui séjournaient à Jérusalem, mais celles qui demeuraient alentour et qui se rendaient à Jérusalem dans la journée. En tout état de cause, Jeremias, prudent, descend le chiffre plausible à 125 000 visiteurs, ce qui excède déjà largement les capacités d'accueil de la ville.

Or les pèlerins de l'époque faisaient de même que les touristes actuels quand les hôtels d'une ville sont complets ; ils descendaient dans les villes voisines, Béthanie, qui est à quelque deux kilomètres, Bethléem, qui est à neuf, c'est-à-dire entre moins d'une heure et un peu plus de trois heures de marche, voire Béthel ou Ephrem. La Pâque étant le seul moment de la vie juive où Jérusalem et ses alentours connaissaient une telle presse, il me paraît logique de conclure que c'est bien à ce moment que Joseph s'est trouvé en peine d'une chambre d'auberge et que Jésus est donc né en avril de l'an 7 avant notre ère.

*3. **Les intrigues des Pharisiens*** (p. 40-42). Ce point est emprunté d'abord à Josèphe (*La Guerre des Juifs*, II ; § 2,3). Racontant la succession d'Alexandre IV Jannée, en 76 avant notre ère, qui échut à sa femme Alexandra, Josèphe écrit : « Mais en même temps que son pouvoir (celui d'Alexandra), et comme une plante parasite, grandit le pouvoir des Pharisiens, membres d'une sorte de classe, qui passent pour plus pieux que les autres juifs et plus minutieux dans l'explication des lois... S'insinuant petit à petit dans l'âme toute simple de cette femme, bientôt ils se retrouvèrent à la tête des affaires, exilant ou rappelant qui bon leur semblait, liant et déliant... C'est ainsi qu'ils font exécuter Diogène, personnage distingué qui avait été l'ami d'Alexandre... » La situation n'avait guère beaucoup changé du temps d'Hérode le Grand, car le même Josèphe rapporte plus loin (I ; 5 ; 2), à propos d'une des innombrables intrigues qui constituent le tissu du règne de ce potentat, qu'il « accusa la femme de Phéroras (frère d'Hérode) d'avoir soudoyé les Pharisiens contre lui ». Dans les *Antiquités judaïques*, Josèphe rapporte aussi (XVII ; 2, 4, § 41 ss) qu'à la cour de Jérusalem les Pharisiens avaient « leurs petites et grandes entrées et exerçaient une profonde influence sur le harem et la domesticité » (Jeremias).

Pendant quelque soixante-dix ans, donc, les Pharisiens occupent une place prépondérante au palais royal et notamment du temps d'Hérode ; ils agissent en tant qu'éminences grises. « C'est seulement en 6 avant notre ère, deux ans avant sa mort, qu'Hérode, en liaison avec les intrigues de cour, rompit avec les Pharisiens » (Jeremias, citant Josèphe, Ant. XVII ; 2-4 ; § 36-46). En effet, l'impatience d'Hérode à l'égard des intrigues pharisiennes alla croissant jusqu'à la rupture.

Ce point est également important parce qu'il explique ou, du moins, offre un motif plausible à la fuite en Égypte de Joseph le charpentier, qui se produit peu après la naissance de Jésus et quelques mois avant qu'Hérode mette les Pharisiens à la porte de son palais. En effet, et pour des raisons exposées plus loin, j'ai la conviction que Joseph est pharisien.

***4. L'étoile dite de Bethléem et la visite des « Rois Mages »*** (p. 51-61). « Jésus naquit à Bethléem durant le règne d'Hérode », écrit Marc (Mc. II ; 1-6). Après sa naissance des astrologues orientaux vinrent à Jérusalem et demandèrent : « Où est le nouveau-né qui est destiné à être roi des juifs ? » Le roi Hérode fut grandement troublé quand il entendit cela ; et le peuple de Jérusalem le fut aussi. Hérode convoqua une réunion des grands prêtres et des docteurs du peuple juif et leur fit poser la question : « Où doit naître le Messie ? — À Bethléem en Judée », répondirent-ils ; et ils se référèrent à la prophétie qui dit : « Bethléem, dans la terre de Juda, tu es loin d'être la dernière aux yeux des maîtres de Judas ; car de toi viendra un chef qui sera le berger de mon peuple d'Israël. » Marc est le seul des évangélistes, canoniques et apocryphes, à mentionner cette étoile, dont le destin iconographique, hagiographique et eschatologique a été immense.

Si l'on concentre son attention sur cette seule étoile, en omettant provisoirement le contexte, on constate que, le 7 mars de l'an 7 avant notre ère, la conjonction de Saturne et de Jupiter à leurs levers héliaques donna l'illusion d'une étoile d'un éclat exceptionnel. Comme je l'ai écrit dans la postface de *L'Homme qui devint Dieu*, Saturne est alors trente-huit fois plus brillant que les étoiles avoisinantes et Jupiter est treize fois plus brillant que Saturne. Il y a là largement de quoi alerter les astrologues, prompts à voir des signes dans tout événément céleste inhabituel. La dernière conjonction de ce genre a alors eu lieu en 146 avant notre ère, mais dans la constellation du Cancer ; elle n'a eu lieu dans la constellation du Poisson que 861 ans avant notre ère. David Hughes, à l'ouvrage duquel *The Star of Bethlehem* (v. bibl.) j'emprunte ces données, car il a effectué une remarquable enquête, précise que, pour les astrologues orientaux, Jupiter est évidemment la planète des rois et Saturne le protecteur d'Israël. Dès après le 7 mars de l'an 7 avant notre ère, ils se mettent donc en route pour la Palestine, afin de savoir ce qu'il en est de cet augure.

Il serait excessivement naïf de penser que ces astrologues, des Perses ou des Parthes, et plus probablement des Parthes, arrivèrent à Jérusalem en demandant où était le nouveau roi ; cela, c'est de la fable. Ces personnages, de haut rang, avaient un sens aigu du protocole et des préséances, et ils n'auraient pu faire autrement que d'aller présenter leurs hommages à Hérode, sous peine d'incident diplomatique. De surcroît, la réputation d'Hérode avait plus que certainement atteint leurs oreilles et ils n'auraient eu garde d'aller offenser dans sa capitale un despote aussi puissant en demandant où était l'enfant qui allait le détrôner.

Quant à l'iconographie qui représente ces gens présentant de l'or, de l'encens et de la myrrhe à un enfant né dans une étable, on me permettra de n'en retenir que le charme « prémédiatique » ; il n'y avait pas la moindre chance qu'ils pussent retrouver un enfant dans la masse de gens qui encombrait la région de Jérusalem.

La scène que j'ai imaginée, celle des mages soumettant leurs calculs astronomiques à Hérode, est la plus vraisemblable. Hérode savait ce qu'était l'astrologie, il avait son propre astrologue de cour.

*5. Le massacre des innocents.* Il n'a jamais eu lieu que dans l'imagination de Matthieu ou de son copiste. Je ne le mentionne donc pas. Comme je l'ai dit, Flavius Josèphe a recensé minutieusement les événements du règne d'Hérode et n'évoque, ni de près ni de loin, aucun infanticide collectif, concocté par Matthieu pour donner corps à la prophétie de Jérémie (Mt. II ; 18).

Cette invention, destinée à frapper les esprits simples, est par ailleurs tout à fait inutile, car chacun sait à l'époque que la lignée de David n'est plus possible à retracer depuis Zérubabbel, prince de Juda, qui, déjà au VIe siècle, avait entrepris la reconstruction du Temple de Salomon. À preuve, et comme si le point présentait quelque importance pour un enfant théoriquement conçu par le Saint-Esprit, Matthieu et Luc s'embrouillent sur la généalogie de Joseph, par lequel Jésus devrait théoriquement descendre du roi David. Matthieu commence son évangile par ces versets : « La généalogie de Jésus-Christ, fils de David, fils d'Abraham. Abraham était le père d'Isaac, Isaac de Jacob, Jacob de Juda et de ses frères, Juda de Perez et Sarah (leur mère était Tamar), Perez d'Hezron, Hezron de Ram, Ram d'Amminadab, Amminadab de Nahshon, Hahshon de Salma, Salma de Boaz (sa mère était Rahab), Boaz d'Obed (sa mère était Ruth), Obed de Jessé et Jessé était le père du roi David. David était le père de Salomon (sa mère avait été la femme d'Urie), Salomon de Rehoboam, Rehoboam d'Abijah, Abijah d'Asa, Asa de Jehosaphat, Jehosaphat de Joram, Joram d'Ahaz, Ahaz d'Ezéchie, Ezéchie de Manasseh, Manasseh d'Ammon, Ammon de Josie, Josie était le père de Jéconie et de ses frères au moment de la déportation à Babylone. Après la déportation, Jéconie était le père de Saltiel, Saltiel de Zérubabbel, Zérubabbel d'Abiud, Abiud d'Eliakim, Eliakim d'Azor, Azor de Zadok, Zadok d'Akim, Akim d'Eliud, Eliud d'Eléazar, Eléazar de Matthan, Matthan de Jacob, Jacob de Joseph, le mari de Marie, qui donna naissance à Jésus, dit le Messie... » (Mt. I ; 1-17) Las, cette laborieuse récapitulation est rejetée bas par Luc qui dit que Jésus était le fils de Joseph, fils d'Héli, fils de Matthat, etc. (III ; 23-38). Dès la deuxième génération, en amont, les deux évangélistes divergent sur le nom du père de Joseph, Héli pour Luc, Jacob pour Matthieu. Pis : Luc donne Rhésa pour fils de Zérubabbel, et Matthieu, Abiud. Hérode n'avait donc pas de raisons d'alarme quand les astrologues vinrent le voir.

***6. Les raisons du mariage de Joseph*** (p. 61-74). À l'exception de « Jean », qui l'ignore complètement, les évangélistes témoignent d'un embarras visible, ou lisible, quand ils évoquent le mariage de Joseph. « Marie, sa mère, était fiancée à Joseph ; avant le mariage, elle constata qu'elle était enceinte du Saint-Esprit », écrit Matthieu (I ; 18-25), ce qui est pour le moins laconique dans une affaire aussi exceptionnelle. Étant homme de principes, et voulant en même temps épargner le scandale à Marie, Joseph souhaita que le contrat de mariage fût conclu discrètement. Il s'y était résolu, lorsqu'un ange du Seigneur lui apparut dans un songe. « Joseph, fils de David, dit l'ange, ne crains pas d'emmener Marie avec toi dans ta maison comme épouse. C'est par le Saint-Esprit qu'elle a conçu cet enfant. Ce sera un garçon ; et tu lui donneras le nom de Jésus, car il sauvera son peuple de ses péchés. » Tout cela s'accomplit dûment pour réaliser la parole du Seigneur : « La vierge concevra et accouchera un garçon, et il s'appelera Emmanuel, un nom qui signifie "Dieu est avec nous". S'éveillant, Joseph fit ce que l'ange lui avait commandé ; il prit Marie chez lui comme épouse, mais n'eût pas de rapports avec elle jusqu'à ce que son fils à elle fût né. Et il appela l'enfant Jésus. » Ce texte comporte au moins deux contradictions. La première est que l'ange ordonne à Joseph d'appeler son fils Jésus et que la prophétie annonce que le garçon s'appellera Emmanuel. La seconde est que l'ange annonce que Jésus sauvera son peuple de ses péchés, or le peuple de Jésus est le peuple juif qui n'a certes pas suivi l'enseignement de celui-ci ni, à en croire les Évangiles, été sauvé de ses péchés. Qui plus est, ainsi que le rappelle un lecteur, M. Pierre Matthon, Isaïe, qui connaît certainement l'hébreu, emploie, pour désigner la femme qui concevra Emmanuel, le mot *alma*, qui veut dire « fille jeune », et non pas *bathoula*, qui veut dire « vierge ». Telle qu'elle est présentée par Matthieu, la transcription d'Isaïe est erronée.

Marc élude le mariage et ne mentionne Joseph qu'occasionnellement, fortuitement, dirait-on. Mais Luc, qui s'étend abondamment sur le mariage d'Elisabeth, mère de Jokanaan et de Zacharie, ne parle pas même du mariage : « Joseph alla en Judée... et avec lui alla Marie, qui était fiancée à lui ; elle attendait un enfant... » (II ; 3-6). Donc, selon Luc, Marie ne fut même pas mariée à Joseph. Mais il est vrai que le récit de Luc abonde en apparitions d'anges : Gabriel apparaît à Zacharie, puis à Marie, puis des anges apparaissaient aux bergers... De plus, il foisonne d'invraisemblances puériles, comme celles qui font rejeter de nombreux évangiles apocryphes. Bref, Matthieu est embarrassé et Luc brode.

Le postulat de la conception immaculée, qui, rappelons-le, ne fut érigé en dogme catholique qu'au XIXe siècle, est donc le fait du seul Matthieu, auquel, selon les analyses philologiques évoquées plus haut, Luc l'emprunte pour l'embellir. Elle était loin de faire l'unanimité dès la rédaction des évangiles canoniques eux-mêmes, car « Jean » déjà prend de la distance à son égard : « Et nous ne savons pourtant pas d'où vient cet homme, mais il est vrai que, lorsque le Messie apparaît, personne ne sait d'où il vient » (VII ; 27). Il n'est donc pas besoin d'aller chercher des références exotiques pour démontrer que les évangélistes canoniques eux-mêmes n'étaient pas à l'aise avec les circonstances du mariage de Joseph et de la conception de Jésus. Quant à Matthieu, un simple examen philologique indique qu'il a gauchi à l'extrême, et au prix d'un solécisme grossier, un texte d'Isaïe pour exprimer la prédestination éternelle de Jésus.

On peut, accessoirement, se demander si ce mythe présente quelque logique dans le cadre strict des évangiles canoniques eux-mêmes, car la seule valeur mythologique d'une conception immaculée était liée, comme le soutinrent d'ailleurs plus tard Hilaire de Poitiers et Alexandre Didyme l'Aveugle, à la virginité de Marie après la naissance de Jésus. Or, Mathieu lui-même, dans la version grecque originelle (Wilson, *Jesus — The Evidence*, v. bibl.), use dans les versets cités plus haut d'une forme restrictive qui donne à penser le contraire : il indique, en effet, que Joseph n'eut pas de rapports avec Marie jusqu'à la naissance de l'enfant, ce qui sous-entend qu'il en eut plus tard.

L'évidence indique néanmoins que cet aspect-là du

mythe construit autour de Jésus donna du fil à retordre aussi bien aux premiers disciples qu'aux théologiens ultérieurs. Outre ses invraisemblances, il souffre d'une notable incohérence.

Jusqu'au v^e siècle, toutefois, les chrétiens disposaient d'une version beaucoup plus explicative et sensiblement moins féerique du mariage de Joseph, offerte par le Protévangile de Jacques. Selon cette version, les parents de Marie décidèrent de la consacrer au Seigneur quand elle eut douze ans. Le grand prêtre — ce qui indique que le récit se situe à Jérusalem — fit convoquer tous les veufs, en les priant de se munir de leurs bâtons. Parmi ces veufs, dont l'un, tiré au sort, serait chargé de veiller sur la vierge en tant que tuteur, il y avait Joseph. La garde de Marie lui échut. Joseph était apparemment charpentier en bâtiment — et non menuisier, selon l'iconographie traditionnelle — selon les mots que lui prête Jacques : « ... Je m'en vais construire mes maisons, mais je reviendrai. Le Seigneur veillera sur toi » (IX ; 2). Joseph dut être absent longtemps, car, lorsqu'il revint, Marie avait seize ans et était enceinte de six mois et, qui plus est, elle cachait sa grossesse (Pt. J. XII ; 3 — XIII-I). Joseph, épouvanté par le scandale imminent, l'interroge, et elle répond qu'elle ne sait pas d'où lui est venue sa grossesse. Annas, scribe du Temple — ce qui confirme encore que la scène est Jérusalem —, s'étonne de ce que Joseph ne se soit pas rendu aux assemblées depuis son retour ; il se rend chez Joseph et avise Marie enceinte ; il fait son rapport au grand prêtre, qui envoie des officiers arrêter Joseph et Marie. Le grand prêtre — qui dut être, selon Jeremias, Simon Bar Boethos — interroge Marie qui se met à pleurer et dit qu'elle n'a pas connu d'homme. Il impose alors aux deux prévenus une ordalie, dont ils sortent indemnes. Le grand prêtre les absout. Cette assez longue histoire (Pt. J. VIII ; 2 — XVI), dont j'extrais ici les faits essentiels, est complétée par l'« Histoire de Joseph le charpentier », qui spécifie que Joseph se maria à quarante ans, eut six enfants, quatre garçons, Judas, Juste, Simon et Jacques, et deux filles, Lydia et Lysia, qu'il devint veuf à quatre-vingt-neuf ans et reçut Marie en garde à quatre-vingt-dix ans (His. J. Ch., II & XIV).

La notion d'un premier mariage de Joseph, mariage fécond par-dessus le marché, est de nature à surprendre ceux des lecteurs qui s'en tiennent à une lecture catéchistique ou « maigre » des Évangiles. Et l'existence de demi-frères à demi-sœurs de Jésus, en raison de ses connotations un peu trop terrestres, est alors soit mise en doute, soit éludée. Une telle attitude est cependant un déni inattendu des textes canoniques eux-mêmes. C'est, en effet, Matthieu qui rapporte que le peuple de Galilée, étonné par les sermons de Jésus, demanda : « D'où tient-il sa sagesse, et ces pouvoirs miraculeux ? N'est-ce pas sa mère, qu'on appelle Marie, ne sont-ce pas là ses frères Jacques, Joseph, Simon et Judas ? Et toutes ses sœurs ne sont-elles pas ici avec nous ? » (XIII ; 55-57). Texte qui confirme la mention précédente du même Matthieu : « Il parlait encore à la foule quand sa mère et ses frères apparurent » (XII ; 46). C'est encore une mention similaire que l'on trouve chez Marc : « Sa mère et ses frères arrivèrent... » (III ; 31). Plusieurs exégètes ont proposé une interprétation selon laquelle le terme « frères » devrait être entendu au sens le plus large, celui de disciples. Toutefois, ce point, qu'Edersheim qualifie de « vexant » (*The life and times of Jesus the Messiah*, v. bibl.), ne cède pas à cet argument, car un autre texte, également canonique, fait nettement la différence entre « frère » et « disciple » ; c'est celui de « Jean », qui écrit : « Après cela, il alla à Capharnaüm en compagnie de sa mère, de ses frères et de ses disciples... » (II ; 12). Comme il n'est nulle part, ni dans les canoniques ni dans les apocryphes, mentionné que Marie conçut d'autres enfants de Joseph, force est d'admettre que Joseph fut bien marié une première fois, comme le dit le Protévangile de Jacques, et que Jésus eut bien des demi-frères et demi-sœurs, comme Jean le confirme encore plus loin : « Plus tard, quand ses frères furent allés au festival, il y alla lui-même... » (VII ; 10).

C'est au Protévangile de Jacques que j'ai emprunté le récit de la convocation de la sage-femme dans l'étable (XIX & XX), et de l'agitation de cette femme quand Joseph lui dit que la femme est bien son épouse, mais non sa conjointe charnelle, et que c'est du Saint-Esprit qu'elle est enceinte. Les alarmes de Joseph et de la sage-femme concernant la possibilité d'une naissance diabolique sont de mon fait, car, en de telles circonstances, les gens de l'époque étaient enclins à des hypothèses diaboliques. Tous les gynécologues contemporains sont cependant instruits de la possibilité technique de grossesses où l'hymen est demeuré intact.

J'ai été tenté d'écarter intégralement cette structure de mon récit, pour les raisons exposées dans le chapitre 3 de cet ouvrage, nommément la banalité du schéma du héros conçu par une puissance surnaturelle dans les entrailles d'une mortelle. Toutefois, je l'ai maintenue, d'abord dans le souci de suivre d'aussi près que possible la trame des récits évangéliques, ensuite en raison de l'embarras évident qu'elle cause aux évangélistes mêmes, qui indiquerait un élément de vérité. Ainsi, l'épître aux Hébreux (VII ; 3) rejette en bloc toute parenté humaine du Fils de Dieu, qui n'aurait ni père, ni mère, ni lignage.

Reste évidemment à proposer une hypothèse historique plausible de la naissance de Jésus. La parthénogenèse est exclue, d'abord parce qu'on n'en connaît pas d'exemple humain, ensuite parce que, dans ce cas, Jésus eût été une femme. Reste l'hypothèse d'une conception tout à fait humaine et assez fugitive pour ne pas altérer l'hymen. Il n'existe d'autre indice pour la formuler que l'absence prolongée de Joseph d'une maison où Marie fut, en fait, laissée à la garde de quatre garçons et de deux filles, implicite dans le Protévangile de Jacques, cité plus haut. Il est notoire qu'il n'existait alors pas d'éducation sexuelle et qu'une fille pouvait, surtout en l'absence d'une mère, ignorer tout à fait comment se font les enfants. C'est une ignorance que j'ai constatée encore dans les années 1940 et même 1950 chez des jeunes filles.

Il en ressort que Jésus serait, en fait, le petit-fils de Joseph, ce qui explique qu'il n'ait pas reçu l'enseignement de docteur, qui n'est mentionné dans aucun évangile, canonique ou apocryphe (v. note p. 140).

***7. Le métier de Joseph.*** Ce point jouxte au précédent et éclaire les longs déplacements de Joseph. Le terme de « charpentier » est générique à l'époque, dans les langages sémitiques aussi bien qu'en grec (Grant, v. bibl. p. 69), et désigne ce qu'on appellerait de nos jours un entrepreneur en bâtiment, se chargeant aussi bien de la taille de pierres que des charpentes, des serrures, etc. C'était donc un homme qui jouissait d'une certaine aisance. On peut s'interroger sur les raisons de ses longs déplacements ; c'est que la Palestine était pauvre en bois, qu'il fallait importer de l'étranger, notamment du Liban. Joseph devait avoir besoin de grandes quantités de bois pour aller l'acheter sur place, et ces achats en gros suggèrent que Joseph participait à la construction du Temple qui, commencée en 20-19 avant notre ère, ne fut définitivement achevée qu'en 62-64. Il existait des privilèges traditionnels attachés à certains commerces et aux fournitures destinées au Temple. Jeremias, citant le Ta'an IV ; 5, rapporte que, neuf jours par an, les prêtres et les laïcs apportaient le bois pour l'autel, par exemple, dans l'ordre suivant : 1. Le 1er Nizân, la famille d'Arah, de la tribu du Juda ; 2. le 20 Tammouz, la famille de David, de la tribu du Juda... », etc. Il est donc très probable que Joseph, qui était de la famille de David, détenait aussi un privilège pour la livraison du bois de l'autel et, partant, pour la fourniture du bois des charpentes en cèdre, fort coûteuses en raison de leur portée.

Une raison dominante m'a amené à postuler que Joseph était rabbin. C'est que sa fuite en Égypte précède de peu la rupture d'Hérode avec les Pharisiens, en 6 avant notre ère (*cf.* note « Les intrigues des Pharisiens »), et donc qu'il fut mêlé à l'une de ces intrigues, car, n'étant pas sadducéen, caste du haut-clergé, il ne pouvait être que pharisien. Or, pour qu'il se trouvât menacé au point de devoir fuir son pays, il fallait qu'il occupât une place d'une certaine importance dans la société de Jérusalem. Les gens d'un certain rang étaient instruits et, comme il n'y avait pas d'autre instruction que religieuse, il est licite de supposer que Joseph était rabbin. Cependant, à l'époque, ce mot, *rabbi*, désignait aussi bien quelqu'un d'instruit qu'un professeur, c'est-à-dire quelqu'un d'autorisé à transmettre son savoir. Ce n'est que vers la fin du Ier siècle avant notre ère que le terme *rabbi* a pris une signification plus précise de fonction.

***8. Le voyage supposé de Nazareth à Bethléem.*** Il s'agit là d'un des épisodes les plus invraisemblables du Nouveau Testament, et sa nature improbable est la raison pour laquelle je l'ai omis. Selon Luc, en effet, lors de la publication de l'édit de recensement d'Auguste, « Joseph alla de la ville de Nazareth en Galilée pour s'inscrire dans la ville de David, appelée Bethléem, parce qu'il appartenait par son ascendance à la maison de David ; Marie, à laquelle il était fiancé, l'accompagna. Elle était enceinte et, quand ils furent arrivés, sa grossesse arrivait à terme » (Lc. II ; 1-6). Récit qui ne cadre absolument pas avec celui de Matthieu, selon qui Joseph ne gagna Nazareth que lorsque Hérode le Grand fut mort et que le fils de ce dernier lui succéda, et qui s'achève par ces mots : C'était pour accomplir la parole des prophètes : « On l'appellera Nazaréen » (Mt. II ; 21-23).

Si l'on commence par le récit de Luc, il est, comme je l'ai dit dans la postface du récit, invraisemblable. En effet, trois routes s'offraient, théoriquement, à Joseph pour aller de Nazareth à Bethléem, à supposer qu'il eût eu affaire avec Nazareth : d'une part, deux routes intérieures, l'une longeant le Kisor, via Scythopolis, Archélaüs, Jéricho et Ephrem, l'autre longeant également le Kisor, via Engannin, Sichem et Béthel ; d'autre part, la route de bord de mer, bifurquant à Joppé pour rejoindre Jérusalem par Lydda et Emmaüs. Les deux routes intérieures étaient les plus courtes, puisqu'elles représentaient quelque quatre-vingts kilomètres, mais elles étaient dangereuses, car les voleurs de grand chemin abondaient en Palestine ; la route de bord de mer était plus sûre, mais elle était de moitié plus longue, puisqu'elle représentait quelque cent vingt kilomètres. De toute façon, les trois routes comportaient un danger majeur pour une femme sur le point d'accoucher, celui de l'avortement ou de l'accouchement impromptu sur un bord de route. Même si Joseph, comme on l'a vu plus haut, n'avait pas été marié et n'avait pas engendré six enfants, il n'eût pu être assez téméraire pour engager une jeune femme qui en était à sa première grossesse sur un périple aussi risqué, à dos d'âne ou de mulet le plus probablement. De plus, Joseph eût très bien pu aller s'inscrire et inscrire sa femme et son fils à naître sans qu'ils l'accompagnassent.

Nazareth comme point de départ d'un voyage vers Bethléem est donc hautement improbable.

C'est Marc qui nous donne la clef du choix, ou de l'invention, de Nazareth par les évangélistes : ç'aurait été pour accomplir la parole des prophètes, parole introuvable ou inexistante.

*9. Nazareth et Nazaréens.* Je fais dans mon récit quelques allusions aux Nazaréens et j'imagine que, rentrant d'Égypte pour gagner la Galilée, afin d'être le plus loin possible de Jérusalem, le vieux Joseph passe par Nazareth, mais ne peut s'y installer, car le hameau est trop petit pour lui assurer quelque subsistance.

Toutefois, un habitant de Nazareth n'a rien à voir avec un Nazaréen. Tout d'abord, un Nazaréen, *Nazoraios*, est un mot dont la formation, pareille à celle de *Pharisaios*, désigne un sectataire. Les sectataires du Baptiste se sont appelés jusqu'à ce jour nazoréens ou nazaréens, sans avoir rien à faire avec Nazareth. Deuxièmement, cette secte existait bien ; elle était constituée de Pharisiens excessivement pieux, comme le rappelle Épiphane (v. 403), et elle était antérieure à Jésus et au christianisme. Troisièmement, le mot semble dériver (Wells, *Did Jesus Exist ?* v. bibl.) de l'hébreu NSR, « observer », dont il serait le substantif. Cette racine NSR se retrouve d'ailleurs dans plusieurs langues sémitiques, dont l'araméen et l'arabe, où elle forme des mots de sens identique. En araméen, par exemple, le Nazaréen se dirait *Nazari*, et le Nazaréthain, *Nazeri*. Selon certains auteurs (Black, *An Aramaic Approach to Gospels and Acts*, v. bibl), les Nazaréens seraient des descendants des anciens Nazirites, secte des « consacrés », à laquelle appartenait Samson (à la mère duquel un ange annonce que son fils sera consacré à Dieu dès avant sa naissance — Juges, XIII ; 7). Rappelons à cet égard les travaux de Lohmeyer (*Galiläa und Jerusalem*, v. bibl.), cités par Wells, selon lesquels Jacques, demi-frère de Jésus, et Jokanaan auraient été des Nazaréens.

Quelle est la parole des prophètes ? Elle est introuvable, même Daniel-Rops en convient (*Jésus en son temps*, p. 124, v. bibl.). On se demande à quoi donc Matthieu peut bien faire allusion, dans sa croyance que les prophètes ont annoncé qu'un chef d'Israël naîtrait à Nazareth, obscur hameau dont aucun texte antérieur à Jésus ne mentionne même l'existence. Or, il semble que ce soit au passage d'Isaïe (XI ; 1) où le prophète annonce un « rameau du tronc de Jessé ». « Rameau », avec les sens annexes de « rejeton » et de « germe », s'écrit aussi NSR, mais avec une accentuation totalement différente, qui donne la prononciation *Nisr*, et non plus *Nàzàri*. C'est en ce sens que Jérémie (XXXIII ; 15) utilise aussi ce mot à propos du « rejeton issu de David », de même que Zacharie (VI ; 12), quand il parle de « celui dont le nom sera germe ». Ce sont là des expressions de l'attente messianique que Matthieu reprend donc à son compte, et de travers.

De travers, car Matthieu, c'est-à-dire son copiste grec, croit que *Nàzàri*, Nazaréen, est quelqu'un de Nazareth. Ce qui donne l'aune de la méconnaissance des réalités juives qui affectait les copistes évangéliques, et aussi la mesure des fabrications ultérieures destinées à donner quelque cohérence aux récits. Car ils vont ensuite inventer un épisode où Jésus est chassé de Nazareth...

Ce malentendu-là est patent et a été dénoncé par de nombreux auteurs, dont certains vont jusqu'à douter que Nazareth ait existé au temps de Jésus. Mais il a peut-être été aggravé par une confusion avec le lac de Génésareth, au nord duquel se trouvait Capharnaüm, la ville de Jésus en Galilée. Génésareth, *Gennasar* en araméen, se décompose, en effet, dans cette langue en *ganna nazar*, « belle vue ». Bref, le lac de Tibériade, nom latin, était le « lac Bellevue ». Mais on peut, faute des documents originels, s'interroger sur les fabrications auxquelles, faute de connaissances, un copiste grec aurait pu se livrer un lisant dans un manuscrit sans doute en mauvais état que Jésus était tantôt un *Nàzàri*, tantôt un *Gennàzeri*...

***10. La fuite en Égypte et l'épisode des Nabatéens, Alexandrie*** (p. 81-109). Il est singulier que si peu d'historiens et d'exégètes se soient penchés sur la fuite en Égypte et ne l'aient fait que de manière superficielle. Entrepris par un homme très âgé accompagné d'une jeune femme et d'un enfant en bas âge, cet exode à rebours sur quelque quatre cents kilomètres en ligne droite, cinq cents selon les routes plausibles, relevait de la plus folle gageure. Il consistait à traverser en diagonale une partie de l'antique désert de Parân et tout le désert de Shur, par des températures torrides le jour, très basses la nuit ; s'il avait une monture, âne ou mulet, Joseph dut emporter de quoi la nourrir ; il dut emporter aussi de l'eau et des vivres ; comme le baudet ne pouvait pas porter cela et deux adultes, il fallait que Joseph allât à pied. À raison de quinze kilomètres par jour, et encore, l'équipée, si elle avait abouti, aurait duré un mois ! Et elle n'aurait pu aboutir qu'à la condition que Joseph connût le chemin et, éventuellement, des sources. Comme la traversée a quand même été faite, puisque Joseph est revenu en Palestine à la mort d'Hérode le Grand, il fallait que la chance fût venue à son secours.

Cette chance, elle ne pouvait être autre qu'une de ces caravanes de Nabatéens qui prenaient — sous contrôles romains — le relais des bateaux chargés de soie, d'ivoire, de gemmes, d'épices, du port de Gerra, sur le golfe Persique, jusqu'à Pétra et, de là, à Alexandrie, ou bien de Bérénice ou de Myos Hormos, sur la mer Rouge, pour rallier également Alexandrie. Dans le premier cas, la caravane coupait la route de Joseph par l'est, dans le second, elle la coupait un peu plus à l'ouest. Ces commerçants représentaient le seul salut imaginable pour les fugitifs. La compassion que je leur prête n'est guère « romanesque » ; qui donc n'eût été pitoyable à l'égard d'un vieillard, d'une jeune femme et d'un bébé perdus dans le désert ? Pour en être réduits là, il fallait que leur vie fût en jeu, et ce n'étaient certes pas des puissants de ce monde.

Les trois rescapés ne pouvaient aller qu'à Alexandrie, d'abord parce que la cité se trouvait au bout de leur chemin, ensuite parce que, et Joseph ne pouvait l'ignorer, elle abritait l'une des plus importantes colonies juives de la Méditerranée, installée dans le quartier Delta, au nord-est. Josèphe, dans *La Guerre des juifs*, estime qu'ils représentaient l'élément étranger le plus important de l'Égypte, un million d'habitants sur sept et demi, mais il est vrai que Josèphe est toujours porté à l'exagération. Le pays était fertile et le commerce prospère, et, paradoxalement, dans ce havre créé par le héros, la plus splendide des sept Alexandrie du monde antique, les juifs, qui avaient bien avant Joseph refait, eux aussi, le chemin de l'Exode dans l'autre sens, se trouvaient là délivrés des tensions de la Palestine. Ils avaient, au pied du Serapeum, cet acropole alexandrin, dans la brise qui caressait le tombeau du héros avant d'aller saluer les pyramides du delta, trouvé une patrie d'adoption qui ressemblait fort à l'antichambre de l'Élysée païen. Témoin, entre bien d'autres, l'épitaphe de ce médecin juif, Demas : « Pleurez-moi, qui ai quitté le genre de vie le plus respecté, ma cité, le séjour et l'amitié des humains » (André Bernand, *Alexandrie la Grande*, v. bibl.). Minoritaires dans une cité païenne, les juifs s'étaient accommodés de l'œcuménisme ambiant, n'ayant d'ailleurs guère d'autre choix, d'où les accents scandalisés que je prête à Joseph lors de sa rencontre avec un rabbin heureux et oublieux des querelles sourdes qui déchiraient Israël. Nous n'avons pas de témoignages précis sur les Esséniens qui, eux aussi, avaient fondé une communauté sur le lac Maréotis, non loin de là, mais, sans qu'il faille donner dans la géopsychologie, ce lac, que je connais, n'est certes pas la mer Morte, et j'eusse volontiers gagé que leur fanatique attente de la fin du monde était mitigée.

J'ai saisi l'occasion pour exposer, au cours des récriminations de Joseph auprès du rabbin, les motifs de ressentiment que les Pharisiens entretenaient à l'égard d'Hérode le Grand.

On ne sait pas exactement combien de temps Joseph resta en Égypte. Matthieu (II ; 19-22) rapporte qu'il rentra en Israël après la mort d'Hérode le Grand, donc en 4 avant notre ère, ayant appris qu'« Archélaos avait succédé à son père en tant que roi de Judée ». Archélaos, soit dit en passant, ne fut jamais « roi » de Judée et, d'ailleurs, s'il avait succédé à son père, c'eût été en tant que roi de Palestine. Les Romains, qui ne voyaient guère en lui l'étoffe de son père, ne lui concédèrent que le titre d'ethnarque de Judée et de Samarie, qu'il perdit à l'instauration d'un pouvoir romain direct, en 6. Toujours est-il que Joseph serait resté à Alexandrie de deux à trois ans.

***11. Les Esséniens*** (p. 95-109). Le chapitre intitulé « Les mangeurs de sauterelles près de la mer Morte » est prétexte à rappeler d'abord au lecteur quelques données fondamentales sur les Esséniens, puisées dans les ouvrages que la bibliographie recense, ensuite à informer que ces sectataires n'étaient pas familiers à la totalité du monde juif de l'époque. Des colonies juives, telles que celles de Rome, de Thessalonique, de Cyrène, de Pergame, de Sardes, de Rhodes, de Sinope, d'Edesse, d'Ecbatane, de Sude et d'Antioche (il y en avait même une sur la mer Noire, à Panticapeum, dans l'actuelle Crimée), ignoraient à peu près totalement ce qu'étaient ces Esséniens que certains voyageurs et un chroniqueur au moins, Josèphe, décrivaient comme gens d'une vertu légendaire. Une première version de mon récit comportait d'ailleurs un chapitre sur ces centres juifs lointains, exposés aux vents des croyances asiatiques et dans lesquels se forma ce mouvement syncrétique qu'est le gnosticisme juif. Des raisons d'économie m'ont fait éliminer ces chapitres, car le récit eût été deux fois plus long. J'ai donc imaginé un rabbin d'Antioche, Joram, qui va consulter l'un des hommes les plus aptes à répondre à ses questions sur les Esséniens, Joseph d'Arimathie, commerçant, donc voyageur quelque peu rompu aux états d'âme des juifs de la Diaspora.

***12. L'émotion causée par la mort d'Hérode le Grand*** (p. 118). Ce monarque, exécré par les évangélistes, n'avait cependant pas démérité son surnom. Ami d'Auguste, de son gendre Marcus Agrippa, de tous les rois du voisinage, stratège et général de premier ordre, homme d'État remarquable, ce roi client de Rome avait permis à l'Empire à la fois de se dégager des soucis militaires dans une région agitée jusqu'à ce jour et de se flatter de l'amitié non d'un pantin ou d'un soliveau, mais d'un potentat efficace. Aucun de ses héritiers ne paraissait digne de lui succéder et il est tout à fait normal que l'annonce de sa mort ait alarmé les représentants de la *Pax romana* en Méditerranée orientale.

Bien évidemment, la mauvaise humeur du personnage — romanesque, lui — du marchand grec Krisilaïos, qui avait escompté des faveurs du préfet romain — historique — Caius Petronius, est imaginée, mais fondée sur des faits commerciaux réels.

*13. Le choix de la Galilée et de Capharnaüm* (p. 119-129). J'ai dit plus haut pourquoi l'hypothèse évangélique de Nazareth comme ville d'origine de Joseph est à rejeter. Matthieu, qui, comme ses deux collègues des synoptiques, n'est guère économe de merveilles et d'apparitions, dit qu'à la mort d'Hérode le Grand un ange apparut en songe à Joseph pour lui enjoindre de retourner en Palestine, puis qu'un autre songe lui enjoignit d'aller en Galilée (Mt. II ; 19-23). Il n'y avait guère besoin de deux anges pour faire comprendre à Joseph que, Hérode étant mort, les vindictes qu'il avait entretenues contre les Pharisiens seraient presque certainement oubliées dans le tumulte de sa succession, mais qu'il valait quand même mieux ne pas retourner en Judée, car il y restait, et surtout à Jérusalem, quelques intrigants qui avaient participé aux machinations du roi défunt et dont les rancunes n'étaient pas éteintes. Or, la Palestine ne comptait guère que deux provinces réellement juives, la Judée et la Galilée. La Pérée était semi-désertique, la Samarie odieuse pour un juif orthodoxe, la Décapole trop païenne, la Trachonitide trop syrienne et mordue, elle aussi, par le paganisme. Quant à la Phénicie, c'était, comme l'Iturée, une terre étrangère. Province provinciale, dont les habitants avaient un accent pâteux, qui rendait leur discours souvent incompréhensible (Daniel-Rops), la Galilée était toutefois fertile, sourdement hostile à Jérusalem — les Galiléens avaient l'humeur rebelle —, et comptait un grand centre urbain, Capharnaüm, où Joseph pouvait espérer reprendre ses activités.

Je fais passer Joseph par Nazareth ; le hameau est

sur la route, en prenant les chemins campagnards qui partent de la voie royale pour contourner le mont Thabor.

Le choix de Capharnaüm comme lieu d'établissement de Joseph, puis ville de Jésus, n'a pu vraiment surprendre les lecteurs des Évangiles, en dépit de la légende de Nazareth. C'est en effet Matthieu encore qui écrit (IX ; 1) qu'« il monta dans le bateau, traversa le lac et accosta dans sa ville », Capharnaüm, après avoir expliqué (IV ; 13-15) qu'il avait « quitté Nazareth et s'était installé à Capharnaüm, dans le district de Zébulon et de Napthali », pour accomplir le passage de la prophétie d'Isaïe (IX ; 1-2) « qui parle du pays de Zébulon, de la terre de Naphtali, du Chemin de la Mer, de la terre au-delà du Jourdain, la Galilée païenne ». On peut s'interroger sur les mystères des prophéties qui tantôt envoient Jésus à Nazareth, tantôt le dépêchent à Capharnaüm. Toujours est-il que Marc, lui, ne s'embarrasse pas des prophéties et écrit tout uniment (II ; 1) : « Quand il revint à Capharnaüm après quelques jours, le bruit se répandit qu'il était rentré dans son foyer. » Quant à « Jean », qui a sans doute lu les synoptiques, il ne se mêle pas de choisir et situe simplement en Galilée, sans base domiciliaire, le terrain du ministère de Jésus.

L'évidence logique qui indique Capharnaüm comme port d'attache de Jésus confirme, si besoin en était, que la mention de Nazareth et les ornements qui s'y ajoutent sont bien des fabrications tardives de copistes grecs qui n'entendent pas l'hébreu autrement que de façon littérale.

***14. L'apprentissage de Jésus*** (p. 130). Cher à l'hagiographie picturale et littéraire, il n'en reste pas moins vraisemblable ; il fallait que tout enfant apprît un métier et c'était le plus souvent celui du père. De plus, avant son ministère, Jésus dut gagner sa vie par son travail, et l'apprentissage acquis à l'atelier de son père semble le seul moyen de subsistance qu'il pût avoir.

Pendant la période des « années obscures », il est vraisemblable que Jésus n'a donc pu gagner sa vie que grâce à ses connaissances de menuisier-charpentier. C'est également le métier qu'il a dû exercer à Quoumrân, où les Esséniens imposaient une activité à tous les novices. En effet, si Jésus avait hérité quelque bien de son père, la règle de la communauté interdisait qu'il s'en servît à titre personnel.

Les Évangiles ne font guère allusion à cet aspect pratique de l'existence de Jésus durant son ministère, qui est évidemment secondaire, mais historiquement intéressant. Deux indications incidentes montrent toutefois, l'une, que l'escarcelle du groupe, qui était confiée à Judas, était bien garnie, l'autre, que Jésus était entouré de gens riches. Lors de l'attroupement impromptu qui va inspirer aux évangélistes l'histoire de la multiplication des cinq pains, Jésus dit aux disciples de donner à manger à la foule. « Quoi ! s'indignent-ils. Nous irions dépenser deux cents deniers pour nourrir tous ces gens ? » (Mc. VI ; 37). S'ils s'indignent, c'est qu'ils ont donc la somme, qui est assez coquette, près de sept fois le salaire présumé de Judas Iscariote et les deux tiers de la petite fortune que Marie de Magdala dépense en parfums sur la tête de Jésus. Même si Jésus recommande donc à ses disciples de ne pas emporter d'argent avec eux, il semble qu'ils ne lui aient pas obéi.

Par ailleurs, les Évangiles énumèrent les Pharisiens riches qui donnent des banquets en son honneur et Jésus est suivi par des femmes dont deux au moins ont des moyens financiers avérés, Joanna, femme de Chouza, chambellan d'Hérode, et Marie de Magdala, dont les dépenses reflètent des moyens très larges (v. note 23, « Les femmes autour de Jésus »). Il faut donc supposer que ces gens subvenaient à l'occasion aux besoins de Jésus et de son groupe, car les quinze hommes que voilà devaient être nourris et logés.

***15. Les rapports de Jésus et de ses demi-frères et demi-sœurs*** (p. 132). On peut raisonnablement imaginer que l'attitude des enfants du premier lit de Joseph à l'égard de la deuxième épouse et de l'enfant qui en était né n'était pas très chaleureuse, si l'on tient compte des traditions rigoristes pharisiennes. J'imagine donc qu'à la visite de ses beaux-fils et belles-filles, Marie prit le parti de s'absenter, pour éviter des scènes pénibles. Ce qui n'exclut pas que, Jésus étant devenu plus tard un personnage célèbre, ses demi-frères et demi-sœurs oublièrent leur ressentiment et le suivirent, mais non pour longtemps (v. note sur « La relation de Jésus avec sa Mère Marie et ses demi-frères », p. 264-265).

***16. Le voyage de Joseph, Marie et Jésus à Jérusalem*** (p. 132-146). Pâque étant la plus grande fête du monde juif et Joseph, Judéen exilé en Galilée depuis son retour en Palestine, ne pouvant manquer d'être saisi de la nostalgie de la Judée, j'imagine que la tentation d'une visite de la Ville sainte fut difficilement résistible. Jésus devait avoir atteint l'âge de douze ans, un an avant celui où les garçons étaient tenus pour responsables de leurs actions et majeurs au sens moderne du terme. C'était donc en l'an 5. Il n'existait alors pas de cérémonie formelle d'accession à la majorité, comme l'est le *Bar mitzvah* actuel, mais, dit Wilkinson (*Jerusalem as Jesus Knew it*, v. bibl.), l'essence du *Bar mitzvah* existait déjà. Treize ans était en tout cas l'âge auquel les jeunes juifs cessaient leurs études informelles auprès de leurs pères, et comme nous n'avons pas trace d'une scolarité de Jésus dans une *beth hassepher* ou maison du livre, création d'ailleurs récente en Israël (Daniel-Rops, *La Vie quotidienne en Palestine au temps de Jésus*, v. bibl.), il faut supposer que Joseph conclut alors qu'il avait inculqué à Jésus les bases nécessaires à tout juif.

L'entretien de Jésus avec les docteurs du Temple, épisode cher, lui aussi, aux hagiographes picturaux et littéraires, est, il faut le souligner, le fait du seul Luc (II ; 41-52), le plus « féerique » et enjolivé des quatre canoniques et l'égal, à cet égard, dans ses broderies, des plus excessifs des évangiles apocryphes de l'enfance. On en ignore évidemment la source, qui dut être douteuse, puisque aucun des trois autres canoniques ne l'a reprise. On est en droit d'y voir une fabrication du copiste grec désigné comme Luc, destinée à exalter le génie précoce de Jésus.

Ceux qui m'ont reproché une approche hétérodoxe de la vie historique de Jésus devaient donc être surpris de ce que j'aie, dans une certaine mesure, repris le thème, devenu traditionnel, de Luc. J'ai imaginé, en effet, que Jésus avait formé le projet, nullement invraisemblable, de poursuivre son apprentissage, projet dont il fait état, dans mon récit, dans la maison de Joseph d'Arimathie. Cet apprentissage, destiné à la prêtrise, et qui suivait l'apprentissage général, paternel ou scolaire, ne pouvait, en effet, se faire qu'auprès de docteurs de la Loi. Peu de juifs le suivaient, car c'était là un apprentissage privilégié. Cette forme d'enseignement supérieur n'était dispensée qu'en fonction de la caste à laquelle appartenait l'adolescent. Jésus, qui vient de Galilée, terre suspecte et dont, selon les paroles mêmes des évangélistes, ne vint jamais aucun prophète, redouble donc d'acuité intellectuelle pour se distinguer auprès de ceux des docteurs auxquels il a affaire par l'entremise d'un personnage fictif, créé pour la circonstance, Jonathan, fils de Joseph d'Arimathie. Les noms des prêtres sont également fictifs. L'objet du chapitre 10 était de reconstituer ce qu'avait pu être l'entretien d'un garçon vif d'esprit, éduqué par un père rigoriste, instruit de l'Ancien Testament, avec des casuistes.

*17. Les deux entretiens entre deux Grecs* (ch. IX et XI). Il s'agit là, bien évidemment, de procédés romanesques destinés à mettre le lecteur en possession de faits historiques antérieurs, tels que les révoltes qui secouaient la Palestine, la prospérité du commerce, l'abondance des malades et mendiants et, fait souvent méconnu, la connaissance que l'on avait, en Méditerranée orientale tout au moins, du bouddhisme. Dès le Ier siècle, en effet, les routes commerciales qui partent de Taxila et d'Alexandrie sur l'Indus pour rejoindre par la route de la Soie Ecbatane, Séleucie et Antioche entrent de plein fouet dans l'Empire romain par voie de terre, tandis que deux grandes routes maritimes relient l'Inde au Proche-Orient et encore une fois à l'Empire, par le golfe Persique et la mer Rouge. Or, le bouddhisme est déjà né et les commerçants ne peuvent l'ignorer.

C'est là un point qui prendra ultérieurement un relief particulier.

La Palestine est, par ailleurs, en cours d'hellénisation, bien avant qu'elle devienne, en 6, une province romaine en titre. Depuis le temps d'Hyrcan II, deux fois grand prêtre au Ier siècle avant nôtre ère, une circulation intense relie Athènes et Jérusalem. Ce ne sont pas seulement les Athéniens qui viennent à Jérusalem, mais également les Hyérosolimitains qui se rendent à Athènes. Et ce trafic est doublé par celui des populations sous influence hellénistique, Chypriotes, Asiates mineurs, Galates, Pisidiens, Ciliciens, Cappadociens, bref, tous ressortissants des territoires marqués par les conquêtes d'Alexandre.

Cette hellénisation s'accompagne d'une forte influence culturelle, qui gagne même les sphères religieuses. La littérature rabbinique a ainsi incorporé un grand nombre de mots d'origine grecque, les juifs portent souvent des noms grecs, comme Alexandre, André, Théodotos. Mais surtout, la pensée grecque s'infiltre insensiblement dans la pensée juive. C'est ainsi que, selon Dupont-Sommer, certains auteurs tendent à opérer des identifications aussi hardies que celle de David à Orphée. Ô fraternité des héros ! Toutefois ! pour résumer un aspect de l'évolution philosophique juive qui a fait l'objet de plus d'un livre, il y a bien un aspect fondamental de la pensée grecque qui semble avoir pénétré jusque dans les sphères religieuses les plus hermétiques : c'est la recherche de la connaissance de soi, le « connais-toi toi-même » de Socrate, qui a atteint aux rivages palestiniens par l'entremise de la pensée platonicienne ; ce « connais-toi toi-même » est cependant interprété comme clef de la connaissance de Dieu (Elaine Pagels, *Les Évangiles secrets*, v. bibl.). C'est ainsi que la pensée platonicienne s'est, en Palestine, imprégnée de religiosité, sinon de religion, et qu'elle a contribué à la naissance du mouvement gnostique (v. note « Jésus et le gnosticisme »).

Mais, parallèlement, le sentiment de déchéance politique, qui s'est exacerbé depuis que la Palestine est passée sous la domination des aigles romaines, a entraîné un sentiment de déchéance culturelle et religieuse. Il est alors devenu évident pour les juifs que l'époque héroïque du royaume juif est terminée ; la reconstruction à grands frais du Temple de Salomon par Hérode le Grand, avec un faste d'ailleurs inouï, n'est qu'un artifice incapable de masquer la réalité. Le choc d'Israël avec la puissance et la culture romaines déclenche alors un sentiment d'angoisse dans un peuple autrefois triomphant.

Mon hypothèse est que cette angoisse engendre un phénomène connu sous le nom de millénarisme, qui se définit par le sentiment qu'une ère s'achève dans la catastrophe et que seul un homme providentiel peut y remédier. C'est ainsi qu'en Israël le millénarisme latent à la fin du Iᵉʳ siècle avant notre ère et au début du Iᵉʳ siècle de cette ère-ci donne corps à l'idée confuse d'un Messie.

Il faut observer que le millénarisme s'est manifesté plusieurs fois dans l'histoire, selon le même schéma, la dernière fois ayant été à la fin du XIXᵉ siècle, puis en 1943, dans le Pacifique et précisément en Papouasie-Nouvelle-Guinée actuelle. Les premiers contacts des Papous avec des Blancs les frappèrent de stupeur ; ils crurent d'abord que c'étaient des esprits. Puis il s'avéra que les esprits étaient physiques et qu'ils se servaient d'appareils aussi terrifiants que des Primus et des armes à feu. Ainsi naquit la plus jeune religion du monde, le « Cargo cult », dont l'homme providentiel (d'ailleurs parfois identifié à Jésus) s'appelait John Frumm (balai, en allemand — la Papouasie, ancien archipel des Bismarck, ayant été une colonie allemande). John Frumm, qui devait chasser les Blancs, n'exista évidemment jamais, mais il est toujours « en vie »... en Nouvelle-Calédonie !

*18. L'état insurrectionnel de la Palestine* (p. 179-189). Il est impossible de se représenter l'image de Jésus pour les juifs de son temps et l'image qu'il se fit à la fois de son peuple et de lui-même sans la toile de fond politico-religieuse, qui était celle d'un pays en état insurrectionnel chronique. Le chapitre « Visiteurs nocturnes, visiteurs diurnes » n'en donne qu'un aperçu.

Dès la mort d'Hérode le Grand, en 4 donc avant notre ère, période qui nous intéresse ici, la Palestine est en révolte quasi constante, comme le rapporte de façon très détaillée Josèphe dans *La Guerre des Juifs* (v. bibl.). « Des troubles éclataient de tous côtés dans les campagnes », rapporte ce chroniqueur (II ; 4). Un esclave du feu roi se ceint lui-même du diadème « et, parcourant la région avec les brigands qu'il avait rassemblés, il incendia le palais royal de Jéricho, ainsi que beaucoup d'autres résidences luxueuses » ; un berger, Athrongée, se ceint également du diadème et parcourt le pays, tuant « des Romains et des gens du roi ». Le général romain Varus accourt avec deux légions et quatre régiments de cavalerie et tente d'imposer la *pax romana* (II ; 5), incendiant la ville de Sepphoris et prenant ses habitants en esclavage... Les péripéties prennent parfois l'aspect d'un roman d'aventures échevelé : c'est ainsi qu'un jeune homme juif se rend à Rome en essayant de se faire passer pour le fils d'Hérode, afin que l'empereur lui donne la couronne ! Bref, ce n'est certes pas dans un pays calme que rentre le vieux Joseph après la mort d'Hérode. Mais ces faits ne sont généralement pas connus du public, et la preuve en est qu'un lecteur décidément trop habitué aux paisibles pastorales évangéliques revues et corrigées dans le goût de Saint-Sulpice, et guère au fait de la réalité historique, compara les quelques scènes de violence évoquées dans mon livre à... Astérix ! Et pourtant je m'en étais montré économe.

Une fois la Judée « pacifié » et réduite en province, le roitelet Archélaos exilé et le premier procurateur romain, Coponius, installé, le calme est loin d'être gagné dans l'ensemble de la Palestine. Un Galiléen nommé Judas soulève les juifs contre les impôts romains. C'est ce personnage que je fais intervenir dans le chapitre cité plus haut, p. 183. Josèphe en fait un

Essénien ; c'est peu vraisemblable, les Esséniens, fort distants, ne se mêlaient pas de guerroyer, et Josèphe, qui a tendance à voir des héros dans tous les Esséniens et des Esséniens dans tous les héros, semble, une fois de plus, oublieux de la réalité juive. Judas le Galiléen présente tous les traits d'un zélote. Mais il faut préciser que, pour une raison inconnue, Josèphe exècre les zélotes, qu'il ne présente que comme des brigands. Sans doute Josèphe ne partage-t-il pas la tolérance de Jésus à leur égard, qui recrutera parmi ses disciples un zélote au moins, Simon. Certes, les zélotes ne s'étaient pas encore, en 6, constitués en parti, comme ils le firent en 63, lançant la première révolte juive contre les Romains ; mais ils existaient déjà, comme le rappelle Grant, dans *Jesus : An Historian's Review of the Gospels*, p. 132 (v. bibl.).

Qu'était-ce qu'un zélote ? Le terme, traduit de l'hébreu *qanna*, ou bien de l'araméen, très voisin, *qan'nan*, désigne quelqu'un dont le zèle au service de Dieu est farouche. Pour Paul, le terme revêt un sens quelque peu différent, car l'apôtre rapporte avoir, lui aussi, dans sa jeunesse, témoigné de *zelos*, c'est-à-dire avoir été dévoué aux traditions spirituelles de ses ancêtres. On verra plus loin, à propos des apôtres, que Simon-Pierre fut sans doute, lui aussi, un zélote.

Toujours est-il que, jusqu'à la fin du ministère public de Jésus, la Palestine est en effervescence politico-religieuse. Il n'est qu'à se référer à Josèphe pour en juger : une insurrection suit l'autre.

Cette conjoncture du politique et du religieux est déterminante : elle démontre qu'il est impossible de présenter l'histoire de Jésus hors d'un contexte politique, et que les prétentions de certains de refuser toute « historicisation » de Jésus sont absurdes. Dans la mesure où des sectataires religieux s'en prennent à l'ordre établi, comme le fera Jésus lors de son ministère, ils menacent les structures sociales et politiques placées sous la garantie de Rome, et leur contestation revêt de ce fait même un caractère politique. Même Jésus, dont le message semble intrinsèquement spirituel, n'échappera pas à cette logique : en laissant proclamer qu'il est le Messie, il fait entrevoir qu'il est le vrai détenteur du pouvoir sur le peuple d'Israël, comme on le verra aussi plus loin. Et c'est au pouvoir politique romain qu'il est déféré obligatoirement après le jugement religieux du Sanhédrin.

Le chapitre « Visiteurs nocturnes, visiteurs diurnes » n'est romanesque que dans sa forme : il était impossible que, demeurant à Capharnaüm, la plus importante ville de Galilée, poste douanier fort d'une garnison romaine, Joseph n'ait pas été en contact avec les zélotes de Judas le Galiléen. Sa rébellion à l'égard de Jérusalem devait être bien connue alors des Capharnaümites. Quant à la visite des collecteurs d'impôts, Joseph la subit inévitablement comme tous les juifs ; je n'ai fait que reconstituer la scène avec le Publicain. L'accueil réservé à celui-ci n'était certes pas chaleureux, car les impôts se seraient élevés à 40 ou 50 p. 100 des revenus personnels (Wilkinson, *Jerusalem as Jesus Knew it*, p. 24). Josèphe donne en maints passages de *La Guerre des Juifs* des détails sur les taxes prélevées par Hérode le Grand, selon un système qui ne changea pas sous ses successeurs (II ; 6,2, I ; 26,2). Qu'on songe, à titre pittoresque, que le Kellon, écrit rabbinique, rapporte que le rabbin Hillel, scribe de Jérusalem, avait « exprimé son avis sur la façon d'échapper à la douane grâce à un bâton creux permettant de faire de la contrebande » (Kel. XVII ; 16, cité par Jeremias, *Jérusalem au temps de Jésus*, p. 179, v. bibl.).

***19. Jokanaan*** (p. 190-196). Ce court chapitre sert

d'introduction au personnage déterminant du baptiste, appelé ici par la forme hébreu de son nom, pour le distinguer, par commodité, de Jean de Zébédée le disciple. En en faisant le cousin de Jésus, je me suis rangé à la tradition évangélique et exégétique la plus orthodoxe, puisque sa mère, Élisabeth, est présentée par Luc (I ; 36) comme une « parente » de Marie, mère de Jésus, c'est-à-dire vraisemblablement une tante, vu son âge avancé (Lc. I ; 7). Jokanaan serait donc, en fait, un grand-cousin de Jésus à notre époque et sous nos latitudes, mais, étant donné les grands écarts d'âge qui pouvaient séparer les enfants d'un même père, à cette époque, il est difficile de se prononcer sur ce point. Selon le récit de Luc, qui est évidemment hautement symbolique, Jokanaan ne serait que de quelques mois l'aîné de Jésus.

Un fait semble plus probable, c'est que Jokanaan est né en Judée, car Luc mentionne qu'Hérode était alors « roi de Judée » (en fait, Hérode le Grand fut roi des cinq provinces), dans « les terres hautes » (Lc. I ; 39). De la montagne de Judée aux collines de Jérusalem, on ne repère que quatre grandes villes où Élisabeth, épouse de Zacharie, prêtre de son état, eût pu demeurer, Hébron, Bethléem, Jérusalem et Jéricho. Certains auteurs penchent pour Hébron, sans qu'il soit possible de trancher.

La première rencontre, antérieure à celle du récit des évangélistes, qui a lieu implicitement au début du ministère public de Jésus, se situe pour moi alors que Jésus a dix-huit ans, c'est-à-dire en 11. Pour cela, je me fonde sur le fait que c'était l'âge auquel les Esséniens recrutaient de préférence leurs adeptes. Comme c'est à peu près également l'âge de Jokanaan, et comme le choix de la communauté essénienne n'est guère le fait d'un garçon de treize ou quatorze ans, même à l'époque, je suppose donc que c'est en 11 ou vers cette époque

que Jokanaan décide de rallier Quoumrân. Il en fait part à Jésus, car il a, dans mon récit, rencontré des zélateurs esséniens le long du Jourdain. Les Esséniens voyageaient, en effet, et l'un de leurs itinéraires les plus naturels était les rives du Jourdain, puisque ce fleuve se jette dans la mer Morte, à brève distance de leur centre, Quoumrân. Jokanaan possède déjà les rudiments de leur doctrine et il a connaissance de leur chef martyr, le Maître de Justice, crucifié par Alexandre IV Jannée entre 103 et 76 avant notre ère.

***20. La décision de Jésus de rejoindre les Esséniens*** (p. 197-202). L'influence des Esséniens sur Jésus, voire sa formation par eux, est un point de plus en plus communément admis, bien qu'il n'existe aucun document qui permette de conclure avec certitude que Jésus ait bien fait un séjour au monastère de Quoumrân. L'un des faits qui me semblent pourtant renforcer une telle hypothèse est l'attachement de Jésus au calendrier essénien, selon lequel la Pâque était célébrée à date fixe, un mercredi (v. note 65, « Un point majeur : la date de l'arrestation ») ; seuls les Esséniens suivaient ce calendrier caractéristique ; la conclusion logique est que Jésus avait appartenu pendant un temps indéterminé à la communauté essénienne, cela indépendamment, bien sûr, des traces de l'essénisme sur son enseignement et son comportement, dont le vœu de pauvreté, unique dans l'histoire du judaïsme.

Il demeure qu'il est impossible de déterminer à quel moment et dans quelles circonstances Jésus a rejoint les Esséniens à Quoumrân. La mention par les Évangiles du séjour dans le « désert », qui est d'ailleurs une autre indication de la présence de Jésus à Quoumrân, est excessivement vague, quand elle ne se réduit pas aux « quarante jours » symboliques. Jésus n'a sans doute pas été disert auprès de ses disciples sur cette période de ses « années d'apprentissage ». Il est toutefois probable qu'il est entré à Quoumrân vers dix-huit ou vingt ans, qui était l'âge réglementaire, bien que les Esséniens admissent des recrues plus jeunes. On peut facilement imaginer que la perspective de reprendre l'atelier de son père à Capharnaüm ne séduisait pas un tempérament ardent, peu porté au commerce, rebelle et surtout animé d'une forte spiritualité. L'hostilité de Joseph à l'égard des « gens du Temple » avait dû exciter d'autant plus son attirance vers les Esséniens, notoirement animés d'une violente hostilité à l'égard de ces « gens », que Jokanaan l'avait précédé à Quoumrân.

Car Jokanaan aussi porte les marques de l'essénisme (v. note 36, « Jokanaan » [II]). Jésus était donc sûr de retrouver à Quoumrân non seulement un parent (supposé), mais également un jeune homme d'un âge point trop différent du sien, avec lequel il partageait des affinités pour une religion dépouillée de la compromission attribuée au clergé de Jérusalem.

L'austérité magnifique de Quoumrân et de ses habitants ne pouvait qu'enthousiasmer le « radical » en herbe épris de pureté qu'était Jésus. S'il devait continuer à y pratiquer son métier de menuisier-charpentier, ce n'était plus pour les riches commerçants de Capharnaüm, mais pour une communauté d'élus exclusivement tournés vers le Seigneur.

Comme je le suppose dans *L'Homme qui devint Dieu*, la fascination ne dura pas le temps du noviciat, pour des raisons essentiellement théologiques.

***21. La décision de ne pas fermer l'atelier de Joseph selon la règle du deuil*** (p. 199-201). C'est bien une décision, parfaitement cohérente de la part de l'homme qui a objecté aux Pharisiens qui lui reprochaient de ne pas observer le repos du sabbat : « Le Sabbat a été fait pour le bien de l'homme et non l'homme pour le Sabbat ; le fils de l'homme est donc souverain du Sabbat » (Mc. II ; 27-28). Il est donc peu douteux que, plutôt que faire perdre un mois de gages aux travailleurs de l'entreprise paternelle, Jésus ait décidé de passer outre à l'observance du deuil traditionnel.

J'ai plusieurs fois, dans le cours du récit, recouru à de telles situations, pour illustrer la portée de propos de Jésus qui sont souvent récités abstraitement.

***22. Magiciens et messies*** (p. 208-217). Il s'agit là d'un thème essentiel de la toile de fond socio-psychologique de la Palestine au Ier siècle. Le choc culturel réciproque causé, d'une part, à la culture romaine par sa rencontre avec l'Orient et, d'autre part, à la culture juive par la domination romaine avait engendré, en Palestine, mais dans le reste de l'Empire aussi bien, un trouble mesurable à la prolifération des cultes étrangers et des magiciens dans la totalité de l'Empire et des messies en Palestine. Qu'était un magicien ? Le terme est d'autant plus difficile à définir dans son acception d'alors qu'une grande confusion régnait déjà. C'est ainsi que Philon d'Alexandrie, contemporain de Jésus, distingue (*Les Lois spéciales*, III, XVIII), parlant des mages, c'est-à-dire, des magiciens, ce dernier terme étant une substantification abusive du premier, les « mages scientifiques » et les charlatans et « magiciens ». Qu'entend donc Philon par « mages scientifiques » ? Essentiellement des astrologues, car il n'existait pas alors d'astronomes, possédant une bonne connaissance des phénomènes célestes et capables de prédire, par exemple, une éclipse ; sans doute Philon entend-il aussi par là des gens qui possèdent des rudiments d'explication valable des phénomènes naturels et des épidémies, ainsi que des recettes d'apothicaire. Les autres, les magiciens proprement dits, sont des imposteurs. Ils sont néanmoins nécessaires aux populations citées plus haut, car ils apparaissent comme des intercesseurs directs entre l'humanité et les puissances mystérieuses du monde. Ce sont, en quelque sorte, des prêtres de seconde main, honnêtes ou pas, mais leur malhonnêteté éventuelle n'apparaît évidemment qu'après coup.

Les magiciens pullulent. À telle enseigne qu'excédé Tibère les bannit de Rome en 19 (Suétone, *Les Douze Césars*, Tibère, 36, v. bibl.). C'est dire s'ils devenaient encombrants. Dans les Actes, Luc raconte qu'un magicien nommé Simon avait, vers 30, ensorcelé le peuple de Samarie, prétendant jouir de pouvoirs extraordinaires (Ac. VIII ; 9-24). Plus loin, Luc rapporte que Barnabé et Saül rencontrèrent un certain Elymas, dit Bar-Jésus, c'est-à-dire fils de Jésus, « sorcier et faux prophète », à Paphos. S'ils ont bénéficié à l'origine, c'est-à-dire vraisemblablement jusqu'au Ier siècle, d'une réputation honorable (ce sont des mages qui se rendent les premiers auprès du berceau de Jésus, dans la tradition pieuse chrétienne), dès la fin du premier tiers du Ier siècle, le peuple semble les prendre pour des charlatans. Témoin l'accusation que les juifs lancent à Jésus : « Tu es possédé ! » (Jean, VII ; 20). Car les mages et magiciens se disaient, en effet, possédés par des puissances surnaturelles, et Jésus semble un mage à certains d'entre eux.

Il faut relever à ce propos qu'une large part de l'apologétique chrétienne tend évidemment, et très tôt, à présenter Jésus non comme un mage et, à plus forte raison, un magicien, mais bien comme un homme investi de pouvoirs divins. Au IIe siècle, Celse, adversaire du christianisme, résumera le point de vue d'une grande partie du monde gréco-romain sur les mages, magiciens et autres faiseurs de prodiges, qui viennent généralement de ce réservoir trouble de l'Orient : « Ils adorent les anges, déclare-t-il, et s'adonnent à la sorcellerie que leur a enseignée Moïse » (Origène, *Contra Celsum*, I ; 26). Et le fait que Matthieu identifie la maladie à un phénomène surnaturel ne contribue certes pas à dissiper les soupçons du monde non chrétien à cet égard ; en effet, quand il décrit la « forte fièvre » de la belle-mère de Simon (VIII ; 15-45), que guérira Jésus, c'est dans un contexte d'« esprits malpropres » et de possessions. De plus, Luc et Matthieu font dans leurs récits grand usage des anges et des démons, ces derniers comme messagers des « fièvres ».

Des magiciens, il y en avait évidemment de toute farine, des besogneux et des magnifiques, des juifs et des étrangers. J'ai imaginé une rencontre entre l'un des plus piteux de ces marchands d'orviétan, auquel je donne le nom grec d'Aristophoros, et Jésus, dans un petit village. L'épisode sert à mesurer le degré de superstition de l'époque (mais pas seulement de celle-là !), qui favorise donc la pullulation des charlatans. Comme je l'ai dit plus tôt, les Évangiles abondent en descriptions de « lèpres », qui ne sont en fait que des plaies ulcéreuses, et de « cécités », qui ne sont que des ophtalmies purulentes. En ce qui concerne les ophtalmies, par exemple, on connaissait depuis le IIe siècle avant notre ère des recettes qui sont loin d'être toutes fantaisistes ; c'est ainsi que le médecin grec Eudémos (Soubiran & Kearney, *Du sorcier guérisseur aux hommes en blanc*, v. bibl.) prescrit un remède à base de cuivre brûlé, de safran et de myrrhe, le cuivre brûlé étant, en termes modernes, de l'oxyde de cuivre, désinfectant comme les deux autres ingrédients. Il est très possible qu'Aristophoros, comme tant de magiciens qui parcouraient l'Orient, ait disposé d'une recette de poudre soluble dans l'eau qui combattait l'infection des yeux, l'eau seule servant à dissoudre les croûtes, le désinfectant complétant son action de façon plus durable. Au terme de la *Première conversation entre deux Grecs* (p. 154), l'un de ceux-ci, Eucrate, guérit de manière empirique et énergique l'ophtalmie d'un petit mendiant avec de l'eau pure.

C'est que l'hygiène n'était pas le fort des temps, et sans doute les Pharisiens n'étaient-ils pas si malavisés d'insister sur la nécessité de se laver les mains avant de manger, ni les Esséniens d'interdire à leurs adeptes de se toucher le corps.

J'ai imaginé, pour la commodité de l'exposé, qu'Aristophoros était disciple d'un certain Dosithée. Dosithée a bien existé (Kippenberg, *Garizim und Synagogue*, v. bibl.) et il était contemporain de Jésus, et il faisait partie de la cohorte de messies dont la rumeur s'était emparée, Honi de Judée, Hanina ben Dosa de Galilée (Grant, déjà cité, p. 97, et Edersheim, déjà cité, pp. 424-425), Simon, dit le Magicien, et Apollonios de Tyane. Ces gens aussi accomplissaient des guérisons miraculeuses et faisaient d'autres prodiges.

Dosithée et Apollonios de Tyane font plus loin l'objet de notes spécifiques. Ce qu'il convient de souligner ici est l'attente messianique en Palestine, au Ier siècle, dont témoigne l'émergence de ces messies. Outre leurs recettes, ceux-ci, et notamment Dosithée et Simon le Magicien, pratiquent des croyances hétérodoxes, où se mélangent diverses mythologies orientales. C'est ainsi que Simon identifie Hélène, la compagne qui a quitté Dosithée pour se joindre à lui, ancienne prostituée d'un lupanar de Tyr, à l'esprit de la Lune, Ennoia-Prounice. Il est impossible de se prononcer formellement sur les enseignements de ces thaumaturges, qu'on ne connaît qu'indirectement (à l'exception de celui d'Apollonios), mais il est évident que c'est un magma syncrétique de second ordre, assemblé à partir de croyances juives, hellénistiques et d'Asie Mineure.

On retrouve un magicien de bas étage en la personne de Balzzur, attaché au préfet Coponius, p. 218-221. Officiellement rationalistes, les Romains, en effet, n'étaient certes pas exempts de superstitions, et j'ai imaginé que la fermentation de caractère inconnu que les Romains affrontaient quotidiennement en Orient, et notamment l'attente fiévreuse d'une incarnation divine et la domination générale de l'irrationnel, devait mettre leur sens logique à l'épreuve. Un magicien attaché à leurs services leur permettait au moins de savoir ce que pensaient les juifs.

***23. Sepphira*** (p. 223-227). La rencontre avec cette courtisane est imaginaire. Elle est destinée à définir mon interprétation personnelle de la sexualité de Jésus, évidemment essentielle à un effort de reconstitution tel que mon récit. Cette interprétation se fonde sur deux faits incontestables et, d'ailleurs, incontestés.

Le premier est la tradition, très largement diffusée dans la culture juive, selon laquelle la masculinité est incomplète sans la connaissance de la femme. Cette notion est implicite dans le commandement divin « Croissez et multipliez », aussi bien que dans le fait que les juifs autorisent le mariage à l'âge précoce de douze à douze ans et demi (Jeremias, déjà cité, citant Billerbeck, p. 478), de même qu'ils autorisent la polygamie. Il n'y a pas de répression sexuelle dans le monde juif, seulement une codification des rapports de parenté qui autorisent le mariage et des interdictions (onanisme, homosexualité, zoophilie et rapports avec une femme qui a ses règles). L'homme qui n'a pas connu de femme ou qui n'est pas marié est soit impuissant, soit maudit. Les Kiddouchim (XXIX ; 6) maudissent « l'homme qui, à vingt ans, n'est pas marié » ! La pratique du célibat n'apparaît que chez les Esséniens et, dans la tradition évangélique, sa recommandation est d'origine paulinienne. Simon-Pierre, pourtant fondateur supposé de l'Église, est marié, de même que son frère André et, sans doute, d'autres disciples aussi.

La tradition d'un Jésus sans sexualité commence donc au IIe siècle, voire plus tardivement ; elle n'est d'ailleurs pas admise pendant de longs siècles, et l'iconographie de la Renaissance met sans ambiguïté possible l'accent sur les parties génitales du Christ, aussi bien enfant qu'adulte, allant jusqu'à suggérer l'érection, dans des œuvres destinées à être accrochées dans les églises avec l'approbation du clergé (on consultera à ce sujet l'excellente étude iconographique et iconologique de Leo Steinberg, *La Sexualité du Christ dans l'art de la Renaissance et son refoulement moderne*, v. bibl.). Ce n'est qu'au XIXe siècle que se répand une image de Jésus édulcorée jusqu'à en être asexuée, qui alimentera, au XXe siècle, des hypothèses sur son homosexualité. Il n'y a donc aucune raison de supposer que Jésus n'éprouva pas de désirs sexuels ou qu'il fut insensible à la séduction de la femme. Son célibat semble intrinsèquement lié à sa condition itinérante, car l'homme n'a pas cessé de voyager, et, pendant la dernière partie de sa vie, il peut être attribué à l'influence essénienne, et surtout à son ardent mysticisme.

Le second fait sur lequel je fonde mon interprétation est que Jésus entretient, selon les évangiles canoniques mêmes, des rapports publics constants avec des femmes, y compris certaines qui passent pour des prostituées. Luc dit clairement que Jésus « alla de village en village », accompagné « d'un certain nombre de femmes qui avaient été libérées d'esprit mauvais et d'infirmités : Marie, connue sous le nom de Marie de Magdala, dont sept démons étaient sortis, Jeanne, femme de Chouza, un chambellan d'Hérode, Suzanne et plusieurs autres. Ces femmes assuraient leur subsistance de leur propre poche » (VIII ; 1-3). Plus haut (VII ; 36-50), Luc rapporte longuement l'histoire d'une femme qui verse des parfums coûteux sur la tête de Jésus, dans la maison d'un Pharisien, qu'il appelle « pécheresse », mais qu'il ne nomme pas : « Jean », qui rapporte aussi l'épisode, la nomme cependant, c'est la même Marie de Magdala, sœur de Lazare, la même donc dont sept démons étaient sortis. En bref, Jésus était publiquement suivi par une pécheresse. Outre que cela révèle bien l'attitude provocatrice de Jésus sur laquelle je reviendrai, et que confirme d'ailleurs Marc (dans l'épisode où Jésus est attablé avec des gens de mauvaise vie et des « pécheurs », II ; 15-17), ce point, entre maints autres épisodes, confirme que Jésus n'était certes pas indifférent aux femmes. Il n'y a donc rien d'excessif à supposer qu'un soir de passage à Scythopolis, avant que le célibat essénien eût laissé sur lui son empreinte, Jésus accepta l'hospitalité matérielle et physique d'une courtisane. Il ne commettait pas là d'adultère, puisqu'il n'était pas marié, et ne faisait pas de commerce impur, puisqu'il ne paya pas la femme.

Le discours de cette femme est de mon fait. Il reflète la révolte d'une femme devant les massacres sans fin qui ensanglantent la Palestine à l'époque et que, en femme habituée au commerce des étrangers, elle attribue, non sans quelque justesse, à l'orgueil d'une société archaïque et déchirée, qui se heurte aveuglément à la puissance impériale. Sepphira a bien de la prescience, car, en effet, cet orgueil héroïque entraînera cinquante ans plus tard environ l'effroyable destruction de Jérusalem par les troupes de Titus.

L'aspiration de Jésus à l'Adam androgyne éternel, qui se situe au-delà de la sexualité, et que révèlent ses nombreuses références au Fils de l'homme (v. notes 58 et 59 sur « La notion de Fils de l'homme » et « Jésus et le gnosticisme », p. 327-338), doit cependant inciter à ne pas mettre un accent excessif sur sa sexualité. S'il est difficile pour un contemporain de concevoir une existence pleinement humaine dont la sexualité serait absente, il n'en reste pas moins que, chez un mystique aussi exceptionnel, capable de sueurs de sang, la sublimation des pulsions sexuelles est non seulement concevable, mais en quelque sorte normale.

On peut imaginer qu'au début de son ministère, alors qu'il ne répugnait pas banqueter et à boire du vin, ce qui lui valut la réputation de « gloutonnerie » citée par les Évangiles, Jésus n'ait pas réprimé ses pulsions. Il semble improbable, en revanche, que les exigences intérieures créées par l'idée de sa mission héroïque et cosmique, qui visait à forcer la main du Créateur, aient par la suite laissé quelque place à ces pulsions.

Il existe de fortes raisons de penser que les discours que les évangélistes lui attribuent sur la monogamie et le divorce, brutalement contredits par ailleurs par ses discours étonnamment agressifs à l'égard de la famille, sont le produit de la communauté christique primitive ; autrement dit, des fabrications des évangélistes. Le pardon qu'il demande pour la « pécheresse » et la semonce : « Que celui de vous qui n'a jamais péché... » indiquent bien, par contre, que Jésus n'attachait pas à la sexualité l'interdit extraordinaire érigé en système par la Tradition (v. note 43 sur « Les contradictions de l'enseignement de Jésus »).

Enfin, tout au long de son ministère, Jésus s'insurge contre les interdits, parce qu'ils occultent l'Esprit derrière l'écran des règles, et l'on ne connaît pas de lui une seule parole qui semble authentique et qui condamne la sexualité en elle-même.

***24. Les femmes autour de Jésus.*** La présence de femmes autour de Jésus fut, à coup sûr, un des éléments du scandale permanent du ministère public de Jésus, autant que sa fréquentation de « gens de mauvaise vie », tels que des publicains. Il convient, pour en juger, de rappeler que les femmes étaient, dans la société juive, confinées à la maison, que nul homme ne devait leur adresser la parole, ni elles adresser la parole à aucun homme, même pas à leur époux. « Ce fut rapporte Jeremias citant Josèphe (*Jérusalem au temps de Jésus*, v. bibl.), un spectacle absolument sans précédent quand en 29 av. J.-C., sans tenir compte des bonnes habitudes, la reine Alexandra courut dans les rues de Jérusalem pour invectiver à grands cris sa fille Mariamme condamnée à mort. » Là, plusieurs femmes suivaient donc un personnage qui, aux yeux de la hiérarchie religieuse, apparut vite comme séditieux.

Il est extrêmement intéressant de savoir quelles étaient donc les femmes qui entouraient Jésus, car elles sont, en effet, susceptibles d'éclairer quelque peu et son personnage et les circonstances de son ministère.

Le tableau de la page 161 permet de constater que les noms que citent les évangiles canoniques sont fort peu nombreux et qu'il comporte une singularité, touchant la suivante la plus célèbre de Jésus, Marie dite de Magdala ou Marie-Madeleine, celle qui répandit des parfums coûteux sur la tête de Jésus, au grand scandale des apôtres et, particulièrement, de Judas Iscariote. Mentionnée quinze fois dans les évangiles canoniques, elle a pris, dans la para-légende, un relief extraordinaire, parce qu'elle est décrite (une fois) comme une femme de mauvaise vie (par Luc VII ; 37), en raison aussi du délire amoureux qu'elle manifeste publiquement à Jésus en versant sur sa tête une petite fortune de l'époque, 300 deniers, dit Marc, c'est-à-dire dix fois plus que Judas ne reçut pour la trahison de Jésus. Enfin, l'un

## LES FEMMES AUTOUR DE JÉSUS DANS LES ÉVANGILES CANONIQUES SELON L'ORDRE D'ENTRÉE EN SCÈNE

| Matthieu | Marc | Luc | Jean |
|---|---|---|---|
| Marie, dite de Magdala, ici non nommée — *épisode des parfums* — XXVI ; 6-13 | Marie, dite de Magdala, ici non nommée pas plus — *épisode des parfums* — XIV ; 3-9 | Marie, dite de Magdala, pas nommée non plus, mais décrite comme menant « une vie immorale » — *épisode des parfums* — VII ; 37-50 | Marie et Marthe, sœurs de Lazare, à Béthanie — *épisode de l'avertissement de la maladie de Lazare* — XI ; 1-6 — Marie est expressément désignée ici comme la femme qui a versé du parfum sur la tête de Jésus et ultérieurement nommée Marie de Magdala |
| Marie de Magdala<br>Marie, mère de Jacques et de Joseph<br>Marie, mère des fils de Zébédée } XVII ; 5-6<br>*Crucifixion* | Marie de Magdala<br>Marie, mère de Jacques le Jeune et de Joseph<br>Salomé } XV ; 40-41<br>*Crucifixion* | Marie de Magdala<br>Joanna, femme de Chousa<br>Suzanne et d'autres } VIII ; 2-3<br>*(femmes qui suivent Jésus)* | Marthe et Marie<br>*Episode des parfums* — XII ; 1-8 |
| Marie de Magdala<br>« L'autre Marie » } XXVII ; 61 et XXVIII ; 2<br>*Apparition de Jésus après la crucifixion* | Marie de Magdala<br>Marie, mère de Joseph<br>Salomé } XV ; 47<br>*Témoins de la mise au tombeau* — XVI ; 9 | Marthe et Marie<br>*Episode des récriminations de Marthe* — X ; 38-42 | Marie, mère de Jésus<br>Marie de Cléophas, sa « sœur »<br>Marie de Magdala<br>*Crucifixion* — XIX ; 25 |
| | Marie de Magdala — *apparition de Jésus après la crucifixion* — XVI ; 9 | Femmes de Galilée — *crucifixion* — XXIII ; 55 | Marie de Magdala — *Apparition de Jésus après la crucifixion* — XX ; 1—8 |
| | | Marie de Magdala<br>Joanna, femme de Chouza<br>Marie, mère de Jacques<br>et d'autres } XXIV ; 10<br>*Apparition de Jésus après la crucifixion* | |

des rares points concordants des quatre évangiles est que c'est à elle, seule ou accompagnée, que Jésus apparut d'abord après être sorti du tombeau, privilège extraordinaire qui a suscité bien des spéculations. Certains ont vu en cette femme singulière bien plus qu'une amoureuse transie : la prédilection sans fard que lui témoigne Jésus les a, en effet, incités à la considérer comme une maîtresse secrète.

Théoriquement, Marie est de Magdala, ville qui se trouve à une journée de voyage de Tibériade. L'antique Tarichée hellénique, également connue sous les noms de Dalmanoutha et Gabara (la géographie néotestamentaire est beaucoup moins précise qu'on ne voudrait le croire), serait de nos jours la ville de Mejdel, sur les bords du lac, et, selon Edersheim (*The Life and Times of Jesus the Messiah*, v. bibl.), ç'aurait été une ville riche, où se trouvaient quatre-vingts filatures de laine fine. Sa richesse est en tout cas attestée par le fait, remarquable, que c'était une des trois villes de Palestine dont les contributions à Jérusalem étaient si importantes qu'on les acheminait par chariots entiers à la Ville sainte. Précisions de circonstance, car Magdala passait pour une ville facile et corrompue. On ne sait si Marie de Magdala passe aux yeux de Matthieu pour corrompue parce qu'elle est originaire de Magdala, ou bien si elle est vraiment, comme d'autres femmes de cette ville, effectivement légère. En tout cas, et là les indications des Évangiles sont cohérentes, elle est riche, car verser pour 300 deniers de parfum sur la tête de l'homme qu'elle révère n'est, selon le contexte, pas à la portée de tout le monde. De plus, galiléenne, elle s'accorde parfaitement avec les disciples, galiléens eux aussi.

On n'en saurait rien de plus, n'était une indication de Luc (Lc. VIII ; 2-3), qui précise que c'était la femme exorcisée par Jésus et dont sept « mauvais esprits » étaient sortis. Cette indication a attiré l'attention de plusieurs commentateurs ; elle concerne un cas de possession qu'en langage moderne on définit par un cas d'hystérie (voir note, « Les miracles de Jésus », p. 269). La personnalité de Marie de Magdala telle que la décrivent les Évangiles renforce, par ailleurs, ce diagnostic. Son comportement lors de l'épisode des parfums est théâtral, car voilà une femme qui entre dans une réception et verse incontinent une petite fortune en parfums sur la tête de Jésus, devant tout le monde. Puis elle fond en larmes et inonde de pleurs les pieds de Jésus. Quelles que soient la sincérité de la manifestation et l'innocence des gens de l'époque, cet accès intempérant de dévotion reflète indéniablement une instabilité d'humeur quasi pathologique.

La description classique de l'hystérie (Norbert Sillamy, *Dictionnaire de psychologie*, v. bibl.) se surimpose exactement à plusieurs traits du portrait évangélique de Marie de Magdala et permet d'en deviner d'autres : « manifestations émotives spectaculaires » ou théâtralisme (c'est l'irruption dans la fête chez Simon le Lépreux et le versement du parfum), « labilité émotionnelle » (Marie de Magdala fond en larmes alors que les circonstances n'y invitent apparemment pas), « désir de plaire » (le versement du parfum apparaît comme une tentative de séduction), « tendance à l'érotisation des relations sociales » (Marie de Magdala baigne de pleurs les pieds de Jésus, partie de l'anatomie dont les connotations sexuelles sont bien connues)... De plus, la sexualité des hystériques est troublée et « derrière leur "messalinisme" se cache souvent l'impuissance ou la frigidité » ; or, cela correspond à l'accusation de vie immorale citée par Luc, autant que cela explique la réticence de Matthieu et de Marc à nommer Marie de Magdala dans leurs récits de l'épisode des parfums.

Marie de Magdala est donc ce que l'on appellerait en langage contemporain une agitée ou une nymphomane, et il est probable que son irruption chez Simon le Lépreux et sa prise de possession publique de Jésus sont d'abord dictées par l'espoir de s'assurer un amant admirable, qui flatte l'égocentrisme vaniteux dont sont également affligés les hystériques. Elle n'est pas, contrairement à une légende déformée, une prostituée ; les prostituées de l'époque ne circulent pas librement et, de plus, elle n'aurait pas ses entrées chez Simon le Lépreux. Son immoralité tient à ce qu'elle n'est pas mariée et que, ayant eu plusieurs amants, comme la Samaritaine, elle a renoncé au mariage. Mais ce n'est pas non plus ce que nous entendons dans le langage contemporain par une « coureuse » (à supposer, d'ailleurs, que celles-ci ne soient pas des hystériques latentes) ; c'est une déséquilibrée.

L'intérêt de ce point est considérablement renforcé par un détail tout à fait étrange que fournit Jean. Celui-ci rapporte en effet que Marie de Magdala est la même que celle qu'on a définie, un peu vite, comme étant une Marie distincte des autres, Marie de Béthanie, sœur de Marthe. Or, Jean désigne cette Marie, sœur de Lazare, en termes nets comme étant la même femme qui a versé des parfums sur la tête de Jésus (très étrangement aussi, et sans doute par suite de tripotages ultérieurs de son texte, Jean fait référence à l'épisode des parfums en XI ; 1-6, avant de le raconter en XII ; 1-8). Marie de Magdala est donc la sœur de Lazare et Jean est le seul à fournir cette précision.

Voilà donc une famille exceptionnelle : Marie, hystérique, Lazare, son frère, ressuscité (et comme on le verra dans la note qui lui est consacrée, p. 284-288, sujet à des crises de catalepsie), et Marthe, assez familière avec Jésus pour se plaindre, dans un passage sans valeur apologétique, d'être laissée à la maison seule à vaquer aux tâches ménagères, cependant que sa sœur, sans doute, s'amuse (Lc. X ; 38-42). C'est aussi une famille à laquelle Jésus témoigne un intérêt tout particulier, puisque, ainsi qu'on le verra à propos de Lazare, il n'hésite pas à risquer sa sécurité pour aller au secours de l'un de ses membres, en Judée, où la police du Temple le recherche. On ne peut donc s'empêcher de supposer que les Évangiles n'ont pas tout rapporté en ce qui concerne cette exceptionnelle famille de Magdala.

L'identité de Lazare, sur lequel la note des pages 284 à 288 est susceptible d'apporter quelque éclaircissement, indique, avec la présence privilégiée de Marie de Magdala dans les récits évangéliques, que Jésus entretenait donc des rapports étroits avec cette famille.

Marie de Magdala a, comme je l'ai souligné plus haut, excité l'imagination des exégètes et des romanciers ; plusieurs d'entre eux évoquent, plus ou moins explicitement, la possibilité de relations sexuelles entre Marie de Magdala et Jésus. Or, cette hypothèse « populaire » paraît inacceptable. Pour toutes les raisons qu'on a vues plus haut et que, même sans le savoir psychiatrique moderne, Jésus ne pouvait pas ignorer, il eût été hautement risqué pour un personnage aussi contesté que Jésus d'entretenir une liaison autre que simplement affectueuse — et sans doute relativement distante — avec une femme aussi instable. Il existe, de fait, comme une connotation de pitié dans le comportement de Jésus à l'égard de Marie de Magdala. Ce qui n'exclut pas qu'il ait été frappé et touché par la dévotion, exceptionnelle, quasi obsessionnelle que cette femme lui portait, et qui devait atteindre aux franges de l'extase. Telle est sans doute la raison pour laquelle il a choisi de se manifester d'abord à elle après son rétablissement.

C'est à la lumière de ces données qu'il faut, il me semble, interpréter le célèbre « Ne me touche pas ! » que Jésus adresse à cette femme à Gethsémani. Toujours sujette à ses tendances hystériques, Marie de Magdala recherchait sans doute les occasions de contact physique avec Jésus ; or, s'il les avait tolérées durant son ministère, elles lui devenaient sans doute insupportables après l'effroyable épreuve qu'il avait subie. Jésus voulait n'être plus pour Marie une tentation, mais une voie vers la transcendance et le salut.

Toutefois, des obscurités demeurent sur les rapports de Jésus avec la famille de Magdala, dont nous ignorons le nom. Pourquoi aimait-il tant Lazare ? Pourquoi témoigne-t-il à sa sœur Marie une fidélité qui s'étend au-delà du tombeau ?

Là ne s'arrêtent pas les mystères concernant les femmes qui gravitent autour de Jésus et dont Luc assure (Lc. VIII ; 2-3) qu'elles subviennent à leurs propres besoins (ce qui est fort plausible, car outre Marie de Magdala, qui est donc riche, il y a là Joanna, femme de Chouza, chambellan d'Hérode, c'est-à-dire dame de la cour, et Suzanne, « le lys », sans doute une des femmes de l'association des Hyérosolimitaines pieuses).

Citées par Matthieu et Marc comme présentes à la crucifixion, il y a deux Marie, l'une fort plausible, puisqu'elle est donnée par Matthieu comme la mère des fils de Zébédée, c'est-à-dire Jacques et Jean, mais l'autre fort énigmatique, puisqu'elle est donnée par Matthieu comme mère de Jacques et de Joseph, et par Marc, une fois comme mère de Jacques le Jeune, ou le Mineur, et de Joseph, une autre comme mère de Joseph seulement, que l'on retrouve chez Luc comme mère de Jacques, sans qu'on puisse savoir s'il s'agit de Jacques le Mineur ou de Jacques de Zébédée.

Un point est certain en ce qui concerne la citation faite par Marc : selon les données évangéliques générales, Jacques le Mineur, ainsi nommé par Marc pour le différencier de Jacques de Zébédée, est donné par Matthieu comme le fils d'Alphée ; il n'a parmi les disciples qu'un frère, qui est Lévi-Matthieu, également fils d'Alphée et dont rien n'indique qu'il ait porté un troisième nom, celui de Joseph. Marie, mère de Jacques le Mineur, ne peut, selon toute vraisemblance, être également la mère de ce Joseph, qui n'intervient d'ailleurs à aucun autre moment dans les récits évangéliques.

L'erreur de Matthieu en XVII ; 5-6 (car il semble que la « Marie, mère de Jacques et de Joseph », que cite cet évangéliste soit la même que celle qui est donnée par Marc en XV ; 40-41 comme « mère de Jacques le Jeune et de Joseph »), celle de Marc en XV ; 40-41, déjà citée donc, et sans doute aussi celle de Luc en XXIV ; 10, qui cite prudemment une Marie mère du seul Jacques, sans qu'il soit précisé si c'est Jacques de Zébédée, le Majeur, ou Jacques d'Alphée, le Mineur (c'est sans doute ce dernier, car Jacques et Jean sont par tradition cités ensemble), sont donc involontaires ; mais elles peuvent également être volontaires.

En effet, une tradition tardive (analysée dans la note sur les Apôtres) veut que Jacques d'Alphée ait été un « frère » de Jésus. Comme il fut bien le premier chef de l'Église, il fallait lui trouver quelque titre prestigieux et, sans trop réfléchir aux structures de la parenté ni à la chronologie, on lui décerna cette fraternité improbable. Il lui fallait bien une mère aussi, et l'on imagina une « Marie » (on en dénombre quatre dans les Évangiles, non comprise Marie, mère de Jésus), sans tenir compte du fait que les évangélistes lui avaient déjà accordé un père, Alphée, et un frère, Lévi-Matthieu, qui était publicain, c'est-à-dire pécheur ! Cette tradition, d'autant plus incohérente qu'elle est fabriquée de pièces rapportées au gré des copistes, des lieux et des audiences, est absurde puisqu'elle ferait donc de Jésus le frère du publicain Lévi-Matthieu. Tant qu'à œuvrer dans l'absurde, on peut, et pourquoi pas, imaginer que Jésus ait été le frère de Lévi-Matthieu, mais ce serait au défi de la vérité historique : quand un membre d'une famille se faisait publicain, l'indignité rejaillissait sur la famille, et l'on juge alors de la totale insanité de cette tradition.

Comme personne n'a jamais tiré au clair le point des « frères » de Jésus (en réalité, selon le Protévangile de Jacques, des demi-frères), pour la bonne raison que ce texte est dit apocryphe, des générations d'exégètes se sont évertuées à trouver des parentés les unes plus rocambolesques que les autres, et certains commentateurs ont cru retrouver cinq « cousins » ou demi-frères de Jésus parmi ses disciples. L'aventure de Jésus aurait donc été essentiellement une affaire familiale, commencée avec le cousin Jokanaan et poursuivie avec d'autres cousins...

Edersheim (*The Life and Times of Jesus the Messiah*, v. bibl.), qui se veut le reflet fidèle des traditions les plus orthodoxes, reprend pourtant à son compte ces hypothèses insoutenables. Arguant de l'hypothèse plausible qu'Alphée et Cléophas sont le même nom, le nom Alphée apparaissant dans le Talmud de Babylone sous la forme Ilpha ou Ilphai et le nom Cléophas apparaissant dans le Talmud de Jérusalem sous celle de Chilphai, il en déduit que Marie de Cléophas n'est autre que Marie d'Alphée. Et comme Marie de Cléophas est citée par Jean en XIX ; 25 comme « sœur » de Marie, il en déduit encore que Cléophas fut le frère de Joseph et le mari de Marie, dont il conçut Jacques le Mineur, entre autres enfants. De plus, s'appuyant sur le témoignage pourtant bien tardif d'Hégésippe, auteur chrétien qui vécut dans la deuxième moitié du IIe siècle, il fait également de Simon le Zélote un fils de Cléophas...

Ce sont là des spéculations que l'on retrouve éparses dans la littérature traditionnelle orthodoxe. Qu'on veuille bien juger ici de leurs implications : Jésus serait ainsi le cousin de Jacques le Mineur, de Lévi-Matthieu, publicain, par la force des choses ou des témoignages évangéliques, d'un certain Joseph dont on n'a aucune autre trace, et de Simon le Zélote, en plus, évidemment, de Jokanaan, le Baptiste. Il aurait donc eu comme cousins germains, du côté paternel, à la fois un publicain et un zélote, qui étaient frères ! Dans la même lancée, Edersheim identifie Marie de Cléophas-d'Alphée à Salomé, oubliant qu'à deux reprises Marc cite les deux femmes distinctement comme présentes à la crucifixion et à la mise au tombeau.

Parfois utiles en d'autres points, les évangiles apocryphes ne sont, hélas, pas d'un plus grand secours en ce qui touche à l'identité de la mystérieuse Marie de Cléophas. Il est vrai que les deux seuls qui parlent de celle-ci, l'évangile du pseudo-Matthieu et l'une des vies coptes de Marie, mère de Jésus, sont des textes secondaires. Le premier est une dérivation tardive du Protévangile de Jacques, le second, un fragment en sahidique, dialecte copte de la Haute-Égypte qui compte par ailleurs une abondante littérature chrétienne, date probablement de la fin du IIIe siècle. Je les cite ici à titre de curiosité. Selon le pseudo-Matthieu, Marie de Cléophas est la sœur de sang donnée à ses parents Cléophas et Anna, pour les récompenser d'avoir offert Marie, mère de Jésus, au Seigneur (récompense discutable, car les enfants mâles étaient bien mieux accueillis — Ps.-Mt. XLII, Montague Rhodes James, *The Apocryphal New Testament*, v. bibl.). Selon le second, qui serait un fragment d'homélie d'un disciple des apôtres, Evodius d'Antioche, Cléophas, de son vrai nom Joachim, serait, en effet, le père de Marie, donc le grand-père de Jésus ; aucune mention n'est cependant faite de Marie de Cléophas, qui serait donc identifiée par cet apocryphe à Marie, mère de Jésus elle-même. De toute évidence, Evodius n'avait pas connaissance de l'Évangile de Jean, sans quoi il n'aurait pas confondu deux femmes en une seule.

Le pinacle de toutes les confusions est certainement

atteint par le discours de Cyrille de Jérusalem qui, sans doute excédé par toutes ces Marie, confond Marie de Magdala, Marie de Cléophas, « Marie mère de Jacques le fils de Joseph le charpentier » (une de plus) et Marie, mère de Jésus, en une seule et unique femme ! On peut juger de l'agacement que les diverses Marie présentes autour de Jésus, et notamment Marie de Cléophas, causaient aux exégètes, ainsi que de l'imagination fertile de ceux-ci.

Il semble beaucoup plus raisonnable *a)* de constater que les évangélistes sont souvent remarquablement contradictoires — et confus — dans leurs citations de noms, *b)* que les commentateurs pieux ne font qu'ajouter à la confusion, souvent au grand dam des récits évangéliques et, *c)* en l'occurrence, que « Marie, mère de Jacques le Mineur et de Joseph », reste, jusqu'à plus ample informé, totalement énigmatique. Il est fallacieux de prétendre effectuer des repérages sur la base soit de parallèles flous, soit de témoignages tardifs dits traditionnels.

Un point est sûr, il y eut des femmes autour de Jésus dont certaines étaient riches, telles Marie de Magdala, sa sœur Marie, à coup sûr, et probablement Joanna de Chouza, femme d'un chambellan d'Hérode. On ne saura pas qui était Suzanne, qui n'est citée qu'une seule fois par Luc en VIII ; 2-3, et guère non plus Salomé ; celle-ci n'était certes pas la fille d'Hérode, ce qui eût déclenché un formidable scandale à la cour, mais il n'est pas exclu qu'elle puisse être identifiée à la Marie mère de Jacques et de Jean de Zébédée.

Notons pour la légende que deux de ces Marie auraient quitté la Palestine pour venir s'installer dans le sud de la France, au lieu actuellement dit Saintes-Maries-de-la-Mer. Étrange destin que celui de ces personnages bibliques, Hérode Antipas exilé avec Hérodiade à Saint-Bertrand-de-Comminges, dans la Haute-

Garonne, et les suivantes de Jésus dans les Bouches-du-Rhône.

Dans la très grande ignorance où nous sommes concernant Marie de Cléophas, il m'a paru possible d'en faire une des nombreuses Marie ou Mariamme de la maison hérodienne, dont la liste n'est, hélas pas complète. Elle a pu être une des dix femmes (Josèphe, *Antiquités judaïques*, XVII ; 1-3) qu'Hérode le Grand a eues, ou elle a pu faire partie de son vaste harem (elle ne peut, évidemment, être identifiée avec Mariamme l'Hasmonéenne, fille d'Alexandra, que le potentat fit mettre à mort et qui fut d'ailleurs la seule à porter le titre de reine). Mais Marie-Mariamme est un nom courant à l'époque.

Je me fonde pour cela sur le raisonnement suivant :

• De très nombreux détails des évangiles canoniques indiquent qu'il y eut un complot pour sauver Jésus, dont Joseph d'Arimathie et Nicodème ne furent que deux comparses (v. note 80, p. 277 et 84 p. 413). Comme la logique l'indique, deux hommes seuls, fussent-ils membres du Sanhédrin, ne pouvaient suffire à organiser le sauvetage de Jésus, à éviter qu'il n'eût les tibias brisés, à enlever le corps de la crypte en toute sécurité et à assurer à Jésus une retraite où il pût se rétablir ; il fallait des soutiens plus vastes et plus puissants.

• Jésus avait des sympathies dans la maison d'Hérode Antipas. Si, comme on l'a vu, Joanna, femme de Chouza, chambellan d'Hérode, avait loisir de suivre Jésus dans ses pérégrinations, c'est bien certainement que Jésus n'était pas honni à la cour du tétrarque ou, en tout cas, qu'il y inspirait une certaine réserve (v. note, « L'attitude d'Hérode », p. 362). De plus, dans ses miracles, Jésus guérit le fils paralysé du gouverneur de Cana-en-Galilée, ville qui se trouve sous la juridiction d'Hérode, et il guérit le domestique d'un centurion de la maison d'Hérode ; or, Hérode ne peut ignorer ces faits et il en est sans doute impressionné. De fait, rapporte Luc (Lc. XXIII ; 8), Hérode souhaitait beaucoup rencontrer Jésus ; désir qui confirme de manière formelle que le tétrarque, principal potentat hérodien après son père, ne nourrissait pas de sentiments hostiles envers Jésus. Enfin, et c'est là également essentiel, tous les Évangiles indiquent que Jésus s'estime en sécurité en Galilée, c'est-à-dire, encore, dans une province soumise à la juridiction d'Hérode. C'est en Judée seulement qu'il est en danger, même si, à l'occasion, des émissaires du Sanhédrin lui cherchent noise en Galilée. Il est donc extrêmement plausible qu'il y ait eu, à l'intérieur de la maison hérodienne, des gens alarmés et, à mon avis, ce furent des femmes ou une femme, à laquelle se rallièrent Joanna, la femme du chambellan, donc, et la femme non nommée du gouverneur de Cana. Quand il se révéla que le Sanhédrin entendait perdre Jésus, cette cohorte féminine dut gagner Jérusalem, où elle comptait sans doute des intelligences.

• Ce genre d'entreprise exigeait une femme qui eût l'expérience des affaires publiques, par exemple une femme qui eût été une épouse ou une concubine d'Hérode le Grand. C'était aussi une femme d'un certain âge, dotée d'autorité et de certains moyens financiers.

C'est sur ce triple raisonnement que j'ai imaginé que Marie de Cléophas a participé au complot qui a permis à Jésus de ne rester que deux heures sur la croix, puis d'être descendu, faussement inhumé et puis dépêché en lieu sûr.

Si, d'une part, Jésus a accordé une importance exceptionnelle aux femmes, allant jusqu'à défendre implicitement la monogamie, au défi des coutumes juives, les femmes le lui ont certainement rendu. Outre son charisme religieux, ce personnage devait également exercer un pouvoir de fascination sur les femmes, jusqu'alors contraintes au silence et à la servitude.

On ne peut non plus exclure que la fortune évidente de Marie de Magdala, de sa sœur et de Lazare ait contribué à faciliter le complot mené du côté féminin pour assurer le sauvetage de Jésus.

Notons enfin que, si Procula, femme de Pilate, n'a pas été une suivante de Jésus, son préjugé fortement favorable à l'inculpé du Sanhédrin est cité par les évangiles canoniques eux-mêmes. Rien n'interdit de supposer que la Romaine n'ait pas entretenu, en tout cas, des rapports d'intelligence avec les femmes qui souhaitaient sauver Jésus. Une interlocutrice telle que Marie de Cléophas, déjà âgée, suffisait à écarter tout soupçon de cabale féminine amoureuse.

*25. Dosithée* (pp. 232-245). Les « Homélies » de Clément de Rome (troisième pape supposé) citent deux mages qui enseignaient en Samarie, Dosithée et Simon le Magicien (II ; 22-2-4), dont les doctrines auraient atteint Alexandrie. Il s'agit, selon toute évidence, de figures messianiques ; en effet, Dosithée prétendait être la réincarnation de Moïse ou Moïse lui-même (Kippenberg, déjà cité, p. 316 et suiv.). Origène (déjà cité ; VI ; II) rapporte vers 248 qu'il n'eut pas plus d'une trentaine de disciples, alors que Jésus en avait eu bien plus. Mais on peut se demander si la trentaine de disciples de Dosithée ne désigne pas le nombre de disciples originels qui, dans ce cas, eussent été beaucoup plus nombreux que ceux de Jésus. Dosithée, qui semble avoir inclus des références à la Lune dans son enseignement, aurait alors eu vingt-neuf disciples, un par jour du calendrier lunaire. En tout cas, il jouissait d'un certain renom et d'une influence qui dépassait la Palestine, puisqu'il avait fait des adeptes à Alexandrie.

Il ne reste pas de textes rapportant l'enseignement de Dosithée, mais il apparaît que celui-ci s'est placé dans le mouvement du gnosticisme samaritain. La présence à ses côtés d'une femme appelée la Lune, qui le quitta, comme on l'a vu plus haut, pour suivre Simon le Magicien, révèle qu'il inclut dans sa doctrine des éléments empruntés à la Perse. Dans le récit, Dosithée se présente comme originaire d'Ephèse, où s'élevait un sanctuaire consacré à Artémis, déesse de la Lune.

L'origine de Dosithée est inconnue. Michael Goulder, dans *Two Roots of the Christian Myth* (*The Myth of God Incarnate*, édite par John Hick, v. bibl.), fait la suggestion surprenante qu'il pourrait s'agir de l'apôtre Nathanaël ; la raison qu'il donne à cette hypothèse est purement linguistique ; en effet, les noms Nathanaël (*Nathana-El*, « Dieu l'a donné ») et Dosithée (*Dosi-Theos*, « donné par Dieu ») ont le même sens. Toutefois, cette seule coïncidence ne semble pas suffisante à fonder l'identité de Nathanaël et de Dosithée, qui, dans ce cas, aurait été l'un des propres disciples de Jésus avant d'aller fonder sa secte avec Hélène...

Toujours est-il que Dosithée avait certainement du sang juif ou était entièrement juif, car aucun étranger n'eût aspiré à se présenter comme la réincarnation de Moïse, mais qu'il appartenait non pas aux juifs *Ioudaioi* (en grec), mais aux juifs *Hebraioi* ou hébreux, c'est-à-dire qu'il était samaritain. Son gnosticisme et l'inclusion de la Lune dans sa mythologie me donnent à penser qu'il fut dans ce cas un juif originaire, en effet, d'Ephèse, où il y avait une importante colonie juive.

Je n'ai pas fait, dans mon récit, un « usage » extensif de Dosithée, pour des raisons d'économie ; en effet, reconstituer toutes les données dont on dispose sur l'époque où vécut Jésus et sur les personnages qui animèrent le décor oriental exigerait plusieurs milliers de pages. De plus, Dosithée n'a apparemment pas joué un grand rôle dans la formation de Jésus. Daniélou, qui, dans *Les Manuscrits de la mer Morte et les origines du christianisme* (v. bibl.), fait — un peu rapidement — de Simon le Magicien le « père » du gnosticisme, rappelle que celui-ci était le disciple de Dosithée et suggère que celui-ci aurait été un Essénien. Cette hypothèse se fonderait sur le fait qu'il a demeuré à Kochba, près de Damas, « qui paraît l'habitat des sadocites (c'est-à-dire des disciples de Sadoq et, en bref, des Esséniens) exilés au pays de Damas ». De plus, il avait connu le Baptiste.

L'hypothèse est originale, mais il convient d'observer que, si Dosithée avait été un Essénien, ç'avait certainement été un « Essénien de fantaisie », car cette communauté, extrêmement sourcilleuse sur les invocations à l'Ancien Testament, n'aurait jamais laissé un de ses membres se présenter comme la réincarnation de Moïse, ce qui fut bien le fait de Dosithée, Daniélou en convient. Qu'il ait séjourné dans la région de Damas est vrai, mais c'est la Galilée qui était le terrain de ses exploits. Enfin, la connaissance du Baptiste n'implique pas avec certitude que Dosithée ait été un Essénien pour autant ; en Samarie, où Dosithée « officiait », il n'a pu manquer d'être informé de la renommée du Baptiste, qui exerçait son ministère sur les bords du Jourdain, lequel traverse la Samarie. Il a donc pu aller voir le Baptiste. Ce qui n'exclut évidemment pas une présence temporaire de Dosithée parmi les Esséniens.

Reste le point du gnosticisme probable de Dosithée, qui est le plus vraisemblable. Je ne suis pas loin de penser que tout ce qui, à l'époque, n'était pas juif selon la tradition ou gréco-romain était gnosticiste.

***26. La présence de bouddhistes en Palestine*** (p. 228-231). Il s'agit ici d'une hypothèse qui repose sur plusieurs faits. D'abord, le bouddhisme, qui existait depuis 480 avant notre ère et qui était fortement implanté en Inde, n'était certes pas inconnu de l'Occident. Flavius Arrien, au IIe siècle, citant le navigateur crétois Néarque, qui suivit Alexandre le Grand dans son périple héroïque, rapporte la résistance philosophique passive des Hindous au conquérant, qui les en admira pour autant. Et Strabon, au livre XV de sa *Géographie*, qui reprend également des récits de Néarque, rapporte aussi qu'Alexandre convainquit un moine bouddhiste, Calanus, de se joindre à sa cour. Si d'autres témoignages ne nous en sont pas restés, il reste néanmoins certain que la présence d'un moine d'une religion jusque-là inconnue à la cour d'Alexandre et ses propos sur Bouddha ne passèrent pas inaperçus. Depuis la fin du IVe siècle en tout cas, l'Occident avait des notions, fussent-elles vagues, sur le bouddhisme.

Ensuite, les routes commerciales entre la Méditerranée et l'Asie entretenaient des rapports constants avec le bouddhisme. Convertis au bouddhisme du Mahâyânâ (Beurdeley, *Sur les routes de la soie*, v. bibl.), les Kushâns, alliés aux Hyrcaniens, au sud et au sud-est de la mer Caspienne, étendaient leur influence jusqu'à Ctésiphon, c'est-à-dire jusqu'aux frontières des États-clients de Rome, Parthie et Arménie. On a retrouvé leurs monnaies jusqu'en Angleterre et en Scandinavie, car ils voyageaient beaucoup. Leurs verreries, en particulier, étaient très appréciées. Ils étaient donc des missionnaires *in partibus* du bouddhisme dans tout l'Empire romain. Les Hindous aussi voyageaient : Strabon, Pline l'Ancien et Florus mentionnent des missions diplomatiques hindoues et cinghalaises à Rome dès 25 avant notre ère. Dion Chrysostome signale la présence de leurs compatriotes à Alexandrie, sous le règne de Vespasien, entre 69 et 79, à l'occasion de festivités. Et le trafic d'esclaves, « très actif dans les deux sens »

(Beurdeley), dut également entretenir une certaine connaissance du bouddhisme. Ovide ne connaissait-il pas des fragments de poèmes hindous ! Il semble donc tout à fait plausible que des bouddhistes se soient installés en Palestine au Ier siècle de notre ère. Ce n'est certes pas sans connaissance de cause que Thomas part convertir les Hindous en 19.

*27. Savon :* certains lecteurs ont été surpris de la mention de savon au Ier siècle. Le savon était bien antérieur, comme en témoigne le verset de Jérémie (II ; 22,2) : « Bien que vous vous laviez à la soude et n'épargniez pas le savon... »

***28. Les interrogations théologiques de Jésus*** (p. 249-250 et ultérieurement). Il est difficile d'imaginer que Jésus aborda sa vie adulte avec un corpus doctrinal complet d'avance parfait. Ni l'enseignement de son père ni ses entretiens en Palestine, fût-ce avec des interlocuteurs cultivés, tels que Dosithée, ne pouvaient lui fournir des réponses aux questions suscitées par son inquiétude. Voire, sous ses périphrases obliques, Albert Schweitzer, fondateur de l'école théologique de l'eschatologie conséquente, distingue jusque dans sa vie publique une oscillation qui entraîne des comportements différents après la multiplication des pains à Bethsaïde. En d'autres termes, Jésus s'est posé des questions tout au long de sa vie et jusqu'à sa crucifixion (sans doute après, encore).

C'est à Quoumrân que Jésus acquiert ses structures théologiques, dont la ressemblance avec la doctrine des Esséniens a suscité et continue de susciter tant de controverses. Néanmoins, ses rencontres avec des gnostiques, tels que Dosithée, avaient, c'est ma supposition, préparé le terrain à l'enseignement essénien. D'où les interrogations que je lui prête : Dieu était-Il la puissance suprême de l'Univers ? Ou bien n'était-Il que la puissance du Bien ? La puissance du Bien ne siégeait-elle que dans les sphères spirituelles, celles du Mal gouvernant la matière, ou bien le Bien et le Mal se partageaient-ils à la fois le spirituel et le matériel dans une lutte sans fin ? Si Dieu ne représentait que le Bien, Il partageait donc Son empire avec le Démon, et il fallait alors concéder que les gnosticistes avaient raison de postuler l'existence d'une troisième puissance au-dessus du bien et du mal, le Démiurge. Dans ce cas, la Loi de Moïse perdait sa prépondérance, et il n'y avait pas de raison de maudire les religions étrangères qui assuraient aussi un culte aux puissances infernales. Cela n'était pas tolérable, peut-être même pas concevable, pour un juif tel que Jésus. S'il était bien contraint d'admettre le dualisme fondamental, Dieu d'un côté, Démon de l'autre, il ne pouvait le faire que dans l'expectative d'une victoire finale de Dieu.

Quoumrân devait répondre en grande partie à ces interrogations, en plaçant Dieu à la place du Démiurge, qui, chez les gnostiques, présidait au-dessus des puissances du Bien et du Mal. En atteste ce passage de leur « Règle » :

> *... Et Il a disposé pour l'homme deux esprits*
> *pour qu'il marchât en eux jusqu'au moment de Sa Visite :*
> *Ce sont les [deux] Esprits de vérité et de perversion.*

Cette section de la « Règle » a d'ailleurs été intitulée « Instructions sur les deux Esprits » (Dupont-Sommer, *Les Écrits esséniens découverts près de la mer Morte*, p. 93, v. bibl.). Elle confirme à l'évidence l'étroite parenté, sinon l'identité, de l'enseignement essénien avec le gnosticisme, si violemment contestée par les traditionalistes catholiques, parce que, dès le moment où l'on admet la présence du courant gnostique chez les Esséniens, comment nier que Jésus a subi lui aussi ce courant s'il a fait partie pendant un temps de la communauté de Quoumrân ?

Les Esséniens n'étaient sans doute pas des gnostiques intégraux, tels qu'il en apparaîtra en de nombreux points du Bassin méditerranéen dès la fin du Iᵉʳ siècle, et la notion de l'Adam originel, qui est une des idées maîtresses du gnosticisme, n'apparaît pas comme tel dans leur enseignement. Cet Adam originel, qui est le paradigme d'un Homme Purifié, et qui se trouve à l'origine directe de la notion de Fils de l'homme, si fréquemment évoquée par Jésus au cours de son ministère public, n'apparaît qu'en filigrane ténu dans les rites de purification qui ont pris à Quoumrân une si grande importance. Toutefois, les Esséniens admettent le principe de l'initiation directe de certains privilégiés, si étroitement apparentée à la Révélation des gnostiques ; ils l'admettent du moins pour ce personnage légendaire que fut leur Maître de Justice, mis à mort à Damas par le Mauvais Prêtre vers 63 avant notre ère. Celui-là était un initié, comme en atteste ce passage d'un hymne essénien, dont l'auteur est justement le Maître :

*Et moi, initié, je t'ai connu, ô mon Dieu,*
*grâce à l'Esprit que tu as mis en moi ;*
*et j'ai entendu ce qui est certain d'après ton secret merveilleux,*
*Grâce à ton Esprit saint.*
*Tu as ouvert au milieu de moi la Connaissance*
*En ce qui concerne le Mystère de ton intelligence.*

(Hymne U, XII ; 11-13, cité par Laperrousaz, *Les Manuscrits de la mer Morte*, v. bibl.).

C'est dans ce cadre que s'élabore le système eschatologique de Jésus ou, si l'on préfère, sa stratégie apocalyptique. Alors que, dans le judaïsme orthodoxe, il n'est pas d'autre recours contre les desseins de la divinité que la piété, alors que l'homme pieux peut espérer vivre en paix avec son Créateur et que les générations se succéderont jusqu'à la consommation des temps, il en est tout autrement chez les Esséniens, comme on l'a vu : ceux-ci vivent sous le signe de l'Apocalypse imminente. Ils attendent la fin du monde d'une heure à l'autre. Mais, liés quand même à la tradition juive, ils ne conçoivent pas que la fin du monde puisse être hâtée d'aucune manière à partir d'ici-bas.

Jésus est, lui, habité par la révélation qu'il est le Fils de l'homme et qu'il s'accomplira en tant que Messie à l'avènement du Royaume, c'est-à-dire à la fin des temps. Cette conviction éclatera à son entrée à Jérusalem, peu avant la Pâque, alors qu'il est désormais certain que le Sanhédrin a juré sa perte, selon la thèse de Schweitzer (*Le Secret historique de la vie de Jésus*, v. bibl.). Il se fait donc provocateur et il le fait, selon Schweitzer, pour « hâter l'événement attendu », c'est-à-dire la fin des temps, c'est-à-dire à la fois pour forcer la main de Dieu et accomplir son propre destin, puisqu'il apparaîtra, il le dit, assis à la droite de Dieu. D'où, vers la fin de son ministère, l'annonce que le Royaume de Dieu est proche, d'où aussi l'étonnant discours apocalyptique (« ... le Soleil s'obscurcira, la Lune sera invisible, les étoiles tomberont du ciel, les puissances célestes seront ébranlées... », Mc. XIII ; 1-37), et les efforts des évangélistes, à l'exception de Luc, pour prouver que ces phénomènes-là se sont bien produits après la crucifixion.

Jésus s'est donc persuadé que sa condamnation et son inéluctable mise à mort contraindront Dieu à intervenir et à restaurer sur la Terre Sa puissance dans le royaume de David. Et il aura été, lui, l'instaurateur de ce Royaume, car « le Fils de l'homme arrivera dans sa gloire accompagné par tous les anges, il s'assoira en majesté sur son trône, avec toutes les nations réunies devant lui » (Mt. XXV ; 31-32). Étonnant discours, le seul où, en contradiction avec ses autres déclarations, le Fils de l'homme est, cette, fois, explicitement identifié à la Divinité.

J'imagine, dans *L'Homme qui devint Dieu*, que c'est bien avant son ministère public que Jésus pressent sa mission. Mais l'importance du dilemme qui se pose à lui est telle qu'il reprendra plusieurs fois ses réflexions au cours de mon récit.

Quelles sont alors les interrogations qu'il s'est posées et qui expliqueraient ses oscillations ? Elles dérivent de l'ampleur cosmique de son projet et peuvent se résumer ainsi : en serait-il bien ainsi ? La Divinité allait-elle se prêter à ce bouleversement universel ? Le doute dut, à maintes reprises, atteindre une intensité effroyable. Mais il semble, d'après les évangiles canoniques, que le moment crucial qui décida Jésus à se jeter dans l'accomplissement de son dessein se situe à l'arrestation de Jokanaan. Tant que le Baptiste avait été vivant et libre, Jésus pouvait supposer que c'était à celui-ci que revenait l'accomplissement de ce dessein. Mais une fois Jokanaan en prison, c'est-à-dire promis à une mort certaine, et encore plus, une fois le Baptiste exécuté, Jésus restait le seul qui pût être investi de sa mission.

Dès lors, le ton se durcit, et Jésus répète à ses disciples qu'il doit aller à Jérusalem et souffrir « aux mains des anciens, grands prêtres et docteurs de la Loi » (Mt. XVI ; 16 et XVII ; 21). « Le Fils de l'homme sera remis au pouvoir des hommes et ils le tueront. »

***29. Le récit de l'exorcisme de Simon*** (p. 256-259). Fait par un brigand (fictif), Joash, ce récit constitue l'exorcisation d'une possédée par Simon le

Magicien, au nom du « Grand Esprit », c'est-à-dire du Démiurge des gnosticistes. Je ne l'ai inclus que pour représenter au lecteur contemporain la naïveté d'une interprétation surnaturelle de comportements aberrants rapportés par les évangélistes sous le nom de « possession », et parce que j'ai pris le parti d'exclure par la suite tous les récits d'exorcismes, et ils sont nombreux, effectués par Jésus.

Depuis les travaux célèbres de Jean Charcot sur l'hystérie, les troubles du comportement ont été abondamment étudiés et s'expliquent tous de manière physiologique, même si les mécanismes n'en ont pas été complètement explorés. Il y a d'abord les psychoses, sommairement divisées en deux grands groupes, les paranoïas et les schizophrénies ; les premières sont d'origine « psychologique », c'est-à-dire essentiellement causées par des troubles neurochimiques, les secondes comportent souvent une cause physiologique, anomalie physiologique cérébrale entraînant des dysfonctions neurochimiques. Il y a ensuite l'hystérie, dont les causes sont essentiellement psychologiques, sur fond de prédisposition organique ; ce sont des névroses qui, à la différence des psychoses, sont douloureuses pour le sujet et qui, selon leurs effets, se divisent, tout aussi sommairement, en hystéries de conversion, avec des manifestations somatiques telles que les paralysies et les cécités, et les hystéries d'angoisse, avec expression théâtrale de la souffrance, qui peuvent devenir aussi des hystéries de conversion. Ensuite viennent les troubles cérébraux causés par des affections organiques telles que l'athérosclérose ou les graves déficiences rénales. Enfin, il y a les intoxications, essentiellement par les alcaloïdes tels que les drogues psychotropes.

Les quatre grands groupes de troubles que voilà ont existé de tout temps. Ils existaient donc au temps de Jésus. Beaucoup de ces troubles sont induits par l'autosuggestion. Les Bantous, par exemple, rugissent comme des lions quand ils se croient possédés par l'esprit d'un chef défunt, tandis que les Indiens d'Amérique du Nord se comportent comme des loups et que les médiums malais ou pawangs agissent comme des tigres. Il n'existe pas de démon universel, et la créature aux pieds fourchus et à l'odeur infecte, chère à la tradition chrétienne et décrite *ad nauseam* dans les écrits de démonologie, est aussi inconnue des Indiens du Mexique, par exemple, que le tigre des Malais est inconnu à ces derniers. C'est-à-dire, en bref, qu'il y a dans les troubles du comportement une composante culturelle essentielle autant qu'impondérable. Les juifs du Ier siècle qui se croyaient possédés pouvaient être aussi bien influencés par leur croyance en des esprits impurs qu'ils étaient réellement affectés par des troubles neurologiques ; ceux-ci faisaient le lit de l'illusion d'être investi par des démons. Les religieuses de Loudun, qui étaient, elles, très probablement intoxiquées à leur insu par une drogue puissante, l'ergot de seigle, c'est-à-dire l'acide lysergique, par suite d'une consommation de farine de blé moisi, surajoutaient à leurs hallucinations leur répertoire chrétien de diableries (sans doute exacerbé par la fascination sexuelle qu'exerçait sur elles le Père Urbain Grandier).

Le problème de la pseudo-possession (je dis « pseudo », car la modification des contextes culturels, au cours du XXe siècle, a entraîné une disparition frappante des cas de grande hystérie, telle que l'analysait Charcot, au bénéfice du jeune Sigmund Freud) se complique dans les civilisations anciennes du fait que la maladie est automatiquement assimilée à l'occupation du corps malade par un démon, à l'occasion d'une faute. Le malheureux malade ne souffre donc pas seulement dans son corps, mais aussi dans son esprit, car, pénétré de l'idéologie ambiante, il se dit par-dessus le marché qu'il est pécheur. Son seul recours est de convoquer cet inercesseur cité plus haut entre l'humanité souffrante et les puissances infernales, le thaumaturge, prêtre ou sorcier qui, moyennant incantations, invoquera une puissance plus forte que l'occupant pour le chasser du malade. Les exorcismes de l'Église catholique suivent exactement ce schéma ; l'esprit démoniaque est chassé au nom de Dieu, car il ne peut, bien sûr, s'agir que d'un démon secondaire, à moins que Satan lui-même se soit emparé de la créature mortelle, auquel cas l'exorciste devra arbitrer un combat entre les deux puissances suprêmes de l'univers.

La grande difficulté de l'entreprise est, depuis toujours, d'identifier le démon occupant. Dans les Papyrus grecs magiques (A.D. Nock, « Greek Magical Papyri », *Journal of Egyptian Archaeology*, 15 ; 1929, p. 219-235), on trouve, un siècle et demi avant Jésus, la formule consacrée : « Je t'adjure, au nom de (ici, le nom du dieu protecteur, par exemple Ablanatha)... », suivie de l'injonction sacramentelle, destinée à expulser Hécate du corps du possédé. Car, pour être efficace, l'exorciste doit trouver le nom du démon qui « squatte » le mortel. En effet, le démon, créature obscure, ne peut supporter d'être nommé ; une fois qu'il l'est, il perd son pouvoir. Cette forme de jeu de société cosmique — et comique — peut, dans certains cas désespérés, être contournée par une astuce : « Je t'adjure, esprit démoniaque, quel que tu sois. » C'est la carte extraordinaire, qui permet en quelque sorte de « bluffer » l'esprit infernal.

Dans la religion et la médecine égyptiennes également, la connaissance du nom décuple la force du mot de l'exorciste (Ghalioungui, *La Médecine des pharaons*, v. bibl.). C'est un exemple patent du recours à la puissance du *logos*, le verbe primordial, évoqué par Jean au début de son évangile. Ce qui démontre, au passage, la profondeur des racines gnostiques dans les religions orientales.

Ces pratiques ressortissent en fait à la basse superstition ; comme on voit, ce sont des superstructures illogiques appliquées à des réalités psychiatriques. Ce sont pourtant celles auxquelles Jésus se livre selon les évangélistes (à l'exception de Thomas). Quand il rencontre dans le « pays des Guérasènes », c'est-à-dire dans la région de l'actuelle Gerash, un homme possédé par « un esprit impur », il commence par donner l'ordre au démon de partir : « Dehors, esprit impur, quitte cet homme ! » (Mc. V ; 8), et puis il lui demande son nom, inversant le processus classique. Il est vrai que c'est parce que, selon Marc, le démon a reconnu Jésus de loin ; paradoxalement, c'est ce démon (en fait une légion de démons) qui demande à Jésus, « au nom de Dieu », de ne pas le tourmenter ! En tout état de cause, Jésus se plie à une pratique gnosticiste quand il fait des exorcismes.

Tels qu'ils sont présentés par les synoptiques — et seulement par eux —, les exorcismes effectués par Jésus se situent dans le cadre exclusif de la démonologie et ne peuvent donc résister à l'analyse scientifique contemporaine. Il n'en demeure pas moins que Jésus effectua probablement des guérisons. Comment ?

Les épisodes ultérieurs du récit indiquent que Jésus aurait eu des dons de guérisseur, indépendantes de ses connaissances d'exorciste, qui seront analysés plus loin. En ce qui concerne les cas de possession, j'imagine que ces dons durent renforcés par la connaissance de l'hypnose.

L'hypnose était connue dans l'Antiquité. Le Papyrus magique égyptien du British Museum en fait mention (Wilson, déjà cité, v. bibl.), et, selon certaines interprétations, fait appel à une source lumineuse. Ce pouvait être un miroir le jour, une lampe la nuit. Incomplètement expliquée de nos jours, l'hypnose a des effets d'autant plus sensibles que le sujet qui s'y prête est conditionné.

Tous les travaux contemporains (G.R. Rager, *Hypnose, sophrologie et médecine*, v. bibl.) indiquent que l'hypnose ne s'opère que moyennant un affaiblissement de la vigilance, c'est-à-dire un état analogue à celui qui précède le sommeil. La confiance sacrée qu'inspirait Jésus devait être particulièrement favorable à cette transe. De plus, selon René Held (cité par Rager), la capacité d'être hypnotisé est fonction de l'immaturité psychologique du sujet ; on hypnotise aisément un enfant, un esprit émotif, impressionnable, un anxieux, on ne peut hypnotiser quelqu'un qui ne veut pas l'être et qui possède une vigilance suffisante pour ne pas l'être. Or, ce sont justement les gens sujets à l'hystérie, par exemple, qui sont les plus immatures, pour s'en tenir ici au domaine exclusif des possessions (voir la note sur les miracles de Jésus, p. 269 à 284). Et les rares descriptions de possédés données par les Évangiles, telles que celle de l'homme de Gerash qui se lacérait avec des pierres, correspondent assez bien à des descriptions d'hystériques. Je me range donc à ce sujet à l'opinion de Wilson, selon qui Jésus « exorcisait » par hypnotisme, de même que, on le verra plus loin, il guérissait vraisemblablement aussi par la même méthode.

Cela implique que certains de ses discours sur l'exorcisme sont suspects. Ou bien ils ont été ajoutés par les copistes, ou bien Jésus a cru sincèrement qu'il était doté de pouvoirs particuliers.

En tout état de cause, j'ai pris le parti choisi par le rédacteur de l'Évangile de Jean, qui omet systématiquement toute mention d'exorcisme, pour une raison que j'ignore évidemment. Je peux seulement supposer que ce rédacteur aussi trouvait suspectes les histoires d'exorcisme, et banales de surcroît : il n'y a pas que Jésus qui ait pratiqué l'exorcisme. Ce genre d'exploit, comme bien d'autres traits qui lui sont prêtés, tend à le banaliser.

***30. L'apparition du Démon dans le désert*** (p. 264-265). L'apparition du Démon est mentionnée par les trois évangiles synoptiques, avec un grand luxe de détails par Matthieu et Luc, brièvement par Marc ; mais elle est absente du récit de Jean. De toute évidence, aucun disciple n'était présent à cette apparition et Matthieu, Marc et Luc la reconstituent donc d'imagination (Mt. IV ; 1-11 ; Mc. I ; 12-13 ; Lc. IV ; 1-13). Il est probable que cet épisode de leurs récits dérive d'une confidence de Jésus, selon laquelle le Démon lui serait apparu.

L'apparition du Démon revêt indéniablement une valeur initiatique. On retrouve l'affrontement avec les puissances surnaturelles adverses dans quasiment toutes les religions primitives (Mircea Eliade, *Initiations, rites, sociétés secrètes*, v. bibl.). Par exemple, dans le rite indo-tibétain dit *tchoed*, le novice offre aux démons sa propre chair à dévorer, fait surgir ensuite une déesse qui le décapite, le dépèce et le donne à manger aux bêtes sauvages et, enfin, maîtrise l'horreur par la puissance de sa pensée.

On ne peut évidemment pas exclure que les synoptiques aient sacrifié à la règle du genre, en montrant le passage de Jésus par l'épreuve obligée du duel avec le Démon. Convention qui pose des questions philosophiques et théologiques qui sortent du cadre de ces notes : pourquoi donc le Fils présumé de Dieu devrait-il affronter le Démon, puisque l'issue du duel est connue d'avance ? On n'imagine pas, en effet, que Jésus cédât à la tentation s'il était d'essence divine, et la rencontre avec l'Ennemi ne fait donc qu'accentuer le caractère héroïque humain de Jésus. Sans doute est-ce la raison pour laquelle l'Évangile de Jean l'omet entièrement.

On peut également supposer que cet épisode est un procédé littéraire destiné à dramatiser l'histoire de Jésus à l'intention des néophytes, car après tout les Évangiles étaient une sorte d'odyssée rédigée à l'intention des gens qu'il fallait convertir. Jésus est donc présenté comme le héros d'un combat cosmique contre les puissances du mal, dont il est enfin venu délivrer le monde. Cette intention est, selon certains auteurs, tels que H.C. Kee (*Community in the New Age — Studies in Mark's Gospel*, Londres, 1977, cité par Wells, v. bibl.), particulièrement visible chez Marc ; Marc « brode » en effet beaucoup sur la rencontre avec le Démon, qui emmène Jésus sur une haute montagne et lui offre le monde en échange de son adoration, etc. Elle fleure fortement le gnosticisme.

Toutes ces raisons sont plausibles et l'on n'en peut exclure aucune. Reste également le fait que Jésus croyait au Démon et que la force de la suggestion pouvait être assez forte pour susciter dans une âme exaltée et dans la très intense chaleur du désert de Judée une hallucination révélatrice. Révélatrice pour Jésus lui-même, puisqu'elle concrétise enfin chez lui l'attitude qu'il faut avoir à l'égard du Démon et qu'elle fait du même coup surgir la réponse intérieure aux questions suscitées par la conversation avec Dosithée. Jésus répond au Démon que Dieu lui pardonnera à la fin des temps, ce qui implique que Dieu est bien la puissance ultime de l'univers et qu'il n'y a pas lieu d'imaginer un Démiurge supérieur au bien et au mal.

Dans un premier temps, en effet, il est probable que Jésus opposa l'orthodoxie judaïque aux discours, déroutants, des gnostiques. La référence à une puissance située au-delà du Bien et du Mal ne pouvait, en effet, que le déconcerter. Ce ne fut qu'au contact des Esséniens que son gnosticisme prit enfin forme.

Un épisode similaire est associé à Luther, qui voyait parfois le Démon apparaître devant lui et lui jetait un encrier à la figure.

*31. La description de Quoumrân* (p. 265-300). Elle se fonde essentiellement sur l'ouvrage magistral du Père Roland de Vaux, *Archaeology and the Dead Sea Scrolls* (utilisé dans sa traduction anglaise, car le présent ouvrage fut originellement rédigé en anglais, v. bibl.), ainsi que sur la communication à l'Institut de France des résultats de *Trente années de recherches sur les manuscrits de la mer Morte (1947-1977)* d'André Dupont-Sommer (v. bibl.). Plusieurs autres ouvrages et publications m'ont également servi, tous énumérés dans la bibliographie.

L'existence de travaux agricoles à Quoumrân, rendue possible par de nombreuses sources d'eau fraîche, est attestée de manière réservée par le Père R. de Vaux, de manière plus affirmative par Dupont-Sommer.

L'importance accordée par les Esséniens à l'apparence physique des recrues, déjà évoquée p. 104 et qui est reprise p. 267, a été inexplicablement éludée par la majorité des auteurs ; seul Allegro (*The Dead Sea Scrolls : A Reappraisal*, p. 127, v. bibl.), auquel j'emprunte les données qui s'y rapportent, l'examine, et assez cursivement, d'ailleurs, mais l'explique à la lumière des croyances astrologiques esséniennes. En effet, les instructeurs de Quoumrân jugeaient les recrues non seulement du point de vue spirituel, mais également du point de vue physique, en fonction de critères astrologiques. Ainsi, une personne née — bien née, s'entend — sous le signe du Taureau, signe probable de Jésus, c'est pourquoi je le cite, devait avoir les cuisses longues et minces, les orteils étroits et une attitude humble ; la proportion du bien au mal était, si la recrue répondait à cette description, de six à trois. En revanche, si la recrue avait les cuisses épaisses et poilues et que ses orteils étaient courts et gros, le pronostic était défavorable.

Un tel mode de sélection est évidemment surprenant

dans une communauté dont la doctrine postulait que le corps était sans importance et que seule l'âme était éternelle. Cette doctrine s'explique par la croyance qu'une âme élevée ne pouvait pas séjourner dans un corps grossier. Mais elle n'en frappe pas moins, d'abord, parce qu'elle constitue un cas unique dans l'ensemble des croyances juives, ensuite parce qu'elle évoque fortement les théories pythagoriciennes selon lesquelles la nature a placé chaque âme dans un corps déterminé en fonction de la tâche qui lui est dévolue. De fait, certains auteurs (M. Hengel, « Quoumrân und der Hellenismus », in *Quoumrân, sa piété, sa théologie et son milieu*, v. bibl.) ont indiqué qu'il existe de solides raisons de penser que les Esséniens subirent une influence héllénique ; il évoque même, à cet égard, un « atticisme hellénique ». Il est possible que cette influence se soit exercée par le relais de l'Égypte, et notamment d'Alexandrie, où prospérait une École néo-pythagoricienne.

Toujours est-il que les Esséniens examinaient soigneusement les corps des recrues, et particulièrement les jambes. J. Licht a même consacré une étude à ce point, *Les Jambes en tant que signe d'élection* (*Legs as a Signe of Election*, cité par Hengel, n. p. 368). Mais ce n'était pas seulement sur les jambes que portait le regard de l'instructeur : Allegro *(ibid.)*, définissant la recrue idéale selon les textes esséniens, rapporte qu'elle aura les yeux noirs et brillants, la barbe bouclée, des dents bien faites, des cuisses lisses et des doigts effilés.

Quoumrân devait donc présenter le spectacle singulier d'une colonie de beautés masculines sélectionnées, qui évoque certains souvenirs fâcheux du XXe siècle, et quelques autres encore, plus récents, qui prêteraient à sourire. En tout cas, cet accent mis sur la beauté masculine et l'évidente misogynie de la communauté, qui n'admettait pas les femmes ou n'en admettait que peu, sous des conditions draconiennes, et les tenait à distance, ne put, à mon avis, que contrarier Jésus. Par la suite, en effet, lors de son ministère, Jésus inclut des femmes dans le groupe de ses suiveurs et y admit même quelques-unes qui n'étaient pas honorables. Il s'écartait donc ainsi de manière très contrastée du culte exclusif des beaux jeunes gens pratiqué à Quoumrân.

J'ai considérablement abrégé la description des rituels d'admission dans la communauté, qui sont très longs et qui n'étaient pas essentiels à la trame du récit. Ceux des lecteurs qui en voudront connaître le détail peuvent se référer à la bibliographie et, en particulier, à *La Règle de la communauté de Quoumrân* par J. Pouilly, O.C.S.O.

***32. Les raisons pour lesquelles Jésus a quitté Quoumrân*** (p. 283-300). Quelque forte que soit l'empreinte que Quoumrân a laissée sur la personnalité de Jésus, et qui est analysée dans les deux premiers chapitres de ce livre, il n'est pas discutable que Jésus a radicalement divergé de l'enseignement essénien sur deux points majeurs : l'observance scrupuleuse des préceptes secondaires de la Loi, tels que le respect absolu du sabbat et l'hygiène scrupuleuse des mains, et, au moins dans la première partie de son ministère, le désespoir apocalyptique et le retranchement des Esséniens.

Dès l'entrée de Jésus à Quoumrân, ces divergences existaient sans doute déjà ; elles n'ont pu que se renforcer au fur et à mesure que le temps passait. Quoumrân ne laissait aucune marge à l'expression d'une personnalité ; il était même interdit d'y prendre la parole pendant le noviciat, sauf dans des circonstances strictement déterminées. On imagine ce que de telles contraintes durent peser à une nature aussi ardente, et rebelle, que celle de Jésus.

Il n'existe pas plus de preuve formelle des motifs qui ont conduit Jésus à quitter Quoumrân qu'il n'y a de preuves qu'il ait séjourné là ; nous n'avons, comme on dit en langage juridique, que des faisceaux d'indications. Si j'ai choisi des phénomènes de lévitation comme motif de rupture avec Quoumrân, c'est parce qu'ils constituaient la preuve la plus éclatante de la divergence qui séparait Jésus de certains aspects fondamentaux de l'essénisme : ils démontraient que le choix du Seigneur pouvait se manifester de façon imprévisible et invérifiable. Jésus était jeune et, pour les Esséniens, tous les jeunes étaient impurs, la purification ne s'opérant que progressivement au cours des années ; de plus, s'il était cousin de Jokanaan, il n'appartenait pas lui-même à une famille sacerdotale comme celui-ci. Que le *rwh* (esprit) de Dieu ou sa *shekinah* (grâce) se manifestât sur quelqu'un qui n'avait pas accompli la totalité du parcours initiatique ne pouvait que prendre les autorités de Quoumrân par surprise et leur inspirer la méfiance. Les prodiges accomplis par Jésus durent leur apparaître soit comme douteux, d'où l'enquête qui est menée par le Conseil, soit suspects, c'est-à-dire susceptibles d'être l'œuvre du Démon.

Les extases mystiques de Jésus, accompagnées ou non de phénomènes aussi extraordinaires que la lévitation, durent donc le distinguer de manière négative aux yeux d'une communauté où la discipline était de fer et qui semble préfigurer la devise *Perinde ac cadaver* que la Compagnie de Jésus rendit célèbre quinze siècles et demi plus tard.

Cette hypothèse s'appuie fortement sur le comportement de Jokanaan. En effet, comme la note sur celui-ci l'indique (p. 148), le Baptiste porte lui aussi la marque spécifique de l'enseignement et des coutumes esséniens ;

or, lui aussi a quitté Quoumrân, à une date indéterminée, puisqu'on le retrouve dans le « désert ». Mais il n'a pas suivi Jésus ; car les récits évangéliques de leur rencontre, au début du ministère de Jésus, donnent à penser qu'ils ne se sont pas vus depuis longtemps. Toutefois, Jokanaan prend la responsabilité immense d'annoncer que Jésus est le Messie (quitte à exprimer plus tard des doutes sur cette messianité). Comment le saurait-il, si ce n'est par des signes caractéristiques, et où aurait-il eu connaissance de ces signes, si ce n'est auparavant à Quoumrân ?

Même l'eschatologie chrétienne n'indique pas le mode de reconnaissance de Jésus par Jokanaan, et les signes célestes, qui ressemblent évidemment à l'excès à une broderie surajoutée, ne surviennent dans les Évangiles qu'après que le Baptiste a annoncé que Jésus est le Messie (Mt. III ; 13-17 ; Mc. I ; 2-13 ; Lc. III ; 1-21 ; Jn. I ; 29-36). Ces signes sont d'ailleurs douteux chez Jean, qui prête à Jokanaan une prescience céleste de la messianité de Jésus.

Jokanaan se comporte donc comme s'il avait déjà de solides raisons de penser que Jésus est le Messie, et il faut alors supposer qu'il se fonde sur des signes qu'il a vus à Quoumrân.

*33. Une idée de Tibère* (p. 301-306). En 19, excédé par le scandale qu'avaient causé à Rome « trois dévots juifs extravagants et une grande dame affiliée au judaïsme », Tibère interdit le culte judaïque à Rome et dans toute l'Italie (Josèphe, *Antiquités judaïques*, déjà cité, Mommsen, *Histoire romaine*, II, v. bibl.). « Ceux qui ne consentirent pas à renier publiquement leur foi et à jeter dans le feu les vases sacrés, écrit Mommsen, furent chassés d'Italie, à moins qu'on ne les jugeât propres au service militaire ; ils furent alors incorporés dans les compagnies de discipline, mais leurs scrupules religieux en amenèrent un grand nombre devant les conseils de guerre... Le même empereur se montra très soucieux d'éviter en Orient tout conflit avec le "Rabbi"... » Plus loin, Mommsen écrit encore ; « ... On ne reconnut jamais publiquement aux juifs dans la Rome païenne, ni surtout dans l'Occident latin, le droit d'avoir une situation particulière et d'être jugés par des tribunaux spéciaux. »

Ce premier acte d'antisémitisme de l'histoire est d'autant plus surprenant que Tibère, bien que *Pontifex maximus*, c'est-à-dire chef de la religion romaine, avait jusqu'alors, comme tous ses prédécesseurs, témoigné d'une considérable tolérance aux juifs, de même qu'à tous les fidèles des divers cultes qui fleurissaient à Rome et dans l'Empire. On peut douter qu'il fût seulement causé par les extravagances de trois juifs romains et de la grande dame cités par Josèphe ; bien plus probablement, Tibère fut exaspéré par l'état constant de rébellion larvée des juifs de Palestine, dont il ignorait ou feignait d'ignorer qu'elle était entretenue par les impôts excessifs que levaient les Romains et leurs princes-clients. Bien qu'il essayât de ménager les juifs de Palestine, Tibère ne pouvait ignorer que Jérusalem était leur centre de résistance. Mais, désormais, Rome, qui avait été tolérante à l'égard des juifs — il était interdit, jusqu'en 19, d'en médire —, devint progressivement antisémite. Gaïus, successeur de Tibère et cerveau dérangé, déclencha vers 40 une mémorable persécution des juifs d'Alexandrie (Philon, *De legatione ad Gaium*, 20). Le mouvement d'aversion romaine à l'égard des juifs culmina en 70 dans la destruction de Jérusalem. Étant donné que les juifs disséminés dans l'Empire causaient beaucoup moins de troubles que ceux de Palestine, j'ai imaginé que Tibère a repris l'idée d'une diaspora forcée, comme l'avait autrefois réalisée Sargon.

*34. Le mode d'existence de Jésus* (pp. 307 et suiv.). Durant les pérégrinations qui suivirent son départ de Quoumrân, et jusqu'au début de son ministère public, où il fut sans doute entretenu par les aumônes des gens auxquels il prêchait, Jésus dut évidemment gagner sa vie, et le seul métier qu'il connût, selon l'évidence, était celui de charpentier-menuisier.

*35. La rencontre avec Thomas, le pataquès de son nom et le personnage de Thomas* (p. 324-328 et suiv.). Thomas n'a pris un certain relief dans la tradition chrétienne qu'en raison du passage où Jean rapporte que ce disciple, apprenant que Jésus est vivant après la Crucifixion, doute que ce soit bien lui (Jn. XX ; 24-25), ainsi que du passage où Jésus, une semaine plus tard, invite Thomas à mettre ses doigts dans les cicatrices de ses plaies (Jn. XX ; 26-27). Ni Matthieu, ni Marc, ni Luc ne rapportent cet épisode ; les autres évangélistes se limitent à citer son nom parmi ceux des disciples ; seul Jean, encore, à leur différence, donne son surnom, Didyme, qu'il traduit par « jumeau ». Or, il semble que ce soit encore là un de ces pataquès spectaculaires qui abondent dans les Évangiles du fait de transcriptions grecques maladroites. En effet, Thomas signifie déjà « jumeau » en araméen *(toma)*, ce que des générations d'exégètes perpétuent savamment, de peur de mettre en péril le fragile équilibre des traditions de traduction. Thomas Didyme est simplement une redondance absurde, comparable à ce que serait Benito le Béni ou Andros l'Homme, qui trahit une parfaite méconnaissance de l'araméen de la part du traducteur grec ou une parfaite méconnaissance à la fois du grec et de l'araméen du premier rédacteur en hébreu.

Or, une méconnaissance de l'araméen n'est pas imaginable chez un rédacteur qui écrit l'hébreu, pas plus que n'est plausible, chez un rédacteur qui écrit l'araméen, une méconnaissance de l'hébreu. Comme les Évangiles ont été originellement écrits en hébreu, je tendrais à suivre la force de la logique et à conclure que l'erreur fut le fait des deux copistes.

Qu'aurait donc été la version originelle en hébreu ? On serait d'abord tenté de supposer que le rédacteur écrivit *toma* pour désigner un disciple X, et que le copiste grec transcrivit ce *toma* en *didymos*. C'est plus que douteux et c'est même impossible : aucun rédacteur d'hébreu n'aurait désigné l'individu X par la seule appellation « le jumeau » ; un jumeau a toujours un nom et, dans ce cas, Jude, ou Judas (car c'était le nom de Thomas, selon Eusèbe de Césarée — v. *Histoire ecclésiastique*, bibl.), aurait été défini comme « Jude, jumeau de Z » ; il ne viendrait à l'esprit de personne d'appeler qui que ce fût « Untel, jumeau », sans préciser jumeau de qui. J'exclus donc que Thomas ait pu, dans la version en hébreu, être appelé simplement *toma*, terme d'ailleurs araméen. J'exclus tout aussi bien que le copiste grec ait, s'il possédait des rudiments d'araméen, ajouté à *toma*, le mot trouvé dans la version hébraïque, sa traduction grecque *didymos*. Si le copiste grec connaissait l'araméen, il n'aurait d'abord pas commis cette bévue ; il l'a commise justement, comme je l'ai dit plus haut, parce qu'il ignorait que *toma* eût exactement le même sens que *didymos*.

Il s'ensuit que l'emploi du mot *didymos* est antérieur à la version grecque, puisque le copiste grec n'avait aucune raison d'ajouter à son texte ce mot redondant ; le mot *didymos* se trouvait donc déjà dans le texte hébreu, accolé à *toma*. Mais comment l'expliquer ?

On l'explique fort bien en supposant que le copiste hébreu a eu connaissance du surnom de Jude, non pas *didymos*, mais *didymeos*, c'est-à-dire « habitant ou originaire de la ville de Didymes », mais comme, dans la prononciation courante, *didymos* et *didymeos* sont presque identiques, et comme ce copiste n'avait pas la connaissance de la ville de Didymes ou celle du grec, il a fait l'économie de l'epsilon ; ce faisant, il a pris *didymeos* pour un nom. Puis il s'est demandé ce que cela voulait dire et a ajouté *toma*. Le copiste grec, reprenant le même texte, a commis l'erreur inverse : il a pris *toma*, qu'il a trouvé accolé à un adjectif, *didymos*, pour un nom propre. Ainsi est né ce prénom jusqu'alors inconnu, « Thomas ».

Il y avait des juifs dans toute l'Asie Mineure, mais il y en avait sans doute peu qui venaient de Didymes, et cette origine prêtait sans doute assez de relief à Jude, dit Thomas, pour qu'on le désignât par son surnom, le Didymien. Jude passa au second plan, pour la commodité des évangélistes, qui comptaient déjà deux Jude.

On peut donc faire l'économie des innombrables et vaseuses supputations d'auteurs anciens et modernes sur la notion que Thomas aurait été le frère jumeau de Jésus. Car s'il était jumeau, s'est-on dit, de qui donc l'aurait-il été pour qu'on ne le désignât qu'ainsi, sinon de Jésus lui-même ? On a même, pour cette raison, été jusqu'à lui prêter, sur la foi des Actes, une ressemblance parfaite avec Jésus, « comme s'il avait été enfanté par lui » (*eoikas gar autoï panu — cf.* Puech, *En quête de la gnose*, II, *Sur l'Évangile selon Thomas*, p. 212-215, v. bibl.).

Didymes était un centre dont Thomas pouvait s'enorgueillir d'être originaire, fût-ce pour de mauvaises raisons. Ç'avait été un sanctuaire d'Apollon, le Didymeum, construit au VIe siècle avant notre ère sur un promontaire superbe, le Poseideion, dans le territoire de Milet, en Asie Mineure. Le temple était lui-même superbe et, selon Strabon, ne le cédait en splendeur qu'au célèbre Artémision d'Ephèse. Il était également le siège d'un oracle fameux jusqu'en Égypte, sous l'égide d'une famille ou caste, les Branchidés, qui prétendait descendre d'un amant d'Apollon, Branchus. En 481 avant notre ère, l'inepte Xerxès le mit à sac et l'incendia, à la consternation du monde civilisé. En 332, Alexandre le Grand ordonna qu'on restaurât le Didymeum et qu'on effaçât les ravages de Khshayārshā puisque c'était le nom de Xerxès —, mais l'entreprise s'avéra ruineuse. Et, en dépit de l'intérêt que les empereurs romains portaient au Didymeum, il n'avait pas encore été rebâti quatre siècles plus tard. Outre la splendeur architecturale ionique, partiellement remise au jours en 1895 par les Écoles françaises de Rome et d'Athènes (et dont le travail fut parachevé en 1905 par l'Allemand Th. Wiegand), Didymes se distinguait par son oracle, que les rois venaient consulter, et son festival, les Didymies, qui se tenait tous les quatre ans depuis le IIIe siècle avant notre ère (*Encyclopaedia Britannica*, « Didymes », « L'art grec », Éditions d'Art Lucien Mazenod, v. bibl.).

Didymes se trouve au cœur des grands courants culturels qui parcourent le monde au Ier siècle entre la Méditerranée orientale et l'Asie ; elle est à brève distance d'Ephèse, où Jean écrivit son évangile, de Tarse, où est né Paul, d'Antioche, où a été probablement écrit l'Évangile de Luc, d'Edesse, où a été écrit l'Évangile de Thomas ; elle se trouve dans ce territoire privilégié où l'être est devenu humain, a inventé l'écriture, bâti ses premières cités, organisé ses premières religions supérieures et où, pendant des siècles, les vents légers de la métaphysique asiatique ont rencontré les vents lourds de la métaphysique occidentale, ceux-ci porteurs des sueurs de l'angoisse, ceux-là chargés de l'allégresse du néant, l'Asie Mineure et la Mésopotamie donc, cette région qui n'est plus l'Asie, mais qui n'est pas encore l'Europe. C'est vers là, d'ailleurs, que les premiers chrétiens vont « monter », portés par un tropisme dont ils ne sont peut-être même pas conscients. Le premier concile aura lieu en 325 à Nicée, pour proclamer, paradoxalement, les idées alexandrines sur la divinité de Jésus, Nicée qui se trouve à trois ou quatre jours de mulet de Milet et d'Ephèse, en face de Constantinople qui, pendant des siècles, sera le siège de la chrétienté orientale. Les premiers chrétiens sont à Rome depuis 70, mais c'est en Asie Mineure que le clergé s'est installé, comme pour verrouiller l'accès des doctrines asiatiques à l'Europe.

Au moment où Thomas vit à Didymes, avant de rallier la Palestine, l'Asie Mineure, constituée de provinces sénatoriales, est dominée par la religion gréco-romaine. Mais elle est aussi infiltrée par le mithraïsme, le bouddhisme et peut-être aussi les religions slaves. Le brassage de populations et de cultures qui s'effectue à l'ombre des aigles romaines entraîne fatalement un brassage de religions et de pratiques. Mokoch, la déesse slave de la sexualité et de la fertilité, est identifiée à l'Astarté phénicienne, à la Cybèle romaine et à l'Aphrodite grecque, à l'Ishtar babylonienne, avant de devenir quelque dix siècles plus tard, au terme de ses avatars, notre sainte Parascève ! Autant dire qu'un juif de Didymes ne ressemble pas à un juif de Jérusalem. Et que la foi juive de Thomas s'est irisée de nuances diverses. C'est en tout cas un sceptique, comme le montre le fameux épisode où Jésus le décrit pratiquement mettant ses doigts dans les plaies de Jésus. C'est aussi un lettré au sens païen, car il n'aura pas lu seulement l'Ancien Testament, mais également des livres « étrangers ». C'est en tout cas un anxieux, toujours en quête d'horizons nouveaux : alors que les autres disciples s'en tiennent au Bassin méditerranéen, lui gagnera l'Asie dès après la crucifixion, comme l'indiquent ses Actes.

Cet anxieux partage comme tous les juifs, même les plus éloignés de Jérusalem, l'attente messianique. Cette attente est exprimée en maints passages de l'Ancien Testament. Jérémie annonce déjà la restauration du trône de David (XXIII ; 5-6 ; XXXIII ; 14-22), de même qu'Ezéchiel (XXXIV ; 20-31) qui précise qu'elle se fera sous la houlette d'un berger appelé « mon serviteur David ». Dans les « Psaumes » (LXXXIX ; 3-4 et 20-37), on trouve l'assurance de l'éternité de la dynastie de David. Cette attente commence probablement à l'exil babylonien, puisqu'elle est aussi mentionnée dans Amos (IX ; 11-12), qui annonce, lui aussi, qu'un jour viendra où la tente de David sera à nouveau dressée comme autrefois. Comme toutes les prophéties, celles-ci sont vagues et ne précisent évidemment pas à quel moment se fera la restauration de la dynastie de David. Elles sont également mirifiques : Isaïe, par exemple, assure que la restauration amènera la paix universelle (XI).

L'attente prend des formes diverses. Ainsi, l'on suppose que la restauration se fera à la fin des temps et qu'elle sera précédée par le retour sur terre d'Elie, puisque ce prophète n'est pas mort, mais qu'il est monté au ciel vivant. C'est ce qu'annonce d'ailleurs Malachie (III ; 19-24). Bien évidemment, il est des hommes qui se croient investis de la messianité. Ainsi d'un certain Ezéchée, qu'Hérode le Grand, alors seulement gouverneur de Galilée, fait décapiter en 49 avant notre ère sans autre forme de procès (Josèphe, *Antiquités judaïques*, XIV ; 9-2) ; Josèphe ne dit pas que cet Ezéchée était un messie ; c'est un certain Hillel, « pas le grand Hillel », précise Sandmel (*Judaism and Christian Beginnings*, v. bibl.), qui dit : « Israël n'a pas de messie ; ils l'ont consommé dans les jours d'Ezéchée. » On peut se demander ce que Hillel entend par « consommer », car le cannibalisme n'était pas pratiqué sous Hérode le Grand. Mais il demeure qu'à partir d'un certain moment, qu'on peut situer au Ier siècle, la littérature rabbinique ne fait plus référence à l'attente du messie que de manière périphérique ; ce n'est pas son souci principal. Ce point est capital, car il éclaire l'impatience et le scepticisme du clergé de Jérusalem à l'égard des rumeurs de messianité qui entourent Jésus. L'attente messianique est le fait du peuple, écrasé d'impôts.

Pour Thomas, cette attente est d'autant plus douloureuse qu'il est, lui, en terre païenne ; il y risque son identité ; s'il n'attend pas le messie, il est condamné à n'appartenir qu'à un peuple de vaincus.

Apparaît alors Apollonios de Tyane (que j'appelle, dans *L'Homme qui devint Dieu*, Apollonios, à la grecque), que tout le monde acclame comme un homme remarquable et qui pourrait être un messie. La note suivante éclaire ce personnage. Thomas va suivre Apollonios.

Quand, dans mon récit, évidemment fictif sur ce point, Jésus rencontre Thomas à Antioche, celui-ci est désenchanté d'Apollonios.

Pourquoi ai-je imaginé cette rencontre à Antioche ? Parce que, à mon avis, Thomas le Didymien n'avait aucune raison de se trouver parmi les disciples de Jésus en Palestine s'il n'avait pas rencontré précédemment Jésus et n'avait pas été fasciné par lui.

***36. Apollonios de Tyane*** (p. 335-346). Bien qu'on lui ait prêté une naissance surnaturelle, et une mort également surnaturelle (il serait, lui aussi, monté vivant aux cieux), Apollonios de Tyane exista bien ; son existence est attestée par Dion Cassius dans son *Histoire de Rome* (LXXXVII ; 18), Origène cite sa biographie par Moeragénès et, si ses biographies par Damis de Ninive et Maxime d'Aegae ne nous sont pas parvenues, nous disposons de celle de Philostrate (v. bibl.), et des mentions qu'en ont fait des auteurs tels qu'Apulée

(*Apologie*, 218) et Eusèbe de Césarée *(Discours touchant les miracles attribués par les païens à Apollonios de Tyane — Contre Hiéroclès. Préparation évangélique).* À cet égard-là, la vie de ce thaumaturge est considérablement mieux documentée que celle de Jésus.

On sait qu'il naquit sous Octave Auguste et qu'il mourut sous Nerva. Comme Auguste régna entre 27 avant notre ère et 14 et que Nerva régna de 96 à 98, on peut supposer raisonnablement qu'Apollonios naquit dans les dix dernières années du règne d'Auguste ; il mourut donc à un bel âge. Les témoignages le décrivent grand, blond, les yeux bleus et d'une exceptionnelle beauté. Sa mère, comme celles de tant de héros évoqués dans le chapitre 3 de ce livre, reçut une visite céleste avant sa naissance : c'était celle du dieu « égyptien » Protée (Philostrate, *Vie d'Apollonios de Tyane*, I ; 4). Je note au passage, pour le bénéfice du lecteur, que Protée, fils putatif de Poséidon, n'a d'égyptien que le fait qu'il alla en Égypte enlever Hélène de Troie pour la rendre à son mari, du moins selon Hérodote (*Who's who de la mythologie*, v. bibl.). Mais enfin, on n'en est pas à une affabulation près. De plus, et la coïncidence vaut d'être signalée, quand Apollonios naquit, sa mère, qui était dans les prés, vit un trait de foudre descendre et remonter sans frapper la terre (Philostrate, déjà cité, I ; 5).

Il est plus intéressant de savoir qu'Apollonios naquit donc à Tyane, l'actuelle Ulukisla, en Cappadoce, sur le versant septentrional des monts Taurus, c'est-à-dire en Asie Mineure, lui aussi, comme Paul et comme Thomas. Qu'on l'ait dit « fils de Zeus », noblesse oblige, est secondaire ; plus frappant est le fait qu'il accomplit son apprentissage auprès d'un juif de Tarse, Euthydène de Phénicie, qui était rhéteur. Le fait est frappant parce qu'il indique qu'il y avait donc en Asie Mineure des juifs qui pratiquaient l'art grec et très peu judaïque de la rhétorique et que le jeune Apollonios (d'au moins dix ans plus jeune que Jésus) eut des contacts avec la culture judaïque.

Plus tard, Apollonios fréquente des temples et des rois, épouse mystiquement Artémis, sœur d'Apollon, fait tant de miracles qu'il embarrasse Eusèbe de Césarée et saint Justin Martyr, ainsi qu'Arnobe, s'attire l'admiration de Septime Sévère et, plus tard, l'aversion furieuse de saint Jean Chrysostome, de saint Jérôme et de saint Augustin. En effet, les miracles qu'on lui prête ou qu'il fait soutiennent la comparaison avec ceux de Jésus : c'est ainsi que, voyant une jeune fille morte défiler sur la civière et suivie par son fiancé et des gens en larmes, Apollonios arrête le cortège, se penche sur la jeune fille et ne fait « rien d'autre que toucher la jeune fille et prononcer sur elle quelques paroles mystérieuses » (Philostrate, IV ; 45). Bien entendu, la jeune fille revient à la vie et le thaumaturge lui donne en dot les 150 000 sesterces — somme extravagante, soit dit en passant —, que la famille de la fausse morte avait offerte au sauveur. Les miracles abondent par ailleurs, voyances, guérisons, diagnostics à distance et, pour couronner le tout, Apollonios est arrêté et persécuté par Domitien, empereur qui s'est pris d'aversion pour ce dieu vivant. « Pourquoi les hommes t'appellent-ils un dieu ? » lui demande Domitien. Apollonios disparaît mystérieusement de sa prison, apparaît magiquement à trois de ses disciples et monte définitivement au ciel. On conçoit sans peine que, pour tant de prodiges, saint Jean Chrysostome l'ait traité d'imposteur et de suppôt de Satan (*Contre les Juifs*, v. bibl.).

On imagine également que Philostrate et les autres biographes d'Apollonios de Tyane se soient inspirés des récits qui couraient sur Jésus à la même époque ; telle n'est pas l'opinion de quelques auteurs qui ont attentivement étudié le cas d'Apollonios de Tyane, dont le théologien allemand Ferdinand Christian Baur (*Apollonius vont Tyana und Christus*, 1832). Prétendre que l'exorcisation des démons selon la légende apollonienne est un écho des Évangiles, dit Baur, sous le prétexte que les littératures grecque et romaine de l'époque n'évoquent pas cette pratique, est postuler arbitrairement que les superstitions syriennes ne pouvaient atteindre l'Occident que par le canal des textes judaïques ou chrétiens. Les littératures syriaque et mésopotamienne sont riches de références, en effet, aux exorcismes par imposition des mains, dont beaucoup dérivent des innombrables papyrus magiques égyptiens (Hull, *Hellenistic Magic and the Synoptic Tradition*, v. bibl.). De toute façon, même Baur oublie que les littératures hellénistique et latine sont, depuis le Ier siècle, riches en références à la magie, qui ne sont pas surgies tout à coup. Pline l'Ancien, qui mourut en 79, en parle à plus d'une reprise dans ses *Histoires naturelles*, et l'intérêt pour ce domaine s'est sans doute considérablement accru tout au long du Ier siècle, puisqu'au IIe siècle Lucien de Samosate fait collection des recettes magiques.

En vérité, la légende d'Apollonios de Tyane a été modelée sur le schéma héroïque décrit au chapitre 3 de ce livre, et c'est pourquoi ce thaumaturge ressemble tant à Jésus ; comme lui, il est l'intercesseur de l'humanité auprès des divinités. Seulement, Apollonios est un pythagoricien, alors que Jésus est essentiellement judaïque. Et son éclat est international, puisqu'il offusque même Domitien, alors que celui de Jésus, à la même époque, est limité aux milieux judaïques. La preuve en est que les références historiques à Apollonios sont très nombreuses et détaillées, alors que celles qui sont faites à Jésus se réduisent à deux (Tacite et Josèphe) et sont à la fois douteuses et laconiques.

Le discours prêté à Apollonios, dans le bois de Daphné où le thaumaturge enseignait, en effet, à

Antioche, près du temple d'Apollon, est évidemment d'inspiration gnostique pythagoricienne ; je me suis servi pour ce passage du *Biblion* de Pythagore et de la *Vie d'Apollonios*, par Philostrate (déjà cité, v. bibl.). Les objections que lui oppose Jésus sont celles que le judaïsme traditionnel pouvait inspirer.

***37. Les voyages de Jésus à l'extérieur de la Palestine et à l'intérieur de ce pays*** (p. 349-351). Il existe au moins un texte ancien, le *Bhavishya Mahapurana* de Viyas, qui date de 115, qui a été édité en 1917 par le Pandit Sutta (Bombay, Venkate Shvaria Press), qui fait état de la présence de Jésus en dehors des frontières de la Palestine, en Inde donc, en l'an 48 ; ce texte ainsi que les conclusions qui en découlent feront l'objet d'un ouvrage ultérieur. Il s'agit là, en effet, de voyages postérieurs au ministère public de Jésus.

Étant donné que, crucifié sans doute en l'an 30 (v. note sur « La date de l'arrestation », p. 354-355), Jésus avait alors trente-sept ans, étant donné qu'il est vraisemblablement entré à Quoumrân vers dix-huit ou vingt ans (v. note sur « La description de Quoumrân, p. 189-190), qu'il n'y est apparemment resté que peu d'années, on peut supposer qu'entre l'âge approximatif de vingt-cinq ans, celui de son départ de Quoumrân, et celui de trente-trois ou trente-quatre, peut-être trente cinq, où se situe le début de son ministère public, c'est-à-dire entre l'an 18 et l'an 26 ou 28, il y a un laps de sept à dix ans qui semble impossible à combler avec les données fournies par les Évangiles, apocryphes aussi bien que canoniques.

Deux raisons incitent à supposer que Jésus voyagea durant ces années-là. La première est le caractère même de Jésus tel qu'il transparaît à travers les évangiles canoniques, rebelle à l'enseignement parallèle essénien, rebelle enfin même aux structures sociales juives, bref, habité par l'« impatience des limites », pour reprendre les termes d'un philosophe du personnalisme français. Un tel caractère devait être tenté de découvrir le monde qui existait au-delà des frontières du judaïsme. La seconde raison, dont je suis ici bien conscient qu'elle contrarie les tenants de l'orthodoxie catholique, est la veine gnosticiste évidente dans son enseignement (voir la note « Jésus et le gnosticisme », p. 330-338).

La liberté extrême que Jésus manifeste à l'égard des rites juifs, et que les Pharisiens, entre autres, ne se lassent pas de lui reprocher, telle sa désinvolture quasi insolente à l'égard du rite fondamental du sabbat, est absolument sans exemple dans toute l'histoire du judaïsme. La mettre comme tant d'historiens au compte de sa « christianité » est insoutenable, le christianisme n'ayant été inventé que par ses successeurs et ne l'ayant d'ailleurs été qu'à partir du IIe siècle, soit un siècle après sa mort. À son époque, Jésus était tout simplement anticlérical, car il n'y avait pas d'autre clergé que juif et qu'il était juif. Cette attitude sans précédent, trempée de surcroît au feu du gnosticisme, ne peut s'expliquer que par le contact avec des religions étrangères, notamment orientales.

Il existait, certes, des centres de cultes étrangers en Palestine. Mais c'étaient des centres de cultes essentiellement gréco-romains, dont le rayonnement était surtout circonscrit à la Décapole. Il est impossible de mieux se pénétrer d'une religion que dans son contexte culturel originel, tout comme de nos jours les enseignements diffus, donc directs, du bouddhisme sont incomparablement plus efficaces à Ceylan, mettons, que dans les centres bouddhistes de Londres, Berlin ou Paris. Il paraît donc vraisemblable que la veine gnosticiste de l'enseignement de Jésus ait pris partiellement sa source dans des contacts locaux avec cette philosophie (car, quoi qu'on en ait, le bouddhisme est une philosophie, non une religion).

Non que Jésus, certes, ait été bouddhiste. Même alors, le goût de l'exotisme n'incitait guère à des changements de pôles religieux aussi raides, comme on en a vu au XXe siècle, chez des chrétiens lassés par le dogmatisme de leurs Églises. Mais la présence immanente dans son enseignement de la Révélation, concept ou disposition alors totalement inconnus dans la sphère culturelle juive, mais qui imprègnent le bouddhisme, ne me semble pas pouvoir procéder d'autres sources que d'Asie. L'Asie était à quatre ou cinq semaines de la Palestine, par la Syrie, le nord de l'Arabie, l'Iran, puis l'Afghanistan ; de là, on abordait l'Inde par le Cachemire. L'Égypte, d'autre part, antique patrie du peuple juif, ne pouvait manquer d'exercer également son attraction et cela d'autant plus qu'il existait dans le delta du Nil d'importantes colonies juives. Entre les deux, il y avait l'Asie Mineure, extraordinaire creuset de syncrétisme religieux où, depuis des siècles, les mythologies de la Méditerranée orientale, du Proche et du Moyen-Orient formaient dans leur confluence ce mascaret dont naquirent d'abord le gnosticisme, puis tant de schismes et d'hérésies qu'il fallut une bonne douzaine de conciles pour y apporter bon ordre. Du premier concile de Nicée au quatrième concile de Latran, que ne fallut-il pas de génie rhétorique pour mettre fin, ou du moins le crut-on, à l'hérésie arienne, aux querelles sur la date de Pâques, sur les deux natures de Jésus, les erreurs d'Origène, la dualité de la volonté chez Jésus, et autres concepts, dont les principaux fomentateurs étaient ces Asiates, eux-mêmes rhéteurs et passionnés, passionnément épris de Jésus mais furieusement démangés de raison grecque, assis sur la frontière inconfortable de l'indicible asiatique et du discours méditerranéen !

Les prophètes qui flagellent Jérusalem d'invectives enflammées appartiennent à la tradition du génie juif, et Jésus semblerait en prolonger la lignée, n'était qu'il introduit dans son discours vengeur et rédempteur deux notions totalement absentes de la totalité de l'Ancien Testament. Deux notions si surprenantes dans leur nouveauté qu'elles déroutèrent, en effet, les docteurs de la Loi, chez qui les récitations des Écritures n'avaient certes pas étouffé l'écho des Prophètes, aussi « mécaniques » pussent-elles sembler à Jésus. La première de ces notions était donc celle de Fils de l'homme, sans précédent dans l'Ancien Testament, la seconde, qui lui était liée, étant celle d'un homme providentiel dont le destin devait modifier les desseins de Dieu. C'étaient là des idées étrangères.

Que ces idées prissent, dans une mesure limitée, racine dans l'apocalyptisme essénien est certain (v. note « Jésus et le gnosticisme »). Mais les Esséniens n'avaient jamais, du moins dans leurs textes, envisagé qu'un homme pût modifier le destin de l'univers ; cela constituait une idée propre à Jésus. Or, il la formule, tout au long des Évangiles, sous une forme beaucoup trop aboutie et beaucoup trop étrangère au judaïsme pour qu'on refuse d'admettre qu'elle a été forgée au feu du gnosticisme asiatique. Donc, qu'elle a été marquée par le contact avec les religions qui foisonnaient au nord-est, et par le mithraïsme en particulier. L'idée d'un médiateur entre le Temps Infini et l'humanité est strictement étrangère au judaïsme ; elle est le principe du mithraïsme.

De même, l'idée du héros sacrifié, résurgence des religions étrangères, et encore plus celle du rite omophagique que Jésus propose à ses disciples sont entièrement inconnues du judaïsme. Telle est la raison pour laquelle les émissaires de Jérusalem ne reconnaissent pas en

Jésus l'un des leurs ; ils le traitent de Samaritain, c'est-à-dire d'ennemi ; car s'ils étaient sectaires, ils connaissaient bien leur religion.

J'ai donc fait voyager Jésus à travers le Proche et le Moyen-Orient, dans des pérégrinations au cours desquelles sa pensée s'affine, d'abord, évidemment, dans le refus des systèmes théologiques étrangers.

Les voyages de Jésus en Palestine même offrent quelques aperçus utiles sur son ministère public. Ils diffèrent quelque peu d'un évangile à l'autre, mais surtout entre les synoptiques et Jean.

• Selon Matthieu, l'itinéraire de Jésus commence au « désert », puis s'oriente vers la Galilée, que Jésus ne quittera que pour son duel avec Jérusalem ; les étapes en sont Nazareth, Capharnaüm, les parages du lac de Galilée, Tyr et Sidon, en Phénicie, Césarée de Philippe en Iturée, puis de nouveau Capharnaüm après un périple non décrit en Galilée ; après quoi, Bethphage, Béthanie et Jérusalem.

• Marc rapporte, en gros le même itinéraire, de façon plus détaillée et sans référence au « désert » : la Galilée, Capharnaüm, un périple en Galilée, un autre autour du lac de Galilée, dans les collines, Capharnaüm, de nouveau le lac, Bethsaïde, Génésareth, Tyr et Sidon, un retour à Bethsaïde à travers la Décapole, c'est-à-dire aussi, forcément à travers la Trachonitide, Césarée de Philippe, les monts de Galilée, Capharnaüm, Jéricho, puis Bethphage, Béthanie et Jérusalem.

• L'itinéraire selon Luc part du « désert », s'oriente vers la Galilée avec Capharanüm, les collines de Galilée, un retour à Capharnaüm, Naïn, un périple non décrit en Galilée, Gérasa, Capharnaüm, Bethsaïde, puis une halte dans une ville non nommée, qui peut être soit Béthanie, soit Magdala, Jéricho, puis Bethphage, Béthanie et Jérusalem.

A quelques variantes près, les synoptiques s'accordent

donc à dire que Jésus n'a été à Jérusalem qu'à la fin de son ministère. La majeure partie de ses déplacements se situe au nord de la Judée.

Tel n'est pas le récit de Jean. L'itinéraire qu'il décrit part de Salim, en Samarie, monte vers la Galilée avec une halte à Cana avant Jérusalem. De là, Jésus remonte vers Sycha, puis de nouveau Cana. Et Jésus redescend vers Jérusalem. De là, il remonte vers la Galilée, la rive orientale du lac, Capharnaüm, suit un périple non décrit en Galilée et redescend encore vers Jérusalem. Il la quitte pour remonter en Galilée, puis retourne à Jérusalem, remonte vers Salim ou Jéricho, « au-delà du Jourdain », va à Béthanie (résurrection de Lazare) et retourne une dernière fois à Jérusalem. Il a donc fait cinq séjours à Jérusalem et deux en Samarie, que ne mentionnent pas les synoptiques. On peut être tenté de penser que Jean intercale dans son récit des épisodes d'un seul séjour à Jérusalem ; or, ce n'est pas le cas, car Jean donne des détails précis ; c'est ainsi qu'il dit que Jésus est pressé par ses frères de se rendre à Jérusalem pour la fête des Tabernacles, mais qu'il répugne à y aller de peur d'être tué par les juifs et qu'il déclare spécifiquement à ses frères : « Allez seuls à la fête. » Toutefois, il change d'avis et se rend quand même à Jérusalem, « presque en secret » (Jn. VII ; 1-10).

Cette différence considérable entre les itinéraires décrits par les synoptiques, d'une part, et par Jean, de l'autre, est fondamentale ; en effet, elle montre que le récit des synoptiques a été simplifié de façon à exclure la Samarie et à réduire au maximum le nombre de contacts de Jésus avec Jérusalem ; selon les synoptiques, il n'a fait qu'une seule visite dans la Ville sainte et elle lui a été fatale ; alors que, selon Jean, Jésus s'est quand même rendu cinq fois, clandestinement à Jérusalem, sans qu'on sache exactement ce qu'il y a fait.

Ensuite, seul le récit de Jean permet de se faire une

idée approximative de la durée du ministère public de Jésus ; sans doute de deux à trois ans. Les itinéraires décrits par les synoptiques, eux, autoriseraient, en revanche, à contracter le ministère public de Jésus sur une période inférieure à deux ans. J'ai suivi, dans *L'Homme qui devint Dieu*, les indications de Jean, qui semblent beaucoup plus précises. Elles invitent à supposer que Jésus commença son ministère public vers l'an 27, âgé à peu près de trente-quatre ans.

On ne peut manquer d'observer que les synoptiques excluent unanimement la Samarie de la liste des territoires visités par Jésus, suivant en cela le préjugé juif contre les Samaritains, à l'encontre pourtant de ce que rapporte Jean. On peut alors se demander quelle est la véracité de l'injonction de Jésus à ses disciples, que rapporte Matthieu : « N'entrez dans aucune ville samaritaine » (Mt. X ; 6), à laquelle Jésus fut le premier à manquer. Mais il est vrai que Matthieu est le seul à citer cette interdiction d'autant plus singulière qu'elle est suivie de l'injonction de ramener les brebis perdues du troupeau d'Israël ; or, que sont donc les Samaritains selon les juifs orthodoxes, si ce n'est des brebies perdues ?

Encore plus contradictoires, sont les déplacements de Jésus après la crucifixion. Ils ne consituent pas la moindre singularité des récits d'un épisode pourtant majeur de la vie de Jésus.

***38. Jokanaan*** (II) (p. 360-640). Le personnage de Jokanaan domine le début des années publiques de Jésus dans mon récit comme il domine le début des canoniques, qui sont consacrés essentiellement au ministère de Jésus.

Il s'agit d'un personnage clef, à la fois pour les évangélistes et pour l'interprétation moderne de Jésus.

Pour les évangélistes, il est, en effet, le seul personnage historique auquel ils puissent ancrer la réalité de Jésus ; la mention qu'en fait Josèphe (*Antiquités judaïques*, XVIII ; 5, v. bibl.) n'est ni discutable ni discutée, en effet, à la différence de celle qu'il fait de Jésus.

On peut se demander, à cet égard, si le soin considérable que prend Luc pour lier Jokanaan à Jésus par la parenté, puisqu'il commence bizarrement son évangile par non moins de quatre-vingts versets qui tissent étroitement ensemble les naissances du Baptiste et de Jésus, ne trahit pas une origine tardive de cet évangile ou, du moins, si les quatre-vingts versets en question ne sont pas un ajout tardif. En effet, cette nécessité d'ancrage historique ne pouvait être clairement ressentie que vers la fin du Ier siècle, voir le IIe. Luc, qui s'adressait au public relativement lettré et sceptique d'Antioche, aurait pu s'entendre objecter que personne n'avait parlé de Jésus, alors que le Baptiste, lui, était connu : un quart de siècle encore après la mort de Jokanaan, les Actes signalent la présence de ses disciples à Ephèse et à Alexandrie (XVIII ; 25 ; XIX ; 3). Il semble que ce soient bien des descendants de ces disciples qui ont survécu jusqu'à nos jours en Mésopotamie, sous les noms de Mandéens, Sabiens ou Nazoréens et sous le surnom de « chrétiens de saint Jean-Baptiste » que leur donnèrent des missionnaires chrétiens au XVIIe siècle. Il s'agit là, et le point est intéressant, d'une secte gnostique, hostile à l'Église.

Fait capital, parfois négligé : dès les origines du christianisme, alors que Jésus avait commencé son ministère, les disciples du Baptiste étaient distinct de ceux de Jésus, auxquels ils ne se sont pas joints. Jean le dit d'ailleurs clairement : « Un rapport vint à la connaissance des Pharisiens : "Jésus conquiert et baptise maintenant plus de disciples que Jean", bien qu'en réalité ce fussent les disciples qui administraient le

## LES VOYAGES DE JÉSUS EN PALESTINE
**selon l'évangile de Marc**

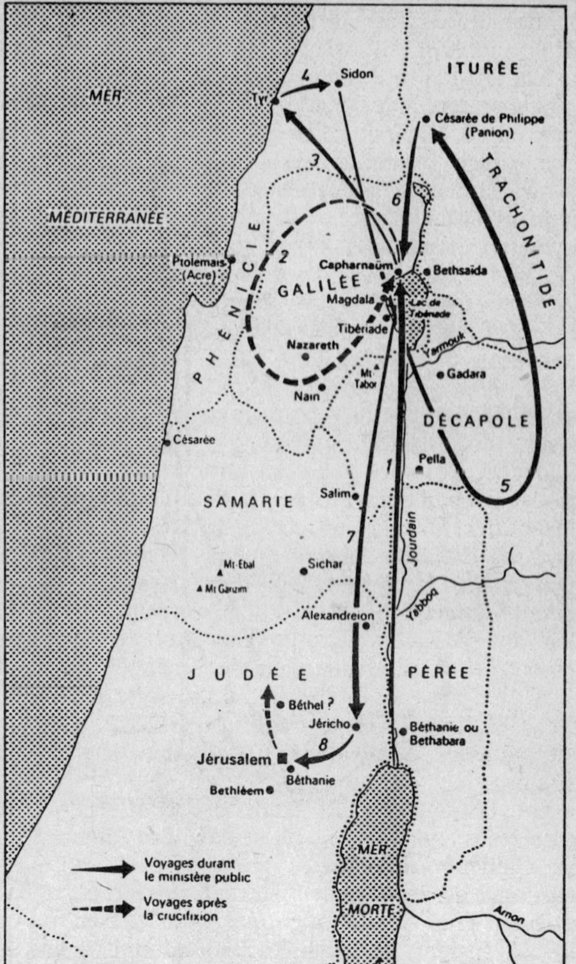

**LES VOYAGES DE JÉSUS EN PALESTINE**
**selon l'évangile de Luc**

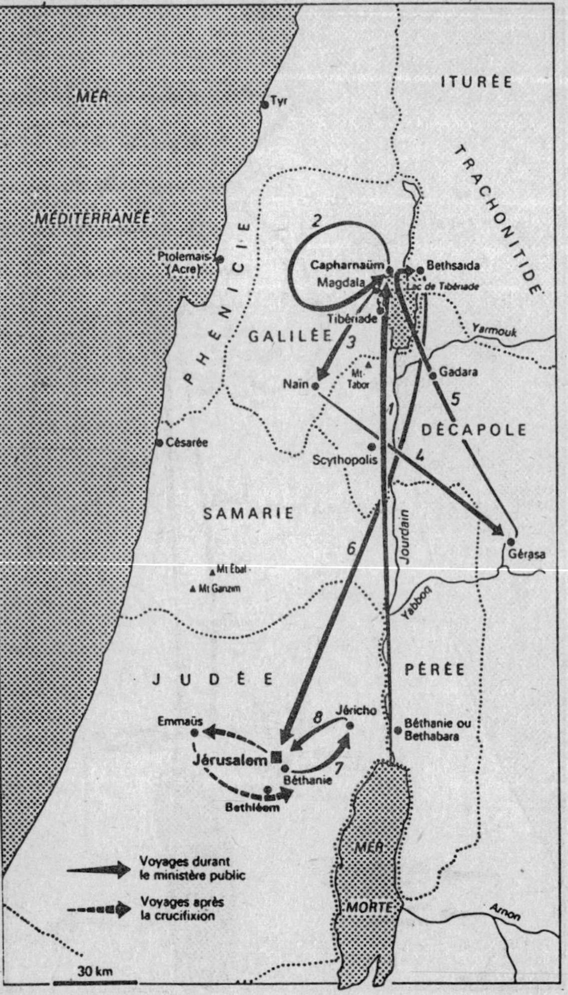

LES VOYAGES DE JÉSUS EN PALESTINE
selon l'évangile de Matthieu

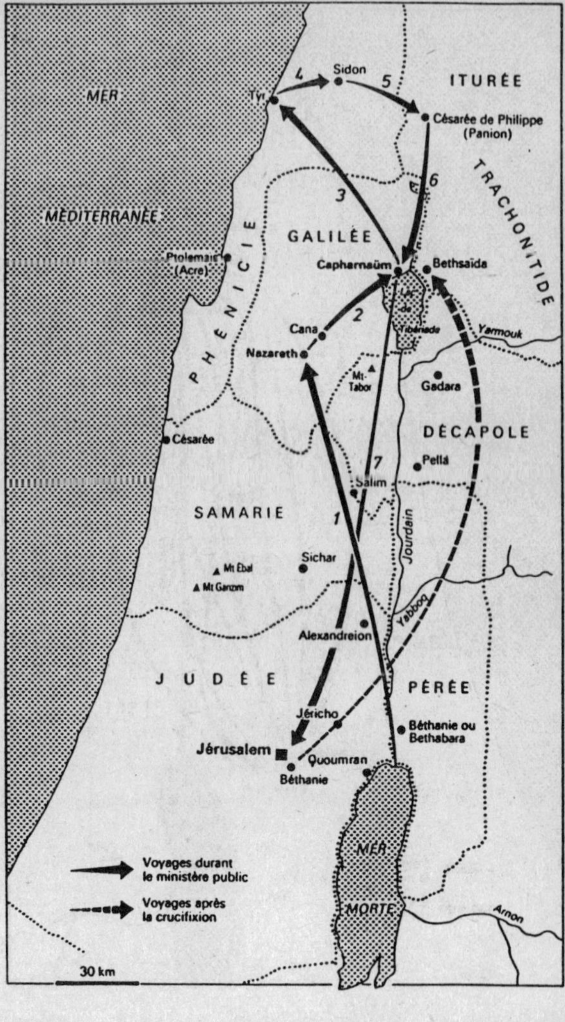

## LES VOYAGES DE JÉSUS EN PALESTINE
**selon l'évangile de Jean**

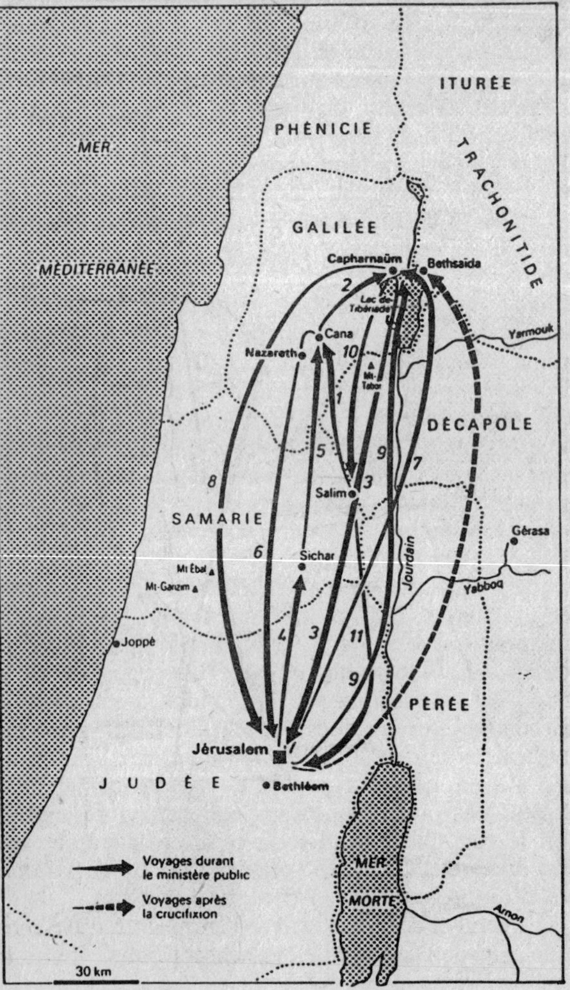

baptême et non Jésus » (Jn. IV ; 1-3). Les Pharisiens opposaient déjà les disciples de Jean à ceux de Jésus, comme en atteste Marc : « Une fois, alors que les disciples du Baptiste et les Pharisiens observaient le jeûne, des gens vinrent lui demander : « Pourquoi est-ce que les disciples de Jean et ceux des Pharisiens jeûnent et les tiens ne le font pas ? » (Mc. II ; 18).

Pour l'interprétation moderne de Jésus, le Baptiste revêt aussi, en conséquence, une importance capitale ; il représente à son époque une puissance religieuse distincte de celle de Jésus, et même rivale. Il est réellement l'introducteur de Jésus auprès des juifs, même s'il ne l'est plus, après avoir observé le début du ministère de Jésus, qu'avec une restriction mentale, comme on le verra plus loin.

Toujours pour l'interprétation moderne, Jokanaan est surtout un personnage énigmatique, parce qu'il est le premier, dans l'histoire du judaïsme jusqu'à l'émergence de Jésus, à témoigner d'une attente messianique exclusivement religieuse, de caractère résolument mystique. Comme les notes ultérieures sur le terme « messie » l'expliquent en détail, un messie est un homme « oint », c'est-à-dire soit un roi, soit un grand prêtre, dans les sens où ces deux mots désignent des fonctions assez précises. « Chaque fois que le monarque, le clergé ou la nation étaient en déroute, observe Wilson (*Jésus — The Evidence*, p. 74, v. bibl.), un homme ou une femme quelconques émergeaient simplement et annonçaient ce qu'il ou elle croyaient être l'opinion de Dieu sur la question. » C'était des *nabis*, mais ils n'étaient pas oints, donc ils n'étaient pas des messies. D'où le fait que les juifs du Ier siècle avant et après notre ère prêtent si attentivement l'oreille aux déclarations d'un protestataire, y compris Jokanaan.

Mais celui-ci croit en l'arrivée imminente d'un véritable délégué de Dieu, un délégué exceptionnel, innommé, car, le fait est frappant, le Baptiste n'utilise jamais dans ses proclamations le mot « messie », même si son attente apparaît, mais seulement après coup, comme messianique.

Chez les quatre évangélistes canoniques, Jokanaan apparaît d'emblée comme informé de la nature messianique de Jésus, du moins au début. Pour lui, Jésus a préexisté à sa vie terrestre, notion fortement marquée par le concept de l'Homme primal des gnostiques. Ce point est analysé dans la note sur « Jésus et le gnosticisme ». Dans Matthieu, Jésus alla se faire baptiser par lui et « Jean tenta de l'en dissuader. "Est-ce toi qui viens à moi ? demanda-t-il. C'est plutôt moi qui devrais être baptisé par toi" » (III ; 13-14). Certes Jokanaan connaît déjà Jésus, puisque c'est son cousin, mais cela n'explique pas que, d'entrée de jeu, il défère à son autorité. Le discours de Marc revêt une coloration plus précise ; Jokanaan est d'abord habité par l'attente messianique et a fait sienne la proclamation essénienne : « C'est le temps de frayer la voie dans le désert » (ou : « au désert ») et « dans le désert, préparez la voie — rendez droite dans l'immensité une chaussée pour notre Dieu », théoriquement tirée d'Isaïe.

Je n'ai pas repris cette proclamation, parce qu'elle me semble douteuse à deux égards. D'abord, parce que, et contrairement à ce que dit Marc, elle n'est pas vraiment reprise d'Isaïe, du moins pas du texte originel de l'Ancien Testament en hébreu : c'est, sous cette forme, un ajout des traducteurs de la Septuaginte, cette version grecque du texte hébreu réalisé au IIIe siècle à Alexandrie à la demande de Ptolémée II Philadelphe. Cette proclamation est, telle que la profère Jokanaan, essentiellement essénienne. Elle serait quand même plausible, n'était que, même dans le texte essénien originel, elle ne traduit pas du tout, elle non plus, une attente messianique ; elle reflète simplement la résolution des Esséniens de se retirer dans le désert pour y attendre le Seigneur au Jugement dernier, c'est tout. Marc a bien évidemment sollicité Isaïe dans la version de la Septuaginte, dans une intention messianique, et a déformé son message.

Ce qui est beaucoup plus étonnant est que Marc assortit un emprunt tronqué et hors de contexte d'une pure et simple fabrication : Isaïe a écrit : « Voici mon héraut, que je vous dépêche devant moi. Une voix criant dans le désert..., etc. » (Is. I ; 2). Or, Isaïe n'a jamais écrit cela. Marc utilise un procédé éternel des propagandistes : il falsifie les textes auxquels il se réfère. Il y eut certainement des aspirations messianiques juives dans les huit siècles qui s'étaient écoulés depuis la chute du trône de David, mais elles étaient centrées sur l'espoir d'un héros, descendant de David, qui restaurerait l'unité et l'indépendance nationales, et pas du tout sur l'attente d'un personnage qui amènerait la fin du monde. Quand, entre autres prophètes, Isaïe annonce qu'« un rameau poussera sur le tronc de Jessé » et qu'« une branche jaillira de ses racines » (XI, 1), il ajoute que, ce jour-là, « le lion mangera du foin comme le bétail » et que « l'enfant jouera sur le nid du cobra » (XI ; 7). Ce sera le Paradis, et, ce jour-là, « le Seigneur ralliera les restes de son peuple, ceux qui ont survécu, d'Assyrie et d'Égypte, de Koush et d'Elam, de Shinnar, Hamath et des îles de la mer ». Il n'est pas là du tout question de messie.

Ce point est extrêmement important pour la compréhension de l'aventure de Jésus, telle qu'elle fut vécue et telle que la rapportent les évangélistes. Le messie que les juifs attendaient depuis des siècles était donc un personnage politique, mais les évangélistes sollicitent l'Ancien Testament à tort et à travers pour imposer l'idée que c'était le Fils de Dieu. De manière étonnamment contradictoire, ils s'efforcent d'insérer Jésus dans la lignée de la tradition judaïque la plus ancienne, mais ils l'arrachent également à cette tradition, voire trahissent çà et là un antisémitisme singulier. D'où le fait que deux d'entre eux, déjà cités, recourent à l'imaginaire généalogie davidique de Jésus pour prouver que Jésus est bien le véritable héritier du trône temporel d'Israël.

A titre de référence, je rappelle que le texte original d'Isaïe, qui se situe dans le contexte du retour des juifs d'exil et pas du tout dans un contexte messianique, est : « Il y a une voix qui crie : Préparez une route dans la désolation pour Notre-Seigneur — dégagez une grand-voie dans le désert pour notre Dieu » (XL ; 3). C'est un chant de réjouissance et non une prophétie.

Luc aussi reprend le texte d'Isaïe — et cette fois la totalité des dix vers dont la citation de Marc est tirée — et le reprend aussi hors de contexte (III ; 1-6). De plus, Luc altère gravement le verset 5 d'Isaïe : « Ainsi la gloire du Seigneur sera-t-elle révélée, — et l'humanité entière et réunie le verra ; — car le Seigneur Lui-même aura parlé. » Luc « fabrique » donc le verset suivant, qu'il attribue à Isaïe : « Et toute l'humanité verra la délivrance de Dieu » qui n'a aucun sens. Mais il est vrai que Luc, qui a rédigé son évangile à Antioche, à l'intention de chrétiens grécophones, ne se soucie sans doute plus beaucoup de l'Ancien Testament et qu'aucun de ses auditeurs ne corrigera les mauvais traitements qu'il inflige au texte splendide d'Isaïe. Toutefois, chez lui et chez lui seulement, il n'y a pas de reconnaissance automatique de Jésus-Messie. Jokanaan se limite chez Luc à annoncer la venue de quelqu'un qui baptisera au Saint-Esprit et au feu.

Enfin, Jean aussi reprend le texte d'Isaïe, assurant que Jokanaan aurait dit : « Je suis une voix criant dans le désert : "Tracez bien droite la voie du Seigneur" » (I ; 23). Isaïe, lui, avait seulement dit : « Il y a une voix... » et Jokanaan s'approprie ces mots et s'identifie donc à cette voix. Et lui aussi reconnaît Jésus au premier coup d'œil comme étant le Messie : « Le jour suivant, il vit Jésus venir vers lui. "Regardez, dit-il voici l'agneau de Dieu ; c'est lui qui rachète les péchés du monde." C'est celui dont j'ai parlé quand j'ai dit : "Après moi viendra un homme qui m'est supérieur" » (Jn. I ; 29-30).

Ce récit et les déclarations qui l'accompagnent sont d'autant plus énigmatiques que Jésus n'a encore donné aucun signe. Les paroles qui tombent du ciel (« ceci est mon fils... ») arrivent après la reconnaissance de Jésus par Jokanaan, pas avant. Ou bien, donc, Jokanaan est un visionnaire, et dans ce cas Jésus n'a pas lieu de croire à ses prédictions, ou bien Jokanaan a déjà eu connaissance de traits qui distinguent Jésus comme un messie éventuel. Cela me paraît d'autant plus probable que les disciples n'étaient pas présents à la rencontre de Jésus et de Jokanaan ; ils n'avaient pas encore été ralliés, ce qu'ils rapportent, ils le rapportent par ouï-dire et, comme d'habitude quand ils traitent d'événements auxquels ils n'ont pas assisté, ils brodent dessus selon la commodité de leur récit. Comme les seuls témoins de la rencontre sur les bords du Jourdain étaient les disciples du Baptiste, et comme ceux-ci n'étaient pas favorables à Jésus, la teneur nue des ouï-dire reconstitués par les évangélistes se résumait sans doute à ceci : Jésus a été voir Jokanaan et celui-ci a pensé qu'il était le Messie. Sur quoi, les évangélistes ont bâti un récit à coups de citations, déformées et hors contexte, d'Isaïe.

Il n'y avait donc pas lieu, on le voit, de reprendre les citations de l'Ancien Testament ou des règles de gouvernement des Esséniens, du moins dans le contexte évangélique. La même phrase sur la voix dans le désert n'est citée, p. 371 de *L'Homme qui devint Dieu*, que pour témoigner de la solitude de Jokanaan, et non pas de sa nature prophétique. Singulièrement, d'ailleurs, dans le langage contemporain, la phrase : « une voix qui crie dans le désert », a retrouvé le sens de l'appel du solitaire, qui fut selon moi celui de Jokanaan.

L'essentiel de l'entrevue sur le Jourdain semble résider en ceci : Jokanaan est possédé d'une attente messianique qui s'insère dans une angoisse apocalyptique : l'arrivée du Messie est imminente, mais ce sera un messie qui baptisera « avec le feu », car son avènement précède la fin des temps. « Repentez-vous, car le royaume de Dieu est proche » (Mt. III ; 1-2).

Ici, il me semble, il convient de se représenter le personnage de Jokanaan, tel qu'il fut probablement. « Jokanaan portait un vêtement rugueux de poil de chameau, serré autour des reins par une ceinture de cuir, et il se nourrissait de sauterelles et de miel sauvage » (Mc. I ; 6 ; Mt. III ; 4). Il n'a pas de maison, il couche donc à la belle étoile, peut-être sous une tente. Dans une Palestine déjà conquise par le luxe et les tissus fins, il se présente comme voué à la pauvreté essénienne, avec sa tunique en poil de chameau à même la peau.

Ce n'est pas là, on l'a vu précédemment, l'habillement habituel chez les Esséniens, qui portaient soit des vêtements de travail, soit une robe de toile blanche. Le Baptiste, qui n'a d'ailleurs plus de raison de suivre les coutumes esséniennes, s'est choisi une tenue d'anachorète. Les tissus de poil de chameau, tel celui du manteau que Paul, pendant sa captivité à Rome, prie son disciple Timothée de lui apporter, sont imperméables et inusables ; les meilleurs, précise Daniel-Rops (*La Vie quotidienne en Palestine au temps de Jésus*, v. bibl.), sont fabriqués en Anatolie ou en Cilicie, d'où le nom de « cilice ». Le menu exclusif de sauterelles prêté à Jean est douteux ; les Esséniens mangeaient certes des sauterelles ; le Document de Damas précise : « Et pour les sauterelles de toute espèce, qu'on les passe au feu ou dans l'eau tant qu'elles sont en vie, car c'est la réglementation pour leur espèce » (Carmignac, Cothenet et Lignée, *Les Textes de Quoumrân*, II, p. 196-197, v. bibl.). Mais les Esséniens, qui faisaient de l'agriculture, mangeaient aussi d'autres aliments ; de plus, on ne trouve pas de sauterelles toute l'année et il est difficile de concevoir que Jokanaan passât son temps à la recherche de sa nourriture, ce qui lui eût laissé peu de loisirs pour son ministère. Je suppose qu'il devait aussi accepter les présents de nourriture que lui faisaient ceux qui venaient se faire baptiser par lui, fromage, pain, olives, fruits.

De longues années d'un acétisme aussi rigoureux ne peuvent manquer de laisser des traces profondes sur le corps et l'esprit. La peau est tannée par le soleil et les intempéries, le corps est émacié et, dégagé de tout souci quotidien, l'esprit s'est cristallisé sur les idées maîtresses ou, plus exactement, sur un sentiment dominant qui est l'attente. Attente de l'avènement du royaume de Dieu, certes plus aiguë que celle des Esséniens, installés dans une sorte de quiétisme du désespoir et dont l'existence se poursuit malgré tout au rythme des travaux des champs, de poterie, de tannerie. S'ils sont « messianistes », les Esséniens, eux, ne le seraient que de manière très diffuse. Ils sont préparés à la fin des temps, mais leur attente n'inclut pas un messie. Celle de Jokanaan, si, du moins selon les évangélistes.

Je n'entends pas entrer ici dans une discussion qui a été abondamment alimentée par des points de vue opposés. J'observe en passant que Jean Daniélou, par exemple (*Les Manuscrits de la mer Morte*, p. 18, v. bibl.) trace un parallèle entre l'apocalypse déjà déclenchée, pour les Esséniens, par la mise à mort de leur Maître de Justice, comme en témoigne le « Commentaire d'Habacuç » (Dupont-Sommer, in *La Bible — Écrits intertestamentaires*, v. bibl.) et l'attente messianique du Nouveau Testament. Il se fonde pour cela sur une interprétation du personnage du Maître de Justice qu'André Dupont-Sommer a rejetée par la suite, et où il identifie en quelque sorte le Maître de Justice avec l'incarnation d'un personnage divin. Or, le Maître de Justice n'a jamais été un messie pour les Esséniens, de plus, les Esséniens attendaient non pas un mais deux messies, distincts, celui d'Aaron et celui d'Israël, le messie religieux et le messie temporel. Je l'ai souligné plus haut : les Esséniens ont bien influencé Jésus, mais il est plus qu'outré d'en faire des préchrétiens. Enfin, le « Commentaire d'Habacuc » se rapporte aux événements passés, alors que l'attente messianique est portée vers le futur. Jokanaan attend un événement futur, lui aussi, dans lequel il s'écarte radicalement des Esséniens sur deux points : d'abord, il n'attend visiblement plus que le messie religieux, pas le temporel. Ensuite, il ne tient plus aucun compte de la notion, essentielle chez les Esséniens, de la communauté des Élus, puisqu'il se mélange au commun, comme l'a relevé John Allegro (*The Dead Sea Scrolls : A Reappraisal*, p. 158 v. bibl.).

L'attente messianique du Baptiste est donc certaine, mais en dépit des références artificielles des évangélistes à l'Ancien Testament, et de celles de commentateurs contemporains aux manuscrits de la mer Morte, elle est unique, extraordinaire. Non seulement il se fait du Messie une notion totalement neuve, mais encore il reconnaît en Jésus les traits — secrets ? — qui le définissent comme le Messie. A cet égard, Jokanaan devrait être considéré comme le véritable fontadeur du christianisme.

***39. Le baptême de Jokanaan*** (p. 360 et suiv.). C'est là une autre innovation de Jokanaan, car on n'en retrouve pas d'antécédent dans l'histoire judaïque. Le bain des Esséniens, qui a le même sens lustral, est quotidien, mais le baptême que donne Jokanaan est unique. C'est pourquoi, dans mon récit, Jésus, sans doute surpris par ce rite inusité, demande à Jokanaan s'il baptise les mêmes gens tous les soirs. Les Évangiles synoptiques ne fournissent aucun éclaircissement sur le nouveau rite introduit par Jokanaan et lui seul. Jean cite de Jokanaan des paroles obscures : « La véritable raison pour laquelle je suis venu baptiser dans l'eau est qu'il (Jésus) puisse être révélé à Israël. » C'est obscur, parce qu'on ne voit pas comment ni pourquoi le baptême de Jokanaan pouvait amener la révélation de Jésus. Et c'est même contradictoire, parce que, si tel était le cas, il n'y avait alors pas de raison que Jokanaan commençât par refuser le baptême à Jésus quand celui-ci le lui demanda, comme le rapporte Matthieu.

Certes, le symbolisme de l'eau qui dissout non seulement les impuretés physiques, mais également celles de l'esprit, est universel. Dans les rites initiatiques égyptiens, et notamment dans le rite osiriaque rapporté par le papyrus T 32 de Leyde, il est écrit : « (Alors), dans le saint Lieu, — on t'accorde (le titre) : Justifié... — Tes chairs sont purifiées — dans le bassin (sacré) » (Max Guilmot, *Les Initiés et les rites initiatiques dans l'Égypte ancienne*, v. bibl.). « Selon l'Aitareya Brâhmana (I, 3) écrit Mircea Eliade, les prêtres transforment en embryon celui (le sacrifiant) à qui ils donnent la *dîksâ*. Ils l'aspergent avec de l'eau » (*Initiations, rites, sociétés secrètes*, v. bibl.). Mais le symbolisme de l'eau occuperait une vaste bibliographie. Qu'il suffise de dire que ni les Esséniens ni Jokanaan n'ont inventé de rite. Une forme de baptême existait déjà chez les juifs. Les prosélytes complets, dits « prosélytes de la justice », « c'est-à-dire des païens convertis au judaïsme », écrit Jeremias (*Jérusalem au temps de Jésus*, v. bibl.) se soumettaient « à la circoncision, au bain et à l'offrande du sacrifice ». « ... Le bain des prosélytes dans la piscine de Siloé, à Jérusalem, n'était pas un événement rare », écrit plus loin Jeremias. Les rites juifs prévoyaient même un « bain pour devenir libre », destiné aux esclaves païens affranchis. De plus, si l'esclave païen était une femme, étant donné qu'elle était obligée de prendre un bain après que son maître devenait son possesseur, elle devenait automatiquement juive (Jeremias, p. 421, 439 et 455).

Autrement dit, et contrairement aux trésors d'exégèse dépensés sur le sujet du baptême administré par Jokanaan, il y avait déjà un baptême juif. Les Esséniens, puis Jokanaan n'ont fait qu'en modifier le rite. Son but ici et là était la purification. Les Esséniens le pratiquaient tous les soirs. Jokanaan l'administrait aux juifs pour les purifier une seconde et ultime fois. Les discours sur le symbolisme du baptême dans le Jourdain ne font que refléter une profonde méconnaissance du monde juif.

Pourquoi Jésus se soumet-il à ce rite ? Les Évangiles se montrent là-dessus embarrassés ; en effet, le fait que Jokanaan administre le baptême à Jésus indique qu'il occupe, au départ, un rang plus élevé que Jésus. C'est d'ailleurs l'évidence que reflètent malgré eux les Évangiles : Jokanaan avait déjà des disciples, une autorité telle que les Pharisiens venaient le consulter et une renommée qui dépassait les frontières de la Palestine. Jésus, lui n'avait encore ni disciples ni renommée. Les enjolivements des Évangiles destinés à compenser l'infériorité de Jésus n'effacent pas l'image sous-jacente : Jokanaan fut d'abord le maître de Jésus.

Toutefois, ce maître pressent que sa vie sera brève et il est pressé de transmettre son message à son successeur. La phrase que je mets dans la bouche de Jokanaan : « Tu ressembles à tout ce qui est réellement providentiel », me paraît décrire le plus fidèlement possible le sentiment de Jokanaan confronté au charisme naturel de Jésus.

*40. La rencontre entre Jokanaan et les Pharisiens* (p. 370-372). Cette rencontre est décrite dans les évangiles canoniques (Mt. III ; 7-12 ; Lc. III ; 7-9 ; Jn I ; 19-28). Matthieu et Marc prêtent au Baptiste, que viennent voir « des Pharisiens et des Sadducéens » selon Matthieu, « beaucoup de gens » selon Marc, un discours d'une agressivité quasiment psychopathique : « Vous, engeance de vipères ! Qui vous a conseillé de fuir la punition qui vous attend ? Prouvez donc votre repentir par ses fruits et ne prétendez plus dire : "Nous avons Abraham comme père." » Seul le rapport de Jean sur les discours de Baptiste est à la fois modéré et vraisemblable.

On a peine à prêter crédit, en effet, au récit de Matthieu et de Marc, parce qu'on ne voit guère pourquoi Jokanaan aurait témoigné autant de ressentiment à des gens qui, après tout, venaient lui demander le baptême, et on a encore plus de peine à imaginer que les Sadducéens, donc des membres du haut clergé, aient été se faire baptiser par Jokanaan ; il semble beaucoup plus vraisemblable que les paroles furieuses prêtées à Jokanaan soient un transfert du ressentiment que Matthieu et Marc portaient aux juifs. Jean, beaucoup plus calmement, évoque « une députation de prêtres et de Lévites », parmi laquelle se trouvaient « quelques Pharisiens », députation qui était allée demander à Jokanaan qui il était. Je me suis donc rangé, un fois de plus, à la version de Jean, en la modérant encore plus ; je ne crois pas, en effet, que des prêtres du Temple aient pris le risque d'aller interroger un anachorète sur son identité ; c'était lui prêter bien trop de prestige. J'imagine que ce fut bien assez compromettant déjà que d'envoyer des Lévites, clergé mineur chargé des services annexes du Temple, pour savoir qui était Jokanaan.

Matthieu et Marc résument la rencontre avec les juifs

de Jérusalem à une occasion de vitupération enflammée de Jokanaan ; beaucoup plus raisonnablement, Jean la décrit comme une rencontre d'information. Les Lévites demandent au Baptiste si les bruits qui courent sont vrais : est-il le Messie ? un prophète ? Elie ? « Il répondit sans réserve et avoua : "Je ne suis pas le Messie. — Qui donc alors ? Es-tu Elie ? — Non, répondit-il. — Es-tu le prophète que nous attendons ?" Il répondit : "Non. — Alors qui es-tu ? Nous devons en rendre compte à ceux qui nous ont envoyés." » Jokanaan répond alors par la citation déplacée d'Isaïe.

J'ai approfondi le récit de cette entrevue par un bref dialogue sur la signification du baptême qu'administrait Jokanaan et qui devait paraître bizarre aux juifs comme l'indique la note précédente. Les interlocuteurs durent s'impatienter, la conversation ne menant à rien.

***41. L'origine du malentendu sur la messianité de Jésus*** (p. 373 à 841). Telle qu'elle est décrite par les évangiles canoniques mêmes, la situation au début du ministère de Jésus est la suivante : les juifs attendent un messie, et Jokanaan dit que c'est Jésus. Ainsi naît le malentendu. Malentendu, parce que, pas une seule fois, ni dans les canoniques ni dans les apocryphes, Jésus n'admet qu'il est le Messie. Il a, lui, parfaitement conscience des espérances que les juifs investissent dans ce mot, comme en témoignent les dialogues de la p. 374. Un descendant et héritier de David doit faire la guerre aux Romains pour libérer son pays, et Jésus mesure parfaitement l'inanité de l'entreprise. Il a déjà le sentiment d'une mission, qui est celle de la restauration de la Loi de Moïse, c'est-à-dire d'un retour aux mœurs des patriarches, qu'il sépare intégralement de la situation politique du peuple juif. (Sentiment confus, puisqu'il rejette le rite fondamental du sabbat.) Seule cette restauration peut réaliser l'unité perdue. Mais s'il en est le ferment, il ne saurait accepter un titre contraignant et dangereux, qui devrait théoriquement le mener à occuper à la fois le trône du grand prêtre et celui de David, c'est-à-dire à détenir les sceptres de Moïse et d'Aaron. Là commencent ses premiers tourments (p. 377) et sa conscience de la vanité de la mission qu'on veut lui imposer : « Le Seigneur n'enverrait pas un messie pour résoudre les problèmes que les hommes seuls avaient créés... ». Au début du récit des années publiques, il est donc beaucoup plus proche du personnage d'un prophète, dont les germes ont été semés en lui par l'enseignement de Joseph, que du Messie.

D'autres notes exposent plus loin les développements de l'attitude de Jésus à l'égard de la messianité imposée.

***42. Les apôtres : leurs noms, leur nombre et leurs caractères*** (p. 378 à 841). Ma présentation des apôtres a surpris ; elle est pourtant intégralement tirée des seuls évangiles canoniques et m'a fait songer que certaines lectures de l'Évangile sont décidément bien distraites...

En dépit des assertions répétées des évangélistes selon lesquelles les disciples, plus tard appelés apôtres, étaient douze, un simple recensement de leurs noms au fur et à mesure qu'ils apparaissent dans les Évangiles permet d'établir le tableau de la page suivante. On s'y avise qu'ils sont quatorze.

Y aurait-il des confusions possibles ? Je l'ai dit plus haut, le véritable nom de Matthieu est Lévi, et celui de Thomas est Jude ; mais le nom de Lévi n'est utilisé par aucun évangéliste comme nom d'apôtre, et Thomas est uniformément appelé de ce nom-là par les quatre évangélistes. Étant donné que son vrai nom est Jude ou Judas, on serait donc tenté de l'identifier au Judas de Jacques que Luc cite en VI ; 12-16 ; mais comme Luc cite spécifiquement ce Judas et Thomas, cette confusion est impossible.

On observe tout de suite qu'il y a un noyau de onze apôtres communs aux trois synoptiques, et de communs aux quatre canoniques : André, Pierre, Jean et Jacques de Zébédée, Philippe, Bartholomé, Thomas, Matthieu, Jacques d'Alphée, Simon le Zélote et Judas Iscariote pour les synoptiques, André, Pierre, Jean, Jacques de Zébédée, Thomas et Judas Iscariote pour les canoniques.

Reste donc à examiner ceux qui ne font pas l'unanimité. Le premier est Thaddée qui, selon les versions de l'Évangile de Marc, est aussi dit Lebbaeus ou Lebbée, et qui est omis par Luc et Jean à la fois. Jean omettant de nombreux apôtres, on est donc porté à se demander si Luc n'a pas eu connaissance d'un troisième nom de Thaddée et n'aurait pas remplacé celui-ci par un autre, par exemple Judas de Jacques, qui n'est cité ni par Matthieu ni par Marc. Mais comme ces deux évangélistes citent spécifiquement Thaddée sous ce seul nom (ou celui de Lebbée), l'hypothèse est à rejeter. Force est donc d'admettre que, pour arriver au chiffre symbolique de douze apôtres, Luc a omis Thaddée, alors qu'il est paradoxalement le seul (avec les Actes, I ; 13) à citer Judas de Jacques, qu'il différencie nettement de Judas Iscariote.

Le deuxième est évidemment Judas de Jacques, qui n'est pas mentionné par Matthieu ni Marc, mais qui l'est par Luc et Jean. Serait-ce Thaddée, puisque Luc ne le cite pas, et que ni Matthieu ni Marc ne le mentionnent, alors qu'ils citent Thaddée ? L'hypothèse est plausible, mais ce n'est qu'une hypothèse. Il resterait évidemment à expliquer pourquoi il porte un nom dans Marc et Matthieu, et un autre dans Luc et Jean, et l'énigme serait épaissie par le fait que Luc, comme on l'a vu plus haut, tire ses informations de la même

| | Matthieu | Marc | Luc | Jean |
|---|---|---|---|---|
| 1. André | IV ; 18-25 | III ; 13-19 | VI ; 12-16 | I ; 43-51 } Fils de Jean et disciples du Baptiste |
| 2. Pierre (Simon) | idem | idem | idem | idem |
| 3. Jean | idem } Fils de Zébédée | idem } surnommés Boanerges Fils du Tonnerre | idem | XXI ; 2 |
| 4. Jacques | idem | idem | idem | idem |
| 5. Philippe | X ; 2-4 | idem | idem | XII ; 21 |
| 6. Bartholomé | idem | idem | idem | non mentionné |
| 7. Thomas | idem | idem | idem | XX ; 4 — appelé Didyme |
| 8. Matthieu | idem | idem (appelé Lévi en II ; 14) | idem | non mentionné |
| 9. Jacques d'Alphée | idem | idem | idem | non mentionné |
| 10. Lebbaeus ou Thaddée | idem | idem (sous le seul nom de Thaddée) | non mentionné | non mentionné |
| 11. Simon le Zélote | idem | idem | VI ; 12-16 | non mentionné |
| 12. Judas Iscariote | idem | idem | idem | VI ; 71 |
| 13. Judas de Jacques | non mentionné | non mentionné | idem | XIV ; 22 |
| 14. Nathanaël | non mentionné | non mentionné | non mentionné | I ; 43-51 et XXI ; 2 |

source que Matthieu et Marc, s'il ne les tire donc du seul Matthieu.

Judas de Jacques serait-il alors Jacques d'Alphée ? En dépit du fait que « Judas de Jacques » signifie « Judas, fils de Jacques », et que « Jacques d'Alphée » signifie également « Jacques, fils d'Alphée », cette deuxième hypothèse est également plausible, puisque, bizarrement, Matthieu et Marc citent Judas de Jacques, mais non Jacques d'Alphée. Il n'y a que Luc qui cite ces deux apôtres, mais Luc peut s'être trompé.

A ce point-ci du raisonnement, il faut faire intervenir une troisième hypothèse : c'est que Jacques d'Alphée ou Judas de Jacques puisse être ce Nathanaël que cite Jean seul. Mais l'hypothèse doit être restreinte pour les deux inconnues de l'équation, c'est-à-dire Jacques d'Alphée et Judas de Jacques, aux seuls synoptiques ; en ce qui concerne l'Évangile de Jean, elle est réduite à une inconnue, Jacques d'Alphée, car Jean ne le cite pas, mais cite conjointement à Nathanaël Judas de Jacques.

Pourtant, Jacques d'Alphée doit être éliminé des inconnues : il est, et bien que les évangiles ne le mentionnent pas, le frère de Lévi-Matthieu, qui est lui aussi fils d'Alphée (Mc. II ; 14).

Le troisième apôtre qui ne fasse pas l'unanimité est Nathanaël ; Jean est le seul qui le mentionne. Cet apôtre pourrait donc être n'importe lequel de ceux qu'il ne mentionne pas, Bartholomé, Matthieu-Lévi, Jacques d'Alphée, Zimon le Zélote. Jean aurait-il « imaginé » un apôtre ? L'hypothèse est d'autant moins plausible que Jean lui prête un relief qu'il n'a évidemment pas dans les synoptiques, puisque ceux-ci l'ignorent : il est celui dont Jésus dit : « Voilà un israélite digne du nom ; il n'y a rien de faux en lui. » Tout de suite après, « Nathanaël lui demanda : "Comment me connais-tu ?" Jésus répliqua : "Je t'ai vu sous le figuier avant que Philippe te parlât. — Rabbi, dit Nathanaël, tu es le Fils de Dieu ; tu es roi d'Israël." » (Autre déclaration que je trouve hautement improbable, car elle prêterait à Nathanaël une conscience « prophétique » spontanée, mais seulement dans le contexte de l'époque, car Jésus ne fut jamais roi d'Israël.) Un personnage qui a déclenché en Jésus une réaction de sympathie aussi immédiate eût dû laisser des traces chez les autres évangélistes ; néanmoins, il n'en est rien.

Ce problème a été évidemment perçu dès les premiers siècles de l'Église, et prit un tour plus aigu quand, dans la seconde moitié du v^e^ siècle, l'interdiction des autres évangiles par le décret gélasien restreignit les évangiles canoniques à quatre, dont il était alors permis d'escompter quelque cohérence. A partir du IX^e^ siècle, une tradition, qui dure jusqu'aujourd'hui, a identifié Nathanaël avec Bartholomé, qui n'est pas un prénom, mais un patronyme, Bar Tolmai, « Fils de Tolmai ». Toutefois, hormis l'association de Nathanaël avec Philippe dans l'Évangile de Jean et celle de Bartholomé avec le même Philippe dans les canoniques, il n'existe aucune preuve que le nom complet de Nathanaël ait été Nathanaël Bar Tolmai. De plus, on comprend mal pourquoi seuls les synoptiques l'auraient désigné par son patronyme et pourquoi Jean l'aurait, lui, désigné par son prénom, ni pourquoi les Actes (I ; 13) l'auraient de nouveau mentionné par son patronyme. Ce n'est donc, et bien là qu'une hypothèse fragile.

La même tradition identifie Thaddée-Lebbaeus avec Judas de Jacques « frère » de Jésus. Là, l'identification est encore moins convaincante, parce que, au lieu d'un patronyme et d'un prénom, nous aurions deux prénoms, sinon trois. Cette tradition se fonde sur l'épître canonique de Jude (I), qui commence en ces termes : « De Jude, servant de Jésus-Christ et frère de Jacques... », et sur les passages, à peu près identiques, de Matthieu

(XIII ; 55) et de Marc (VI ; 3) : « N'est-il pas (Jésus) le fils du charpentier ? Sa mère n'est-elle pas Marie, ses frères Jacques, Joseph, Simon et Judas ? » J'ai montré plus haut (v. note « Les raisons du mariage de Joseph », p. 123-129) que le texte même de l'Évangile de Jean confirme que le terme « frères » doit être pris littéralement et que les quatre personnages cités par Marc et Matthieu sont bien les demi-frères de Jésus. Il n'y a donc aucune raison d'imaginer que le Jude ou Judas de Jacques soit l'un des quatre demi-frères véritables cités par Matthieu et Marc, et encore moins que ce soit un frère de Jésus, avec ou sans guillemets. Et il y a encore moins de raisons d'identifier Thaddée avec Jude ou Judas de Jacques.

A ce propos, je voudrais relever qu'on ne peut pas observer deux poids et deux mesures en ce qui concerne le sens de la préposition « de » entre deux noms. Sans aller chercher bien loin, et en s'en tenant exclusivement aux textes des Évangiles, quand on dit Jean de Zébédée, on entend Jean, fils de Zébédée ; on ne peut donc pas, quand on dit Judas de Jacques, entendre Judas, frère de Jacques. Il ne s'agit pas là d'un point de détail, puisqu'il divise les écoles d'exégèse, les protestants soutenant que l'usage normal de l'ellipse du grec que l'on traduit par « de » signifie « fils de », les catholiques romains soutenant qu'il peut signifier « frère de ». Mais ce point provoqua des confusions et divergences, dès les origines de l'Église, Origène, par exemple, soutenant que l'auteur de l'épître de Jude était bien un apôtre, donc Judas de Jacques (Rom., V ; 1), contre la grammaire grecque, puisque Jude dit qu'il est le frère de Jacques, alors que Jérôme dit le contraire (*De viris illustribus*, 4).

Force est donc, et dans la tradition du radicalisme critique honorée par Bultmann (v. bibl.) de s'en tenir au fait originel : il y a quatorze noms d'apôtres et rien ne permet d'établir lesquels sont redondants. Le point est d'autant plus contrariant que je suis enclin à supposer que Jésus, s'inspirant de l'exemple essénien du Conseil des Douze, s'efforça, en effet, de réunir douze apôtres. Mais il est possible aussi que, certains apôtres lui ayant prématurément fait défaut, il les ait remplacés ; il aurait donc pu avoir en permanence, à n'importe quel moment des trois ans approximatifs de son ministère, douze apôtres selon la tradition. Il aurait également pu en rallier plusieurs au début, aux fins d'en faire une sélection par la suite. Je conçois mal que Jésus eût rejeté des hommes qui voulaient se joindre à lui, même s'ils portaient le nombre de ses disciples au-delà du chiffre symbolique de douze.

Les personnalités des apôtres eussent contribué à clarifier la question de leur nombre ; ce n'est pas le cas, et l'ambiguïté qui règne, ainsi qu'on l'a vu, sur les noms de certains d'entre eux n'est pas non plus de nature à le faire.

**André**, d'un nom grec qui signifie « virilité », frère de Pierre, est recruté avec celui-ci par Jésus sur les rives de la mer de Galilée ou lac de Génésareth selon deux des synoptiques (Mt. IV ; 18, Mc. I ; 16), car Luc ne raconte pas le recrutement. Selon Matthieu et Marc, ils sont en train de pêcher lorsque Jésus leur enjoint de le suivre parce qu'il fera d'eux des pêcheurs d'hommes. Tout autre est la version de Jean (I ; 40-42), qui rapporte que la scène se passe en Judée, à Béthanie, sur les bords du Jourdain, qu'André est un disciple du Baptiste, qui suit spontanément Jésus parce que le Baptiste a dit qu'il était le Messie. André est ensuite le recruteur de son frère Simon. Selon les synoptiques, André et Pierre auraient donc été des Galiléens et, selon Jean, des Judéens.

La version de Jean apparaît d'emblée comme suspecte, parce que les disciples de Jokanaan constituent un groupe distinct de ceux de Jésus et que leur observance des rites est beaucoup plus scrupuleuse, ainsi que le rapportent les synoptiques. Jean semble avoir cherché à gommer l'hostilité larvée des disciples du Baptiste à l'égard de Jésus en imaginant donc qu'André et Simon auraient quitté Jokanaan pour Jésus. Dans mon récit (p. 377), j'ai essayé de concilier les deux versions : le recrutement a bien lieu en Judée, mais André et Simon restent galiléens, car ils ne sont en Judée que parce qu'ils sont venus « rendre visite à des parents » ; il existait, en effet, des liens de parenté entre des familles des deux provinces.

Bien qu'il fasse partie des quatre apôtres auxquels Jésus fait part de sa parousie (Mc. XIII ; 3), André reste donc de caractère indéterminé.

On a vu ce qu'il en est de **Bartholomé**, présumé être Nathanaël ; s'il était bien Nathanaël, il serait de Cana en Galilée ; sinon il est de Galilée, sans autre précision. Son caractère est incertain, et la suite de sa biographie confuse ; on sait qu'il est allé vers l'est après la crucifixion, en Inde selon Eusèbe (V ; 10), en Perse ou en Mésopotamie selon d'autres ; selon les traditions, il fut écorché vivant, décapité ou crucifié ; Michel-Ange, qui en a représenté la dépouille au plafond de la Sixtine, a préféré la tradition de l'écorchement, personne ne lui en a tenu rigueur.

**Jacques de Zébédée** est en fait Jacob, Yakoub en hébreu ; frère de Jean, il semble en être l'aîné, bien que cela ne soit pas prouvé ; ni lui ni Jean ne sont cités par leurs prénoms dans l'Évangile de Jean, où ils sont seulement évoqués comme « les fils de Zébédée », et, assez bizarrement, il n'est pas cité par les Actes. Lui, Jean, André et Simon semblent cependant faire partie d'un petit groupe d'élus parmi les apôtres, car ils sont présents — ou bien sont seuls cités comme témoins — aux événements importants tels que la Transfiguration (Mc. IX ; 1) et la Passion sur le mont des Oliviers

(Mc. XIV ; 33). Le surnom de « fils du tonnerre », peut-être « fils de la colère » ou Boanerges que leur donne Jésus, semble indiquer une certaine impétuosité, que j'ai essayé de transcrire dans mon récit.

**Jacques d'Alphée, dit par la suite Jacques le Mineur** est mystérieux. C'est Marc seul qui spécifie qu'il était « plus jeune », sans spécifier par rapport à qui (Mc. XV ; 40). Le personnage présente toutefois un intérêt particulier découlant d'études récentes. On a vu plus haut qu'une traduction erronée de l'appellation « Judas de Jacques » a, d'une part, fait de ce Judas-là le « frère » de Jacques, puisqu'on l'a identifié avec le Jude auteur de l'épître canonique, qui dit lui-même qu'il est le frère d'un Jacques, et, d'autre part, qu'on a supposé que ce Jacques-là, frère de Jude, était le demi-frère de Jésus ; le malentendu est entretenu par Josèphe qui dit dans les **Antiquités judaïques** qu'en l'an 62 on exécuta injustement Jacques, « frère de Jésus dit Christ ».

Jacques d'Alphée ne peut évidemment être identifié avec ce « frère de Jésus », puisqu'il est précisé par Marc qu'il est jeune et qu'on n'a jusqu'ici aucune raison de penser qu'il puisse être un autre fils de Marie. On peut raisonnablement supposer que, si Marie avait eu d'autres enfants, ils auraient eu quelque relief dans les récits évangéliques. Jacques d'Alphée ne peut non plus être un des quatre demi-frères de Jésus s'il a été exécuté en 62. Comme on l'a vu plus haut, selon le Protévangile de Jacques, Joseph était veuf depuis une quarantaine d'années quand il épousa Marie, en 7 avant notre ère ; la date la plus rapprochée à laquelle sa première femme avait pu lui porter le cadet de ses fils était donc 47 environ avant notre ère. Quand Jésus commença son ministère, vers l'an 30, le plus jeune de ces demi-frères ne pouvait donc avoir moins de soixante-dix-sept ans ; ce n'est pas là la description de Jacques d'Alphée. Qui plus est, le Jacques dit « frère de Jésus » exécuté selon Josèphe en 62 ne peut pas non plus avoir été un demi-frère de Jésus, car il aurait alors eu quelque cent neuf ans, et l'on voit mal pour quelles raisons on aurait assassiné un vieillard aussi avancé.

Ainsi que je l'ai rapporté plus haut, la mention de « frère de Jésus » par Josèphe est donc suspecte d'être un ajout tardif de copiste, désireux de renforcer les preuves de la réalité historique de Jésus. Si Hégésippe, cité par Eusèbe au IVe siècle (*Histoire ecclésiastique*, II ; 23), la reprend, il est probable qu'il la reprend à Josèphe. Néanmoins, les circonstances de l'exécution de ce mystérieux Jacques semblent tout à fait véridiques : il aurait été assassiné à l'instigation d'une secte de Sadducéens.

Donc, il y a bien eu un Jacques, qui a passé pour le frère de Jésus, et qui a occupé une certaine place dans la chrétienté du Ier siècle. Son âge correspondrait à celui de Jacques d'Alphée, jeune frère de Lévi-Matthieu.

Ici, il faut évoquer deux textes attribués à un Jacques, qui peuvent aider à éclaircir ce point ; le premier est l'épître canonique de Jacques, le second, le Protévangile déjà cité. L'épître de Jacques, « serviteur de Dieu et du Seigneur Jésus-Christ », est très intéressante pour l'histoire des débuts de la chrétienté, parce qu'elle révèle qu'il y avait des disciples de Jésus qui continuaient de pratiquer la religion judaïque, ce qui indique qu'il n'y avait pas rupture consommée entre le judaïsme et l'enseignement de Jésus. Rejetée pour cette raison par Luther, puis pour des raisons historiques par les théologiens allemands du XIXe siècle, qui la dataient du IIe siècle, elle a été en quelque sorte « réhabilitée » par John M. Robinson (*The Nag-Hammadi Library*, p. 119, v. bibl.), sur la base de la citation des paroles de Jésus dans l'Évangile de Thomas : « Les disciples dirent à Jésus : « Nous savons que tu vas nous quitter. Qui sera notre chef ? » Et Jésus leur répondit : "Où que vous soyez, allez vers Jacques le Vertueux (ou le Juste)..." » (*Évangile selon Thomas*, logion 12, éd. Metanoia, p. 174, v. bibl.). Impossible de décider si l'expression « Jacques le Vertueux » ou « Jacques le Juste » se rapporte à Jacques de Zébédée ou à Jacques d'Alphée ; toutefois, les paroles que Jésus prononce ensuite pour définir ce Jacques comportent un indice intéressant : « Ce qui ressortit à la terre et au ciel le concerne. » Jésus donne donc un rôle considérable à ce Jacques, puisqu'il le désigne ainsi comme son successeur et chef de la première Église, doté de sagesse et d'inspiration.

Bien évidemment, les références à l'Évangile de Thomas sont de nature à exciter le scepticisme de ceux qui continuent de tenir les apocryphes pour des textes sans valeur. Et pourtant, ce logion de Thomas est confirmé par les Actes des Apôtres et, beaucoup plus encore, il confirme le fait que Jacques le Vertueux est à la fois Jacques d'Alphée et le premier chef réel de l'Église. En effet, dans les Actes (XII ; 1-17), il est dit d'abord qu'Hérode fit décapiter « Jacques le frère de Jean » et qu'il se préparait à faire subir le même sort à Pierre, qui était en prison ; mais le Seigneur envoya un ange, qui délivra Pierre ; celui-ci courut à la maison de Marie, mère de Jean-Marc, fut reçu d'abord par la servante Rhoda et, une fois qu'il fut en sécurité dans la maison, déclara : « Informez de ceci Jacques et les membres de l'Église. » La conclusion logique est claire : étant donné que Jacques le Majeur a alors été décapité, il n'en reste plus qu'un autre, Jacques le Mineur, qui est bien Jacques d'Alphée. Il existe d'ailleurs une autre référence dans les Actes à l'importance de Jacques d'Alphée (XV ; 13).

Or, c'est le même Jacques dont Eusèbe de Césarée, citant encore Hégésippe (déjà cité), dit sans ambiguïté qu'il fut « le premier à être élu au trône épiscopal de l'Église de Jérusalem ». L'Église de Jérusalem étant alors le centre de la chrétienté, le titre d'évêque équivalait à celui de pape ; il s'ensuit donc que le premier pape *de jure* fut Jacques d'Alphée, bien que Pierre fût, par son dynamisme, pape *de facto*.

Ainsi s'éclaire l'un des personnages les plus obscurs de l'histoire de Jésus. Homme pieux, sage, inspiré, il est plus un méditatif qu'un homme d'action. Il ne revêt effectivement pas de relief particulier pendant le ministère de Jésus, parce que cette période est pour lui une période d'apprentissage et qu'il est probablement subjugué par le charisme de Jésus. Ses vertus de pondération, jointes au fait qu'il a été l'un de ceux qui ont connu directement Jésus, le désigneront comme administrateur en quelque sorte de la première Église, le créateur expansionniste de cette Église étant Pierre.

Reste à élucider le point intrigant de son appellation « frère de Jésus ». Il me semble probable qu'elle est due à une confusion ultérieure entre l'un des demi-frères réels de Jésus, qui s'appelait aussi Jacques, et Jacques d'Alphée. Jacques et Judas étant à l'époque des noms extrêmement répandus, ce genre de confusion est tout à fait plausible dans les décennies ultérieures, où une part considérable des témoignages étaient transmis oralement. Ce qui me renforce dans le sentiment qu'il n'y a aucun lien de parenté entre Jacques le Mineur et Jésus est que ni l'épître de Jacques ni les Actes ne reprennent l'expression litigieuse de « frère de Jésus » à son sujet.

**Jean**, frère de Jacques et comme lui fils du Galiléen Zébédée et de Marie, est avec Simon-Pierre l'un des quatre apôtres qui ont pris le plus de relief dans la tradition. Trois raisons l'expliquent : l'attribution d'un évangile et d'une apocalypse, bien que celle-ci soit controuvée ; le relief que les synoptiques prêtent à Jean et enfin la jeunesse du personnage, qui semble avoir été le cadet des disciples, sans doute avec Jacques d'Alphée. C'est lui surtout dont l'impétuosité semble avoir inspiré à Jésus le surnom de Boanerges, « fils du tonnerre », accolé aux deux frères (Mc. III ; 17 ; Lc. IX ; 54).

Ce surnom est bizarre, comme l'a relevé John Allegro dans *Le Champignon sacré et la croix* (v. bibl.) ; ce n'est, dit Allegro, qu'une lecture superficielle qui peut faire traduire Boanerges par « fils du tonnerre », car *boane* ne signifie pas « fils de » et *-rges* ne signifie pas non plus « tonnerre » ; il s'agirait d'une transcription du sumérien GEShPU-AN-UR, qui se lit pu-an-ur-ges et qui signifie « homme puissant (qui soutient) la voûte céleste » et qui serait un symbole du champignon sacré *Amanita muscaria*, objet d'un culte initiatique dans l'Orient de l'époque. Curieusement, ce champignon est associé aux jumeaux de la mythologie romaine Castor et Pollux et il était appelé « la petite croix » (Allegro, déjà cité, p. 141). Allegro, dont l'autorité en études bibliques et langues orientales était incontestée, je le rappelle au passage, établit un parallèle qui est évidemment troublant entre ces jumeaux et les frères Jacques et Jean.

Allegro fait partie du courant d'exégèse qui vise à reconsidérer les Évangiles de manière intégrale et à les interpréter comme un vestige d'une tradition entièrement différente, défigurée par les transcriptions et l'Église primitive. J'ai dit dans le chapitre 2 de cet ouvrage ma réserve à l'égard de ce courant, qui tend à pratiquer une lecture exclusivement philologique des Évangiles, aboutissant à une quasi-annulation de l'existence historique de Jésus. Il n'en reste pas moins vrai que le surnom Boanerges est très bizarre ; il ne peut s'expliquer que par une allusion ésotérique qu'aurait faite Jésus aux jumeaux Castor et Pollux, peut-être aussi à l'usage de la drogue ; en effet, Allegro a démontré que l'usage rituel des drogues est, à l'époque, courant.

Si ce surnom de Boanerges a été si communément accepté, c'est qu'il correspond à l'impétuosité, voire l'impulsivité de Jean au moins. C'est Jean, en effet, qui se plaint à Jésus avec indignation : « Nous avons vu quelqu'un chasser les démons en ton nom, et il ne nous suit pas ! » (Mc, IX ; 38). Caractères impérieux, Jean et Jacques ont, pour cette raison, interdit à l'exorciste en question de poursuivre ses pratiques. C'est encore Jean, décidément intolérant, qui demande à Jésus, quand un village samaritain refuse de recevoir celui-ci : « Ne veux-tu pas que nous commandions au feu du ciel de descendre et de les consumer ? » (Lc. IX ; 54). Ce qui ne reflète certes pas un esprit de charité. Les Actes mettent son zèle en évidence. Par ailleurs, Jean comme son frère Jacques témoignent à l'occasion d'une prétention surprenante ; c'est ainsi que tous deux demandent à Jésus d'être assis, au ciel, à sa droite et à sa gauche (Mc. X ; 35-40), s'arrogeant une préséance qui déclenche l'indignation des autres disciples. C'est sans doute pour atténuer cet « arrivisme » que Matthieu met la demande au compte de leur mère Salomé (Mt. XX ; 21-24). La modestie n'est pas le fort des fils de Zébédée, mais singulièrement, Jésus, qui a pourtant des paroles très dures pour Simon, ne les rabroue jamais.

On ne sait pas exactement comment se déroula la partie de la vie de Jean qui suivit la crucifixion et le départ de Jésus. Selon Eusèbe (*Histoire ecclésiastique* XXXI ; 5 ; 24), Polycrate, évêque d'Ephèse, aurait assuré en 196 que Jean porta le *pégalon* ou plaque d'or qui caractérisait les grands prêtres. Ce dernier point est douteux ; s'il y eut un Jean qui porta le *pégalon*, ce put être aussi bien l'évêque Jean d'Ephèse, justement, dont les fonctions sacerdotales s'accordaient bien mieux à cet insigne ; car on n'a pas d'indices que Jean de

Zébédée ait occupé des fonctions dans l'Église primitive. S'il vécut bien à Ephèse, il mourut trente ans avant Jean d'Ephèse, dit « le presbytre ». Mais ce genre de confusion n'est pas rare chez les auteurs anciens, qui n'ont pas toujours une chronologie exacte à leur disposition.

Une part importante de la légende traditionnelle de Jean tient à l'attribution qui lui est faite de l'évangile le plus singulier des quatre ; on a vu plus haut les raisons de douter de cette attribution, qui scandalisa une bonne partie de l'Église primitive par ses résonances résolument gnostiques. L'Apocalypse de Jean, à coup sûr l'un des textes les plus fuligineux et les plus fantasmagoriques des écrits canoniques, avec cette « femme vêtue du Soleil et se tenant sur la Lune, couronnée de douze étoiles et enceinte », ce « dragon rouge » à sept queues et dix cornes, si elle avait été écrite par Jean de Zébédée, donnerait un poids considérable aux hypothèses d'Allegro ; c'est un texte qui semble écrit sous l'empire d'une drogue, et l'abondance exceptionnelle de visions colorées qui le distingue correspondrait, en effet, à celle qu'induit l'usage de l'*Amanita muscaria*. Mais sa langue souvent erratique induit à penser que l'auteur n'en est même pas le même que celui de l'Évangile de Jean, qui n'est pas de Jean de Zébédée.

Troisième élément de la légende de Jean : la place exceptionnelle qu'il aurait occupée dans l'affection de Jésus. Lors de la Cène, il est représenté allongé près de son maître, posture qui, d'une certaine manière, ne cadre guère avec la solennité de la circonstance, à moins que Jésus et les apôtres ne prissent leurs repas allongés, à la romaine ; attitude qui reflète aussi une certaine désinvolture et qui a inspiré des spéculations plus que hasardeuses sur les rapports affectifs de Jésus et de Jean. Mais il faut souligner que c'est le seul auteur de l'Évangile de Jean qui décrit ce disciple comme « celui que Jésus aimait » (XIII ; 23-24), information qui donne à choisir entre deux interprétations : ou bien Jésus n'aimait pas particulièrement les autres apôtres, ce qui est douteux, car on a vu l'estime qu'il témoignait à Jacques d'Alphée ; ou bien Jésus avait, en effet, un rapport affectif particulier avec Jean, dont on peut se demander les raisons.

Certes, Jean devait inspirer une tendresse de père ou de frère aîné, en raison de sa jeunesse et de sa ferveur impatiente ; telle est d'ailleurs l'explication pour laquelle j'ai opté dans mon récit, mais il me semble risqué d'en faire le « favori » de Jésus. Je lui ai donc prêté un comportement juvénile affectueux et parfois même importun à l'égard de Jésus, que Jésus supporte parce que Jean lui rappelle le jeune Jokanaan (p. 473).

Cela étant, il reste des points obscurs dans le personnage de Jean selon les évangiles canoniques mêmes. Ainsi, comme bien des lecteurs, je me suis interrogé sur la précision suivante que donne l'Évangile de Jean dans le contexte de l'arrestation de Jésus : « Jésus fut suivi (chez Caïaphas) par Simon-Pierre et un autre disciple. Ce dernier, qui connaissait le grand prêtre, entra avec Jésus dans la cour du grand prêtre » (Jn. XVIII ; 15-16). Étant donné que l'Évangile de Jean a pour coutume de ne jamais nommer le narrateur supposé, on est tenté de supposer que ce mystérieux disciple serait Jean lui-même. On imagine très bien, en effet, que l'affection que le jeune homme portait à Jésus l'engageât à suivre son maître jusque dans la gueule du loup, aussi téméraire que cela fût. Mais si ce disciple connaissait le grand prêtre, ce n'était plus de la témérité car, connaissant le chef du Sanhédrin, il ne courait pas grand risque. Cela signifie-t-il que Jean connaissait Caïaphas ? Comment ? Il ne pouvait guère lui être apparenté, car le grand prêtre était un Saducéen, et si Jean avait été son neveu, il est douteux que Jésus l'aurait recruté. Jean devait donc, si c'est bien lui, connaître le grand prêtre pour d'autres raisons, mais lesquelles ? Comment un fils de pêcheur de Galilée aurait-il été conduit à connaître un personnage de l'importance de Caïaphas ? Il n'existe aucune réponse à ces questions ; ce disciple n'aurait-il pas été Judas lui-même, qui devait, en effet, connaître le grand prêtre, avec lequel il avait conclu son marché ? C'est peu plausible, car cela suppose une impudence réellement extraordinaire de la part de Judas et que, de plus, on n'imagine pas Simon-Pierre faisant route derrière Jésus, vers la maison de Caïaphas, en compagnie du traître Judas. Reste donc Lévi-Matthieu qui, en tant que collecteur d'impôts et douanier, aurait eu la possibilité de connaître le grand prêtre. Mais, dans ce cas-là, on ne voit pas pourquoi l'Évangile de Jean cite Simon-Pierre mais non Lévi-Matthieu, et encore moins pourquoi il use à l'égard de ce mystérieux disciple du procédé qu'il réserve au fils de Zébédée.

Force est donc d'en revenir à l'hypothèse évoquée au chapitre 2 et exposée en détail dans la note 49 sur Lazare, selon laquelle le mystérieux disciple n'est autre que le jeune homme qui s'enfuit nu dans la nuit, à l'arrestation de Jésus (Mc. XIV ; 51-52), c'est-à-dire Lazare lui-même, qui pouvait, en effet, connaître le grand prêtre. Il n'en est pas d'autre. Mais elle aurait une conséquence imprévue, c'est qu'elle ferait figurer Lazare au nombre des premiers disciples. Ce qui poserait une nouvelle question : pourquoi Lazare n'est-il donc pas cité dans la « liste officielle » des disciples des synoptiques ?

Autant de questions que seule éclaircirait la découverte de versions anciennes des Évangiles, qui contraindrait à réviser certaines notions aujourd'hui acceptées faute de mieux. Ainsi, peut-être apprendra-t-on que Lazare fut, mais sous un autre nom, l'un des disciples de Jésus.

Nous avons déjà vu que Bartholomé pourrait être Nathanaël et que les identités de Thaddée-Lebbaeus, de Jacques d'Alphée et de Judas de Jacques sont incertaines.

**Judas de Jacques** : il est, pour la tradition, ou du moins une certaine tradition, l'un des « frères » que les premiers auteurs se sont empressés de donner à Jésus, sans expliquer la relation qui les unissait. Cette interprétation n'est pas plus valide pour Judas de Jacques que pour son frère supposé Jacques d'Alphée, comme on l'a vu plus haut. Elle dérive de la confusion entre des demi-frères réels de Jésus, qui portaient les mêmes noms, et ces deux apôtres. De plus à aucun moment les évangiles canoniques ne disent que Judas de Jacques fut le frère de Jacques d'Alphée, alors qu'ils spécifient clairement que Jean de Zébédée est le frère de Jacques et André celui de Simon. Cette tradition commence au IVe siècle avec Eusèbe (*Histoire ecclésiastique*, III ; 20), qui cite Hégésippe, selon lequel les deux descendants de Judas, « le frère du Seigneur selon la chair », furent traînés devant Domitien, puis relâchés, et vécurent jusque sous Nerva (comme Apollonios).

Si Judas de Jacques avait été frère de Jésus, comme on le prétend aussi pour Jacques d'Alphée, on est en droit de se demander pourquoi il ne revendiqua pas, dans l'épître canonique qui lui est attribuée (mais qui est peut-être d'un autre Judas), cette glorieuse parenté au lieu de celle de Jacques.

Quant à l'identification avec Thaddée-Lebbaeus, elle ne peut être citée que sous réserve. Comme on l'a également vu plus haut, elle ne repose sur aucun fait.

A part la mention que fait Jean de la question qu'il pose à Jésus lors de la Cène, on ne sait presque rien de « l'autre Judas ». Sa question fut : « Seigneur, qu'a-t-il pu se passer que tu ne veuilles te révéler qu'à nous seuls et non pas au monde ? » (J. XIV ; 22) ; elle eût pu être posée par n'importe quel disciple.

Selon l'*Histoire ecclésiastique* ou *Bréviaire* de Nicéphore Calliste, écrite au VIIIe siècle, Judas de Jacques, qui prêcha au Moyen et au Proche-Orient, serait mort martyr en Syrie.

**Judas Iscariote** est l'un des personnages les plus méconnus du Nouveau Testament. Sa trahison reste, en effet, totalement énigmatique.

Son nom, déjà, est d'interprétation difficile, car on n'en connaît pas l'orthographe exacte, 'Ιούδας Ιϐχαρίωτης 'Ιϐχαρίωθ, ou encore Σχαρίωθ, si tant est qu'il en ait eu une, et les interprétations en divergent. Jean précise par deux fois qu'il est le fils de Simon Iscariote (VI ; 71 ; XIII ; 26), sans expliquer pour autant le nom. Selon la première des orthographes citées plus haut, qui se prononce Iskariotis, et la deuxième, Iskariot, le nom se rapprocherait de la formation hébraïque *Ish Kariot*, c'est-à-dire de l'« homme de Kerioth », car il existe un bourg nommé Kerioth dans la régoin de Moab ; dans ce cas, Judas Iscariote serait un Judéen. Il aurait toutefois été singulier que Jésus recrutât un seul Judéen parmi ses disciples, tous les autres étant galiléens et, qui plus est, un disciple qui venait d'une région sous influence païenne. Le plateau du Moab, qui dominait la mer Morte, se trouvait en effet en pleine Nabatée, c'est-à-dire en territoire arabe. Il m'a paru peu plausible que Jésus choisît donc un étranger, peu au fait des problèmes du monde juif, et c'est pourquoi j'ai préféré l'interprétation indiquée par la troisième orthographe, Skariot, qu'au IIIe siècle Rabba bar BarChanah (*Enc. Brit.*, « Judas Iscariot ») explique de la manière suivante : la *Iscortya* est un sac de cuir en forme de tablier, dans lequel on serrait l'argent. Il ressemble ou peut-être est identique au tablier de cuir des collecteurs d'impôts ou publicains. Toutefois, le port d'un tablier de cuir ne saurait désigner une profession pratiquée de père en fils, comme c'est le cas pour Judas. Il faut donc invoquer l'explication proposée par l'*Encyclopaedia Britannica*, sur la base des travaux de Westcott et de Hort, selon laquelle le port du sac-tablier de cuir désignait la profession de corroyeur.

C'est cette dernière version que j'ai choisie. Plusieurs passages des Évangiles indiquent, en effet, que Judas tenait la bourse du groupe ; cela est précisé textuellement par Jean, à propos de l'épisode où Marie-Madeleine verse des parfums sur la tête de Jésus et que Judas proteste en ces termes : « "Pourquoi est-ce que ce parfum n'a pas été vendu pour 300 deniers et que le produit de sa vente n'a pas été donné aux pauvres ?" Il dit cela, poursuit Jean, non par aucun souci des pauvres, mais parce qu'il était un voleur ; il avait l'habitude de puiser dans la bourse commune, qui était à sa garde » (Jn. XII ; 5-6). Le commentaire de Jean est d'ailleurs d'une partialité suspecte, car c'est lui seul qui présente Judas comme indigné par le gaspillage de parfum ; Matthieu dit au contraire que c'est l'ensemble des disciples qui fut indigné (Mt. XXVI ; 6-13).

L'idée que Judas ait trahi Jésus par seul amour de l'argent m'a paru un peu « maigre » pour deux raisons. La première est que Jésus aurait été un bien médiocre juge de la nature humaine si, au cours des trois ans où Judas Iscariote le suivit, il ne s'était pas rendu compte que celui-ci était un personnage vénal, sans aucune spirituaité ; la seconde est qu'il est peu plausible que Judas ait suivi Jésus pendant ces mêmes trois ans dans le seul but de détourner de l'argent de la bourse commune. Faisant profession de pauvreté, Jésus ne devait pas conserver dans la bourse en question plus qu'il ne fallait pour les dépenses courantes, quand les villageois et riches néophytes ne subvenaient pas aux besoins du groupe. Réduire la définition de Judas à celle d'un simple voleur n'est pas à la hauteur de l'épopée de Jésus. Les raisons de la trahison sont analysées dans la note 63 sur ce point, p. 348-350.

Mon hypothèse est que la trahison de Judas, qui a lieu d'ailleurs, selon les Évangiles, après que Jésus a été abandonné par plusieurs de ses disciples, se fonde sur des raisons politiques.

**Lévi, dit Matthieu** (contraction de Matthathiah, « cadeau de Dieu »), aurait été un employé de l'administration d'Hérode Antipas et, comme collecteur d'impôts, sa présence au sein des disciples est surprenante, car ce métier était méprisé en Palestine et ceux qui le faisaient étaient considérés par les juifs comme des pécheurs. Luc ne prend guère de gants pour le dire, car il rapporte que, lorsque Lévi donna un dîner chez lui en l'honneur de Jésus, les Pharisiens reprochèrent aux disciples de manger et de boire « en compagnie de collecteurs d'impôts et de pécheurs » (Lc. V ; 29-30).

L'évangile qui lui est assigné n'étant pas de sa main, de l'avis général, et les quatre évangiles ne citant ni ses exploits ni ses interventions, on est réduit à des conjectures en ce qui concerne son caractère. Si l'on en croit le témoignage de Papias, cité par Eusèbe (*Histoire ecclésiastique*, v. bibl.), l'homme fut, après la crucifixion, saisi par le mysticisme visionnaire, car « il composa alors des Oracles en hébreu, et chacun les interprétait comme il pouvait ». C'est-à-dire que ces textes étaient obscurs, sinon incohérents.

On a vu plus haut que Lévi est de toute évidence le frère de Jacques d'Alphée ; ce fut, tout aussi probablement, lui qui recruta son frère.

S'il y a des raisons, ténues, de supposer que **Nathanaël** est en fait Bartholomé, il n'y en a pas non plus de preuves. Au contraire, il est troublant qu'un disciple qui a fait si bonne impression sur Jésus, comme on l'a vu plus haut, soit quasiment ignoré des synoptiques, fût-ce sous le nom théorique de Bartholomé. Je n'ai trouvé aucune explication de cette singularité, mais peut-être est-il un exégète qui l'a analysée.

Le disciple que décrit Jean est un Galiléen de Cana, de caractère vraisemblablement ouvert et confiant, spontané, voir naïf, car c'est lui qui se serait écrié : « Nazareth ! Est-ce que quelque chose de bon peut venir de Nazareth ? » (Jn. I ; 46). Je n'ai pas repris cette anecdote, qui me semble controuvée pour deux raisons : la première a été exposée plus haut, et c'est que Jésus n'est pas originaire de Nazareth. Si Philippe a mentionné à Nathanaël la rencontre avec Jésus, il a certainement mentionné d'autres titres de gloire de son maître que le fait qu'il était de Nazareth, comme voudrait le faire croire Jean ou son copiste. De plus, tout le monde en Palestine savait les origines de tout le monde, et Philippe savait donc que Jésus était né à Bethléem. Par une singulière myopie, les évangélistes, ou plutôt leurs copistes, entretiennent la fiction de l'origine nazaréthaine, alors qu'ils prennent par ailleurs les plus grandes peines à démontrer que Jésus descend de David, c'est-à-dire qu'il est de Judée. La seconde raison est que la phrase de Nathanaël semble d'une étonnante impertinence ; quand Philippe lui dit qu'il a rencontré « l'homme dont parle Moïse dans la Loi » (étonnante inexactitude !) et que c'est « Jésus, fils de Joseph, de Nazareth », tout ce que trouve donc Nathanaël à dire, ce serait : « Nazareth ! », etc. Il semble que Jean n'ait introduit cette conversation que pour renforcer chez le lecteur la conviction que les Galiléens étaient méprisés et se savaient méprisés ; elle fait fortement écho à la réplique des Pharisiens à Nicodème ; « Es-tu galiléen, toi aussi ? Etudie les Écritures et tu trouveras que les prophètes ne viennent pas de Galilée » (Jn. VII ; 52).

Deuxième disciple qui ait pris au cours des siècles un

relief particulier, **Pierre,** d'abord appelé **Simon,** est le cas le plus ardu de tous les disciples, le plus riche aussi. Sa prééminence est due à la fréquence des citations de son nom qu'en font les Évangiles : Matthieu le cite vingt-quatre fois, Marc vingt-trois, Luc vingt-sept et Jean trente-neuf ; il détient donc le record des citations parmi les disciples. Il est présent à tous les grands moments du ministère de Jésus, à la résurrection de la fille de Jaïre (Mc. V ; 22), à la transfiguration (Mc. IX ; 2 et sq.), au jardin de Gethsémani (Mc. XIV ; 32)... Papias, qui représente la tradition la plus ancienne et que cite Eusèbe (*Histoire ecclésiastique*, III ; 39, 15-16, v. bibl.) offre peut-être une clef de cette prééminence quand il fait des récits de Pierre la source de l'Évangile de Marc, c'est-à-dire quasiment la source Q citée au chapitre 2 de cet ouvrage. « Marc, qui était l'interprète de Pierre, a écrit avec exactitude, mais pourtant sans ordre, tout ce dont il se souvenait... » Comme on l'a encore vu plus haut, Pierre, qui fut donc la source unique ou principale des Évangiles, a raconté ses souvenirs de son point de vue, où il tenait forcément une place de premier plan ; ainsi s'explique ce relief et la pénombre relative dans laquelle baignent les autres disciples.

Son nom déjà appelle analyse. Matthieu l'appelle, par la bouche de Jésus, d'un nom parfaitement plausible, Simon Barjona (Mt. XVI ; 17), de consonance hébraïque ordinaire ; Barjona voudrait dire « fils de Jonas » (ce qui vaut aussi pour son frère André). Jean, lui, l'appelle cependant « fils de Jean » à deux reprises (Jn. I ; 42 ; XXI ; 15) ; les origines hébraïques des noms Jean et Jonas sont cependant bien distinctes, mais, comme je l'ai déjà dit, Jean ou son copiste grec ont pu confondre les deux. On verra plus loin ce qu'il en est du sens de ce nom qui n'est appliqué qu'à Simon. Reste que les évangélistes ne sont pas très nets sur le nom de ce disciple. Matthieu, qui d'abord le désigne comme « Simon, dit Pierre » (Mt. IV. 18), l'appelle ensuite Pierre tout court (Mt. VIII ; 14), puis de nouveau « Simon, appelé aussi Pierre » (Mt. X ; 2), le citant cette fois en tête de tous les apôtres, puis de nouveau Pierre tout court (XIV ; 28)... et s'en tient là, jusqu'à un moment crucial : c'est quand Jésus change son nom. « Simon, fils de Jonas, tu as vraiment de la chance ! Tu n'a pas appris cela (le fait que Jésus est le Messie, le Fils de Dieu) d'un mortel ; cela t'a été révélé par mon père céleste. Et je te dis ceci : Tu es Pierre, la Pierre ; et sur cette pierre je bâtirai mon église... » (Mt. XVI ; 17-19). Déclaration éminemment suspecte, puisqu'on a vu plus haut que le premier chef de l'Église fut Jacques d'Alphée, et non Pierre (et que l'Évangile de Thomas renvoie les disciples à celui qui sera leur chef de fait après son départ, Jacques d'Alphée, encore). Et déclaration d'autant plus suspecte que Marc, reprenant le même récit, où Jésus demande à ses disciples pour qui le prennent les gens, s'entend faire exactement la même réponse de la part de Pierre : « Tu es le Messie. » Mais, chez Marc, loin d'être récompensé par le titre de pierre de fondation, Pierre se fait insulter : « Arrière, Satan, lui dit Jésus, tu penses comme les hommes pensent, non comme Dieu pense » (Mc. VIII ; 27-33). Contradiction extraordinaire entre les deux évangiles, mais ce n'est ni la seule ni le point qu'il convient d'examiner ici.

Ce point est, en effet, celui du mot araméen qu'aurait employé Jésus pour renommer Simon ; nous savons d'après Jean, qui ne le cite qu'une fois, que c'est *cephas* (Jn. I ; 42) ; on le retrouve également chez Paul (Galates, II ; 13). Ce nom commun n'est alors pas plus un prénom en araméen que *petra* son équivalent grec, ne l'est en grec. Les Grecs en ont tiré *Petros* et les Romains, *Petrus*, en en changeant le genre. On a déjà quelque peine à admettre que Jésus ait donné à un homme un nom d'objet, fût-il symbolique ; on en a encore plus à admettre que de surcroît il lui ait remis les clefs du royaume des Cieux (Mt. XVI ; 18-19), quand on a en mémoire le fait que les mithraïstes adoraient la pierre, *petra*, dont leur dieu était censément issu et que, chez les Égyptiens, le gardien des clefs du ciel est *Pet-Râ*. Voilà décidément beaucoup de coïncidences.

Beaucoup trop même si l'on considère que Matthieu est le seul des quatre évangélistes qui rapporte cette « nomination » de Simon, fortement infirmée par le *Vade retro, Satanas !* rapporté par Marc. On est donc enclin à penser que Matthieu, puisant dans la source de récits offerte par Pierre, a forcé la dose sur les témoignages favorables à celui-ci.

Jésus a-t-il vraiment changé le nom de Simon en Pierre ? S'il l'a fait, ni lui ni les évangélistes n'en ont une mémoire constante, car les passages où l'apôtre est tantôt désigné par un nom, tantôt par l'autre et souvent par les deux fourmillent dans les Évangiles. Ainsi, pendant la Passion à Gethsémani « Il revint et les trouva endormis ; et il dit à Pierre : "Tu dors, Simon ?" » (Mc. XIV ; 37). A un autre moment, à Capharnaüm, les collecteurs de l'impôt du Temple « vinrent demander à Pierre : "Ton maître ne paie-t-il pas l'impôt du Temple ? — Il le paie", dit Pierre. Quand il fut rentré dans la maison, Jésus... lui demanda : "Que dis-tu de cela, Simon ?" » (Mt. XVII ; 24-25).

On a ainsi de très nombreuses fois le sentiment que ce sont les évangélistes qui ont décidé de renommer Simon Pierre. En d'autres termes, que cette renomination est un postiche tardif destiné à accréditer la thèse d'un Simon chef de l'Église.

Il est plus que douteux que Jésus n'ait pas été au fait des deux autres utilisations antérieures du mot *petra*, et il est encore plus douteux que, les ayant connues, il les ait reprises à son compte, inaugurant son Église sur un emprunt étranger. En revanche, il est beaucoup plus plausible que les premiers apôtres aient récupéré des éléments de croyances étrangères, ici la religion égyptienne et le mithraïsme, pour les incorporer dans leur religion toute jeune. Le cas est très fréquent dans les histoires de toutes les religions : on fait du neuf avec du vieux. Exemples : à Ephèse, le culte de Marie a, dès le IIIe siècle, incorporé des éléments du culte d'Astarté, et, dès le milieu du IVe siècle, le christianisme récupérait donc le *natalis* (devenu notre Noël) *solis invictu* comme date de la naissance du Christ, alors que ç'avait été celle de la victoire de Mithra. Date que rejeta, on l'a oublié, Clément de Rome, qui disait que c'était de la superstition, et qui, en 245, avait aussi scandalisé Origène (*Homélies* sur le Lévitique, VIII, v. bibl.) qui trouvait qu'on traitait Jésus « comme pharaon ».

Plus simplement, et plus familièrement, car on oublie trop souvent que les rapports entre Jésus et ses disciples étaient familiers et certes pas exempts d'humour, j'ai imaginé que Simon a eu effectivement le surnom de « Caillou » dû à sa calvitie, et qu'il s'en est servi plus tard pour se prévaloir du titre de caillou de fondation.

J'ai rappelé plus haut que Matthieu appelle Simon « Barjona » ; bizarrement, ce nom de famille, qui devrait aussi revenir à son frère André, ne lui est jamais appliqué, alors que c'est André qui, pourtant, apparaît en scène le premier. Il faut donc considérer que ce nom de Barjona ne serait porté que par Simon, ce qui est douteux, à moins que son frère André ne soit d'un autre père ; mais ces singularités s'éclairent mieux quand on sait qu'un *barjona* peut également être un membre de la secte des *baryonim*, c'est-à-dire terroristes, ou sicaires. Comme le rappelle Carmichael (*The Death of Jesus*, p. 119, v. bibl.) cité par Grant (*Jesus — An Historian's Review of the Gospels*, v. bibl.), le terme fut repris pour désigner le neveu ultranationaliste du rabbin célèbre Jokhanan ben Zakkaï. Simon serait donc une sorte de zélote, définition qui s'applique bien à son caractère d'ardent zélateur, avec Paul, dans la diffusion du christianisme après la crucifixion. Et cela expliquerait qu'André ne porte pas le pseudo-nom familial de Barjona.

J'ai présenté Simon comme un être dévoué, mais peu éclairé ; il est, en effet, celui que Jésus accable le plus de sarcasmes ; quand il demande à Jésus le sens de la parabole sur les deux aveugles qui tombent dans un fossé en prétendant se guider l'un l'autre, et qui est pourtant assez claire, Jésus rétorque : « Es-tu donc aussi borné que les autres ? » (Mc. XV ; 15-16). Il est encore celui qui répond de travers à Jésus : « De qui penses-tu donc que les monarques de la terre prélèvent taille ou dîme ? De leur peuple, ou des étrangers ? — Des étrangers », dit Pierre. « Pourquoi alors, dit Jésus, leurs propres sujets en seraient-ils exempts ? » (Mc. XVII, 25-27). Il est celui qui entend Jésus de travers : « Seigneur, combien de fois dois-je pardonner à mon frère s'il continue à me faire du tort ? Sept fois ? » Jésus répliqua : « Je n'ai pas dit sept fois ; j'ai dit sept fois sept » (Mc. XVIII ; 21-22). Bref, il est celui qui se fait le plus souvent rabrouer, et parfois avec dureté, surtout dans les synoptiques. Et son comportement de couard à la fin ne suscite pas non plus la sympathie.

Parmi les documents anciens dont on peut souhaiter le plus vivement la redécouverte figure l'Évangile de Pierre, dont il ne nous est parvenu que deux fragments, l'un sur la Passion, l'autre sur l'Apocalypse. Cet évangile a existé au moins dans une version qui semble avoir connu une certaine diffusion vers 150, mais qui semble avoir aussi affronté une certaine hostilité du clergé chrétien, selon Eusèbe (*Histoire ecclésiastique*, VI ; 12), qui, vers la fin du IIe siècle, y voyait une influence marcionite (les marcionites étaient des disciples de l'apologiste Marcion, qui jouissait d'une grande renommée à Rome vers 150), c'est-à-dire gnosticiste. Ce point exigerait une analyse beaucoup plus vaste que celle que permet le cadre de ces notes ; qu'il suffise de dire que l'accusation de marcionisme est surprenante, car Marcion avait une grande admiration pour Paul l'apôtre, dont il soutenait qu'il était le seul apôtre digne de ce nom, et l'on ne voit guère comment ni pourquoi il aurait donc inspiré un évangile attribué à Pierre. Toujours est-il que les deux fragments de l'Évangile de Pierre, qui révèlent, en effet, des tendances gnosticistes, ne suffisent pas à éclairer d'un jour nouveau le personnage de Pierre ni son rôle réel dans l'Église primitive. Si Pierre a bien manifesté une fibre apostolique, elle fut tardive.

**Philippe** est, si l'on peut dire, touchant par sa naïveté. Natif de Bethsaïde, il est le mieux dépeint par cet épisode de la Cène où il demande à Jésus : « Montre-nous le Père, nous ne demandons pas plus » (Jn. XIV ; 8). Nous le connaissons surtout par l'Évangile de Jean, qui lui prête un relief particulier ; il est le recruteur de Nathanaël, mais il semble plus particulièrement lié à André, auquel il a par deux fois recours pour cacher sa timidité. On lui attribue un évangile, de coloration nettement gnosticiste, et des Actes, classés parmi les Actes secondaires, qui constituent une romance chrétienne, de lecture intéressante, mais de composition visiblement tardive.

**Simon le Cananéen**, tel qu'il est cité par Matthieu et Marc, est traditionnellement identifié avec Simon le zélote, tel que le citent Luc et les Actes, sur la base d'une synonymie des deux épithètes. Certains auteurs ont mis en doute le fait que le terme « Zélote » implique une appartenance de ce deuxième Simon au parti de la résistance armée contre l'occupation romaine ; c'est là donner deux poids et deux mesures à un mot qui ne comporte pourtant pas d'ambiguïté. Matthieu spécifie clairement qu'il était « membre du parti zélote » (X ; 4), de même que Marc (III ; 19). Rien ne dit, dans les Évangiles, que Simon le Zélote ait participé à des actions violentes contre les Romains, mais rien ne permet d'affirmer non plus qu'il ne l'ait pas fait avant de se rallier aux disciples. Il semble, bien au contraire, que la personnalité révolutionnaire de Jésus avait toutes les chances d'attirer un zélote, fût-ce par malentendu. En revanche, il n'existe pas de raison de l'exclure de l'hypothèse selon laquelle il aurait succédé à Jacques le Mineur sur le trône épiscopal de Jérusalem. Le personnage fut sans doute effacé et aucun texte apocryphe ne lui est attribué. Il n'est par ailleurs cité qu'une seule fois dans les apocryphes, dans un des nombreux passages fantastiques de l'évangile arabe de l'enfance.

**Thaddée**, dont l'identification avec Judas de Jacques est, comme on l'a vu plus haut, peu convaincante, n'est mentionné que par Matthieu et Marc et c'est dans la version occidentale de l'Évangile de Matthieu qu'on trouve à la place de son nom celui de Lebbaeus ou Lebbée. Mais il est étymologiquement évident que Thaddée et Lebbe ne font qu'un ; en effet, en hébreu la racine *leb* signifie « cœur », et, en araméen, la racine *tad* signifie « poitrine ». Dans les deux cas, ce nom signifierait « bien aimé » (*Enc. Brit.* « Apostles », citant H. Monnier, *La Notion de l'apostolat, des origines à Irénée*, 1903). Sa personnalité est imprécise. On lui attribue des actes écrits en grec, qui tournent autour de la mission légendaire du roi Abgar d'Edesse auprès du Christ et prétend que Thaddée aurait prêché à Edesse. Cette légende, qui se retrouve dans les épîtres apocryphes d'Abgar et de Jésus, rapportées par Eusèbe (*Hist. eccl.* I, 13 ; Montague Rhodes James, *The Apocryphal New Testament*, p. 476, v. bibl.), découle d'un épisode qui semble vraisemblable : c'est que le toparque Abgar V « le Noir » aurait prié Jésus, dont la réputation de guérisseur lui était parvenue, de le guérir de la « lèpre » Jésus, néanmoins, déclina l'invitation du roi à Edesse et permit de lui envoyer un disciple ; ç'aurait pu être, en effet, Thaddée. Mais il est, par ailleurs, douteux que la mission de Thaddée à Edesse ait été fructueuse, car ce n'est que vers la fin du IIe siècle que le christianisme apparaît à Edesse.

**Thomas** en fait Jude, est le quatrième caractère majeur des disciples, ne fût-ce que parce que sa psychologie est plus nettement dessinée. C'est un sceptique et un pessimiste, comme en atteste sa déclaration quand Jésus annonce qu'il va retourner prêcher en Judée : « Allons-y donc, nous aussi, pour mourir avec lui » (Jn. XI ; 16). Quand, lors de la Cène, Jésus demande aux disciples s'ils savent où il va, Thomas répond qu'ils ne le savent pas (Jn. XIV ; 5). Il est également célèbre pour les doutes qu'il émet sur la résurrection de Jésus (en fait, sur le fait que Jésus ait survécu à la crucifixion) et parce qu'il est le seul qui touche de ses doigts les plaies de son maître. J'ai attribué ce scepticisme aux influences étrangères subies par Thomas.

Thomas figure dans plusieurs apocryphes, dont l'« Histoire apostolique du pseudo-Abdias » qui offre un résumé des Actes de Thomas, qu'il trouve verbeux, et on lui attribue un évangile de l'enfance, des actes, une apocalypse et, bien sûr, le Papyrus d'Oxyrhinchos et l'évangile trouvé à Nag Hamadi, en Égypte, dont il a été question au chapitre 2.

Voilà donc les quatorze disciples, auxquels j'ai été tenté de joindre le mystérieux jeune homme cité par Marc et esquissé par Jean, et qui serait donc le jeune Lazare. Il m'a paru toutefois que ce personnage accroissait la complexité du récit sans apporter d'éléments utiles et vérifiés à la compréhension générale du personnage et du ministère de Jésus.

*43. Une pythonisse à Sébaste* (p. 388-411). Cet épisode, intégralement fictif, est destiné à fixer, pour le lecteur, les places du judaïsme et de Jésus par rapport aux grandes religions orientales. A l'exception du judaïsme et du mithraïsme, toutes les grandes religions orientales ont célébré le culte de la Grande Déesse, sous des noms divers, dont le python, symbole des puissances féminines souterraines, était le symbole. Ce développement fait écho à la place que Jésus est le premier à réserver aux femmes dans la culture judaïque, et qui sera l'un des éléments de la méfiance, puis de l'aversion qui lui seront témoignées. Il fait également écho à une déclaration singulière et jusqu'ici mal élucidée que fait Jésus aux Pharisiens venus l'interroger : « Au Jugement, quand cette génération comparaîtra, les hommes de Ninive témoigneront contre elle et assureront sa condamnation, car ils se sont repentis quand ils ont entendu Jonas prêcher, et qu'est-ce qui est ici plus grand que Jonas. La reine du Sud apparaîtra au Jugement quand cette génération comparaîtra, et elle assurera sa condamnation, car elle est venue des confins de la terre pour entendre la sagesse de Salomon ; et qu'est-ce qui est ici plus grand que Salomon » (Mt. XII ; 42). La reine du Sud est évidemment la reine de Sabba, Balkis, dont la déesse était Attar, avatar d'Astarté. L'évocation d'une païenne comme témoin à charge des puissances célestes contre les juifs est tellement surprenante qu'on serait enclin à en douter : elle est pourtant reprise par Luc, en termes à peine différents (Lc. XI ; 31). Je souligne que mon intention n'a nullement été de faire de Jésus un quelconque adepte du culte d'Astarté, mais de rappeller qu'il n'a pas à ignorer les cultes de la Grande Déesse.

***44. Un messie malgré lui*** (p. 412-423). Ce chapitre est l'illustration de la divergence entre les aspirations messianiques des juifs et la répugnance constante de Jésus à accepter d'incarner le messie attendu. Ni les évangiles canoniques, ni les apocryphes, ni l'apologétique ne parviennent à déceler dans les paroles de Jésus la moindre indication de sa messianité ; c'est un postulat ultérieur. Il ne se définit que comme « Fils de l'homme », c'est-à-dire comme l'homme tout court, comme le relève Schweitzer (*Le Secret historique de la vie de Jésus*, p. 147, v. bibl.) ou comme Fils du Père, expression à laquelle il donne en sens électif souvent étrangement ambigu, mais jamais comme le Messie. Quand il est arrêté et déféré devant le grand prêtre Caïaphas, celui-ci lui demande : « Au nom du Dieu vivant, je te somme de nous dire : es-tu le Messie ? » Jésus répondit : « C'est toi qui le dis » (Mt. XXVI ; 63). Car il a su dès le début de son ministère que l'onction messianique, qui ferait de lui à la fois le roi d'Israël et son grand prêtre (et qui donc la lui eût donnée ?), impliquait des charges temporelles et politiques qui n'étaient pas son fait. Sans doute est-ce la raison pour laquelle Marc élude d'ailleurs la formulation de la question de Caïaphas chez Matthieu (Mc. XV ; 2). Mais la question est la même, le roi des Juifs est forcément oint et l'oint est forcément roi des juifs. Selon Schweitzer, la messianité ne devait se révéler qu'à la résurrection, laquelle devait entraîner l'intervention de Dieu, Son apparition sur les nuées et la fin des temps. C'est la raison probable de l'interdiction que Jésus fait aux disciples d'annoncer sa messianité (Mt. XVI ; 20 ; Mc. VIII ; 30).

La phrase que je prête à Thomas, quand Jésus lui dit qu'il n'est pas le Messie : « Ce n'est peut-être pas à toi d'en décider », est un reflet de la croyance de Marc en un Messie secret.

***45. Le caractère contradictoire de l'enseignement de Jésus.*** Cette note est liée à la précédente et se rapporte à l'évolution du comportement de Jésus dans *L'Homme qui devint Dieu* ; à cet égard, l'évolution décrite dans ce récit n'est que le reflet de celle qu'on trouve dans les évangiles canoniques, et que Schweitzer a relevée dans *Le Secret historique de la vie de Jésus.* Ce n'est, selon Schweitzer, que progressivement que Jésus prend conscience de sa messianité secrète et qu'il l'assume. Cependant, cette évolution entraîne des changements radicaux par rapport à l'avenir du monde.

Ainsi, avant d'affronter Jérusalem, à quelques jours de la fin de son ministère, il annonce l'apocalypse qui suivra la chute de Jérusalem : « Les nations et les royaumes se feront la guerre entre eux ; il y aura de grands tremblements de terre, et des famines et des épidémies en de nombreux endroits ; dans le ciel, des terreurs et de grands signes annonciateurs... » (Lc. XXI ; 10-11). « Des présages apparaîtront dans le Soleil, la Lune et les étoiles. Sur la Terre, les nations seront impuissantes, ne sachant comment échapper au grondement et à l'irruption de la mer ; des hommes s'évanouiront de terreur à la pensée de tout ce qui va tomber sur le monde ; car les puissances célestes seront secouées. Et alors, ils verront le Fils de l'homme arriver sur un nuage avec une grande puissance et dans sa gloire » (Lc. XXI ; 25-28). Cette apocalypse, Jésus le dit et le redit, se produira durant l'existence des disciples, car c'est à eux qu'il annonce et cette apocalypse à laquelle ils assisteront et les tribulations préalables qu'ils souffriront. « Je vous le dis : la génération actuelle vivra pour voir tout cela. Le ciel et la Terre passeront ; mes paroles ne passeront jamais » (Lc. XXI ; 32-33).

Les deux autres synoptiques reprennent cette annonce avec des variantes. Jean l'atténue considérablement, quand il rapporte les paroles de Jésus à ses disciples après qu'il aura affronté « le Prince de ce monde » : « Je pourrais encore vous en dire long, mais le fardeau serait trop grand pour vous maintenant » (Jn. XVI ; 12).

On peut, évidemment, supposer avec Bultmann que Jésus ne tint jamais ce discours apocalyptique, qui serait le fruit des tendances apocalyptiques de la première communauté ; et il est vraisemblable que les synoptiques ont au moins exagéré la teneur d'un discours final qui fut en tout cas assez sombre, et que Jean semble mystérieusement ignorer.

Mais, en tout état de cause, ces paroles contrastent fortement avec les premières prédications de Jésus, où il annonce « la bonne nouvelle du Royaume » (Mt. IX ; 35), et où, en dépit d'annonces antérieures de l'imminence du Royaume, il répond aux Pharisiens qui lui demandent quand viendra ce Royaume : « Vous ne pouvez pas dire d'après l'observation quand viendra le Royaume de Dieu. On ne dira pas : "Regarde, il est ici !" ou "le voilà", parce qu'en fait le Royaume de Dieu est parmi vous » (Lc. XVII ; 20-21). Dans la première partie de son ministère, il prêche une morale nouvelle, dans la seconde, il annonce la fin imminente, qui ne laisse quasiment plus de place qu'à un repentir également imminent.

Plus frappant encore est le contraste entre les déclarations qu'il fait sur sa mission. « Je ne suis pas venu juger le monde, mais sauver le monde », dit-il à la fin (Jn. XII ; 47). Mais il est pourtant le même qui a dit auparavant : « Vous ne devez pas penser que je suis venu apporter la paix sur la Terre ; je ne suis pas venu apporter la paix, mais un glaive. Je suis venu pour inciter l'homme à la révolte contre son père et la fille à la révolte contre sa mère... » (Mt. X ; 34-35). Paroles qui contredisent elles aussi ses discours sur l'indissolubilité du mariage. Car il est difficile de concilier la sérénité du mariage avec les déchirements familiaux qu'entraînerait la révolte de « la mère contre sa bru et du fils contre sa belle-mère » (Lc. XII ; 53). Il est encore plus difficile de la concilier avec les paroles suivantes : « quiconque vient à moi et ne hait pas son père et sa mère, sa femme et ses enfants... ne peut être un de mes disciples » (Lc. XIV ; 26). La conclusion logique de tels propos serait que Jésus rejette les hommes mariés et que ses discours sur la monogamie, le mariage et le divorce sont au fond des discours juridiques scondaires.

Il semble ici qu'il faille considérer qu'il y a effectivement une certaine incohérence dans les discours de Jésus du commencement à la fin de son ministère. Au fur et à mesure que sa messianité secrète s'impose à lui, il est emporté par un mysticisme exacerbé au cours duquel il oublie les jugements effroyables qu'il a portés sur les juifs et les hommes. Le tête-à-tête où il s'est enfermé avec Dieu, dont il est désormais persuadé d'être à la fois l'émissaire et le Fils, ne laisse alors plus de place qu'à la compassion universelle.

Deux visages différents de Jésus se succèdent donc, ainsi que j'ai tenté de le montrer dans *L'Homme qui devint Dieu*, d'abord celui du prophète conquérant, armé d'un glaive et venu semer le feu sur la Terre, l'invective aux lèvres, impatient, souvent amer, puis celui du Fils de l'homme promis à la messianité imminente et étrangement résigné.

Il n'est jusqu'à la Passion au mont des Oliviers où Jésus ne manifeste une oscillation intérieure, comme l'a relevé Schweitzer dans *Le Secret historique de la vie de*

*Jésus* (ch. 9 « Le secret de la passion, 3 — La "tentation" et l'omnipotence divine »). Certain que son conflit avec Jérusalem ne pourra avoir qu'une issue tragique, il en devine l'horreur et espère encore qu'il est une autre issue : « Mon Père, si c'est possible, écarte de moi ce calice... » (Mt. XXVI ; 39) ; frappant aveu d'impuissance : l'homme qui est venu accomplir ce geste héroïque et prométhéen, qui est de contraindre Dieu à mettre fin au Temps, geste dramatique entre tous, est devenu un héros tragique sans pouvoir sur son propre destin. D'où la singulière résignation qui est la sienne.

J'ai ét frappé, en effet, non seulement du contraste saisissant entre les deux Jésus que voilà, mais également de sa résignation, voisine d'un état amorphe, après son arrestation. Il n'est alors plus que le cri désespéré poussé sur la croix, *Eli, eli, lamma sabbachtani ?* pour témoigner qu'il reste encore quelque ressort psychologique dans ce personnage hors mesure.

***46. La relation de Jésus avec sa mère Marie et ses demi-frères.*** L'absence de Marie du pied de la croix dans *L'Homme qui devint Dieu* n'est pas mon fait ; elle est clairement confirmée par les Évangiles synoptiques (v. note « Les femmes autour de Jésus », p. 160-173), et le rapport de Jean sur ce point ressemble fort à une fabrication pieuse destinée à combler une lacune qui pouvait surprendre les premiers chrétiens. En fait cette absence devient compréhensible si l'on se réfère au passage de Matthieu où la mère de Jésus et ses « frères » (il faut entendre demi-frères dans le langage contemporain, les enfants d'une même mère, mais de deux lits, étant considérés alors comme frères à part entière) demandent à le voir. « Ils se tenaient au-dehors (d'une synagogue), voulant lui parler. Quelqu'un dit : "Ta mère et tes frères sont dehors ; ils veulent te parler." Jésus se tourna vers l'homme qui lui apportait ce message et dit : "Qui est ma mère ? Qui sont mes frères ?" ; et désignant les disciples, il dit : "Voici ma mère et mes frères..." » (Mt. XII ; 46-50).

Cette froideur de Jésus à l'égard de sa mère se retrouve dans l'Évangile de Thomas : « ... Ma mère m'a engendré, mais ma véritable Mère m'a donné la vie » (Th., logion 101). La « véritable Mère » à laquelle il se réfère serait indubitablement, selon Puech (déjà cité, comm. sur le logion 101), le *rwh* ou Esprit en sémitique, dont le genre est féminin. C'est là encore une référence gnostique qui éclaire beaucoup mieux que les canoniques, à mon avis, l'attitude de Jésus à l'égard de Marie.

L'épisode est évidemment choquant ; il contrevient à la courtoisie la plus élémentaire autant qu'aux sentiments filial et fraternel. Mais il correspond bien aux discours contre la famille cités plus haut. Jésus n'est certainement pas un défenseur de la famille ; il serait plutôt le précurseur direct du célèbre « Famille, je vous hais ! » On ne peut donc s'étonner que Marie s'en soit offensée et qu'aucun des frères n'ait été au pied de la croix. Il est vraisemblable que Marie et ces frères ont estimé que Jésus était fou, et Marc le laisse entendre de façon à peine voilée : « Il entra dans une maison ; et une fois de plus, une telle foule se rassembla autour d'eux (Jésus et les disciples) qu'il leur devint impossible de se nourrir. Quand sa famille apprit cela, elle décida de le prendre en charge ; car les gens disaient qu'il avait perdu la raison » (Mc. III ; 20-21).

On doit en tirer deux conséquences. La première est que les frères de Jésus confondus avec certains apôtres (v. note 42, « Les apôtres », p. 229) ne sauraient certes pas avoir été des disciples de Jésus. De telles rebuffades n'étaient pas encourageantes, adressées par un cadet à des frères nettement plus âgés. C'est peut-être le point qui permet de clarifier la confusion en question de la manière la plus décisive.

La deuxième est une confirmation supplémentaire, et de poids, de la thèse de Bultmann : la tradition chrétienne qui fait de Jésus le protecteur de la famille est une fabrication intégrale. L'enseignement réel de Jésus, tel que le rapportent les quatre évangiles, est particulièrement hostile à la notion de famille telle que l'Église et la culture occidentale l'ont entretenue.

Je laisse toutefois aux psychanalystes le soin d'allonger, après vingt siècles, Jésus sur un divan et d'éclaircir la relation éventuelle qu'il y aurait entre cette aversion pour la famille et le caractère pour le moins obscur de la naissance de Jésus.

***47. Un rabbin troublé*** (p. 424-436). Ce chapitre tente de reconstituer, en prologue à la réaction du Sanhédrin, le désarroi du clergé juif dans les villages et les villes que Jésus traversait, en présence de la rumeur qui s'enflait dans le sillage de Jésus et des manifestations de l'attente messianique des juifs. Ce problème a été occulté aussi bien dans la tradition juive que dans la tradition chrétienne : quelle devait être l'attitude à adopter en présence d'un homme dont les thuriféraires assuraient qu'il était le Messie ? Fallait-il aller lui rendre hommage, puisqu'il était théoriquement le successeur du grand prêtre ? Mais un tel hommage eût entraîné une sécession d'avec le clergé de Jérusalem et eût provoqué aussi des troubles civils. On raisonne, dans la tradition chrétienne, comme s'il avait d'emblée semblé évident que Jésus allait être considéré par la chrétienté comme le Messie et comme si les juifs devaient obligatoirement être dotés de prescience sur ce point. On comprend donc que les délégations de rabbins et de docteurs de la Loi se succèdent, dans les quatre Évangiles, auprès de Jésus, pour lui demander un témoignage de sa prédestination ; ils ne demandent souvent pas grand-chose et s'adressent à lui respectueusement : « Maître, nous voudrions que tu nous montres un signe. » Mais ils se font rabrouer : « C'est une génération mauvaise et impie que celle qui demande un signe ; et le seul signe qui sera donné sera le signe du prophète Jonas... » (Mt. XII ; 38-40). Citation menaçante, car Jonas est celui qui a prédit la chute de la cité méchante de Ninive, citation maladroite aussi, car Jonas, dans sa perversité fanatique, craignait que les Ninivites ne se repentissent et n'échappassent ainsi au châtiment céleste ! Donc, insultés et menacés, les rabbins, docteurs de la Loi et autres Pharisiens sont quand même censés croire Jésus sur parole, et cela dans des circonstances où la Palestine fourmille de mages et de personnages providentiels ! Trop heureux encore quand ces rabbins ne se font pas insulter encore plus cruellement : « Hélas pour vous, docteurs et Pharisiens, hypocrites ! Vous payez la dîme en menthe, en aneth et en cumin, mais vous avez négligé les exigences plus lourdes de la Loi, la justice, la miséricorde et la bonne foi... Vous nettoyez l'extérieur de la tasse et du plat, que vous avez remplis par le vol et le sybaritisme... Vous construisez des tombes pour les prophètes et vous ornez les monuments des saints et vous dites : "Si nous avions vécu au temps de nos pères, nous n'aurions pas participé avec eux aux meurtres des prophètes..." Vous, reptiles, engeance de vipères... », etc. (Mt. XXIII ; 23-39). On conçoit que la tâche de rabbin n'était guère aisée, quand il fallait, d'une part, endurer les provocations publiques de Jésus et, de l'autre, assister impuissant à la dérive de ses ouailles vers lui. Dans mon récit, donc, Perez, rabbin de Naïm, en Galilée, décide d'aller s'informer à Jérusalem auprès d'un responsable du Temple, qui est Gedaliah. Celui-ci lui conseille d'opposer à l'agitation déclenchée par Jésus l'accusation selon laquelle Jésus est un Samaritain, c'est-à-dire un renégat, et qui est spécifiquement citée par les Évangiles.

***48. D'autres rabbins inquiets et un miracle à Cana*** (p. 437-457). Ce chapitre constitue la suite du précédent et développe un autre aspect du désarroi des juifs face à l'exaspération de l'attente messianique qui se manifeste autour d'eux, et notamment dans le rayon d'action de l'enseignement prophétique dispensé par Jokanaan : celui-ci lie inéluctablement l'avènement du Messie à la fin des temps et au châtiment d'Israël, idée qui est inconciliable avec la représentation d'un Dieu protecteur. Comme l'a relevé, entre autres, Sandmel (*Judaism and Christian Beginnings*, p. 200-208, v. bibl.), l'avènement d'un messie était attendu comme la libération et non la destruction d'Israël. C'était du moins ce qu'indiquait le Targum, même si les interprétations de la notion de messie étaient variées au point d'en être confuses.

Par ailleurs, les dénonciations obstinées du mariage d'Hérode Antipas, fils d'Hérode le Grand, avec sa belle-sœur, femme de son frère Hérode Philippe, auxquelles se livrait Jokanaan, et qui lui valurent la mort, devaient surprendre, voire agacer, nombre de juifs, car ce genre d'unions avait quasiment été la règle dans la dynastie hérodienne, dont presque tous les descendants mâles avaient épousé des nièces ou des tantes (Jeremias, *La Vie quotidienne au temps de Jésus*, p. 480, v. bibl.). L'attitude de Jokanaan reflétait un point de vue minoritaire, celui des Esséniens, vivement exprimé dans le « Document de Damas ». J'ai essayé de représenter au lecteur contemporain le caractère provocateur de l'enseignement de Jokanaan et des espérances messianiques centrées sur Jésus.

*49. Les miracles de Jésus* (p. 453 et suivantes). Indépendamment du fait que l'on a attribué des miracles à un nombe considérable de personnages mythologiques et charismatiques, et que le miracle est, dans toutes les religions, l'insigne obligatoire de l'Élu, aucun des miracles attribués à Jésus ne résiste davantage à l'analyse que ceux qui furent attribués à d'autres héros. Il ne s'agit pas ici de rejeter le domaine, encore mal connu, des phénomènes physiques du mysticisme, évoqué au chapitre 3 de cet ouvrage ; il s'agit plutôt de soumettre des descriptions d'événements extraordinaires rapportés par les Évangiles (les canoniques, s'entend, les apocryphes pullulant le plus souvent de fables encore plus absurdes) à l'analyse logique, historique et scientifique.

Les miracles prêtés à Jésus frappent tous, sans exception, par leur profonde inutilité eschatologique. Ils ne servent aucun autre dessein que de prouver ce que les auteurs ont posé en postulat, à savoir la divinité de Jésus. C'est même leur inutilité qui frappe en premier lieu, étant donné que Jésus n'a rien à prouver. S'il avait à prouver quoi que ce fût, il eût commencé par jeter bas le Temple d'un seul signe de la main. L'étonnante maladresse des évangélistes procède de leur manque d'imagination et de perspective historique : ils ne prêtent à Jésus que des miracles convenus, comme les résurrections de morts, qui sont le fait de quasiment tous les héros mythologiques, et, ce qui est beaucoup plus flagrant, ils ne lui prêtent le reste du temps que des « miracles restreints », comme il abonde dans les vies des saints de toutes les religions. Ils réduisent ainsi les dimensions de Jésus à la fois dans l'absolu, puisqu'ils le banalisent, et dans le contingent, puisqu'ils lui attribuent des miracles sans nécessité. Il eût ainsi été beaucoup plus utile au repentir des juifs de faire apparaître le grand prêtre suspendu dans les airs, par

| Miracles paraboliques | Miracles thérapeutiques | Manifestations physiques du mysticisme | Résurrections |
|---|---|---|---|
| | Guérison d'un lépreux | | |
| | Guérison des dix lépreux | | |
| | Guérison d'un enfant paralysé (fils du centurion) | | |
| | Guérison de la belle-mère de Simon-Pierre | | |
| | Exorcisme des deux possédés de Gergara ou Gadara | | |
| | Guérison d'un paralysé | | |
| | Guérison d'un bras atrophié | | |
| | | | Fille de Jaïre, chef de synagogue |
| | Femme hémorragique | | |
| | Deux aveugles | | |
| | Possédé | | |
| | Possédé, aveugle et muet | | |
| Multiplication des cinq pains | | | |
| | | Marche sur les eaux du lac de Tibériade | |
| | Guérisons collectives | | |
| | | Transfiguration | |
| | Possédée de Canaan | | |
| | Epileptique | | |
| Figuier stérile | | | |
| Multiplication des sept pains | | | |
| | Aveugle | | |
| | Enfant possédé | | |
| Pêche miraculeuse | | | |
| | Domestique du centurion | | |
| | | | Fils de la veuve de Naïn |
| Noces de Cana (vin) | | | |
| | | | Lazare |

1. 1 seul possédé. 2. 1 aveugle (Bartimée). 3. Aveugle et muet. 4. Possédée phénicienne.

| Matthieu | Marc | Luc | Jean |
|---|---|---|---|
| VIII ; 2 ............ | I ; 40-45 ............ | V ; 12-16 | |
| ............ | ............ | XVII ; 11-19 | |
| VIII ; 5-13 ............ | ............ | ............ | IV ; 46-53 |
| VIII ; 15-45 ............ | I ; 29-31 ............ | IV ; 38-39 | |
| VIII ; 28-32 ............ | V ; 1-13[1] ............ | VIII ; 26-33[5] | |
| IX ; 2-6 ............ | II ; 1-5 ............ | ............ | V ; 3-9[8] |
| ............ | III ; 1-6 ............ | V ; 6-11 | |
| IX ; 18-19 et 23-25 ... | V ; 35-43 ............ | VIII ; 40-42 et 49-56 | |
| IX ; 20-22 ............ | V ; 25-34 ............ | VIII ; 43-47 | |
| IX ; 27-31 ............ | X ; 46-52[2] ............ | XVIII ; 35-43 | |
| IX ; 32 ............ | I ; 21-27 ............ | IV ; 33-35[6] | |
| XII ; 22 ............ | VII ; 31-37[3] ............ | XI ; 14-15[7] | |
| XIV ; 13-21 ............ | VI ; 36-44 ............ | IX ; 13-17 ............ | VI ; 1-13 |
| XIV ; 25-27 ............ | VI ; 49-52 ............ | ............ | VI ; 16-21 |
| XIV ; 36 ............ | I ; 32-34 ; VI ; 13 ; VI ; 56 ............ | VII ; 2 | |
| XVII ; 18-22 ............ | IX ; 2-8 ............ | IX ; 28-36 | |
| XV ; 21-28 ............ | VII ; 25-30[4] | | |
| XVII ; 14-18 | | | |
| XVII ; 18-22 ............ | XI ; 12-14 | | |
| XV ; 32-37 ............ | VIII ; 1-10 | | |
| ............ | VIII ; 22-26 ............ | ............ | IX ; 1-11 |
| ............ | IX ; 16-27 ............ | IX ; 38-42 | |
| ............ | ............ | V ; 1-11 | |
| ............ | ............ | VII ; 1-10 | |
| ............ | ............ | VII ; 11-17 | |
| ............ | ............ | ............ | II ; 1-11 |
| ............ | Mc. X ; 47... (?) apocryphe | ............ | XI ; 1-44 |

5. 1 seul. 6. Possédé de Capharnaüm (?). 7. Aveugle et muet. 8. Paralysé de Jérusalem (?)

exemple, que de ressusciter la fille de Jaïre (Mc. V ; 35-43), ce qui n'a guère raison de l'hostilité des juifs.

Le tableau synoptique des pages 271-272 résume les raisons de réserve que l'on peut nourrir à l'égard des récits de miracles par les Évangiles. Ces raisons sont essentiellement au nombre de deux. La première est que certains miracles « majeurs » sont mystérieusement omis par certains évangélistes ; c'est ainsi que, si les trois synoptiques rapportent bien la résurrection de la fille de Jaïre, par exemple, Jean, lui, n'en souffle mot, et que, par ailleurs, Luc est le seul qui rapporte la résurrection du fils de la veuve de Naïn et Jean, le seul qui rapporte celle de Lazare. Une résurrection est pourtant un événement qui défie de façon ouverte les lois de la nature, bien plus qu'une guérison, par exemple. Il n'est pas un seul miracle de Jésus que les quatre évangiles rapportent de façon à peu près uniforme. De même, Jean omet la transfiguration, comme s'il n'en avait jamais non plus entendu parler, et Marc et Matthieu n'ont jamais non plus entendu parler, apparemment, de la pêche miraculeuse.

La seconde raison est que les miracles les plus nombreux sont ceux que l'on peut qualifier de thérapeutiques, guérisons de possédés, d'aveugles, de paralytiques, etc., qui, à la lumière des connaissances médicales de l'époque, fort médiocres, sont contestables. On a vu plus haut que les Esséniens pratiquaient une sorte de médecine traditionnelle, dont Jésus a été probablement instruit. L'utilisation d'une pâte ophtalmique qu'il applique pour guérir un aveugle, par exemple, confirme qu'il ne s'agit pas là de spéculations hasardeuses, et non plus de miracle.

Restent trois autres types de miracles, les résurrections, les miracles à caractère évident de paraboles et les manifestations physiques du mysticisme. On verra plus loin les raisons de ce classement. Les multiplications des cinq et puis des sept pains, l'épisode du figuier maudit, la pêche miraculeuse et la transformation de l'eau en vin aux noces de Cana entrent, à l'analyse, dans le deuxième groupe. A part la résurrection de la fille de Jaïre, qui emporte l'unanimité des synoptiques, et pour cause, puisqu'ils dérivent de la même source, ni celle du fils de la veuve de Naïn ni celle de Lazare ne sont citées par deux évangélistes.

Cette discordance est d'autant moins explicable que les synoptiques, d'une part, apportent beaucoup de soin à rapporter les guérisons, mais qu'ils ignorent intégralement deux événements miraculeux qui renforceraient le plus leurs assertions des pouvoirs divins de Jésus, les résurrections du fils de la veuve de Naïn (que seul Luc rapporte) et de Lazare ; or, Jean, on l'a vu, ignore la résurrection de la fille de Jaïre et du fils de la veuve de Naïn. Cela invite à rejeter la réalité de ces miracles. On verra plus loin, aux analyses spécifiques de ces miracles, que les résurrections des deux enfants sont le plus probablement des faits thérapeutiques et que celle de Lazare est une histoire romancée.

Il existe, enfin, un groupe restreint de miracles, en fait constitué de deux épisodes, que j'appelle des manifestations physiques du mysticisme. Ce sont des prodiges qui n'affectent que Jésus lui-même, sans modifier le destin des autres.

S'ils sont publics, ils ne le sont qu'accessoirement ; ils ne sont pas destinés à constituer une « preuve » de la nature exceptionnelle de Jésus. Si des descriptions nous en sont parvenues, c'est parce que ces prodiges se sont produits en présence d'un ou de plusieurs témoins, qui se trouvaient là parce qu'ils accompagnaient ordinairement Jésus. Il s'agit de la marche sur les eaux de Tibériade et de la Transfiguration, dont seul le premier prodige réalise, fait exceptionnel, l'unanimité absolue des quatre évangiles canoniques.

On a vu plus haut les raisons de la réserve que doivent inspirer les manifestations physiques du mysticisme, dont il sera question à quelques reprises dans ces notes. « Réserve » doit s'entendre ici dans l'acception d'attitude prudente, ni formellement positive, ni résolument sceptique.

Le plus célèbre des miracles, avec la résurrection de Lazare, qui est analysée plus bas, est celui des noces de Cana. Jean, qui est le seul à rapporter ce qui passe pour être le premier miracle de Jésus (Jn. II ; 1-11), le raconte en termes énigmatiques. « Le troisième jour, dit-il, désignant sans doute un mercredi, il y eut un mariage à Cana en Galilée. La mère de Jésus était présente, et Jésus et ses disciples étaient également invités. Le vin manqua, alors la mère de Jésus lui dit : "Il ne leur reste plus de vin." Il répondit : "C'est ton problème, mère, pas le mien. Mon temps n'est pas encore venu." » La réponse est pour le moins cavalière mais ce n'est pas la seule fois que Jésus traite mal sa mère, sans que l'on comprenne davantage, d'ailleurs, pourquoi le manque de vin serait le problème de Marie, et encore moins ce que signifie la phrase : « Mon temps n'est pas encore venu. » Néanmoins, poursuit Jean, sa mère dit aux domestiques : « Faites tout ce qu'il vous dira. » Ce qui témoigne d'une certaine autorité de Marie dans cette maison où elle n'est, après tout, qu'une invitée. Il y avait six jarres de pierre, du type utilisé par les juifs pour les rites de purification, qui étaient là ; chacune avait une capacité de quatre-vingts à cent vingt litres. Jésus dit aux domestiques : « Remplissez-les d'eau », et ils les remplirent jusqu'au bord. « Maintenant, tirez-en, ordonna-t-il, et portez-en au majordome de la fête », et ils le firent. L'échanson goûta l'eau qui s'était changée en vin, sans en connaître la provenance ; bien que les domestiques qui avaient tiré le vin la connussent. Jésus héla le marié et dit : « Tout le monde sert le meilleur vin d'abord, et attend que les invités aient bu tout leur saoul avant de servir le vin de moindre qualité ; mais tu as gardé le meilleur vin jusqu'à maintenant. » Cette histoire est surprenante parce que, pour commencer, les rites de purification avaient lieu au Temple ou à la synagogue, non dans les maisons privées, sauf en ce qui concernait le bain de purification des esclaves. Ces « rites de purification » trahissent l'auteur étranger. En deuxième lieu, la quantité d'eau qu'il fallut pour remplir les vases est également étonnante : de quatre cent quatre-vingts à sept cent vingt litres ! Le remplissage dut prendre un temps appréciable. Et les commentaires sur la quantité de vin ainsi rendue disponible sont superflus.

En réalité, le récit fleure fortement la fabrication *a posteriori*, à l'intention d'un public peu critique. Il convint d'abord de rappeler que les juifs, qui buvaient certainement baucoup de vin, et de l'excellent vin de Judée, le coupaient d'eau pour moitié ou pour les deux tiers (*Enc. Brit.*, « Alcohol consumption », v. bibl.). C'était un breuvage à 4 ou 7°. Certains soiffards, toutefois, buvaient leur vin pur. S'il y avait déjà des « grands crus » (Horace cite le Consule Planco de 42 avant notre ère), il est difficile de savoir ce qu'il valait au bout de trois ou quatre ans, durée maximale de conservation dans une époque où n'existait pas le bouchon de liège (dans ce dernier cas avec une couche d'huile pour tout bouchon). Conservé en tonneaux, dans des outres ou des amphores de terre cuite, il poursuivait activement sa fermentation, puisqu'il était au contact de l'air, et il devait aussi s'évaporer sensiblement. La vinification traditionnelle n'existant pas encore, un tel vin devait être épais et titrer entre 15 et 20° environ. Surtout, il était riche en moût et en lie. On a retrouvé des traces de celle-ci dans certaines amphores pêchées en mer. Quand le vin reposait, par exemple, dans des amphores soutenues par des trépieds, un fond plus sirupeux, mélangé à la lie, pouvait représenter, selon le cru, les conditions d'entreposage et l'âge, de 15 à 20 p. 100 du total. Si l'on y ajoutait de l'eau, on obtenait sans doute un breuvage un peu râpeux, indéniablement pauvre en bouquet, mais plus satisfaisant en corps.

Les « jarres de pierre » citées par Jean évoquent fortement des amphores. Dans ce cas, c'était du vin grec, car la Palestine, qui était exportatrice de son vin, importait également des vins étrangers. Le récit de Jean ressemble de façon troublante à une transposition déformée d'un témoin qui aurait vu verser de l'eau dans des jarres de vin, comme, je le répète, c'était la coutume en Palestine et dans le reste du monde antique, et qui aurait d'abord exagéré les dimensions des jarres, puis « omis » le fait que l'eau avait été versée sur du moût.

La conversation entre Jésus et Marie demeure, elle, obscure. Elle ne semble pouvoir être interprétée que de la façon suivante : dans un premier temps, Jésus, prié par Marie de pourvoir, on ne sait comment, au manque de vin, décline de le faire, lui objectant que ce n'est pas son affaire ; dans un second temps, toutefois, il s'exécute, sans qu'on puisse savoir ni deviner ce qui a motivé son changement d'attitude.

Tout se présente comme si ce passage avait été transcrit incomplètement ou de façon erronée.

On ne voit guère, par ailleurs, selon quelle éthique Jésus aurait jugé bon de produire des quantités énormes de vin pour une assistance qui avait bu jusqu'à épuiser les réserves de son hôte. Même avec du vin faiblement titré, il y avait là de quoi porter toute la population de Cana au degré éthylique le moins recommandable. Et je m'étonne que même les critiques les plus réservés à l'égard de Jésus, sans parler de la tradition, n'aient pas considéré les implications éthiques du « miracle de Cana » qui ressemble de façon déplaisante à un encouragement à l'intempérance.

Le miracle de la résurrection de Lazare est un des plus confus de tout le matériel évangélique. J'ai évoqué, p. 33, le passage transcrit par Clément d'Alexandrie et omis dans les versions canoniques de l'Évangile de Marc ; il devrait suffire à clarifier ce mystère : Lazare n'était pas mort et sa sœur, qui en avait sans doute l'intuition, est allée prévenir Jésus ; entendant des voix près du tombeau, le jeune Lazare s'est mis à crier, parce qu'il était bien vivant à l'intérieur du tombeau, peut-être victime d'un coup de soleil ou d'une intoxication qui l'avait fait porter pour mort et enterrer. La pseudo-résurrection de Lazare a été ensuite mise au crédit de Jésus.

Certains détails, toutefois, indiquent l'absence de faits nombreux qui permettraient de reconstituer l'affaire. Ils ont sans doute été tronqués. Mais les lacunes mêmes révèlent que l'histoire des rapports de Jésus et de Lazare est beaucoup plus complexe qu'il n'y paraît. Tout d'abord, Jésus aurait connu Lazare de son vivant ; c'est ce qu'indique sans ambiguïté le passage suivant de Jean, où les sœurs de Lazare, Marthe et Marie, adressent à Jésus, de Béthanie, où elles se trouvent, le message suivant : « Il faut que tu saches que ton ami est malade » (Jn. XI ; 4). Bizarrement, Jésus répond que Lazare ne mourra pas et, spécifie Jean, reste deux jours « là où il était », sans qu'on sache où c'était (Jn. XI ; 6) et sans paraître se soucier davantage du sort de son ami Lazare.

Puis il décide d'aller en Judée, bien que ses disciples s'en inquiètent parce que « les juifs » (expression étrange, car Jésus est juif et le christianisme n'existe pas encore, incohérence qui prouve bien que le texte de Jean est tardif) s'apprêtent à le lapider. A quoi Jésus répond, de manière énigmatique : « N'y a-t-il pas douze heures de lumière dans le jour ? N'importe qui peut marcher pendant le jour sans trébucher, parce qu'il voit la lumière de ce monde. Mais, s'il marche après la tombée de la nuit, il trébuche, parce que la lumière lui fait défaut » (Jn. XI ; 7-10). On peut se perdre en conjectures sur la manière dont cette déclaration explique la décision de retourner en Judée et dont cette parabole constitue une réponse à l'objection des disciples. Qu'indique donc cet homme qui trébuche dans la nuit ?

Le reste du récit est encore plus étrange. « Après voir dit cela, il ajouta : "Notre ami Lazare s'est endormi, mais je vais aller le réveiller." Jésus, toutefois, commente Jean, avait parlé de sa mort (celle de Lazare), mais ils pensaient qu'il parlait de sommeil naturel » (Jn. XI ; 11-13). Là se dégage quand même un fil conducteur : depuis le message de Marthe et Marie, les paroles et les décisions de Jésus sont centrées sur la maladie de Lazare ; s'il décide d'aller en Judée, c'est pour s'occuper de Lazare, et la mystérieuse parabole de l'homme qui trébuche dans la nuit est liée de quelque sorte à Lazare. « Puis Jésus parla clairement, dit Jean, sans se douter de son ironie involontaire : "Lazare est mort. Je suis content de ne pas avoir été là ; ce sera pour votre bien et le bénéfice de votre foi. Mais allons le voir." » Or, cette dclaration est absolument stupéfiante : en quoi la mort de Lazare aurait-elle menacé le bien et la foi des disciples ? Aucun texte exégétique n'a jamais répondu à cette question.

Donc, Jésus arrive à Béthanie, alors que Lazare est au tombeau depuis quatre jours. Marthe part seule à la rencontre de Jésus et déclare à Jésus : « Si tu avais été là, mon frère ne serait pas mort », ce que répète exactement Marie, venue rejoindre Jésus elle aussi. Jésus « soupire lourdement », et demande où l'on a enterré Lazare, et les juifs présents s'écrient : « Comme il a dû l'aimer ! » De nouveau, Jésus « soupire lourdement », ce qui confirme bien qu'il avait connu Lazare avant sa mort ; or, aucun évangile ne fait la moindre mention de Lazare auprès de Jésus avant sa résurrection. Là-dessus, il fait rouler la pierre circulaire qui scelle le tombeau et crie : « Lazare, lève-toi ! » Et c'est ici que Jean trébuche : il dit que Lazare sortit « les mains et les pieds enveloppés de bandelettes » ; c'est toutefois invraisemblable, parce qu'un homme aux pieds emmaillotés de bandelettes ne pourrait pas faire un seul pas. De plus, Jean ne mentionne pas le linceul.

Avant d'aborder une hypothèse d'explication de ce qu'on peut appeler l'« affaire Lazare », deux observations s'imposent. La première est qu'aucun des synoptiques canoniques ne cite la résurrection de Lazare, ce qui est au moins troublant, vu le caratère retentissant du miracle ; tout se présente comme si ni Matthieu, ni Marc, ni Luc n'en avaient eu connaissance (toutefois, selon la version secrète de l'Évangile de Marc, déjà citée, la résurrection aurait eu lieu à Jéricho et non à Béthanie ; mais, comme on sait, elle n'est pas évoquée dans la version officielle de cet évangile). Et c'est ce qui rend le récit de Jean suspect. La seconde observation porte sur la mention d'un Lazare dans la parabole du riche et du pauvre de Luc. Là, Lazare est un pauvre auquel un homme riche ne jette même pas une miette de sa table. Tous deux meurent, Lazare va au ciel auprès d'Abraham, et le riche en enfer. Le riche demande qu'on délègue au moins Lazare à ses frères, encore en vie, pour les avertir, « parce que, si quelqu'un des morts leur rend visite, ils se repentiront ». Mais Abraham refuse : « S'ils n'écoutent pas Moïse et les prophètes, ils ne s'amenderont pas, même si quelqu'un revenait de chez les morts » (Lc. XVI ; 19-31).

La coïncidence est trop singulière pour être fortuite :

l'Évangile de Luc évoque, en effet, une résurrection éventuelle de Lazare, qui n'a pas lieu et, singularité supplémentaire, Lazare est le seul personnage d'une parabole qui soit nommé par son nom. Ici, tout se présente comme si Luc rejetait la résurrection de Lazare, vraie ou fausse, dont il a sans doute entendu parler, mais qu'il se refuse à inclure pour une raison ou pour une autre. En quelque sorte, Luc dément Jean et ramène la résurrection de Lazare à une parabole.

On serait tenté de postuler que Jean aussi traite cette résurrection comme une parabole. Certains auteurs, d'ailleurs, estiment que la ressemblance entre le nom de Lazare et celui d'Osiris confirme le caractère parabolique du récit. Je crains que cette explication, difficile à vérifier, ne soit controuvée. Toutefois, Jean prête une telle importance (quarante-quatre versets) à cette résurrection et l'accompagne d'un si grand nombre de détails réalistes qu'il faut renoncer à n'y voir qu'une parabole. De plus, le passage secret de l'Évangile de Marc, qui ne comporte pas de connotations paraboliques, décrit le jeune Lazare comme un personnage qui a bien existé.

Les éléments certains, pour ainsi dire, dont on dispose sont donc les suivants : Jésus connaissait depuis un certain temps un jeune homme nommé Lazare, de famille riche, frère d'une Marthe et d'une Marie ; il lui portait une affection particulière, et si grande, qu'apprenant une maladie de Lazare, il retourne en Judée au péril de sa vie ; il sait que Lazare, au tombeau, pourrait bien n'être pas mort. Mais de quel mal Lazare a-t-il donc été victime pour qu'on l'ait cru mort ?

L'explication la plus plausible est que Lazare est tombé en catalepsie ou en cataplexie. Décrite d'abord par Ambroise Paré, la catalepsie a été décrite beaucoup plus scientifiquement au XXe siècle notamment par le Français Henri Baruk. Le corps y devient mou et plastique « comme une pâte à modeler » (Norbert Sillamy, *Dictionnaire de psychologie*, v. bibl.) ; « le sommeil cataleptique peut durer des jours, des mois et même des années ». C'est probablement un tel sommeil qui a donné naissance à la légende de la Belle au Bois Dormant. Les causes en sont un choc émotif violent ou une intoxication, parfois une atteinte organique du cerveau, en tout cas des prédispositions hystériques souvent congénitales. La cataplexie, elle, écrite par Gélineau à la fin du XIXe siècle, affecte encore des jeunes gens, mais ses crises sont plus brèves.

Ainsi s'expliqueraient beaucoup mieux le comportement et le discours contradictoires de Jésus qui, d'abord, assure que la maladie de Lazare n'entraînera pas sa mort, et qui ne s'alarme pas, puis qui descend quand même en Judée pour aller au chevet de Lazare et finit par déclarer que Lazare est mort. Dans un premier temps, Jésus se comporte comme s'il savait que la maladie de Lazare n'est qu'une de ces crises dont il a déjà été témoin, alors que dans un second temps, peut-être informé que la crise de Lazare se prolonge, il conclut que ce dernier accès a sans doute été fatal.

Ce qui renforce considérablement cette hypothèse est que Jean indique clairement que Lazare est le frère de Marie de Magdala, qui, elle aussi, est sujette à des crises d'hystérie (v. note « les femmes autour de Jésus », p. 160-173). Lazare et Marie de Magdala partagent sans doute une hérédité pathologique du point de vue neurologique.

Reste à élucider le point troublant de la nudité que, selon le passage tronqué de Marc, Jésus exige de Lazare et que Lazare, selon la version canonique de Marc (du moins si l'on admet que le jeune homme qui s'enfuit nu dans la nuit est bien celui-là), respecte jusque dans le froid des nuits d'avril.

Il faut d'abord observer que Jésus fait, selon les

évangiles canoniques, trois références au vêtement. La première quand il dit aux disciples que « le corps est plus que le vêtement » (Mt. VI ; 25 et Lc. XII ; 22-00), la deuxième, dans le même discours, quand il leur dit : « Et du vêtement, pourquoi vous inquiétez-vous ? » (Mt. VI ; 28 et Lc. XII ; 26), et la troisième, quand il répète : « Ne vous inquiétez donc pas, disant... de quoi nous habillerons-nous ? » (Mt. VI ; 31).

C'est dans l'Évangile de Thomas qu'il fait cependant explicitement référence à la nudité du corps : « Ses disciples dirent : "Quel jour nous apparaîtras-tu et quel jour te verrons-nous ?" Jésus dit : "Lorsque vous vous départez de votre pruderie et prenez vos vêtements, les déposez à vos pieds comme les tout petits enfants, les piétinez, alors vous verrez le Fils de celui qui est vivant et vous n'aurez pas peur" » (Th. logion 37). En bref, ils auront la révélation quand ils se mettront nus.

Le précepte est évidemment singulier en première lecture. On peut évidemment se demander si Jésus l'adressait aussi aux femmes. C'est en seconde lecture, toutefois, qu'il prend son sens : la nudité est le fait d'Adam, et le précepte de Jésus s'entend clairement comme une référence à l'Adam androgyne éternel, l'homme primal, qui est nu, et qui constitue une des notions clefs du gnosticisme. Ce que Jésus dit en fait, selon Thomas : « Soyez nus, comme l'Adam éternel, et vous me verrez. » Précepte auquel font écho ses déclarations « canoniques » sur le vêtement. Son sens est confirmé par la comparaison avec les tout petits enfants qui sont, en effet, innocents. Jésus recommande le rejet de la pruderie.

Signalons au passage que c'est bien ansi que l'entendait un des Pères de l'Église primitive, Clément d'Alexandrie, citant un autre apocryphe, l'Évangile selon les Égyptiens, qui contient à peu près le même précepte, également dans la bouche de Jésus : « Lorsque vous foulerez aux pieds le vêtement de honte et que les deux deviendront un, et le mâle avec la femme, ni mâle ni femelle » (Cl. A. Stromates, III ; c.XIII, 92, v. bibl.). Ce précepte est donc ausi bien un appel à l'androgynie qu'au renoncement à la sexualité.

On peut donc supposer que le jeune Lazare s'y est plié dans sa totale dévotion à Jésus, et s'y est plié d'autant plus aisément que son apprentissage à Quoumrân l'avait familiarisé avec la notion de l'innocence quotidiennement retrouvée dans le baptême du soir, qui était administré dans la nudité. C'est pourquoi il était nu sous sa robe de lin en toutes circonstances.

Une inconnue toutefois demeure : pourquoi le jeune Lazare semble-t-il avoir été le seul qui se soit plié à ce précepte ? Était-il bien le seul, d'ailleurs ? Son statut exceptionnel tient-il à son apprentissage chez les Esséniens qui, on le sait, ne fut partagé par aucun des disciples ? Ou bien y avait-il chez Lazare une caractéristique personnelle qui lui conférait à la fois l'innocence et cette asexualité qui correspond si étroitement aux idéaux gnostiques ?

Accessoirement, on peut s'interroger aussi sur l'attitude des disciples, à la fois vis-à-vis du précepte de nudité et de Lazare. Jean, en tout cas, est, jusqu'à plus ample imformé, le seul évangéliste qui manifeste un préjugé favorable à Lazare, puisqu'il est le seul à en parler explicitement, du moins dans les versions canoniques des Évangiles.

Je n'ai pas inclus l'épisode de Lazare dans la version publiée de *L'Homme qui devint Dieu*, d'abord pour les raisons d'économie du récit déjà évoquées, ensuite parce que, au regard contemporain, et dans un récit de ce type, l'affection extrême de Jésus pour Lazare et que le jeune homme lui rend très probablement eût risqué de paraître trouble, donc de détourner l'attention du lecteur vers des spéculations secondaires ou douteuses. Déjà, au IIe siècle, Clément d'Alexandrie, déjà cité, comme on l'a vu, mettait son correspondant Théophile en garde contre une interprétation scandaleuse ou séditieuse du passage tronqué. Paradoxalement, mais non définitivement, et bien différemment des intentions que certains m'ont prêtées, j'ai suivi l'exemple des censeurs de l'Évangile de Marc.

En effet, en ce qui concerne les interprétations possibles de l'histoire de Lazare, je me suis déjà expliqué dans le passage concernant la sexualité de Jésus.

Il n'en demeure pas moins que « l'affaire Lazare » pose un problème nouveau, qui s'intercale dans les miracles et qui est celui de :

***50. La personnalité de Lazare et les rapports de Jésus avec la famille de Magdala.*** Nous disposons donc de trois éléments sur la famille de Magdala :

- Marie de Magdala, la « pécheresse » privilégiée par Jésus (et des évangélistes, v. note « Les femmes autour de Jésus », p. 160-173), est la sœur de Lazare, qu'il faut donc appeler aussi Lazare de Magdala ;
- Jésus les connaît depuis longtemps et connaît apparemment Lazare depuis plus longtemps que ses sœurs, Marthe et Marie ;
- et Jésus attribue à cette famille une importance particulière nettement reflétée, en ce qui concerne Marie, par les Évangiles, et nettement occultée, en ce qui concerne Lazare, par les mêmes.

Aucun évangéliste ne prend, en effet, la peine de nous expliquer pourquoi Lazare était l'ami de Jésus ; les synoptiques, évidemment, parce qu'ils n'évoquent même pas le miracle majeur de sa résurrection supposée ; mais Jean, qui en parle, n'introduit Lazare en scène que mort, sans jamais évoquer son passé. Sauf à découvrir des textes inconnus, nous ne saurons pas quels étaient les motifs de l'attachement de Jésus pour Lazare de Magdala, affection si forte qu'elle a incité Jésus à aller en Judée où sa vie est en danger. Trois indices peuvent toutefois servir de fil conducteur à une hypothèse : Jésus et Lazare se connaissent depuis longtemps ; Lazare est jeune ; et il porte, apparemment en toutes circonstances, une robe de lin blanc, sous laquelle il est nu.

C'est la robe de lin blanc qui situe les indices précédents ; elle a une connotation essénienne ; c'est le vêtement que portent les Esséniens après les ablutions du soir. Comme Lazare est jeune et qu'il connaît Jésus depuis longtemps, il est logique d'en déduire qu'il a, lui aussi, été chez les Esséniens, à Quoumrân, où s'est nouée entre lui et Jésus une relation intense et affectueuse.

Pourquoi Lazare aurait-il quitté Quoumrân ? Sans doute à cause de ces « crises » que Jésus connaît déjà. Elles peuvent avoir une origine purement neurologique ; elles peuvent également procéder d'un tempérament extatique qui déclenche des symptômes neurologiques. Ou encore, elles dérivent d'une combinaison des deux causes, une prédisposition neurologique de Lazare à des interruptions de conscience, favorisées par des crises d'extase. Un tel comportement est suspect aux maîtres esséniens, qui insistent sur la parfaite intégrité physique de leurs adeptes. Il est certain que deux ou trois crises cataleptiques, induites par l'insolation, étaient de nature à faire exclure Lazare.

Comme on retrouve Lazare au commencement et à la fin du ministère de Jésus, vêtu de la même robe de lin, il faut en déduire qu'il a suivi Jésus à l'instar des disciples, voire qu'il était un quinzième disciple.

Lazare est alors le candidat idéal à l'identification du

mystérieux personnage cité par Jean, « l'autre disciple, la connaissance du grand prêtre » qui « accompagna Jésus dans la cour du grand prêtre » alors que Pierre, saisi de crainte, s'arrête à la porte extérieure (Jn. XVIII ; 15).

Sans qu'il faille renoncer à ce schéma d'interprétation, il faut faire intervenir un élément que fournit l'Évangile de Jean. Puisque Lazare est le frère de Marie de Magdala, il est, lui aussi, originaire de Magdala et donc galiléen ; or, Jean semble se contredire intégralement sur ce point : il dit, en effet, que le domicile de Lazare est à Béthanie (J. XI ; 1), ce qui n'est pas possible, car les familles ne se séparent pas, sinon très exceptionnellement, pour aller dans une autre province. Il faut donc entendre là que Lazare a élu domicile à Béthanie ; il y a été suivi par Marie de Magdala, puisque c'est à Béthanie, dans la maison de Simon le Lépreux, que celle-ci verse les parfums sur la tête de Jésus. Il convient donc de se demander pourquoi ces trois jeunes gens riches de Magdala se sont installés à Béthanie, en Judée.

L'installation semble même définitive, puisque c'est à Béthanie qu'on a inhumé Lazare. Et que c'est à Béthanie, encore, que, six jours avant la Pâque, Jésus assiste au fameux souper où Marie de Magdala verse les parfums et auquel assistent Marthe et Lazare (Jn. XII ; 1-3). Il faut donc supposer qu'il y a un lien particulier qui unit la famille de Magdala à la Judée.

Un détail semble soutenir cette hypothèse : c'est celui que fournit Jean, quand il évoque l'« autre disciple », non nommé, qui suit Simon-Pierre jusqu'à la maison du grand prêtre, après l'arrestation de Jésus : « Ce disciple, qui connaissait le grand prêtre, entra avec Jésus dans la cour du grand prêtre... » (Jn. XVIII ; 15). On a souvent supposé que ce mystérieux disciple aurait été Jean lui-même qui, par discrétion, ne se cite pas. C'est douteux, on l'a vu plus haut ; Jean de Zébédée n'avait aucune raison plausible de connaître le grand prêtre ; il ne pouvait non plus lui être apparenté, car Jean était galiléen et les grand prêtres n'épousaient que des filles de Judée. De plus, Jean lui-même dit que les disciples tremblaient de peur d'être arrêtés ou pis et se barricadaient chez eux (Jn. XX ; 19). On ne l'imagine donc pas entrant dans la cour de la maison de son ennemi juré. En réalité, ce mystérieux disciple semble être le même que Marc a décrit s'enfuyant nu dans la nuit, c'est-à-dire, encore une fois, Lazare.

Pourquoi donc Lazare s'aventura-t-il dans la cour de la maison du grand prêtre et qu'est-ce qui lui donnait autant d'assurance ? Après tout, sa « résurrection » avait été l'un des incidents majeurs qui avaient attisé l'hostilité du Sanhédrin à l'égard de Jésus et, s'il ne risquait pas directement l'arrestation, il pouvait très bien se faire houspiller et jeter dehors avec brutalité. Mais il faut garder en mémoire que Lazare est non seulement d'une famille riche, mais encore qu'il est originaire de Magdala, l'une des trois villes des vingt-quatre districts religieux de Palestine qui versent au Temple les contributions les plus importantes (v. note « Les femmes autour de Jésus », p. 160-173) ; sa famille devait donc avoir du poids, comme on dit. Avec l'impulsivité de la jeunesse, il s'imagine sans doute pouvoir changer quelque chose au destin de Jésus. Mais, en dépit de l'influence de sa famille, il dut se faire éconduire sans douceur ; les enjeux étaient beaucoup plus grands que la contribution d'une famille riche au Temple.

Reste à se demander pourquoi les évangiles synoptiques sont si discrets à l'égard d'un personnage auquel Jean assigne une si grande place. Deux explications sont possibles, séparées ou associées. La première est que, Lazare ayant appartenu à la communauté essénienne, il constituait un témoin importun de l'expérience essénienne de Jésus, dont aucun des quatre évangélistes, d'ailleurs, ne souffle mot. Il eût fallu, dans un récit un peu cohérent, expliquer qui était ce jeune homme riche, de surcroît frère d'une déséquilibrée, qui tenait une grande place déjà dans les Évangiles. Les fidèles auraient fini par concevoir des soupçons sur les gens avec lesquels Jésus se compromettait. La seconde explication est que ce jeune homme nerveusement fragile ne parut pas être aux sources primitives des Évangiles un témoin de poids du ministère de Jésus ; peut-être même les premiers disciples, comme en atteste le passage tronqué de Marc, cité plus haut, connaissaient-ils les circonstances véritables de la pseudo-résurrection de Lazare et souhaitaient-ils ne pas en parler. Enfin, je l'ai également dit, sa relation privilégiée avec Jésus pouvait risquer d'induire en erreur. Ainsi les synoptiques omirent-ils et le personnage de Lazare et sa résurrection.

Peut-être aussi Lazare a-t-il fait partie des soixante-dix ou soixante-douze disciples, souvent négligés, que Jésus envoya deux par deux faire en son nom des guérisons et des exorcismes, et qui sont généralement occultés par les apôtres (Lc. X ; 1-2 et 17-18). On ne connaît les noms d'aucun d'entre eux.

***51. Miracles paraboliques et manifestations du mysticisme.*** On a vu plus haut ce qu'il en est des miracles thérapeutiques ; le cas de Lazare indique par ailleurs ce qu'il convient de penser, sans impiété et sans naïveté, des résurrections attribuées à Jésus. Outre qu'on a toujours prêté aux héros le pouvoir de ressusciter les morts, ces résurrections suscitent le scepticisme d'emblée dès qu'on se place au point de vue des fins dernières de l'homme, c'est-à-dire de l'eschatologie ; si la guérison de la souffrance paraît bien être une preuve de la sollicitude des divinités à l'égard des humains, la résurrection semble être cruelle, car elle n'arrache au tombeau que pour y renvoyer. Effroyable expérience !

Certains miracles, de caractère résolument symbolique et d'interprétation prosaïque, comme celui de l'eau changée en vin, ne résistent pas non plus à l'analyse. Mais certains faits prodigieux attribués à Jésus par les Évangiles semblent, eux, devoir être rejetés d'emblée, étant donné leur nature superstitieuse et même antireligieuse. Le plus sccandaleux de ceux-ci semble être indéniablement l'épisode du figuier stérile, qui se situe dans la seconde partie du ministère de Jésus, à son retour en Judée, où il défie le clergé, et sur la route de Béthanie à Jérusalem. « Le lendemain matin, sur le chemin de la ville, il eut faim ; et voyant un figuier sur le bord de la route, il s'en approcha, mais ne trouva sur lui que des feuilles. Il dit à l'arbre : "Tu ne porteras plus jamais de fruits !" et l'arbre s'étiola sur-le-champ » (Mt. XXI ; 18-19). Ou encore : « Le jour suivant, après qu'ils eurent quitté Béthanie, il eut faim, et voyant au loin un figuier en feuilles, il alla voir s'il pouvait trouver dessus (des figues). Mais quand il s'en fut approché, il n'y trouva que des feuilles, car ce n'était pas la saison des figues. Il dit à l'arbre : "Que personne ne mange plus jamais de tes fruits !" Et ses disciples écoutaient... Le lendemain matin, comme ils (Jésus et ses disciples) passaient devant, ils virent que le figuier s'était desséché depuis les racines ; et Pierre, se rappelant ce qui était arrivé, lui dit : "Rabbi, regarde, le figuier que tu as maudit est mort." Jésus leur répondit : "Ayez confiance en Dieu. Je vous dis ceci : si quelqu'un dit à cette montagne : déplace-toi et jette-toi dans la mer, et n'a pas de doutes, mais croit que ce qu'il dit va se produire, cela se fera pour lui. Je vous dis alors que ce que vous demandez en prière, quoi que ce soit, croyez que vous l'avez reçu et cela vous sera concédé" » (Mc. XI ; 12-14 et 20-25).

Il ne peut s'agir là d'un miracle au sens ordinaire et bénéfique du mot, mais d'un acte de sorcellerie inutile et d'une déroutante arrogance ; il indique que, dépité de n'avoir pas trouvé de figues sur un arbre, alors qu'il sait bien que ce n'est pas la saison des figues, lui qui a proposé deux paraboles sur le figuier, il aurait détruit l'arbre. Le seul motif est une faim inassouvie, sans aucun contenu eschatologique. Que Jésus ait ou non détruit le figuier est totalement secondaire ici ; ce qui domine le récit est que Jésus ait prétendu mettre des puissances surnaturelles au service d'une vengeance personnelle extravagante.

On doit donc rejeter ce récit sous la forme que lui donnent Matthieu et Marc ; c'est une parabole où Israël représente le figuier stérile, et elle doit être entendue dans le contexte qui est le sien, c'est-à-dire peu avant le duel entre Jésus et Jérusalem. Jésus a alors perdu tout espoir de modifier le siège du pouvoir religieux, censé représenter Dieu sur la Terre ; ce qu'il maudit, c'est Israël, et Matthieu et Marc ont commis l'erreur de donner à la parabole un tour littéral. C'est Luc qui redresse cette interprétation par sa propre parabole du figuier : « Regardez le figuier, ou n'importe quel arbre. Dès qu'il bourgeonne, vous pouvez juger par vous-mêmes que l'été est proche. De la même manière... vous pouvez savoir que le royaume de Dieu est proche » (Lc. XXI ; 29-31). Ainsi efface-t-il le caractère psychopathique du pseudo-miracle tel que le rapportent les deux autres synoptiques.

Autre pseudo-miracle, celui des démons chassés d'un possédé à Gergesa (Mt. VIII ; 26-33) ou Gerasa (Mc. V ; 1-13), on ne sait, et qui sont dépêchés à leur demande dans un troupeau de cochons, lesquels se précipitent dans un lac et s'y noient. Ce ne serait qu'un déplorable exemple de cruauté envers les animaux, si ce n'était, là aussi, que le reflet de l'interdit juif sur le porc.

Tout aussi parabolique est le mirale de la multiplication des cinq pains (Mt. XIV ; 13-21 ; Mc. VI ; 36-44 ; Lc. IX ; 10-17) et Jn VI ; 1-13), de même que celui de la multiplication des sept pains (Mt. XV ; 32-39 et Mc. VIII ; 1-10), qui se suivent de si près chez les deux premiers évangélistes qu'ils semblent être des redites en termes à peu près identiques (ce qui est sans doute la raison pour laquelle Luc et Jean s'en tiennent à une seule multiplication). Ils indiquent simplement le pouvoir nourricier de la foi et confirment la nature de médiateur de Jésus, entre Dieu et l'humanité.

Sans doute, comme d'autres paraboles, celles-ci eurent-elles un point de départ dans une anecdote simple, une déception de Jésus devant un figuier qui ne portait pas encore de fruits, ou encore sa surprise devant le fait que ses auditeurs avaient emporté des vivres avec eux. Pour les témoins de Jésus, tout devait être prodige ou symbole.

Dans sa fraîcheur, le récit de Marc en particulier offre quelques indications sur les circonstances de la première multiplication. Arrivant sur un point désert des rives du lac de Tibériade, où il souhaitait prendre quelque répit avec ses disciples, Jésus se voit entouré par une foule, qui était arrivée par le chemin de terre. L'un de ses disciples lui dit que l'endroit est désert, c'est-à-dire qu'on ne trouvera là ni boulanger ni marchand de vivres, et qu'il se fait tard ; il l'invite donc à envoyer ses auditeurs acheter de la nourriture. « Donnez-leur vous-mêmes quelque chose à manger », répondit-il, repartie désinvolte qui rappelle celle qu'il fait à Marie aux noces de Cana, signifiant par là que ce n'est pas son affaire de s'occuper de la faim des gens. Sur quoi les disciples se récrient : « Allons-nous dépenser 200 deniers sur du pain pour leur donner un repas ? » La réponse est savoureuse, car elle indique les limites de la sollicitude des disciples à l'égard des auditeurs ; et elle indique aussi que l'argent qu'ils avaient dans la bourse commune représentait une somme appréciable. Toutefois, les disciples n'étaient certes pas les seuls à s'aviser qu'il était tard et qu'il n'y avait pas de quoi s'approvisionner dans les parages où ils se trouvaient ; les gens qui avaient suivi Jésus devaient aussi avoir prévu qu'à l'heure et au lieu où ils retrouveraient Jésus, ils risqueraient de jeûner s'ils n'emportaient pas leur repas avec eux. L'indice le plus probant de ce point est qu'ils disposaient de paniers après leurs repas, puisqu'ils remplirent « douze grands paniers des restes ». D'où venaient donc ces paniers, s'ils ne les avaient emportés avec eux ?

C'est cette dernière version qu'illustre le passage des p. 655-656 de *L'Homme qui devint Dieu.*

La réflexion la plus singulière du récit de Marc est celle-ci : « Ils étaient complètement stupéfaits, car ils n'avaient pas compris l'incident des pains ; leurs esprits étaient fermés », qui se situe après leur sauvetage en mer par Jésus marchant sur les flots (Mc. VI ; 52). On se demande, en effet, à quel moment se situe leur prise de conscience selon l'évangéliste. Si la multipication des pains avait été un miracle, ils l'eussent comprise d'emblée. L'incompréhension dénoncée par Marc se réfère donc à quelque autre donnée qui, elle, n'est pas miraculeuse : c'est le caractère symbolique de l'épisode, où Jésus fait asseoir les gens « en cent rangées de cinquante », comme s'il procédait à une répétition de la première messe ; en fait, il s'est présenté là comme distributeur du pain. C'est donc *a posteriori* que les évangélistes présentent l'épisode comme un miracle, afin de fixer l'attention des auditeurs sur la parabole.

Pour le cas où les auditeurs des premiers siècles, qui n'étaient certes pas rompus aux finesses de l'exégèse, n'auraient quand même pas compris eux-mêmes la parabole, Matthieu et Marc y reviennent tous deux, « pour enfoncer le clou », dira-t-on. Les disciples partent en bateau pour traverser le lac de Tibériade et oublient d'emporter du pain. Quand Jésus les met en garde contre le levain des Pharisiens, selon Marc, des Pharisiens et des Sadducéens, selon Matthieu, ils se mettent à murmurer sous cape que ces dicours sur le levain sont des reproches déguisés, parce qu'ils ont oublié d'emporter du pain. Devinant l'objet de leurs murmures, Jésus les tance : « Pourquoi parlez-vous de ce que vous n'avez pas emporté de pain ? Où est votre foi ? Ne comprenez-vous toujours pas ? Ne vous rappelez-vous pas les cinq pains pour les cinq mille et combien de paniers vous avez remplis ? Ou bien les sept pains pour les quatre mille, et combien de paniers vous avez remplis ? Comment pouvez-vous manquer de comprendre que je ne parlais pas de pain ? » (Mt. XVI ; 5-11 et Mc. VIII ; 14-21).

Les manifestations physiques du mysticisme chez Jésus ne me paraissent pas devoir être classées parmi les miracles, du moins pas au sens de preuves de pouvoir divin spécifique que leur donnent les Évangiles. Il s'agit en quelque sorte de manifestations irrépressibles, non volontaires, mais subies, comme il abonde dans les vies des saints et des mystiques. Deux seules de ces manifestations sont rapportées par les canoniques, la marche sur les eaux du lac de Tibériade et la transfiguration, dont seule, on l'a vu, la première réalise l'unanimité absolue des Évangiles. Je n'ai cité dans mon récit que la première (p. 659-661). La seconde, en effet, me paraît sujette à caution, car elle évoque beaucoup trop le « coup de lumière » décrit à la fin du chapitre 2 de cet ouvrage, qui modifie le destin du persécuteur Saül sur le chemin de Damas et le change en l'apôtre Paul. Pierre, alias Simon, étant une source majeure probable des trois synoptiques, il y a quelque motif de se demander si ce n'est pas lui qui a eu une vision (et, par conséquent, la prête aux autres disciples). Cette hypothèse est renforcée par le fait que Jean, toujours prompt à exalter les aspects mystiques de la vie de Jésus, demeure muet à son sujet, alors que l'élément dominant de ce prodige est la lumière qui joue un si grand rôle dans le mysticisme. Or, il ne semble pas crédible que l'informateur de « Jean » n'ait pas assisté à ce prodige s'il a eu lieu autrement que pour Simon-Pierre.

En revanche, mon récit comporte deux épisodes d'inspiration mystique, p. 526-528 et 545-547. Le premier est tiré d'un récit d'expérience mystique du *Livre des morts tibétain* (v. bibl.), le second, de *Le Chamanisme et les techniques archaïques de l'extase* de Mircea Eliade (v. bibl.).

***52. L'hostilité des disciples du Baptiste à l'égard de Jésus et de ses disciples*** (p. 641 et suiv.). Bien qu'ils simplifient considérablement les rapports de Jokanaan et de Jésus, réduisant en somme le premier au rôle de héraut du second et ne lui reconnaissant comme vertu que d'avoir inventé le baptême unique, les Évangiles et les Actes fournissent quelques indices qu'il en était autrement. C'est ainsi que Jean indique qu'au début du ministère de Jésus, alors que celui-ci avait déjà entamé sa mission, Jokanaan continuait son propre ministère (Jn. III ; 22-24) ; or c'est surprenant, car l'arrivée de Jésus eût dû l'inciter à l'abstention. Mais loin de là. Il existait alors en Palestine deux groupes de disciples distincts et tous deux actifs sous les directions de deux maîtres distincts, semi-rivaux, puisque Jean indique que Jokanaan encourageait ses disciples à suivre Jésus, ce qu'aurait fait, par exemple, Simon-Pierre. De toute façon, il semble qu'un point qui est, à notre époque, devenu quelque peu brumeux, sauf pour quelques théologiens et exégètes, était alors évident pour tout le monde et très particulièrement pour les disciples du Baptiste ; c'est que c'était le Baptiste qui avait appelé l'Esprit-Saint sur Jésus en le baptisant ; donc, et quelles que fussent les protestations d'humilité de Jokanaan, celui-ci détenait une supériorité ou une antériorité sur Jésus. Ces protestations étaient-elles sincères ? On a des raisons d'en douter, ou en tout cas de douter de leur authenticité, car Jokanaan, dans la prison d'Hérode où il attend son exécution, commet l'impertinence prodigieuse d'envoyer à Jésus ses propres disciples avec ce message : « Es-tu celui qui doit venir, ou bien devons-nous en attendre quelque autre ? » (Mt. XI ; 2-3).

Les disciples porteurs d'une question aussi sceptique n'étaient pas près de l'oublier et de fait, les Actes rapportent (XVIII ; 26) qu'il y avait à Ephèse un converti qui « ne connaissait que le baptême de Jean » et qui n'avait donc jamais entendu parler de l'Esprit-Saint. Paul s'empresse de rappeler aux Ephésiens les premières déclarations de Jokanaan relatives à celui qui viendrait après lui, mais omet, bien sûr, de mentionner la question adressée de la prison de Machéronte. On l'a vu plus haut, les juifs faisaient des comparaisons entre les disciples de Jokanaan et ceux de Jésus, défavorables pour ces derniers (Mc. II ; 18 et Lc. V ; 33), et ses disciples, hostiles à l'Église, ont survécu jusqu'au XXe siècle, ne reconnaissant pour maître que Jokanaan.

Dès après les déclarations, pourtant solennelles, du Baptiste sur la qualité exceptionnelle de Jésus, les réserves des disciples du Baptiste sur Jésus sont déjà clairement énoncées par les évangiles canoniques mêmes : « ... Les disciples de Jean vinrent lui demander : "Pourquoi les Pharisiens et nous-mêmes jeûnons, et que tes diciples ne le font pas ?" (Mt. IX ; 14). A quoi Jésus répond, de manière relativement obscure, et à l'interrogative, que les compagnons du jeune marié n'ont pas de raison de jeûner alors que celui-ci est avec eux ; interprétation qui laisse entendre que ceux qui bénéficient de sa présence sont dispensés du sabbat et qui ne devait certes pas manquer de scandaliser aussi bien les disciples du Baptiste que les Pharisiens.

Il est remarquable que le prestige du Baptiste se soit étendu jusqu'aux propres disciples de Jésus, qui lui demandent, un jour qu'il est en prière : « Seigneur, enseigne-nous à prier, comme Jean enseignait ses disciples » (Lc. XI ; 1).

Ces précisions démontrent à l'évidence non seulement les réserves, puis l'hostilité des disciples du Baptiste à l'égard de Jésus, mais encore la difficulté que Jésus eut à surimposer son prestige à celui du Baptiste dans les milieux qui avaient reçu le rayonnement de celui-ci. Ses attitudes provocatrices à l'égard du sabbat, sa fréquentation de gens de mauvaise réputation, publicains, pécheresses et autres, sa consommation de vin, qui lui est spécifiquement reprochée (Lc. VII ; 33), prêtent à son comportement un caractère blasphématoire. Certes, la consommation — modérée — de vin était recommandée chez les juifs, mais il est évident que l'on attendait du successeur théorique de Jokanaan des mœurs plus ascétiques que celles de Jésus (qui reconnaît lui-même qu'on l'accuse de « gloutonnerie » (Lc. VII ; 33).

Du moins escomptait-on sa fidélité posthume au Baptiste. Et il est donc tout à fait plausible qu'après l'exécution du Baptiste certains de ses sectataires aient pressé Jésus de venger le sang de l'innocent. Mais Jésus non seulement mesurait l'inanité de toute vengeance, mais encore était déjà occupé à esquiver l'hostilité des milieux cléricaux de Jérusalem.

***53. Le sentiment de culpabilité d'Hérode Antipas et son attitude vis-à-vis de Jésus*** (p. 662-673). Bien qu'il ne fût pas d'ascendance strictement juive, son père Hérode Antipatros étant iduméen, donc originaire du territoire du sud de la Judée également connu sous le nom d'Edom, ancien royaume païen, hostile aux juifs et tardivement judaïsé, Hérode Antipas l'était quand même partiellement à deux égards ; d'abord, il était le fils de la Samaritaine Malthacée, une des dix femmes (au moins) d'Hérode le Grand, ensuite, il vivait dans un environnement juif, c'est-à-dire qu'il subissait l'ascendant des grands courants de croyance juive, orthodoxes et hétérodoxes. Il est attesté par Flavius Josèphe (*Antiquités judaïques*, déjà cité, v. bibl.) que c'est à l'instigation de sa femme Hérodiade que sa bru et nièce Salomé lui demanda la tête de Jokanaan, alors aux fers dans la forteresse de Machéronte. Le même fait est confirmé par Matthieu (Mt. XIV ; 3-12) et Marc (Mc. VI ; 21-28), mais Matthieu et Marc seuls, peut-être parce que les autres évangélistes ont atténué le martyre du précurseur.

Les raisons de l'exécution du Baptiste, il faut le souligner, avaient été strictement politiques (et démontrent à ce propos le peu de sens politique du Baptiste). En effet, les vitupérations de Jokanaan ne pouvaient qu'exacerber le ressentiment des Nabatéens, voisins directs de la province de Pérée dont Hérode Antipas était le tétrarque, puisque Hérode avait répudié une princesse nabatéenne, fille d'Arétas, roi de Nabatène, pour épouser la femme de son frère Philippe, tétrarque de Trachonitide. Les relations entre la Nabatène et la Pérée, c'est-à-dire entre Arétas et Hérode Antipas, étaient donc tendues, et les clameurs de Jokanaan ne contribuaient certes pas au bon voisinage. Hérodiade avait donc raison sur ce point : Jokanaan devait être réduit au silence.

Mais les raisons politiques ne pouvaient supplanter dans l'esprit d'Hérode le soupçon que la réputation de prophète et de saint homme qui entourait Jokanaan était sans doute justifiée. Les potentats étaient encore moins exempts de superstition qu'à notre époque. Et le fait que Jésus passait, en quelque sorte pour le successeur de Jokanaan ne pouvait laisser le tétrarque indifférent. Telle est la raison pour laquelle les « Hérodiens » en fait des propriétaires fonciers de Galilée et de Pérée, d'une foi assez tiède, allèrent interroger Jésus, pour vérifier sa réputation de nabi en lui posant des questions insidieuses (Mt. XXII ; 15-16 et Mc. XII ; 13-17). Ce point est très important pour la compréhension de la suite du récit. Je n'entends nullement transformer Hérode Antipas en un homme rongé de scrupules religieux, et le portrait que j'en fais devrait faire justice de ce point. Il était toutefois un potentat porté sur les superstitions, l'esprit d'intrigue et les ambitions politiques tortueuses. Telle est la raison pour laquelle Jésus a pu, lui aussi, se livrer à des déclarations sur le divorce qui pouvaient paraître dangereuses à Hérode, et cela en Galilée, c'est-à-dire dans un territoire sous la juridiction directe d'Hérode, sans que celui-ci l'ait jamais arrêté, alors qu'il en avait pleins pouvoirs. C'est un point qui me semble avoir été négligé par nombre d'historiens : il indique qu'Hérode Antipas se méfiait du pouvoir charismatique de Jésus beaucoup plus que de celui du Baptiste.

Certains lecteurs de *L'Homme qui devint Dieu* ayant exprimé leur difficulté à suivre la généalogie, à vrai dire compliquée, de la dynastie hérodienne, je crois utile de présenter ici l'arbre — succinct — de celle-ci.

Ces éléments, dont je ne me suis servi que partiellement, indiquent à l'évidence que les unions consanguines étaient courantes dans la dynastie hérodienne et que, tant qu'à vitupérer, Jokanaan eût pu appeler la vindicte céleste sur la totalité de la dynastie, car Hérode Antipas, en épousant sa belle-sœur Hérodiade, épousait aussi sa nièce et devenait ainsi son propre oncle... Mais il est vrai qu'Aristobule, fils d'Hérode le Grand et demi-frère d'Hérode Antipas, avait épousé sa tante, Glaphyra, sœur de Miriam, laquelle Glaphyra fut ensuite sa belle-sœur en épousant son demi-frère Archélaos ! (d'après Josèphe *La Guerre des Juifs*, déjà cité et *Atlas du monde juif*, v. bibl.).

Il semble d'ailleurs, d'après les évangiles canoniques, qu'Hérode se soit abstenu de désigner Jésus comme un ennemi public ; en témoignent deux épisodes. Le premier est celui du centurion de Capharnaüm, qui envoie quérir Jésus pour le prier de guérir un domestique agonisant (Lc. VII ; 1-10). Même s'il n'appartenait qu'à la garnison romaine de la ville, ce centurion se trouvait quand même sous la juridiction directe du tétrarque et, vu son grade, ne pouvait pas risquer d'encourir le déplaisir du potentat. Or, le discours du centurion est étonnamment respectueux : « Je ne suis pas digne de te recevoir sous mon toit, et c'est pourquoi je ne me suis pas aventuré à t'approcher en personne. » C'est pourquoi il convient de ne pas prendre au pied de la lettre les avertissements des Pharisiens selon lesquels Hérode est déterminé à tuer Jésus (Lc. XIII ; 31). Hérode n'avait aucune raison directe, avouée, de nourrir du ressentiment à l'égard de Jésus et, s'il voulait l'arrêter, il n'avait guère de difficulté à le faire dans sa tétrarchie de Galilée, où Jésus prêchait ouvertement.

Certains exégètes ont avancé qu'Hérode aurait tenu rigueur à Jésus de son discours sur le mariage, notamment tel que Matthieu le rapporte : « ... Un homme quittera son père et sa mère et sera fait un avec sa femme ; et les deux deviendront une seule chair. Il s'ensuit que ce ne sont plus deux individus : ils sont une chair. Ce que Dieu a uni, l'homme ne doit pas le séparer. » Mais Jésus précise, quand on lui rappelle que Moïse a autorisé le divorce par répudiation, que « le manque de chasteté » est la seule cause autorisée (Mt. XIX ; 3-9). Il n'y a pas là présomption d'accusation contre Hérode, qui n'avait fait qu'épouser sa nièce et belle-sœur, répudiée par Philippe (v. p. 59), ni condamnation expresse de la répudiation de Glaphyra, première femme d'Hérode.

Le second indice qui témoigne de la réserve d'Hérode à l'égard de Jésus est la présence, parmi les suivantes de Jésus, de Joanna, « femme d'un chambellan d'Hérode » (Lc. VIII ; 3), qui eût été impensable si Hérode avait mis la tête de Jésus à prix.

En effet, en suivant ouvertement Jésus sur les routes, Joanna aurait mis aussi bien en péril son mariage que le poste de Chouza, son mari, si Jésus avait été détesté d'Hérode. Despote soupçonneux et sourcilleux, Hérode n'eût certes pas toléré que la femme d'un de ses chambellans se compromît et compromît du coup la maison civile du tétrarque en se commettant avec un personnage qu'il jugeait séditieux ; ou bien il aurait exigé que Chouza répudiât sa femme, ou bien il aurait sévi contre Chouza. Ce ne semble pas avoir été le cas.

S'il paraît redouter de temps à autre la colère d'Hérode, par exemple en se réfugiant à Tyr et Sidon, Jésus ne se laisse jamais aller à des imprécations contre le tétrarque, à la différence de Jokanaan. Est-il instruit par l'exemple ? Toujours est-il que, lorsque les Pharisiens amicaux l'invitent à fuir la vindicte d'Hérode, il n'use à l'égard du tétrarque que d'une image, qui n'est pas franchement désobligeante et qui comporte même sa part d'appréciation : « Allez dire à ce renard... » (Lc. XIII ; 32). Ce qu'il les charge de rapporter à Hérode est qu'il poursuivra ses exorcismes et ses cures. Sans doute sait-il qu'Hérode, en dépit de son cynisme, est secrètement superstitieux ; il croit aux fantômes ou,

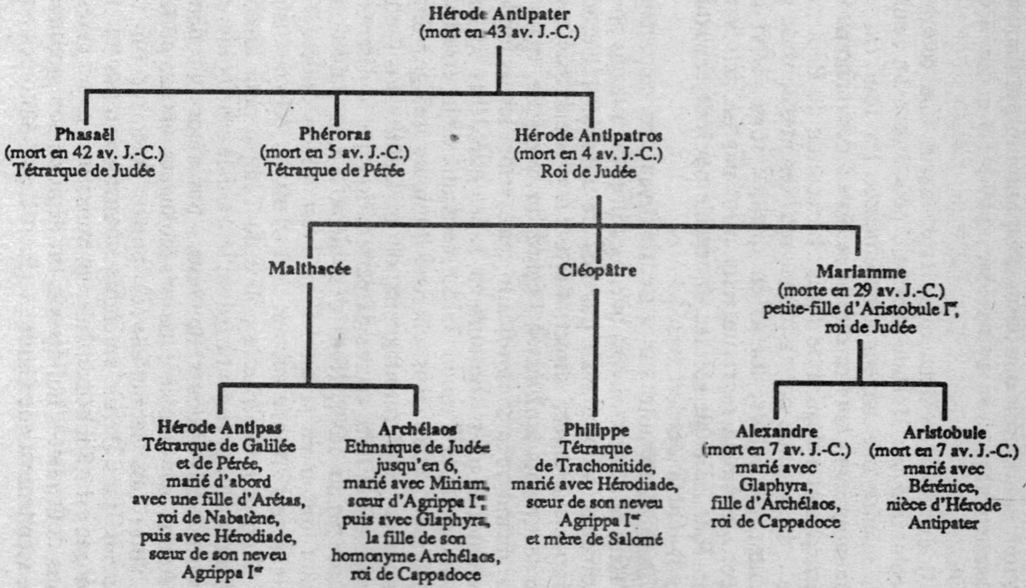
Hérode Antipater
(mort en 43 av. J.-C.)
Phasaël
(mort en 42 av. J.-C.)
Tétrarque de Judée
Phéroras
(mort en 5 av. J.-C.)
Tétrarque de Pérée
Hérode Antipatros
(mort en 4 av. J.-C.)
Roi de Judée
Malthacée
Cléopâtre
Mariamme
(morte en 29 av. J.-C.)
petite-fille d'Aristobule Ier,
roi de Judée
Hérode Antipas
Tétrarque de Galilée
et de Pérée,
marié d'abord
avec une fille d'Arétas,
roi de Nabatène,
puis avec Hérodiade,
sœur de son neveu
Agrippa Ier
Archélaos
Ethnarque de Judée
jusqu'en 6,
marié avec Miriam,
sœur d'Agrippa Ier,
puis avec Glaphyra,
la fille de son
homonyme Archélaos,
roi de Cappadoce
Philippe
Tétrarque
de Trachonitide,
marié avec Hérodiade,
sœur de son neveu
Agrippa Ier
et mère de Salomé
Alexandre
(mort en 7 av. J.-C.)
marié avec
Glaphyra,
fille d'Archélaos,
roi de Cappadoce
Aristobule
(mort en 7 av. J.-C.)
marié avec
Bérénice,
nièce d'Hérode
Antipater

en tout cas, il croit que Jésus n'est autre que le Baptiste ressuscité (Mc. VI ; 14-16 ; Mt. XIV ; 1-3 et Lc. IX ; 7-9).

Il est donc évident que Jésus exerce une certaine fascination sur Hérode Antipas, peut-être même qu'il lui inspire une terreur respectueuse. En tout cas, à aucun moment le tétrarque ne se livre à des manœuvres menaçantes à l'égard de Jésus ; l'exécution du Baptiste, qu'il a consentie par faiblesse, sous les pressions de sa femme Hérodiade, lui a, en quelque sorte, servi de leçon. Mettre à mort un nabi n'est pas un acte sans conséquence et persécuter un messie pourrait entraîner de bien plus lourdes conséquences.

Dans cette note sur « Le sentiment de culpabilité d'Hérode », on trouvera quelques-unes des raisons pour lesquelles Jésus n'avait pas lieu de considérer Hérode comme un ennemi direct. Certes, il ne nourrissait pas de sentiments amicaux à l'égard du tétrarque, mais il est quand même significatif que, selon les évangiles canoniques, c'est toujours en Judée que Jésus se sent menacé, et que c'est en Galilée, territoire de la tétrarchie d'Hérode, que Jésus cherche toujours refuge. Sans doute le relief montagneux de la Galilée est-il plus propice à la fuite en cas de persécution que le désert de Judée ; mais aussi, Jésus s'est identifié à la Galilée, au point qu'on en a oublié qu'il est né en Judée. En témoigne l'épisode suivant : tôt dans le récit de Jean, le Sanhédrin dépêche la police du Temple pour arrêter Jésus et celle-ci revient bredouille, car elle a été bouleversée par les discours de Jésus. Sur quoi Nicodème s'étonne de la colère de ses collègues et demande : « Notre Loi permet-elle de porter jugement sur un homme sans l'avoir entendu et instruit son cas ? » Et les gens du Sanhédrin lui répliquent : « Es-tu galiléen aussi ? Étudie les Écritures et tu verras que les prophètes ne viennent pas de Galilée » (Jn. VII ; 45-52).

Sauf en une occasion, donc, que Luc est seul à évoquer (Lc. XIII ; 31), Hérode ne semble guère enclin à persécuter Jésus. Les autres indications données plus haut confirment cette attitude et il n'y a pas de raison de penser qu'Hérode — dont Jean ne mentionne d'ailleurs pas l'intervention après l'arrestation — ait changé de comportement à Jérusalem. L'épisode de la robe de pourpre ridicule dont Hérode aurait vêtu Jésus, et qui est chère à l'iconographie traditionnelle, est donc controuvé. Il est possible qu'Hérode ait donné « une robe somptueuse » (Lc. XXIII ; 11) à Jésus pour remplacer celle qu'il portait. Selon Matthieu (Mt. XXVII ; 28), Marc, (Mc. XV ; 17) et Jean (Jn. XIX ; 2), ce sont les soldats qui ont vêtu Jésus de pourpre.

***54. Les raisons de la révolte de Jésus.*** Considérée « à froid », c'est-à-dire quand on tente de se soustraire au conditionnement de la tradition, assis sur vingt siècles d'élaboration de dogmes, l'histoire de Jésus peut paraître incompréhensible. Telle que la rapportent les Évangiles, elle se lit, en effet, comme celle de la révolte d'un juif contre le clergé de son peuple, pour des raisons qui ne sont jamais clairement énoncées, mais qui apparaissent au lecteur contemporain comme « évidentes », puisqu'il en connaît la sanction : à la fin, les juifs mettent Jésus à mort, donc ce sont les « méchants », et l'histoire de Jésus peut être simplifiée comme le combat du bon contre les méchants. Ce manichéisme, patent dans tous les évangiles, canoniques et apocryphes — à l'exception de celui de Thomas —, est évidemment une école d'antisémitisme primaire, ce qu'il n'a pas manqué d'être aussi. Rien ne sert alors de rappeler que Jésus était, d'abord et enfin, un juif (« il proclame l'évangile dans les synagogues de Judée », Lc. IV ; 44) car le fait qu'il ait été mis à mort virtuellement par « les juifs » — en réalité, comme on l'a vu, par une faction agitée par le Sanhédrin et pour des raisons politiques inéluctables d'autoconservation — fait de lui la victime des juifs, donc un non-juif. C'est à peu près comme si l'on soutenait que Boukharine n'a été ni russe ni communiste parce qu'il a été mis à mort par Staline. A cet égard, les Évangiles incitent au réductionnisme le plus élémentaire.

Le dogme chrétien a, bien évidemment, soustrait Jésus à sa condition fondamentale de juif, en en faisant à la fois le Fils de Dieu et l'égal de Dieu, sans jamais expliquer pourquoi il choisit de s'incarner chez les juifs.

Dans cette dialectique, la question posée plus haut, à savoir pourquoi Jésus se révolte-t-il contre le clergé juif, permet d'échapper aux boucles de la tautologie des théologies. C'est une démonstration de plus, mais, comme disait Talleyrand, tout ce qui va sans dire gagne à être dit, que la vertu majeure de l'histoire est de déficeler les mythes.

C'est un fait tellement évident que, comme « la lettre volée » d'Edgar Poe, il passe totalement inaperçu, même après plusieurs lectures successives des Évangiles : à aucun moment un évangéliste, canonique ou apocryphe, ne dit spécifiquement que Jésus s'insurgea contre les juifs pour telle et telle raison et que les juifs le prirent en aversion pour telle ou telle raison. Ils présentent Jésus — et c'est là le point le plus cruellement paradoxal de tous — comme un successeur des prophètes de l'Ancien Testament, qui passaient une bonne partie de leur temps à vitupérer les juifs ; c'est-à-dire que, dans leur effort acharné pour le « déjudaïser » en faisant incessamment référence aux « juifs » comme à des étrangers, ils ne font, en fait, que le judaïser davantage. Pourtant, dans leurs nombreux lapsus, à moins que ce ne soit dans leur fidélité obligée, ils rapportent des propos de Jésus qui le définissent de manière indélébile comme un juif : « Ne supposez pas que je sois venu abolir la Loi et les prophètes. Je ne suis pas venu abolir, mais compléter » dit-il (Mt. V ; 17). Ces paroles reflètent, selon Bultmann (*L'Histoire de la tradition synoptique* v. bibl.), le point de vue de la communauté conservatrice palestinienne, qui soutenait que Jésus prolongeait la tradition judaïque. Jésus se présente là comme le porteur d'une nouvelle Torah, ce qui ne devait pas susciter, *a priori*, l'hostilité des juifs ; restait, pour eux, et ce fut bien le cas, d'ailleurs, à examiner le contenu de cette Torah.

Toujours est-il que Jésus, au début de son ministère, n'est nullement en conflit avec les juifs. A quel moment et pourquoi entre-t-il en conflit ? Le premier signe de désaccord apparaît chez Matthieu, quand les disciples de Jésus contreviennent formellement à la Loi : ils vont cueillir des épis de maïs dans un champ le jour du sabbat, et ils les mangent, bien sûr. Les Pharisiens réagissent avec modération ; ils disent à Jésus : « Écoute, tes disciples font quelque chose qui est interdit pendant le sabbat. » Il est évident que les disciples n'avaient pas un besoin vital d'aller cueillir des épis de maïs dans un champ pour survivre, mais là, Jésus fait, si l'on peut dire, de la jurisprudence. « Il répondit : "N'avez-vous pas lu ce que fit David quand lui et ses compagnons avaient faim ? Ils entrèrent dans la Maison de Dieu et mangèrent le pain sacré, bien que ni lui ni ses compagnons n'eussent le droit de le manger, qui était réservé aux prêtres." » Voilà donc, ont dû se dire les Pharisiens, le porteur d'une Torah bien subversive. Pour affirmer son autorité, Jésus ajoute : « Car le Fils de l'homme est maître du sabbat » (Mt. XII ; 1-8). Voilà qui n'engage guère à des rapports pacifiques ; de fait, à partir de là, les rapports de Jésus et des Pharisiens ne vont cesser de se détériorer.

Chez Marc, la première anicroche a lieu quand Jésus

va s'attabler chez Lévi d'Alphée, plus tard appelé Matthieu, avec « de nombreux personnages de mauvaise réputation — collecteurs d'impôts et autres ». Jésus répond : « Je ne suis pas venu inviter les gens vertueux, mais les pécheurs » (Mc. II ; 17). Vaste programme, qui ne pouvait manquer d'alarmer les Pharisiens. Loin de manifester sa réprobation aux pécheurs, Jésus, porteur supposé d'une nouvelle Torah, leur manifestait donc sa préférence.

Selon Luc, la première dissension se produit en de tout autres circonstances, quand Jésus guérit le paralysé que la foule lui apporte sur un brancard et qu'il lui pardonne ses péchés. C'est alors que les docteurs de la Loi et les Pharisiens commencent à murmurer que Dieu seul peut remettre les péchés et que les propos de Jésus sont donc blasphématoires. Sur quoi Jésus les prend à partie et leur adresse une explication dont on peut douter qu'ils l'aient comprise : c'est que le Fils de l'homme a le pouvoir de remettre les péchés sur la Terre (Lc. V ; 20-24). Les Pharisiens de Galilée, fussent-ils docteur de la Loi, étaient-ils capables de comprendre l'expression « Fils de l'homme », forgée au feu du gnosticisme (v. note p. 327) ? C'est très improbable ; tout ce qu'ils durent retenir de l'épisode est que Jésus s'attribuait un titre de signification mystérieuse et qu'il pardonnait les péchés sur la Terre, s'arrogeant ainsi une prérogative divine.

Chez Jean, enfin, et dès le début de son évangile, il n'y a pas d'ambiguïté : c'est Jésus qui ouvre les hostilités, et de façon spectaculaire et violente, en chassant les marchands du Temple à coups de fouet. Puis il propose de rebâtir le Temple en trois jours s'il était détruit, ce qui constitue une provocation de plus, et non des moindres (Jn. II ; 12-22).

Aucun des quatre épisodes ne renseigne sur les raisons profondes du comportement provocateur de Jésus ; seuls y apparaissent le sentiment d'être investi d'une mission grandiose, mais obscure, qui place Jésus au-dessus des lois juives, et une aversion plus ou moins déclarée à l'égard des juifs. Les Évangiles contournent d'ailleurs tout au long de leurs récits respectifs l'exposé des raisons de l'hostilité qui va s'accusant pendant le ministère de Jésus entre celui-ci et les juifs. Puisqu'il n'est pas venu abolir la Loi, selon ses propres déclarations, pourquoi donc Jésus se trouverait-il en conflit avec les juifs ? Simon le Magicien, qui professait des idées et affichait un comportement beaucoup plus contraires à la Loi juive, ne fut, lui, apparemment jamais inquiété.

Aucun des Évangiles ne définit non plus l'identité du personnage de Jésus, qui pourrait jeter quelque lumière sur les raisons du conflit. Tantôt, en effet, Jésus se définit comme un prophète (Jn. IV ; 44), tantôt comme le Fils de l'homme, tantôt comme le Fils du Père, trois notions de contenus distincts, le prophète appartenant à la tradition juive de l'Ancien Testament, le Fils de l'homme ressortissant au mysticisme gnostique, alors en formation, le Fils du Père, lui, indiquant une origine divine. Le prophète expliquerait sans doute les motifs de l'antagonisme juif, les prophètes ayant par tradition éveillé par leurs imprécations et leurs exhortations la crainte du Seigneur que les chefs du peuple et le peuple lui-même avaient laissé tomber en désuétude. Or, de tels messages n'avaient pas toujours été bien accueillis sur le moment. Mais la définition de prophète est celle à laquelle Jésus recourt le moins ; c'est celle de Fils de l'homme qu'il utilise le plus souvent.

Confuse autant qu'elle paraisse (v. note « Jésus et le gnosticisme », p. 330-338), la notion de Fils de l'homme ne peut cependant expliquer entièrement l'antagonisme indiqué plus haut. Mais c'est toutefois celle qui peut le mieux rendre compte du fait que c'est dès le début du ministère de Jésus que le conflit apparaît ; en fait, ce conflit est latent ; il est déjà inscrit dans la personnalité de Jésus. Il remonte donc, au moins partiellement, à la seule formation idélogique distincte que Jésus ait subie, celle des Esséniens.

Le passage à Quoumrân, dont Jésus gardera des traces si profondes qu'elles se manifesteront jusqu'à la veille de son arrestation (v. note 65 sur « Les circonstances de l'arrestation », p. 350-354), installe en Jésus un sentiment de distance et de mépris à l'égard de Jérusalem, dominant chez les Esséniens. Pour les Esséniens, et donc dans une large mesure pour Jésus, Jérusalem, siège du pouvoir religieux juif, a failli à sa délégation divine, idée renforcée par le refus de Jérusalem de laisser les Esséniens faire des sacrifices au Temple (Nolland, « A Misleading Statement of the Essene Attitude to the Temple », in *Revue de Quoumrân* n° 36, tome 9, v. bibl.). L'adhésion à la notion gnosticiste de Fils de l'homme renforcera cette attitude. Fidèle à l'idée essénienne que le chef de cette communauté a reçu de Dieu le don de la Connaissance, c'est-à-dire le pouvoir de révéler le sens caché des Écritures, Jésus s'attribue ce don, comme en témoignent ses citations des Écritures dans un sens qui peut même être contraire à la Loi, que confirme l'épisode des disciples qui cueillent des épis de maïs le jour du sabbat. Jésus s'attribue donc le pouvoir de révéler des choses cachées et cite Isaïe : « Vous pouvez voir et entendre, mais vous ne comprendrez jamais » (Mt. XIII ; 14). D'où également le fait qu'il s'arroge le droit d'être « maître du sabbat ». Il s'identifie donc à la révélation.

Dans cette optique, le Temple et ses serviteurs, et même la lecture des Livres telle qu'elle est pratiquée par ceux-ci, ne peuvent que cacher le Royaume de Dieu. Ce sont des opacités qui s'interposent entre le croyant et Dieu et que lui, Jésus, et lui seul, est en mesure de dissiper. « Je vous le dis, à moins que vous ne vous montriez considérablement supérieurs aux Pharisiens et aux docteurs de la Loi, vous ne pourrez jamais entrer dans le Royaume des Cieux » (Mt. V ; 20). L'agressivité méprisante à l'égard des Pharisiens, « hypocrites, sépulcres blanchis... pleins d'ossements et de putréfaction... pleins jusqu'au bord d'hypocrisie et de crime » (Mt. XXIII ; 22-28), et le dédain à l'égard du Temple, qu'il propose de reconstruire en trois jours, sont donc les émanations directes d'un sentiment antérieur même au conflit de Jésus avec Jérusalem. Se présentant comme l'instrument de la transcendance, il ne pouvait nourrir que de l'hostilité à l'égard d'un système qui, selon lui, ne retenait plus que la lettre et méconnaissait l'esprit de la parole divine et des Écritures.

Ainsi s'éclaircit l'énigme du comportement agressif de Jésus tel que le rapportent les évangiles canoniques : c'est lui qui ouvre les hostilités contre Jérusalem, et la persécution qui, peu à peu, s'organise contre lui n'est que la conséquence d'une réaction. Comme tout corps social attaqué, Jérusalem prend des mesures de protection.

Ce point est extrêmement important, car il indique que ce n'est pas la messianité attribuée à Jésus qui est la cause de l'hostilité de Jérusalem, mais bien sa revendication d'un rôle révolutionnaire et l'attitude *a priori* hostile, voire destructrice, à l'égard de Jérusalem qui en découle. Théologiquement, le Sanhédrin ne peut admettre la notion de Fils de l'homme seul détenteur de la révélation, et cela d'autant moins que cette notion retire toute utilité au clergé juif. Dès lors que Jésus se proclame maître du sabbat, c'est en fait de tout pouvoir clérical juif, et les déclarations antérieures de Jésus selon lesquelles il n'est pas venu abolir la Loi sont nulles et non avenues ; car, de fait, l'abolition du sabbat prélude à l'abolition de la Loi.

Politiquement, les prodiges attribués à Jésus et le

succès même relatif qu'il remporte, surtout en Galilée, mais encore plus au moment de son entrée triomphale à Jérusalem, ne peuvent qu'attiser les alarmes du Sanhédrin : c'est une sédition de première grandeur qui couve, et aussi bien les spéculations politiques éventuelles de Pilate et d'Hérode que leur sympathie frivole à l'égard de Jésus ne peuvent que rendre le danger plus aigu. Jésus ne dissimule plus qu'il est l'ennemi juré de Jérusalem, qu'il est venu prendre d'assaut une semaine avant la Pâque. C'est alors que le Sanhédrin intervient, *in extremis*.

### *55. L'attitude de Jésus à l'égard des juifs.*

En dépit des innombrables allusions malsonnantes aux « juifs » qui émaillent les évangiles canoniques et qui imprègnent même l'Évangile de Thomas (par exemple, « Jésus a dit : les Pharisiens et les scribes ont pris les clefs de la Connaissance et ils les ont cachées », Th. logion 39), en dépit des imprécations et des vitupérations de Jésus à l'égard des juifs, notamment des Pharisiens, et de Jérusalem, il n'en reste pas moins que Jésus est loin de dédaigner la compagnie des Pharisiens et que ceux-ci ne lui sont pas toujours hostiles. Ainsi, un docteur de la Loi, c'est-à-dire un Pharisien, propose de suivre Jésus (Mt. VIII ; 19-20), mais celui-ci lui répond de façon désobligeante. Néanmoins, le président d'une synagogue le prie de ressusciter sa fille morte (Mt ; IX ; 18-19), après s'être incliné devant lui, et Jésus le suit et ressuscite, en effet, sa fille. Les Pharisiens viennent lui demander son opinion sur le divorce (Mt. XIX ; 3) et, bien qu'il les ait traités de « sépulcres blanchis », il accepte leurs invitations à souper (Lc. VII ; 36-37 ; XI ; 37-38 ; et XIV ; 1). Les Pharisiens lui prodiguent même des conseils pour sa sécurité (Lc. XIII ; 31).

Le moins qu'on puisse en déduire est que la relation

de Jésus et de ses coreligionnaires était de part et d'autre ambiguë. Jésus les invectivait collectivement, mais n'était certes pas hostile à des relations individuelles avec ceux qui lui manifestaient leur intérêt et leur révérence, et, parallèlement et collectivement, les juifs, et notamment les Pharisiens, lui reprochaient son attitude hétérodoxe, des déclarations énigmatiques telles que « le Fils de l'homme est maître du sabbat » et son peu de respect du sabbat justement, mais nombreux étaient ceux qui, au vu et au su de tous, l'invitaient à dîner, fût-ce avec une « pécheresse » telle que Marie de Magdala.

L'attitude de Jésus, à cet égard, n'est nullement différente de celle des prophètes qui, des siècles auparavant, vitupéraient Israël, Jérusalem, ses chefs et les juifs avec une violence qui ne peut étonner que ceux qui n'ont jamais lu l'Ancien Testament. A la limite, on peut soutenir que ces vindictes verbales, qui ressortissent partiellement à la rhétorique orientale, n'ont été importantes que parce que, cette fois, elles ont culminé dans l'arrestation de Jésus.

***56. L'attitude de Jésus vis-à-vis des Samaritains.*** Il s'agit là de l'un des points les plus paradoxaux du ministère et du comportement de Jésus. Selon Matthieu, Jésus entretient à l'égard des « juifs perdus » les mêmes préjugés que la communauté judaïque orthodoxe, mépris et refus de contacts ; quand il envoie ses apôtres en mission, il leur donne, parmi ses instructions, de n'entrer dans aucune ville samaritaine, mais d'aller plutôt vers les brebis perdues de la maison d'Israël, ce qui est apparemment une contradiction, mais qui, en fait, reflète fidèlement les paroles de la Sifra (L ; 25-26) : « Il y a deux nations que mon âme déteste, la troisième n'est pas une nation : les habitants de la montagne de Séïr (les Nabatéens), les Philistins et le peuple stupide qui demeure à Sichem » (les Samaritains). Hérode le Grand, excédé des complications que lui valait l'animosité des juifs pour les Samaritains, aurait essayé de les réconcilier en épousant la Samaritaine Malthacée, mère d'Hérode Antipas, et aurait, selon Josèphe, autorisé aux Samaritains l'accès au parvis intérieur du Temple (*Ant. jud.*, XVIII, 2,2). Guère conciliants, pour dire le moins, les Samaritains retrouvèrent leurs aigreurs au contact de leurs anciens coreligionnaires et, sous le préfet Coponius, c'est-à-dire entre 6 et 9 de notre ère, auraient profané le Temple en y répandant des ossements humains (Josèphe, *Ant. jud.*, idem). Cette année-là, le grand prêtre décida qu'il était impossible de célébrer la Pâque, la purification s'étendant au-delà des dates rituelles de la célébration. Le droit rabbinique assimilait les Samaritains aux païens et interdisait d'accepter leurs sacrifices. Néanmoins, il faut rappeler que les Esséniens aussi se considéraient comme interdits de sacrifices. Jésus semble donc se situer, selon Matthieu, dans le courant de la stricte orthodoxie judaïque. Il se montre en cela, si l'on peut dire, plus royaliste que le roi, car Jokanaan prêcha à Salim, qui est en Samarie.

De fait, sauf une incursion à Tyr et Sidon, il semble cantonner les terrains de son ministère à la Galilée et à la Judée, si l'on excepte un voyage à Césarée de Philippe, en Trachonitide (Mc. VII ; 27), et une traversée de la Décapole (VII ; 31). Mais, selon Luc, c'est Jésus lui-même qui s'aventure dans un village samaritain (Lc. IX, 51-56), dont les habitants ne veulent pas l'accueillir, car il se rend à Jérusalem. Comme Jésus venait de Galilée, il suivait donc la route des voleurs, et le village était le plus probablement Salim. Toujours est-il que Jésus trouva des quartiers dans un autre village. Selon Luc, il contrevenait donc aux instructions citées par

Matthieu. Fut-ce par nécessité ? Ou bien Matthieu prête-t-il à Jésus un interdit qui reflète le sien propre ?

C'est cette dernière version qui semble la plus plausible, car Jésus n'est sans doute pas encore sorti de Samarie qu'il offre à ses disciples et à un docteur de la Loi la parabole du bon Samaritain (Lc. X ; 29-37), qui veut dire, somme toute, que les Samaritains ne sont pas pires que les autres, voire qu'ils peuvent être, à l'occasion, plus compatissants que les Lévites. On reconnaît là le goût du paradoxe et l'injure oblique dans lesquels Jésus est passé maître. C'est toujours Luc, qui décidément ne partage pas l'aversion de Matthieu pour les Samaritains, qui rapporte l'anecdote, assez piquante, des dix lépreux. Voyageant aux frontières de la Samarie et de la Galilée, Jésus est accosté dans un village par dix lépreux ; il les guérit ; un seul des dix remercie Dieu à haute voix ; comme on s'y attendait, c'est le Samaritain. « Aucun des autres ne pouvait donc revenir et louer Dieu que cet étranger ? » relève Jésus (Lc. XVII ; 11-19).

Jean, qui décidément ne fait rien comme les autres, est le seul à rapporter l'histoire « scandaleuse » de la Samaritaine. Scandaleuse pour l'époque à plusieurs égards ; d'abord parce que Jésus commet l'impensable : il demande à boire à une Samaritaine, alors que les juifs ne boivent pas dans les mêmes récipients que les Samaritains ou, selon la version de Jean que l'on préfère, ne traitent pas avec eux ; ensuite, ce n'est même pas une femme honnête, elle a, lui dit Jésus, cinq maris et l'homme avec lequel elle vit n'est même pas un époux ; en d'aures termes, c'est une putain ; pis que tout, c'est à elle que Jésus révèle qu'il est le Messie, et c'est la seule révélation de sa messianité qu'il fait dans tous les évangiles, canoniques et apocryphes. Aller annoncer à une putain samaritaine ce qu'il n'a pas dit aux disciples, on conçoit que les Pères de l'Église aient mis plusieurs siècles à concéder à l'Évangile de Jean le titre de canonique !

On a vu déjà, à propos de l'« affaire Lazare », que Jean ne répugne pas à romancer ; il a peut-être vu, et dans ce cas, il serait le seul une fois de plus, Jésus adresser la parole à une Samaritaine, et comme le point est provocateur, car Jean s'adresse aux auditeurs d'Asie Mineure hellénistique, qui savent bien que juifs et Samaritains s'archi-exècrent, il brode pour transformer cet incident en un épisode exemplaire. Il met ainsi dans la bouche de Jésus des propos totalement improbables : « Vous, Samaritains, ignorez ce que vous adorez », ce qui est une bourde extravagante. Jamais Jésus, qui était certainement instruit de l'identité des Samaritains, n'eût pu ignorer que les Samaritains adoraient le même Dieu que les juifs, qu'ils lui donnaient le même nom, Yahweh, qu'ils suivaient à la lettre le Deutéronome, le Pentateuque, fût-ce dans leurs propres versions. La principale raison du schisme samaritain avait été que les Samaritains soutenaient que Dieu était apparu à Moïse sur le mont Gérizim, et non, comme le soutenaient les juifs, sur le mont Sion. Quand les Samaritains avaient entrepris le Temple de Salomon, les juifs leur avaient donc refusé leur aide et, injure suprême, les avaient traités de bâtards. Il n'est pire ennemi qu'un frère en désaccord.

S'empêtrant décidément dans sa rhétorique, Jean fait dire à Jésus : « C'est des juifs que vient le salut », ce qui constitue un manque de prescience étonnant, une contradiction flagrante avec le récit de la Passion par le même Jean, qui est empreint d'un antisémitisme notoire et, pour finir, un désaveu intégral du christianisme. Car si, selon Jean, c'est des juifs que vient le salut, que sert donc aux successeurs de Jésus de fonder le christianisme ? A l'évidence, il s'agit là d'un de ces

« cafouillages » où les évangélistes se laissent entraîner à l'occasion.

Qui plus est, et quelle que soit la sollicitude de Jésus à l'égard des pécheresses, on le voit mal faisant à une inconnue la révélation suprême et unique de sa mission. Provocateur, il l'était certes, mais avec un sens aigu des situations.

Trois conclusions majeures en découlent.

La première est que les évangélistes ont inclus dans leurs textes leurs propres préjugés à l'égard des Samaritains. Matthieu fait dire à Jésus que les apôtres ne doivent jamais entrer dans un village samaritain et Jean le représente non seulement entré dans Sychar (Sichem), mais encore demandant à boire à une Samaritaine ! A quoi tient ce préjugé ? Pas seulement à des habitudes culturelles, mais également à des raisons doctrinales fondamentales : les Samaritains ne croient pas à la résurrection des morts, comme les Sadducéens, d'ailleurs ; ils s'en tiennent à la stricte parole du Pentateuque, où il n'est pas question de résurrection, concept tardif (John Hick, *The Myth of God Incarnate*, p. 65-79, v. bibl.). Bien pis, les Samaritains tenaient le roi David pour l'apostat par excellence, ils l'avaient exclu de leur version de l'Ancien Testament, parce qu'il avait installé le centre du culte à Jérusalem. Enfin, raison majeure, ignorant David, les Samaritains ignoraient aussi bien le concept de messie.

Les contradictions citées plus haut constituent donc une preuve supplémentaire du « tripotage » des dits et faits de Jésus par les évangélistes, car ou bien Jésus était incohérent, ou bien, ce qui est infiniment plus probable, les évangélistes en ont pris à leur aise avec leurs rapports, y instillant çà et là leurs propres opinions et les mettant, pour faire bonne mesure et verrouiller les critiques ultérieures, dans la bouche de Jésus.

La deuxième conclusion est qu'en fait Jésus se

moquait bien des interdits judaïques concernant les Samaritains. Qu'ils fussent schismatiques ne lui importait apparemment pas plus que le fait que Marie de Magdala fût une pécheresse, Lévi un Publicain et Nicodème un membre du Sanhédrin. Il parlait à qui voulait l'entendre, pourvu que la parole fût reçue, c'était l'essentiel.

La troisième conclusion est qu'il n'avait pas de scrupules à adresser la parole aux jolies femmes. Pour être entretenue par cinq hommes, la Samaritaine devait être en effet une bien belle femme.

Il n'en reste pas moins qu'en dépit de son apparent réalisme, et même en supposant que Jean a pris des libertés outrancières avec la vérité, l'épisode de la Samaritaine laisse une impression de malaise ; il est d'abord provocateur encore aujourd'hui et, à l'époque, il dut paraître scandaleux. Puis il est incompréhensible, il ne s'y dit apparemment rien de fondamental, sinon que Jésus apprécie la compagnie des femmes, de préférence jolies, et son inclusion dans une œuvre aussi solennelle qu'un évangile laisse perplexe. Et comment donc Jean seul en a-t-il eu connaissance ? Et si l'histoire est vraie, pourquoi donc a-t-il jugé utile de la rapporter ? Quel est le sens véritable de cette conversation qui porte sur un puits, son eau, l'« eau vivante », et la soif de cette dernière que déclare la Samaritaine ?

Dans ce récit, que sa solennité rend d'autant plus incongru, Jean fait dire à Jésus quelque chose d'encore plus déroutant que le reste : « Rentre à la maison, appelle ton mari et reviens » sous-entendu, « avec ton mari ». Or, c'est d'autant plus inepte que Jésus sait, on l'a vu, qu'elle a « cinq maris ». Donc, Jésus a l'air de parler pour ne rien dire. Mais c'est plus que douteux. Et pourquoi faire appeler ce mari ? De plus, cette Samaritaine effrontée semble bien savante...

Il faut donc imaginer soit que Jean n'a rien compris

à cet épisode, soit que son copiste a déformé le récit, soit encore que Jean livre un message secret que seuls les initiés comprendront. Il est plus que douteux que Jean n'ait rien compris à cette histoire célèbre dont il rapporte les dialogues. Et, si le copiste avait omis un détail crucial qui rendrait son sens au récit, il n'aurait pas inventé un dialogue aussi important. Il faut donc examiner la dernière hypothèse, celle du récit chiffré.

Une Samaritaine célèbre, qui est effectivement une prostituée, fait beaucoup parler d'elle à l'époque : c'est Hélène, ancienne compagne de Dosithée et qui avait travaillé dans les bordels de Tyrn avant que ce maître du gnosticisme, l'en sortît pour en faire sa compagne. Dosithée compte parmi ses disciples un certain Simon, qui le quittera et qui sera connu sous le nom de Simon le Magicien, pour fonder une secte gnosticiste nouvelle, nommée les Héléniens en l'honneur de la compagne qu'il a prise à Dosithée (v. note sur « Dosithée », p. 173-175).

Dès lors, le récit de Jean commence à s'éclairer : la Samaritaine, c'est Hélène.

Il est singulier que Jésus rencontre fortuitement une femme aussi célèbre à Sychar, tandis qu'elle allait tirer de l'eau au « puits » et, qui plus est, au célèbre et révéré Puits de Jacob, un des plus anciens symboles de la foi juive. En effet, et il est douteux que Jean l'ignore, le puits est aussi un symbole essénien majeur : il représente la Loi : « Le puits, c'est la Loi, ceux qui l'ont creusé sont les pénitents d'Israël, exilés au pays de Damas » (Document de Damas, VI ; 5). Les Samaritaines n'allaient pas puiser ordinairement leur eau là, mais à un autre puits, l'actuel Aïn Askar et, de toute façon, Hélène, grande prêtresse d'une secte gnosticiste, envoyait certainement des servantes puiser l'eau pour elle. En fait, Jésus est allé à Sychar pour rencontrer

Hélène et Simon. Pourquoi cet intérêt ? Il peut s'expliquer de deux manières, séparées ou associées.

Dosithée, dont Hélène a été la compagne, a sans doute été un Essénien (*cf.* Daniélou, déjà cité, v. note « Jésus et le gnosticisme »). Jésus est intéressé par l'avatar de l'essénisme représenté par Dosithée et par ses élèves dissidents Simon et Hélène ; et cela d'autant plus que la réputation de Dosithée et de Simon, sans parler d'Hélène, dépasse les frontières de la Palestine. Jésus veut donc voir ce qu'il en est de ce mouvement, qui le touche plus ou moins directement.

Jésus souhaite provoquer un duel oratoire avec Simon. Il est, en effet, porté aux joutes théologiques, et il ne lui déplairait sans doute pas d'en découdre avec des rivaux, lui qui se plaint que les prophètes ne sont pas entendus dans leur pays.

Mais il ne rencontre qu'Hélène. Il lui enjoint d'aller chercher son mari, en fait Simon le Magicien ; elle répond qu'elle peut très bien affronter seule un débat. Et la conversation aussi s'éclaire d'un jour nouveau :

J. : Donne-moi à boire *(fais-moi donc goûter de ton enseignement).*

H. : Quoi ! Toi, un juif, tu demandes à boire à une Samaritaine ? *(Quoi ! Toi, un juif, tu t'intéresses à des schismatiques ?)*

J. : Si tu savais qui te parle, c'est toi qui lui aurais demandé de l'eau vivante *(si tu savais qui je suis, c'est toi qui demanderais mon enseignement).*

H. : Tu n'as pas de seau et ce puits est profond *(tu n'as aucun pouvoir et aucun savoir, et la religion est une chose profonde).* Es-tu plus grand que Jacob notre ancêtre, qui nous a donné ce puits ? *(Prétends-tu être un prophète ?)*

J. : Ceux qui boivent cette eau auront soif de nouveau, mais ceux qui boiront l'eau que je leur donnerai n'auront plus soif *(votre rhétorique est creuse et ne contient rien d'intéressant, c'est moi qui détiens la révélation).*

C'est après quoi, selon Jean, que la Samaritaine enfin se rend à Jésus et lui déclare : « Je peux voir que tu es un prophète. » Selon Jean, donc, Jésus aurait gagné le duel. En réalité, il ne le gagna pas, car Simon, Hélène, les Héléniens, tout comme Dosithée, poursuivirent leur enseignement sans désemparer.

L'histoire de la Samaritaine, qui serait autrement indéchiffrable, témoigne que la réputation des sectataires gnosticistes, notamment Dosithée et Simon, préoccupait Jésus. Jean transforme l'affrontement avec Hélène en une fable qui se conclut à l'avantage de Jésus. Son témoignage, il faut le souligner, est totalement douteux, du moins sur le contenu de la conversation entre Jésus et Hélène, puisqu'il reconnaît lui-même qu'il n'y était pas.

Dans *L'Homme qui devint Dieu*, j'ai supposé que Jésus avait auparavant rencontré Hélène, nommée Sepphira, « La Chiffrée », à Scythopolis, ville à la frontière de la Samarie et de la Décapole, et dont l'existence parut incertaine, jusqu'à sa redécouverte en 1986 par des archéologues israéliens. Dans la version intégrale du récit, Hélène-Sepphira était « en vacance » après avoir quitté Dosithée. Jésus se fait sermonner par elle sur l'interprétation masculine du sens de l'honneur, à l'époque comme aujourd'hui enclin à verser le sang d'autrui. L'ancienne prostituée de Tyr, à coup sûr une femme de caractère et intelligente, avait connu assez d'hommes pour être au fait des réalités masculines et historiques, pour en savoir plus, en tout cas, que les épouses de l'époque, cloîtrées depuis la perte de leur virginité jusqu'au cimetière.

*57. Jésus et sa messianité.* La bibliographie sur ce point est considérable, il ne me paraissait donc pas utile de l'alourdir, sauf à apporter des éléments radicalement neufs, que je n'ai pas.

Je me limiterai ici à deux points, l'absence de toute reconnaissance plausible de sa messianité par Jésus dans les Évangiles, canoniques et apocryphes, et un résumé de l'ouvrage qui a fondamentalement forgé mon point de vue à cet égard, *Le Secret de la vie de Jésus* d'Albert Schweitzer.

La reconnaissance de sa messianité par Jésus n'aurait eu lieu qu'une seule fois, on l'a vu plus haut, dans le récit hautement douteux de Jean (Jn. IV ; 8-30). Outre sa parfaite invraisemblance, déjà soulignée, ce récit se condamne lui-même par le fait qu'il prétend rapporter les paroles de Jésus à la Samaritaine alors qu'il n'y avait pas de témoins à l'entretien, car « les disciples étaient allés en ville acheter de la nourriture ». On se demande donc comment Jean en aurait eu connaissance. Dans tout le reste des Évangiles, tout le monde s'adresse à Jésus sous les vocatifs « Seigneur », « Maître », « Rabbi », « Fils de David », jamais sous celui de « Messie », que n'utilisent même pas les évangélistes, pourtant censés propager la messianité de Jésus.

Il est un autre passage évangélique où Jésus aurait reconnu indirectement sa messianité ; c'est celui où, dans l'Évangile de Matthieu, il demande à ses disciples pour qui donc passe le Fils de l'homme. « Tu es le Messie, le Fils du Dieu vivant », lui aurait répondu Simon-Pierre (Mt. XVI ; 17). Mais ce passage aussi prête à réserves, d'abord, parce que l'auteur y prête à Simon-Pierre un amalgame des concepts de Messie et de Fils de Dieu, qui n'apparaît qu'ultérieurement dans l'élaboration de la doctrine chrétienne ; à l'époque de Jésus, il y a bien des saints hommes qui se déclarent ou sont déclarés fils de Dieu, et des prétendants à messianité, mais il n'y a personne qui se prévale à la fois des deux titres.

Ensuite, ce passage de Matthieu appelle des réserves, parce qu'il prête la vedette à Simon-Pierre, qui est ensuite nommé par Jésus « pierre » fondatrice de son Église ; or, comme on l'a vu plus haut (p. 251), Pierre est la source majeure des synoptiques et tend donc à s'assurer une prééminence qu'il n'eut pas ; en effet, le premier évêque de l'Église de Jérusalem fut Jacques d'Alphée, et non Pierre, ce qui infirmerait alors la prédiction de Jésus. Enfin, rapportant le même entretien entre Jésus et ses disciples, Marc ne lui donne pas du tout le même tour. Une fois de plus, certes, Simon-Pierre dit à Jésus qu'il est le Messie, mais là, Jésus n'acquiesce pas, ni ne nomme Simon-Pierre « pierre » fondatrice, mais donne « l'ordre strict » aux disciples de ne pas répéter aux autres ce qu'ils viennent de dire (Mc. VII ; 27-30).

En deux occasions, Jésus jette à bas l'édifice patiemment bâti par Matthieu et Luc, qui s'efforcent de prouver que Jésus le Messie est à la fois le descendant de David et le fils de Dieu ; prêchant au Temple, il déclare : « Comment les docteurs de la Loi peuvent-ils soutenir que le Messie est le "Fils de David" ? David lui-même a dit, quand il était sous l'inspiration de l'Esprit saint : "Le Seigneur a dit à mon Seigneur : Reste assis à ma droite jusqu'à ce que je mette tes ennemis à tes pieds." David lui-même l'appelle "Seigneur" ; comment peut-il donc être le fils de David ? » (Mc. XII ; 35-37). Ainsi s'écroule l'édifice de l'ascendance davidique. A une autre occasion, quand un étranger se jette à ses genoux et lui demande : « Bon maître, que dois-je faire pour gagner la vie éternelle ? » Il lui répond : « Pourquoi m'appelles-tu "bon" ? Personne d'autre que Dieu n'est bon » (Mc. X ; 17-18), épisode que l'on retrouve chez Matthieu (Mt. XIX ; 16-

17). Ainsi Jésus jette-t-il bas, également, le postulat de sa participation à la nature divine. Sans entrer ici dans le domaine théologique, il faut souligner que les paroles mêmes de Jésus infirment en termes nets, sans la moindre équivoque, toute idée d'essence divine, car, s'il s'était reconnu d'origine divine, il se serait reconnu bon.

L'immense appareil exégétique développé sur la messianité divine de Jésus n'a jamais pu, je le reconnais, ébranler pour moi le sens éclatant des deux dénis de messianité davidique et divine que voilà. Et ce n'est pas là la moindre preuve de l'inconsistance doctrinale des évangélistes : il n'était pas messie, sur la Terre ; il était appelé à le devenir à la fin des temps.

Je crois utile de citer, à titre de comparaison, la version de Thomas de l'épisode majeur où Jésus demande à ses disciples pour qui il passe : « Jésus a dit à ses disciples : Comparez-moi, dites-moi à qui je ressemble. Simon-Pierre lui dit : Tu ressembles à un ange juste. Matthieu lui dit : Tu ressembles à un philosophe sage. Thomas lui dit : Maître, ma bouche n'acceptera absolument pas que je dise à qui tu ressembles. Jésus dit : Je ne suis pas ton maître, car tu as bu et tu t'es enivré à la source bouillonnante que j'ai moi-même mesurée. Et il le prit. Il se retira et lui dit trois mots. Or, Thomas étant revenu vers ses compagnons, ceux-ci l'interrogèrent : Que t'a dit Jésus ? Thomas leur dit : Si je vous dis une des paroles qu'il m'a dites, vous prendrez des pierres et vous les jetterez contre moi ; alors un feu sortira des pierres et elles vous brûleront » (Évangile de Thomas, logion 13, v. bibl.).

Les trois mots feront l'objet d'un commentaire séparé dans la note sur le gnosticisme de Jésus. Eu égard à la messianité déclarée par Simon-Pierre selon Matthieu et Marc, on note qu'il n'en est ici pas question, tout comme il n'est pas non plus question de messianité dans l'Évangile de Thomas.

Il n'en reste pas moins certain que, dans les milieux juifs du Ier siècle, il y avait une attente d'un messie et qu'elle s'exacerba dans le sillage de Jésus. La preuve qu'il n'y a pas satisfait par une déclaration est donnée par Jean : « Jésus marchait dans l'enceinte du Temple, sous le portique de Salomon. Les juifs se réunirent autour de lui et demandèrent : "Combien de temps dois-tu nous tenir en haleine ? Si tu es le Messie, dis-le clairement. — Je vous ai dit, dit Jésus, mais vous ne croyez pas. Les actes que j'ai accomplis au nom de mon Père sont mes lettres de créance, mais parce que vous n'êtes pas les brebis de mon troupeau, vous ne croyez pas" » (Jn. X ; 22-26). Une fois de plus, Jésus répond de façon indirecte ; alors que le Baptiste avait répondu tout net à ceux qui lui demandaient s'il était le Messie qu'il ne l'était pas, Jésus use de circonlocutions et d'images et se situe sur un autre domaine. Il ne dit pas qu'il n'est pas le Messie, mais il ne dit pas non plus qu'il l'est, attitude équivoque qui sera analysée à la fin de cet ouvrage.

Toujours est-il qu'au moment déterminant de son procès, alors que sa cause est perdue et que la revendication de la messianité pourrait pourtant le sauver, car elle risquerait de provoquer un soulèvement populaire, alors aussi qu'il ne risque plus rien à déclarer enfin — s'il le croit — qu'il est le Messie, Jésus aurait maintenu sa négation. Quand le grand prêtre lui demande : « Par le Dieu vivant, je t'adjure de nous dire : es-tu le Messie, le Fils de Dieu ? » Jésus répond : « Ce sont tes paroles » (Mt. XXVI ; 63-64). Dans l'Évangile de Luc, questions et réponses sont plus confuses. « Es-tu le Messie » lui demande d'abord le Sanhédrin. « Si je vous le dis, vous ne le croirez pas, et si je vous pose des questions, vous ne répondrez pas », rétorque Jésus, qui poursuit :

« Mais à partir de maintenant, le Fils de l'homme sera assis à la droite du Dieu Tout-Puissant. — Tu es le Fils de Dieu, alors ? » dirent-ils tous, et il répliqua : « C'est vous qui le dites » (Lc. XXII ; 66-70). Là, Jésus ne répond donc pas qu'il est le Messie, mais laisse entendre qu'il serait le Fils de l'homme, expression dont on verra plus loin le sens plausible (v. note 58). Comme s'ils ignoraient le sens de cette expression, ce qui est invraisemblable, les membres du Sanhédrin, gérontes, prêtres, docteurs de la Loi, auraient feint de ne pas la comprendre et demandent si Jésus est le Fils de Dieu, alors que l'héritier de David, Jésus lui-même le dit, ne saurait être divin ; il y a là amalgame de trois notions distinctes, mais c'est ici celle de Fils de Dieu que Jésus récuse en répondant : « C'est vous qui le dites. » Jean évite cet embrouillamini, et il n'est, dans son récit de l'interrogatoire par le Sanhédrin, question ni de Messie, ni de Fils de l'homme, ni de Fils de Dieu : les juges religieux, réduits apparemment à Annas et Caïaphas, se contentent, comme leurs pouvoirs le leur dictaient, d'interroger Jésus sur son enseignement et sur ses disciples. C'est Pilate, enfin informé de la signification du mot Messie et du chef d'accusation, qui demande à Jésus : « Es-tu le roi des juifs ? » (Jn. XVIII ; 34). Car il sait que l'onction messianique équivaudrait à faire de Jésus le roi des juifs. Et là, l'attitude de Jésus devient enfin un peu plus claire : « Mon royaume n'est pas de ce monde », déclare-t-il, phrase qu'on ne trouve cependant que chez Jean. Et il précise que, si c'était le cas, ses partisans déclencheraient un soulèvement pour le libérer des juifs. « Tu es donc roi ? » insiste Pilate. Jésus dit encore que « roi » est le mot de Pilate. On retrouve à peu près tel quel l'épisode de l'interrogatoire chez Pilate dans le récit de Luc (Lc. XXIII ; 3), dans celui de Marc (Mc. XV ; 1-2) et chez Matthieu (Mt. XXVII ; 11-12).

Il est à noter, à cet égard, que les seules questions et réponses sur lesquelles les quatre évangélistes sont d'accord sont celles de l'interrogatoire chez Pilate. En ce qui touche à l'interrogatoire religieux, ils sont tous en désaccord, et pour cause, parce que (outre qu'ils n'y étaient pas) c'est celui qui doit définir la messianité de Jésus et son ascendance divine tout à la fois. Ainsi, contrairement aux autres évangélistes, Marc rapporte que, prié de dire s'il est le Messie, Jésus répond : « Je le suis, et vous verrez le Fils de l'homme assis à la droite du Père arrivant sur les nuées du ciel » (Mc. XIV ; 62). Toutefois, ce point est en contradiction, non seulement avec les rejets de sa divinité par Jésus que l'on a vus plus haut, mais encore avec les trois autres évangiles ; et le récit de Marc est d'autant plus suspect que lui aussi fait un amalgame entre le Messie, le Fils de l'homme et le Fils de Dieu.

En réalité, les quatre récits de l'interrogatoire religieux sont suspects pour la simple raison que, de l'aveu même des évangélistes, aucun apôtre n'y était présent. Ce sont des rapports probables d'ouï-dire, qu'ils ont traité chacun pour prouver son propre point de vue sur l'identité de Jésus.

Il s'agit là d'observations schématiques. Ceux des lecteurs qui souhaiteraient les vérifier, préciser et enrichir trouveront une grande partie de mes références dans *L'Histoire de la tradition synoptique* de Rudolf Bultmann (v. bibl.), ouvrage majeur de l'exgèse néotestamentaire. En ce qui concerne ainsi la discordance du récit de Marc, la philologie indique qu'elle n'a jamais existé. Bultmann, citant la *Christologie du Nouveau Testament* de son collègue Cullmann (p. 622), rapporte que cette discordance est due à une traduction erronée de l'araméen, le « tu l'as dit » équivalent en français contemporain de « c'est toi qui le dis », a été traduit en « je le suis », Εγω εςμι.

En tout état de cause, l'analyse exégétique effectuée par Bultmann indique, comme je l'ai rappelé dans le chapitre 2 de cet ouvrage, qu'il existe bien peu de paroles de Jésus rapportées par les évangélistes qui puissent lui être attribuées avec une certitude raisonnable.

Jésus n'ayant donc pas revendiqué sa messianité, le problème demeure entier. J'ai évoqué plus haut la thèse de Schweitzer ; pour lui, Jésus se considérait comme un messie secret et futur. Messie secret, non pas le libérateur attendu par les juifs, mais un messie qui à la fois se réaliserait et se révélerait à l'avènement du Royaume, notion mystique qui ne correspond aucunement à la tradition juive. Il est donc, d'une part, poussé par l'attente messianique contemporaine, de l'autre, contraint d'y résister, parce qu'il sait que le sens qu'il se fait de sa mission ne correspond pas à l'attente juive. « Jésus ne se serait pas exprimé correctement s'il avait dit : "Je suis le Messie" ; car il ne le devenait qu'avec son apparition transcendantale comme Fils de l'homme », écrit Schweitzer (*Le Secret de la vie de Jésus*, p. 149, v. bibl.). Schweitzer distingue, par ailleurs, deux périodes dans la vie de Jésus, l'une confiante, l'autre habitée par le sentiment ou pressentiment de l'échec, qu'avaient suscité en lui les machinations ourdies par Jérusalem.

Schweitzer associe donc, dans la pensée de Jésus, la notion de messie à celle de Fils de l'homme. Le Messie selon Jésus adviendra grâce au Fils de l'homme et s'identifiera donc à celui-ci. C'est là l'une des interprétations qui m'ont paru le mieux expliquer certaines obscurités considérables du ministère de Jésus.

Toutefois, elle est fortement empreinte de gnosticisme. Renforcée par les Évangiles de Jean et de Thomas, ainsi que par plusieurs passages des synoptiques, elle modifie radicalement le personnage de Jésus. Pour être comprise, elle appelle une analyse de la notion de Fils de l'homme.

***58. La notion de Fils de l'homme et sa signification gnostique.*** C'est le titre que Jésus revendique ouvertement, dans de très nombreux passages des canoniques (mais non chez Thomas, pour des raisons qui sont analysées plus loin). Certains auteurs tentent d'en établir l'origine dans le Livre de Daniel, mais l'expression en est absente. Jésus lui prête en tout cas un sens bien particulier, qui lui est intrinsèquement propre ; c'est le parangon de la race d'Adam, son représentant devant les puissances célestes et humaines, à la fois, son accomplissement le plus pur et son intercesseur ; le Fils de l'homme apparaît dans les discours de Jésus, comme un proto-messie ; il s'effacera à l'avènement du Messie en lequel il se changera. C'est d'ailleurs ainsi que l'a perçu également la tradition chrétienne, qui appelle toujours Jésus « Messie » jamais « Fils de l'homme ». Toutefois, cette expression est fortement empreinte de gnosticisme ; comme le relève Puech (*En quête de la gnose*, II, *Sur l'Évangile selon Thomas*, p. 239-241), elle oppose le Fils de l'homme au Fils de la femme ; le Fils de l'homme représente les hommes spirituels, celui de la femme les hommes charnels, distinction qui trouve dans l'Évangile de Thomas son équivalence dans la séparation des « vivants » et des « morts », les Fils de l'homme étant vivants, les autres morts, à la vie spirituelle s'entend. L'homme régénéré, délivré (par le baptême) de la servitude originelle « féminine » où le tenait la faute, est vraiment devenu un « mâle ». Il a également « surmonté la dualité sexuelle, aboli toute dualité » (Puech) pour parvenir à l'unité.

Le gnosticisme est présent dans cette croyance que

l'être humain ne peut accéder à son être originel et authentique ou *noûs* que par l'abolition de la réalité, du temps et de l'espace, qui permettra au *noûs* d'entrer enfin dans la gloire de l'être plénier, l'*aïon*. A ce moment-là, il est devenu Fils de Dieu.

Ce n'est là, toutefois, que l'une des interprétations des rapports de l'être humain avec la Divinité ; il en est d'autres, car le gnosticisme est composite et comporte autant de nuances que les cultures au contact desquelles il s'est développé, et il est essentiel de souligner que la notion de Fils de l'homme telle qu'elle a été décrite plus haut ne semble pas s'appliquer intégralement à Jésus. En effet, en annonçant, comme il le fait à maintes reprises dans les Évangiles, que l'Apocalypse précédera immédiatement sa révélation en tant que Fils de Dieu, Jésus s'attribue un rôle qui n'est pas celui qui est « normalement » réservé à tout être humain qui se sera transcendé pour atteindre à l'*aïon* ; c'est un rôle exceptionnel, celui d'un héros cosmique, dont la dimension est celle d'un Vishnou ou d'un Osiris, sauveurs de l'humanité. Telle est d'ailleurs la raison qui incline à penser que Jésus s'est formé sa conception de son rôle au contact de religions étrangères, car son système de référence à la notion de Fils de l'homme est intégralement extérieur au judaïsme (v. note « Les voyages de Jésus à l'extérieur de la Palestine et à l'intérieur de ce pays », p. 205-211).

Il convient d'observer à ce sujet que Bultmann (*L'Histoire de la tradition synoptique* p. 208, v. bibl.) rejette l'authenticité des références évangéliques à cette notion : « ... Pour les paroles qui parlent de la venue du Fils de l'homme, on doit supposer une origine ellénistique. » C'est une opinion qu'il réitère (note p. 194, *ibid.*) à propos de la phrase très singulière de Jésus en Jn. III ; 14 : « Le Fils de l'homme doit être élevé comme fut élevé le serpent par Moïse dans le désert... » Tout en admettant que la notion de Fils de l'homme n'est pas entièrement dérivée du gnosticisme, Bultmann ne la sépare pas de ce courant. Mais ce qui est beaucoup plus important, c'est qu'il estime que ce sont les évangélistes, Jean et synoptiques confondus, qui ont ajouté la notion de Fils de l'homme au récit de la vie de Jésus et qui l'ont mise dans sa bouche.

Il faudrait tout un volume — de plus ! — pour analyser cette opinion. On peut toutefois résumer quelques objections à Bultmann, à ce sujet-ci : si ce sont les évangélistes qui ont surajouté les très nombreuses références des discours de Jésus à la notion de Fils de l'homme, on ne voit pas pourquoi Jésus aurait refusé de reconnaître qu'il était le Messie. Son ministère et sa mission deviendraient alors incompréhensibles, alors qu'ils s'interprètent beaucoup plus logiquement si l'on admet, avec les Évangiles, qu'il a, en résumé, tenu le propos suivant : Je ne suis pas maintenant le Messie, je ne suis pour le moment que le Fils de l'homme, mais je deviendrai le Messie à la consommation des temps et vous me verrez alors apparaître comme le Fils de Dieu.

Il convient, par ailleurs, de rappeler que Bultmann est d'un radicalisme très poussé dans son exégèse des Évangiles ; pour lui, il n'y aurait en fin de compte que quelques phrases de Jésus qui seraient authentiques, à peine autant qu'il y en a dans l'Évangile de Thomas, et tout le reste serait le produit de la fabrication de la communauté christique primitive. Seuls détenteurs de ce qu'ils tenaient pour la vérité suprême, les quelques témoins de Jésus auraient par la suite interprété les paroles de Jésus selon leurs inclinations (v. ch. IV, p. 87).

Dans ce cas, et dans le cadre spécifique de la notion de Fils de l'homme, il faudrait alors considérer que c'est l'ensemble des évangélistes qui était marqué par le gnosticisme. Je n'ai pas suivi une attitude aussi radicale dans le récit de *L'Homme qui devint Dieu*, et cela quelle que fût l'autorité de Bultmann. S'il faut bien admettre que les Évangiles ont fait l'objet de manipulations considérables, il semble difficile de mettre au crédit des évangélistes l'invention du système Fils de l'homme — Messie — Fils de Dieu, qui est beaucoup trop originale et qui correspond souvent très étroitement au comportement de Jésus tel qu'il est rapporté.

Les trois notions de Fils de l'homme, Messie et Fils de Dieu représentent donc trois phases de l'accomplissement que se prête Jésus à la fin des temps, et que Marc et Matthieu mélangent donc dans leurs récits de l'interrogatoire de Jésus par le Sanhédrin.

Les implications en sont analysées dans la note suivante.

***59. Jésus et le gnosticisme.*** Le gnosticisme est un mouvement religieux né, au Ier siècle, de plusieurs courants où domine l'hellénisme, qui ont fusionné vers le IIe siècle. Il s'en faudrait pourtant qu'il n'ait commencé d'exister qu'à partir du moment où il a pris une certaine cohérence : il en a existé des sources antérieures égyptiennes, assyriennes, grecques.

Le sens du terme « gnosticisme » ne dérive qu'indirectement de la *gnôsis* ou connaissance grecque ; pour les gnostiques, la gnôsis était une révélation transcendante de la réalité suprasensible, présente au cœur du monde sensible, source d'énergie universelle. Dès la première page de son excellent ouvrage *La Gnose* (v. bibl.), Leisegang cite un fragment gnostique, qui nous est parvenu par Clément d'Alexandrie ; la gnose est « la connaissance de ce que nous sommes et de ce que nous sommes devenus ; du lieu d'où nous venons et de celui dans lequel nous sommes tombés ; du but vers lequel nous nous hâtons et de ce dont nous nous sommes rachetés ». Et, dans un autre fragment : « La connaissance de l'homme est le commencement de la perfection ; la connaissance de Dieu en est la consommation ». On voit que, dans le premier terme de ce postulat, le « connais-toi toi-même » de Socrate contient déjà le germe du gnosticisme.

Le gnosticisme comporte de nombreux points communs avec le christianisme. Il distingue ainsi entre le Bien, qui est spirituel, et le Mal, qui est matériel, et qui se partagent le monde ; certains courants, ceux des Valentiniens, par exemple, ajoutaient : sous l'égide du Dieu démiurge, en quoi le gnosticisme différait du christianisme. Pour la majorité des gnostiques, toutefois, sept puissances créatrices, désignées donc sous l'appellation des Sept, tenaient lieu de Démiurge ; c'étaient des « anges », semi-bienveillants, semi-hostiles, ou bien encore, dans les sectes orientales, c'étaient les esprits des sept planètes.

Une part considérable de l'enseignement gnostique portait sur les moyens pour l'âme de traverser les régions inférieures du monde, peuplées de démons, pour accéder aux sphères suprêmes du ciel et en redescendre. On reconnaîtra ici les influences chamanistiques asiatiques et la pratique du « voyage » de l'extase, à laquelle il est fait allusion dans plusieurs passages de *L'Homme qui devint Dieu*, notamment les chapitres 11 et 12.

Les différents systèmes gnostiques se référaient à une puissance féminine, la Grande Mère, Astarté, Ishtar, Atargatis, Cybèle, Beltis, l'Aphrodite syrienne, mère des étoiles et de la fécondité, représentée auprès de Dosithée, puis de Simon le magicien sous les traits d'Hélène.

Le gnosticisme se réfère également constamment à l'homme primal, qui préexistait au monde, auquel les puissances célestes, le Démiurge ou les Sept, conférèrent l'humanité. C'est l'Adam androgyne éternel, antérieur à Ève, que la chute entraîne dans les régions inférieures du monde, où il est contraint de se battre avec les puissances du Mal, mais qui en sort, vainqueur et/ou ressuscité.

L'homme primal est assimilé par certains systèmes gnostiques au dieu rédempteur, qui apparaît en un moment donné de l'histoire de l'individu pour combattre les puissances du Mal et permettre à l'âme d'accéder à la lumière suprême. Telle est d'ailleurs la raison pour laquelle les gnostiques devaient connaître les noms de tous les démons et les anges qu'il devrait affronter lors de la traversée des couches inférieures du ciel, pour pouvoir les conjurer. L'individu s'identifiait alors à ce rédempteur avant de se fondre lui-même dans la lumière divine de l'*aïon*. Cette rédemption était individuelle, et les gnostiques chrétiens éprouvèrent de la difficulté à concilier cette rédemption individuelle et cyclique avec la Rédemption unique du christianisme.

Le but de la vie selon les gnostiques était le salut individuel, et c'est pourquoi ils répugnaient au mariage, qui détourne l'homme de sa rédemption et de sa transfiguration. Comme ils considéraient également que la sexualité était le mal absolu et que la procréation était inutile, ils y trouvaient une raison de plus de rejeter le mariage. Dans le gnosticisme, on l'a vu plus haut, c'était le Fils de la femme, le « Mort », qui s'adonnait à la sexualité, le Fils de l'homme, lui, transcendant ses élans sexuels pour réaliser en lui l'androgyne qu'était l'Adam primitif.

Ce résumé, extrêmement succinct, de l'essentiel des croyances gnosticistes ne peut rendre compte de l'extrême diversité d'un mouvement qui fut très puissant, très vaste et donc soumis à des interprétations variées. Leisegang n'a pas dénombré moins de soixante sectes gnostiques, des simoniens aux massaliens, dont plusieurs se subdivisaient encore en sous-sectes, avec autant de variantes dans leurs versions du système mondial. En ce qui concerne la sexualité, par exemple, l'ascétisme et le refus de la procréation firent verser certaines sectes dans la débauche la plus caractérisée. Mais la frontière entre la débauche et la rédemption était mince, car les gnostiques postulaient que c'est au moment où l'individu s'est le plus éloigné de la Voie qu'il est le plus proche du chemin de la remontée. C'est pourquoi la compagne de Dosithée, puis de Simon, Hélène, n'avait guère de mal, au contraire, à affirmer son prestige, étant donné qu'elle était une ancienne prostituée. C'était son ancienne profession qui, justement, lui prêtait valeur d'exemple.

On aura reconnu là des thèmes extrêmement voisins de ceux du christianisme. Jésus, à l'instar des gnostiques, et en formelle contradiction avec le judaïsme, introduit un traitement de faveur pour les pécheurs avérés. Alors qu'il flagelle verbalement le clergé de Jérusalem (qui pourtant comptait ses pécheurs, selon lui), il témoigne sa sollicitude à la pécheresse Marie de Magdala, symétrique de l'Hélène de Sychar. De fait, non seulement il y eut un gnosticisme chrétien, mais encore le gnosticisme fit le lit du christianisme, en entretenant dans les vastes milieux du Moyen et du Proche-Orient une religiosité centrée sur la primauté du salut (Sydney Herbert Mellone, *Enc. Brit.*, v. bibl.). La diffusion du gnosticisme, qui prit corps vers le IIe siècle avant notre ère, dans les syncrétismes entre les diverses religions d'Orient, était, en effet, d'autant plus aisée qu'il incorporait de nombreux éléments, déjà familiers, des religions existantes.

Mais le christianisme, qui se greffa dessus, éprouva rapidement de la difficulté à contrôler ce kaléidoscope de croyances. Dès le milieu du IIe siècle, les Pères de l'Église, et Justin en premier lieu, dénoncèrent le gnosticisme comme hérésie ; Irénée, Clément d'Alexandrie, Origène, Tertullien multiplièrent tant leurs attaques qu'au IVe siècle le gnosticisme et les attaques contre lui s'éteignirent.

Outre la volonté de l'Église, née de la nécessité de contrôler un ensemble de croyances beaucoup trop variées, afin d'affermir le canon, deux points essentiels à mon avis opposaient le gnosticisme et le dogme chrétien. Le premier était le suivant : le gnosticisme croyait au salut par l'ascension de l'individu vers la divinité, le christianisme par la descente de la divinité vers l'individu, par le miracle de l'Incarnation. D'où la difficulté que les gnostiques éprouvèrent à concilier l'idée d'une rédemption unique, citée plus haut, avec leurs propres idées, et encore plus, le rejet par les gnostiques chrétiens de la nature humaine du Christ. Le second point était le rejet de la résurrection, celle de Jésus aussi bien que celle de l'humanité au jour du Jugement.

Ce sont là, bien sûr, des divergences essentielles ; il y en eut bien d'autres, secondaires.

De très nombreux points indiquent que Jésus, tel que le décrivent les évangiles canoniques, sans parler bien sûr de l'Évangile de Thomas, dont le gnosticisme est avéré, subit fortement l'empreinte du gnosticisme. Le sujet mérite un ouvrage entier ; qu'on me permette d'indiquer les points principaux sur lesquels je me fonde :

• L'influence essénienne : les parallèles entre les Esséniens et les gnostiques sont nets. Les Esséniens mettent l'accent sur le salut individuel et rejettent le mariage, tout comme les gnostiques. Ce point essentiel a, paraît-il, scandalisé certains puristes catholiques ; je les renvoie à l'ouvrage du cardinal Jean Daniélou, déjà cité, *Les Manuscrits de la mer Morte et les origines du christianisme*, qui détecte même des traces esséniennes, donc imprégnées de gnosticisme, chez Paul (p. 90). Daniélou postule même des contacts entre un maître gnostique, Dosithée, et les Esséniens (p. 89). Des ressemblances de textes confirment les ressemblances doctrinales.

• L'utilisation répétée par Jésus de l'expression « Fils de l'homme » ; on en a vu plus haut les implications, « Fils de l'homme » est une des désignations de l'homme primordial ou de l'Adam originel, thème essentiel du gnosticisme. Se définissant ainsi, Jésus se situe lui-même au premier stade de l'ascension qui va le mener au stade de Fils de Dieu ; il est, il le dit lui-même, susceptible de critique : « Quiconque parlera contre le Fils de l'homme sera pardonné ; mais si quelqu'un parle contre le Saint-Esprit, il n'y aura pas pour lui de pardon en ce temps ou dans les temps à venir » (Mt. XII ; 31-32). Donnant ainsi la préséance au Saint-Esprit, il déclare donc qu'il n'appartient pas à la Trinité théologique, qui le place sur le même pied. L'implication évidente de cette déclaration gêne sans doute Marc qui, la reprenant, en écarte le pardon accordé d'avance à ceux qui médisent du Fils de l'homme (Mc. III ; 28-29). L'expression demeure obscure pour les auditeurs de Jésus, qui n'en perçoivent pas l'origine et qui lui demandent : « Que veux-tu signifier en disant que le Fils de l'homme doit être élevé ? Quel Fils de l'homme est cela ? » (Jn. XII ; 34). Le terme « élevé » est pris ici littéralement, « porté en haut » ; selon toute évidence, il fait allusion à la déclaration antérieure de Jésus : « Et j'attirerai à moi-même tous les hommes, quand je serai soulevé de terre » (Jn. XII ; 32). Ce que Jean interprète par l'élévation de la Crucifixion, qui ne correspond pourtant pas à la déclaration de Jésus, qui indique une ascension.

• Le prologue de l'Évangile de Jean ; il s'agit apparemment d'une paraphrase des premiers versets de la Genèse, mais elle est présentée ici sous un angle spécifiquement gnostique : « Quand toutes choses commencèrent, la Parole *(logos)* existait déjà » (ou bien

« la Parole existait à la Création »). La Parole demeurait avec Dieu, et ce que Dieu était, la Parole l'était » (Jn. I ; 1-2). Cet accent mis sur le *Logos*, concept lui aussi éminemment gnostique, celui de la Parole divine qui montre aux hommes la voie vers le haut, explique le succès de cet évangile auprès des gnostiques et, par voie de conséquence, la suspicion dans laquelle l'Église tenait le même évangile.

J'ajoute qu'en faisant préexister Jésus de tout temps, en termes sans équivoque, c'est-à-dire en l'identifiant au Logos originel, Jean retrouve le droit fil du gnosticisme et du mythe de l'homme primal. Les paroles que Jean prête à Jésus sont toutefois extrêmement singulières : « Père, glorifie-moi en ta propre présence avec la gloire que je partageais avec toi avant que le monde commence » (Jn. XVII ; 5). Paroles dont, à la fin du XIXe siècle, l'exégète allemand D.F. Strauss disait que, si elles avaient été réellement prononcées, c'est que Jésus était fou. (*Der alte und der neue Glaube*, Leipzig, 1872, p. 191, cité par Wells, *The Historical Evidence for Jesus*, p. 128, v. bibl.) Là, en tout cas, le présupposé que Jean se fait de la nature de Jésus ne prête pas à confusion ; il est tout aussi explicitement gnostique qu'un passage antérieur, également surprenant, où il fait dire à Jésus : « Votre père Abraham fut comblé de joie de me voir naître ; il l'a vu et il a été content. » Ce qui fait protester évidemment les juifs : « Tu n'as pas cinquante ans. Comment peux-tu avoir vu Abraham ? » Jésus dit : « En vérité je vous le dis, avant qu'Abraham fût né, j'étais » (Jn. VIII ; 56-58). C'est là un discours intégralement gnostique.

Enfin, preuve supplémentaire du gnosticisme qui imprègne l'Évangile de Jean : le dualisme foncièrement antagoniste de l'enseignement chrétien traditionnel, reflété par les paroles suivantes, prêtées à Jésus qui s'adresse aux juifs : « Votre père est le Diable et vous avez choisi d'accomplir ses désirs. C'était un assassin depuis le commencement, et il n'a pas persévéré dans la vérité » (Jn. VII ; 44). Paroles extravagantes de la part de l'homme qui a dit à la Samaritaine, comble d'incohérence, selon le même évangéliste, que « c'est des juifs que vient le salut » (cité plus haut).

Si l'on mesure là, accessoirement, le désordre doctrinal de Jean et la mesure dans laquelle il fait dire à Jésus n'importe quoi, on tient en tout cas une preuve formelle de ce que, lancé dans une démonstration, il ne répugne pas à l'outrance. Là, en effet, il fait de Jésus un dualiste manichéen, c'est-à-dire un adepte de la théologie dérivée du gnosticisme que l'Église combattit avec la plus ferme énergie. Dire, en effet, que les juifs sont « les enfants du Diable » et d'un « assassin » flaire la pure fabrication antisémite et la plus grossière déformation gnosticiste. Qu'il y ait eu, chez Jésus, une fibre profondément gnosticiste, les deux premiers points de cette note devraient en attester ; mais pour l'avoir voulu prouver trop fortement, Jean n'a fait que révéler ses propres tendances.

• L'épisode de la Samaritaine ; on a vu plus haut, à propos des Samaritains, que l'épisode de la rencontre au puits avec la Samaritaine, tel que le rapporte Jean, comporte un message : la Samaritaine n'est autre qu'Hélène la Lune, en l'honneur de laquelle Simon le Magicien a fondé la secte des Héléniens. Ce n'est pas une « rencontre », mais un duel oratoire au cours duquel Jésus tente de s'imposer à cette secte gnostique ; il use donc d'autorité et, selon Jean, il le fait en révélant à Hélène sa qualité de Messie. Mais ce récit est peu vraisemblable pour deux raisons, sous cette forme en tout cas : la première, déjà citée, est que Jean, de son propre aveu, n'assistait pas à l'entrevue avec la Samaritaine ; la seconde serait que la seule privilégiée à laquelle Jésus aurait fait part de sa messianité serait la grande prêtresse d'une secte rivale, samaritaine de surcroît.

Toutefois, le récit de cet épisode révèle trois points :

• l'importance que Jésus accordait aux courants gnostiques qui circulaient déjà en Palestine, et cela d'autant plus que le fondateur du plus important de ces courants est un « ancien » de Quoumrân, Dosithée (selon Daniélou, déjà cité, v. note sur « L'attitude de Jésus à l'égard des Samaritains et l'épisode chiffré de la Samaritaine », p. 313) ;

• l'importance que Jean accorde, lui aussi, aux gnostiques, car il est le seul à faire le récit de cette rencontre avec Hélène ;

• enfin, la rivalité qui, dès la fin du Iᵉʳ siècle, existait déjà entre les gnostiques et la première communauté christique, et qui explique le style étonnamment allégorique de Jean dans le récit de l'épisode. C'était là un passage qui ne pouvait être compris que des initiés et qui laissait entendre que Jésus avait triomphé de la secte de Simon, ce qui n'était évidemment pas le cas.

Thomas n'a certes pas manifesté la même prudence à l'égard de la première communauté ; en effet, il dit que Jésus se retira et lui dit « trois mots » que Thomas ne pouvait répéter sous peine d'être lapidé (Th. logion 13). Or il existe bien, dans la tradition gnostique, « trois mots puissants », que Thomas, suivant l'ésotérisme gnostique, n'ose pas citer ; ce sont ceux des Ophites, gnostiques adorateurs du Serpent : *Saulasau, Kaulakau, Ziërsam* ; ce sont des mots hébraïques et, pour revêtir pleinement leur sens, ils doivent être redoublés : *Saulasau Saulasau* c'est-à-dire « tribulation sur tribulation » ; *Kaulakau Kaulakau*, c'est-à-dire « espérance sur espérance » et *Ziërsam Ziërsam*, c'est-à-dire « attends encore un peu, un petit peu » (Leisegang, *La Gnose* p. 100, v. bibl.) Il y est fait deux fois référence dans *L'Homme qui devint Dieu*. Mais cela ne signifie certes pas que

Jésus ait été un gnostique ophite ; les trois mots en questions sont cités dans l'*Elenchos* ou *Réfutation de toutes les hérésies* du mystérieux auteur de l'Église primitive, Hippolyte ; celui-ci les attribue à la secte des naassènes ou, très vraisemblablement, Esséniens. C'est donc à ceux-ci que les Ophites les ont empruntés (Puech, *En quête de la gnose*, t. II, *Sur l'Évangile selon Thomas*, p. 89, v. bibl.).

En mentionnant ces trois mots, Thomas relie donc Jésus à la fois aux Esséniens, un lien de plus, et aux gnostiques.

***60. L'ésotérisme de Jésus.*** Il s'agit là d'un trait fondamental du personnage, qui explique le comportement de ses disciples, mais aussi des juifs à son égard.

Jésus s'exprime très souvent en paraboles, et même en plusieurs paraboles successives. Mais il n'est pas toujours compris, même par ses disciples ; ainsi, après la parabole des deux aveugles, Simon-Pierre vient lui demander : « Dis-nous ce que cette parabole signifie » (Mt. XV ; 15). Ce qui lui vaut d'être tancé par Jésus : « Es-tu aussi obtus que les autres ? » Après la parabole du semeur, les disciples « et d'autres » lui disent : « A toi le secret du royaume de Dieu a été donné ; mais à ceux qui sont à l'extérieur, tout est paraboles, de telle sorte que, pour citer l'Écriture, ils peuvent regarder et regarder, mais ils ne voient rien ; ils peuvent entendre et entendre, mais ils ne comprennent rien... » A quoi Jésus rétorque : « Vous ne comprenez pas cette parabole ? Alors comment comprendrez-vous n'importe quelle parabole ? » (Mc. IV ; 3-14). Après la parabole de l'ivraie, ils lui demandent encore une explication (Mt. XIII ; 36). « Il ne leur parlait jamais qu'en paraboles », rapporte plus loin Marc (Mc. IV ; 34). Et

Marc ajoute qu'« en privé il leur expliquait tout ». Mais après une autre parabole que celle des deux aveugles, celle où il est dit que rien de ce qui entre en l'homme de l'extérieur ne le profane, les disciples l'interrogent encore et, une fois de plus, il leur dit : « Êtes-vous aussi obtus que les autres ? » (Mc. VII ; 14-18). Leurs efforts n'étaient sans doute pas toujours fructueux, car ils se font de nouveau tancer après la parabole des sept pains : « Ne comprenez-vous toujours pas ? » demande-t-il (Mc. VIII ; 21). Ils ne sont pas toujours sûrs que les paraboles s'adressent à eux ou aux autres ; après la parabole du voleur, Simon-Pierre lui demande ainsi : « Maître, nous destinais-tu spécialement cette parabole, ou bien est-elle pour tous ? » (Lc. XII ; 41). Enfin, les paraboles sur la consommation qui doit être faite de son sang et de sa chair seront si mal comprises qu'elles feront fuir les disciples et lui vaudront l'animosité des juifs.

Certes, ces paraboles témoignent de l'intelligence supérieure de Jésus, autant d'ailleurs que de son génie poétique ; mais elles reflètent également l'influence essénienne ; les Esséniens, en effet, interdisaient à leurs adeptes de révéler leur doctrine aux étrangers, voire de se révéler eux-mêmes. Elles reflètent également l'ésotérisme gnostique, qui se révélait seulement à la faveur d'interprétations numérologiques secrètes, et qui se manifeste dans les « trois mots » secrets de l'Évangile de Thomas.

Ce n'est pas un trait prophétique ordinaire ; il n'est pas courant dans l'Ancien Testament, sauf dans les visions de Daniel, qui sont d'ailleurs symboliques. Il est certes utile quand Jésus veut répandre des vérités subversives. La parabole des vieilles outres dans lesquelles on ne met pas de vin nouveau et qu'on ne répare pas avec des peaux fraîches est ainsi un rejet intégral des vieilles structures d'Israël qui, exprimé en clair, eût été encore plus agressif.

Sans doute ce ton ésotérique a-t-il contribué à l'échec du ministère de Jésus auprès des juifs.

***61. Le comportement des apôtres.*** Ma description du comportement des apôtres a offensé certains lecteurs, plus attachés sans doute à la tradition qu'à ses fondements, à savoir les Évangiles canoniques. Pourtant, ceux-ci sont clairs dans leurs descriptions de l'abandon de Jésus par ceux qui étaient chargés de diffuser son enseignement.

Cette démission semble s'être produite en deux temps : l'un après le discours de Jésus sur le rite omophagique symbolique que les disciples devaient accomplir, l'autre à l'arrestation de Jésus.

Quand Jésus déclare dans la synagogue de Capharnaüm qu'il est « le pain de vie » (Jn. VI ; 35) et qu'il descend lui-même du ciel, les juifs se rebellent ; quand il conclut par ces mots : « Quiconque mange ma chair et boit mon sang habite continuellement en moi... » (Jn. VI ; 56), ce sont les disciples qui se rebellent : « Plusieurs de ses disciples entendant cela s'écrièrent : "C'est plus que nous ne pouvons avaler ! Pourquoi écouter de tels propos ?..." Et à partir de ce moment, plusieurs de ses disciples se retirèrent et ne le suivirent plus » (Jn. VI ; 59-66). Jésus demande alors, sans doute à ceux qui restent, car ils ne sont plus « douze », s'ils veulent le quitter.

Ce discours de la synagogue de Capharnaüm n'est rapporté que par Jean, qui est également le seul à accorder autant de place au discours omophagique ; sans doute les autres évangélistes l'ont-ils censuré sous cette forme et en ont-ils abrégé la teneur dans l'invitation à boire et manger la chair et le sang de Jésus, lors de la Cène.

Mais deux des quatre évangélistes s'accordent à dire qu'à l'arrestation de Jésus les disciples l'abandonnèrent. « Alors tous les disciples le désertèrent et s'enfuirent » (Mt. XXVI ; 56). « Alors tous les disciples l'abandonnèrent et s'enfuirent » (Mc. XIV ; 50). Luc, qui élude cette fuite, la résume au reniement de Simon-Pierre (Lc. XXII ; 54-61), de même que Jean, qui ajoute la présence de ce mytérieux disciple dont on a vu plus haut qu'il est probablement Lazare (Jn. XVIII ; 15).

Aucune mention de la présence d'un disciple n'est faite par les synoptiques au pied de la croix. Matthieu et Marc ne citent que des femmes, qui observaient la croix à distance, Luc évoque, en termes diplomatiquement vagues, « tous ses amis », alors qu'il utilise précédemment les termes « disciples » et « apôtres », et Jean s'auto-glorifie en s'attribuant la succession de Jésus auprès de Marie. Mais comme il est le seul à citer sa propre présence, et comme, de surcroît, les paroles de Jésus sont plus que douteuses, on peut classer cette précision au nombre des fabrications pieuses.

Le changement d'attitude qui se produit toutefois chez les apôtres après la crucifixion est analysé plus loin dans une note individuelle.

***62. L'omophagie :*** c'est à juste titre que la proposition de consommation de la chair et du sang de Jésus a scandalisé les juifs qui l'ont entendue et les disciples, qui n'ont pas saisi le sens de cette parabole : c'était là un rappel des malédictions de Dieu, dans l'Ancien Testament, qui condamnent Israël à l'anthropophagie pour le punir, et qui sont une fois décrites par un Bithynien au fait de la religion juive (p. 317-318), et une autre fois évoquées par le rabbin de la synagogue de Capharnaüm (ch. XX, p. 689-702) de *L'Homme qui devint Dieu.*

La portée sacramentelle, et purement symbolique, bien évidemment, du rituel proposé par Jésus dut être particulièrement odieuse pour ceux des auditeurs qui étaient assez cultivés pour être informés des sacrifices humains dans les religions barbares. J'ai postulé que Thomas, frotté de culture hellénistique, fut à la fois déçu et choqué, parce qu'il retrouvait là le schéma trop familier des autres mythologies, qui a été évoqué au chapitre 3 de cet ouvrage.

Il n'existe pas, à ce jour, d'explication cohérente de l'utilisation par Jésus de cette symbolique, dont les résonances sont spécifiquement hellénistiques, car elles semblent se référer non seulement au sacrifice du Héros intercesseur, mais également à sa consommation par les célébrants, qui n'est le fait que du mythe de Dionysos-Bacchus. Même si l'on admet que Jésus ait voulu ritualiser la Cène et lui prêter de surcroît le statut d'une omophagie symbolique, il s'écartait radicalement de la tradition culturelle juive, qui n'a jamais considéré la consommation de chair humaine, symbolique ou pas, que comme l'abomination de l'horreur. Mais peut-être un jour une découverte historique nous mettra-t-elle sur la trace de cette invention et de sa source.

***63. Les raisons immédiates de l'arrestation de Jésus.*** L'hostilité du clergé de Jérusalem à l'égard de Jésus se conçoit aisément, eu égard à celle qu'il lui a, lui le premier témoignée (v. note « Les raisons de la révolte de Jésus », p. 303-310). Selon les évangiles canoniques, elle ne fut cependant pas unanime, puisqu'au moins deux membres du Sanhédrin, Joseph d'Arimathie et Nicodème, avaient pris le parti de Jésus. Il y en eut probablement d'autres, que nous ne connaissons pas parce qu'ils ne se sont pas manifestés publiquement. Quelles que fussent les alarmes que la messianité de Jésus, que la foule propageait, suscitait dans le Sanhédrin en raison de ses conséquences politiques, il serait frivole de nier la piété des juifs et le souci religieux que cette messianité possible leur causait. D'où le débat contradictoire dans *L'Homme qui devint Dieu* (p. 604-620). Matthieu et Marc n'exonèrent même pas le grand prêtre de ce souci religieux, puisque ce dignitaire somme Jésus de dire s'il est le Messie (la phrase de Mc. XXVI ; 63, où le grand prêtre demande : « Au nom du Dieu vivant, je te somme de dire si tu es le Messie, le Fils de Dieu », est cependant absurde dans sa deuxième partie, parce qu'il est exclu qu'un grand prêtre ait assimilé le Messie au Fils de Dieu, concept blasphématoire ; c'est, selon Bultmann, une fabrication rédactionnelle ; elle est destinée à accréditer dans la première communauté christique l'idée que Messie et Fils de Dieu ne font qu'un).

Cette hostilité, qui durait depuis quelque trois ans, ne suffisait toutefois pas à décider le Sanhédrin, corps constitué régi par une législation, à entreprendre une action aussi risquée que l'arrestation de Jésus. Celle-ci comportait des risques, le premier étant que la fraction du tribunal favorable à Jésus acquittât celui-ci à l'issue de l'inévitable procès ; le second étant que la mesure provoquât des troubles populaires. Après tout, le Sanhédrin s'était accommodé des activités de Dosithée, de Simon le Magicien et d'autres chefs de sectes, qu'il ne semble pas avoir cherché à arrêter ni même à persécuter.

Il convient donc de rechercher le motif et le chef d'accusation d'une arrestation qui pût comporter des présomptions suffisantes de condamnation. Car le Sanhédrin semble avoir été soudain pris de panique ; pourquoi ? La cause la plus vraisemblable est que le

Sanhédrin ne prit d'abord pas au sérieux les chances qu'avait Jésus de s'imposer en tant que Messie. Puis, tout à coup, les Galiléens faillirent le nommer spontanément roi et, à son entrée à Jérusalem, quelques jours avant la Pâque, Jésus avait été acclamé, en Judée cette fois, comme un roi. Là, le Sanhédrin se trouva contraint d'engager une course de vitesse.

La tentative de couronnement en Galilée avait de quoi alarmer Jérusalem ; Jean rapporte qu'après la multiplication des cinq pains Jésus se rendit compte que la foule était déterminée à s'emparer de lui et à le nommer roi par la force ; il n'y échappa qu'en effectuant une retraite diplomatique dans les collines (Jn. VI ; 15).

L'entrée triomphale à Jérusalem n'était pas moins menaçante. « ... La grande foule des pèlerins... apprenant que Jésus était sur le chemin de Jérusalem, prit des palmes et alla l'accueillir en criant : "Hosanna ! Béni soit celui qui vient au nom du Seigneur ! Dieu bénisse le roi d'Israël !" » (Jn. XII, 12-13). Il faut relever que là, pas plus qu'en Galilée il n'est question de spiritualité ou de messianité ; c'était une affaire de politique.

Le Sanhédrin ne pouvait rester indifférent à ces manifestations. Si les Galiléens avaient nommé Jésus roi, avec ou contre son grè, la fièvre eût pu s'étendre et gagner les cinq provinces. Le grand prêtre et ses collaborateurs n'auraient plus eu qu'à remettre leur pouvoir à Jésus ; or, c'était inconcevable pour deux raisons. D'abord, d'un strict point de vue juif, la Torah risquait de se trouver jetée aux oubliettes. La tradition sacrée du sabbat, à commencer par elle, serait compromise. Et nul ne savait ce qu'il adviendrait de l'administration des vingt-quatre districts religieux de la Palestine, dont les contributions étaient indispensables au Temple. Nul ne savait non plus ce qu'il adviendrait du Temple, que Jésus était capable de faire démolir. Donc, du point de vue religieux, le couronnement de Jésus eût entraîné une apocalypse. Mais la menace n'en était pas écartée. Jésus retournait toujours en Galilée après ses visites à Jérusalem, et, à son prochain retour, les Galiléens pouvaient très bien passer outre à ses réticences et le nommer roi pour de bon.

Par ailleurs, responsables politiques malgré eux, les maîtres religieux de Jérusalem ne pouvaient pas envisager sans épouvante les conséquences politiques de la royauté de Jésus : celle-ci retirerait le pouvoir non seulement au tétrarque Hérode et à son frère l'ethnarque Philippe, mais également à Pilate lui-même. Le peuple tout entier pouvait prendre les armes et tenter de chasser l'occupant romain. Les chances de succès étaient douteuses, mais le bain de sang était certain. Or, l'entrée triomphale à Jérusalem prêtait à cette éventualité-là un caractère encore plus imminent. Un couronnement en Galilée eût déjà été suffisamment catastrophique, mais enfin il se serait situé loin de Jérusalem et les troupes romaines eussent pu y pourvoir ; tandis qu'un couronnement à Jérusalem portait le désastre au cœur même de la ville.

Cette hypothèse, qu'on a obligeamment ou désobligeamment mise à mon compte, découle directement de l'Évangile de Jean, qui rapporte que le grand prêtre et les Pharisiens tinrent conseil pour décider de ce qu'il fallait faire et dirent : « Si nous le laissons tout seul de la sorte, le peuple croira en lui. Et puis les Romains viendront détruire notre Temple et notre nation... » Contrairement à ce que veut faire accroire une certaine tradition, Jean dit là nettement que le procès de Jésus fut donc un procès politique et non religieux. Et c'est alors que Caïaphas décida qu'il valait mieux condamner à mort un seul homme que de mettre en péril un peuple tout entier (Jn. XI ; 47-53).

Cela n'implique pas non plus que Jésus fût un chef

politique, comme certains l'interprètent ; cela indique seulement qu'il fut jugé comme s'il en était un.

Bien évidemment, le chef d'accusation allait être la messianité que ses partisans attribuaient à Jésus et qui se trouvait, pour la circonstance, absurdement identifiée à un délit. Celui-ci étant douteux, le Sanhédrin recourut à deux accusateurs, comme le dit Matthieu, qui témoignèrent avoir entendu Jésus dire qu'il pouvait détruire le Temple et le rebâtir en trois jours, ce qui ne méritait certes pas la mort (Mt. XXVI ; 61).

Le Sanhédrin se trouvait donc aux abois pour organiser une arrestation aussi hâtive, et Jésus en fut d'ailleurs surpris, comme en témoigne encore Matthieu : « Jour après jour, j'enseignais au Temple et vous n'avez pas porté la main sur moi » (Mt. XXVI ; 55). Ce brusque déploiement de force le prit de court. Avait-il d'autres projets que l'arrestation interrompit ? On peut spéculer sur ce point à l'infini.

Toujours est-il que le Sanhédrin n'avait guère ouvertement persécuté le Baptiste, par exemple, bien que son enseignement l'eût suffisamment intrigué pour qu'il lui eût dépêché des émissaires. Mais Jokanaan était un anachorète, et il ne comptait qu'un nombre restreint de sectataires qui ne projetaient pas de le nommer roi. Tandis que, et l'arrestation brusquée le donne fortement à penser, Jésus comptait probablement beaucoup plus de partisans, contrairement à ses déclarations sceptiques sur les prophètes dans leurs pays. Et sa renommée dut être à un certain moment considérable, même dans un pays comme la Palestine, qui était constamment traversé de chefs de sectes et de prophètes.

Elle devint même si grande que le Sanhédrin décida donc d'agir avant que la situation devînt incontrôlable. Comme le représente *L'Homme qui devint Dieu*, le Sanhédrin était conscient des risques de son entreprise, que l'inconséquence de Pilate faillit faire avorter, et ce ne fut qu'au prix d'une farouche détermination et d'un chantage sur Pilate qu'il évita de perdre la face.

***64. La trahison de Judas.*** Elle reste à bien des égards énigmatique, mais, ainsi que je l'ai indiqué dans la note sur les apôtres, il est invraisemblable que trente deniers, somme relativement modeste pour l'époque, en aient été le motif, tout comme il est incompréhensible que Jésus ne se soit pas rendu compte de la propension de Judas à la malhonnêteté financière alléguée par Jean (Jn. XII ; 5-6), si du moins elle était vraie.

L'idée même de « trahison » est difficile à saisir si l'on s'en tient aux seuls Évangiles. En effet, Jésus et ses disciples ne formaient certes pas une bande de malfaiteurs qui complotaient un mauvais coup ; quel secret pouvait donc trahir Judas dans ce cas ?

Également mystérieuse est la raison de la trahison. Judas n'était certes pas bête au point de ne pas se rendre compte que la vie serait difficile pour lui après sa trahison ; il fallait qu'il eût un motif sérieux.

Encore plus incompréhensible est l'attitude de Jésus et des disciples à l'égard de Judas. Qu'est-ce que Jésus pensait donc que Judas allait trahir, et pourquoi donc n'a-t-il pas alors pris la fuite ?

Toutes ces questions trouvent un élément commun de réponse dans l'hypothèse suivante : la trahison de Judas se définissait dans le témoignage qu'il donnerait au Sanhédrin de paroles de Jésus selon lesquelles celui-ci aurait dit qu'il était le Messie. Selon les quatre évangiles, Jésus ne l'avait dit à aucun personnage extérieur au groupe (à l'exception de la Samaritaine, selon Jean, mais on a vu ce qu'il faut penser de cette assertion, et d'ailleurs le Sanhédrin n'en savait rien et l'aurait-il même su qu'il n'aurait pu convoquer la mystérieuse Samaritaine). Il fallait quelqu'un du groupe intime de Jésus qui vînt et déclarât : « Jésus a bien dit qu'il est le Messie. » A partir de là, le Sanhédrin pouvait élaborer une accusation plus ou moins fondée (plutôt moins que plus, car, comme on le verra plus loin, même la déclaration de messianité ne constituait pas une faute ou un crime).

Ce fut donc Judas. Mais pourquoi lui ? Mon hypothèse est fondée sur le fait qu'après les déclarations de Jésus sur l'omophagie, qu'on a vues plus haut, Judas, qui attendait un « vrai messie », temporel et tout, s'est dit que Jésus avait perdu la raison et que son aventure ne mènerait qu'à un cul-de-sac. Pour lui, il fallait d'autant plus éliminer Jésus que celui-ci jouissait d'un pouvoir désormais trop grand et qu'il avait induit ses suiveurs en erreur. Si l'on cherche des parallèles historiques, il en est plusieurs : c'est la condamnation de Trotski par Staline et ses séides. Pour les staliniens, en effet, Trotski menait la Révolution dans les marécages.

Mais même Judas Iscariote n'aurait pas été de lui-même offrir ses services au Sanhédrin. Il était nourri dans l'aversion de cette institution. C'est le Sanhédrin qui est allé le chercher en se servant du chantage. Judas avait peut-être commis une faute mineure, mais quand même assez grave pour lui valoir des ennuis ; il aurait, par exemple, escroqué des Romains en leur vendant des amulettes de cuivre qu'il avait fait passer pour de l'or ou autre délit de ce genre. Le Sanhédrin s'empara donc de Judas et lui mit un marché en main : ou bien il témoignait que Jésus avait dit qu'il était le Messie et il révélait le lieu où se trouvait Jésus, ou bien on le déférait à la justice, juive ou romaine ; il avait tout à y gagner : il prenait la direction du groupe après l'élimination de Jésus.

Cette dernière hypothèse peut surprendre ; elle est pourtant fondée sur les évangiles canoniques.

Dans les récits de la dernière Cène selon Matthieu et

Marc (Mt. XXVI ; 24 et Mc. XIV ; 20), Jésus prononce des paroles singulières pour désigner celui qui le trahira : c'est « celui qui la met au plat en même temps que moi ». Selon le rituel essénien, que Jésus observe de manière d'autant plus éclatante qu'il célèbre la Pâque le mercredi, comme les Esséniens, et non le vendredi, comme les juifs, c'est le chef de la communauté qui commence le repas en portant le premier la main au plat. Ce droit de commencement est le privilège du maître. Or, si Jésus désigne le traître comme celui qui porte la main au plat en même temps que lui, c'est qu'il s'agit de quelqu'un qui lui conteste sa prééminence. Et c'est justement Judas.

La trahison de celui-ci est donc, elle aussi, d'origine politique.

***65. Les circonstances de l'arrestation.*** Elles sont loin d'être, dans les Évangiles, d'une précision historique. Selon Matthieu ce fut « une grande foule armée de glaives et de gourdins » (ceux-ci étant vraisemblablement des piques) qui apparut pour arrêter Jésus à Gethsémani ; elle avait été « envoyée par le grand prêtre et les doyens du peuple », autrement dit, par le Sanhédrin ; ç'aurait donc été exclusivement un détachement de la police du Temple. C'est toutefois méconnaître que le Sanhédrin n'avait pas « le pouvoir du glaive » (Edersheim, *The Life and Times of Jesus the Messiah*, p. 541, v. bibl.) et qu'une expédition de l'importance de celle que décrit Matthieu n'eût pu se faire sans l'autorisation de Ponce Pilate. Les Romains, en effet, gardaient l'œil sur tout mouvement paramilitaire dans Jérusalem. Toutefois, le Temple disposait bien d'une cohorte armée, forte de quatre cents à six cents hommes (*ibid.*), placés sous l'ordre du maître de la police du Temple. Cette cohorte était constituée de deux ou trois manipules de 200 hommes chacun ; on peut supposer qu'un manipule suffisait sans doute à arrêter Jésus.

Mais à ce manipule était bien joint un détachement romain, puisque Jean spécifie qu'il y avait là « les troupes, avec leur commandant, et la police juive » (Jn. XVIII ; 12). Donc, non seulement le Sanhédrin avait dû obtenir l'autorisation d'expédier un manipule, mais encore il avait dû accepter la tutelle d'un détachement romain, commandé par un chiliarque (c'est le sens du mot « commandant », qui est différent de « centurion » — Edersheim), représentant de l'une des six tribunes de chaque légion. On ignore évidemment si le Sanhédrin dépêcha un manipule entier, et si Pilate, à son tour, dépêcha une tribune entière, mais enfin on peut supposer qu'il y eut bien là trois cents hommes.

On observera accessoirement, à ce propos, que les synoptiques ne mentionnent que la police du Temple (Mt. XXVI ; 47 — Mc. XIV ; 43 et Lc. XXII ; 47 et 52), et que tous trois disent que c'est Judas qui menait le détachement ; Judas était certainement là, mais il ne menait sûrement pas le détachement ; il servait tout simplement d'indicateur. En tout état de cause, les synoptiques rejettent donc entièrement la responsabilité de l'arrestation sur le Temple, c'est-à-dire les juifs, et, à l'exception de Jean, « oublient » la présence du détachement romain.

Celle-ci est particulièrement intéressante, parce qu'elle indique que Pilate avait été mis au courant de l'affaire la veille au moins. Ne l'eût-il pas été que ses espions n'eussent pas eu grand-peine à savoir que le Sanhédrin préparait une décision importante : celui-ci siégeait, en effet, dans le bâtiment qui jouxtait les quartiers de Pilate, dans l'ancien palais d'Hérode, le Palais Hasmonéen (Gaalyah Cornfeld, *Archaeology of the Bible : Book by Book*, p. 272, reprenant les travaux du P.B. Benoît sur ce point, v. bibl.).

Dans *L'Homme qui devint Dieu* (p. 681-684), j'introduis une variante, qui est que Pilate fut informé de l'intention du Sanhédrin avant que celui-ci vînt lui demander l'autorisation d'arrêter Jésus, dans la nuit du mercredi 12 au jeudi 13 Nisân. Je me fonde pour cela sur un raisonnement de circonstance.

La séance de nuit du Sanhédrin indique, à l'évidence, que celui-ci fut pris de court ; il souhaitait juger Jésus avant la Pâque, comme je l'ai dit, afin d'éviter un soulèvement au Temple, l'épisode des marchands fouettés au vu et au su de tout le monde ayant exaspéré son inquiétude. Un nouvel incident du même genre menacerait gravement son autorité.

Or, Jésus a été arrêté de nuit, dans la nuit du 12 au 13 Nisân (voir note suivante). La mise en place du dispositif d'arrestation a donc dû se faire, en urgence aussi, dans les premières heures de la soirée, même si elle était préparée avant la soirée de la Cène, le mercredi 12 Nisân, après que Judas eut quitté la Cène. Judas leur ayant dit que Jésus avait l'habitude de se rendre à Gethsémani, le soir après dîner, les gens du Temple devaient agir vite pour arrêter le prévenu avant qu'il allât se coucher, car il ne passait évidemment pas la nuit à Gethsémani. C'était l'unique occasion de le faire, car, le lendemain dans la journée, il eût été aussi difficile de retrouver Jésus dans la foule amenée à Jérusalem par la Pâque que de trouver une aiguille dans une botte de foin, l'affluence croissant de jour en jour.

Or pour obtenir l'assentiment de Pilate, il fallait lui expliquer le motif de l'arrestation, d'une arrestation qui exigeait tout un manipule de la police du Temple et qui était donc bien autre chose que celle d'un prévaricateur ou d'une femme adultère. Donc d'une affaire qui intéressait l'ordre public, dont Pilate était le garant. Cela ne pouvait se faire en quelques minutes.

Il semble donc douteux que le Sanhédrin ait demandé

une telle autorisation « en catastrophe » dans la nuit du 12 au 13 Nisân. Et, si le Sanhédrin avait bien demandé cette autorisation, il est très probable qu'elle n'eût pas été accordée rapidement, car Procula, la femme de Pilate, protégeait Jésus.

Il me paraît bien plus probable que le Sanhédrin ait d'abord essayé de contourner l'autorité de Pilate, au moins pour l'arrestation. Là interviennent les espions de Pilate, qui ont d'autant moins de mal à s'informer qu'ils ne sont séparés de la salle où se tient le Sanhédrin que par la largeur d'une cour du Palais Hasmonéen. Car le Sanhédrin ne siège plus au Boulê ou chambre de la Pierre Taillée du Temple depuis plusieurs années. Ces espions informent donc le procurateur de l'intention du grand prêtre d'arrêter Jésus. Pilate, furieux, convoque le grand prêtre et exige sa démission.

De fait, il semble que, cette année-là, Caïaphas ait succédé à Annas.

Pilate ayant obtenu satisfaction et affirmé son autorité sur l'affaire Jésus par le renvoi du grand prêtre, il ne peut plus s'opposer à une arrestation de caractère exclusivement religieux. Mais sa police y sera présente ; il en donne l'autorisation, sans doute dans la journée du 10 Nisân.

Dès lors, les opérations du Sanhédrin vont se dérouler sous le contrôle de l'autorité de Pilate, qui ne porte pas plus de « sympathie » au Sanhédrin que celui-ci ne lui en porte, surtout depuis la fameuse révolte causée par la tentative de Pilate de fixer au-dessus du Temple les aigles romaines, toutes dorées (Josèphe, *La Guerre des Juifs*, II ; 9, 3), et qu'il avait puisé dans le trésor sacré, le Corbonas, pour construire un aqueduc !

Rome a toujours entretenu des espions. Dans un pays aussi agité que la Palestine, c'était vital pour son pouvoir. Ce sont donc les informateurs de Pilate qui ont contrecarré, partiellement, le projet du Sanhédrin.

Procula, femme de Pilate, mena sans doute aussi sa propre enquête sur les préparatifs d'arrestation ; elle s'intéressait personnellement à Jésus et son préjugé favorable à son égard est rapporté par Matthieu : « Alors que Pilate siégeait en cour, un message lui parvint de sa femme : "N'aie rien à faire avec cet homme innocent ; j'ai été très troublée à son sujet dans mes rêves la nuit dernière" » (Mt. XXVII ; 19). Car les Romains étaient aussi superstitieux.

Pilate avait donc une raison de plus de surveiller l'arrestation et le procès de Jésus : la paix conjugale, puisque Jésus bénéficiait de la faveur de Procula.

***66. Un point majeur : la date de l'arrestation.*** La Pâque était célébrée le 14 Nisân ; ele pouvait donc tomber n'importe quel jour de la semaine. Les Pesahim, cités par Jeremias (*Jérusalem au temps de Jésus*, p. 119 v. bibl.), prévoient d'ailleurs les mesures à prendre quand ses préparatifs tombent un samedi.

Les synoptiques, mais eux seuls et non Jean, concourent sur le fait que le jour du jugement et de la crucifixion de Jésus fut celui de la préparation de la Pâque et que c'était un vendredi. On devrait donc en déduire que Jésus fut arrêté dans la nuit du jeudi au vendredi et qu'il fut crucifié le vendredi 14 Nisân.

Il s'agit là, toutefois, d'une première hypothèse, car il est également possible que les synoptiques aient concordé sur le vendredi parce que c'était le jour du sacrifice de l'agenau, donc un jour éminemment symbolique, le sacrifice du Rédempteur coïncidant avec celui de l'animal.

Nous savons, par ailleurs, que Jésus célébra la Pâque avant la date officielle juive (Jn. XIII ; 1-5). C'est là un point sur lequel les synoptiques sont confus, volontairement ou non, mais qui semble avoir été éclairci par les remarquables travaux d'Annie Jaubert (*La Date de la Cène*, v. bibl.). Jésus semble avoir célébré la Pâque selon le calendrier essénien. En effet, les Esséniens utilisaient un calendrier sacerdotal fixe de 364 jours, comportant quatre trimestres de 91 jours et 13 semaines chacun. Étant donc donné que leur année était toujours pour eux de 52 semaines, la Pâque tombait toujours le même jour, qui était un mercredi. Il n'est dit nulle part que Jésus célébra effectivement la Cène un mercredi, sinon, d'après Jean, qu'il la célébra en avance. Sa fidélité au rituel essénien n'est pas une hypothèse aventureuse, et l'on peut raisonnablement supposer qu'au lieu de célébrer la Pâque un jeudi, jour qui ne correspondait à rien, Jésus l'ait célébrée le mercredi.

Il y a donc déjà une incohérence majeure dans le récit des synoptiques et, en particulier, de Marc, qui spécifie (XIV ; 12) et Luc (XXII ; 7) que Jésus célébra la Pâque en même temps que les juifs. C'est impossible. S'il l'avait célébrée le vendredi au soir et qu'il avait été arrêté dans la soirée du vendredi, il aurait été crucifié le samedi. Or, il est clairement dit que, le samedi matin, Jésus est au tombeau (Mt. XXVII ; 62-66 ; Mc XVI ; 1 ; Lc XXIII ; 54). Seul Jean diverge catégoriquement : il dit, en effet, que le jour de la crucifixion était *la veille* de la Pâque (Jn. XIX ; 31). C'était donc le jeudi.

De la sorte, Jean confirme indirectement que la Cène eut bien lieu le mercredi au soir. C'est à un point capital : Jésus a été crucifié le jeudi 13 Nisân. La chronologie devient plus logique : il eût été très risqué, pour le Sanhédrin, d'arrêter Jésus la veille même de la Pâque, ce qui les eût contraints à faire mettre un prophète à mort le jour de la Pâque, symbolisme qui n'eût échappé qu'à peu de gens.

Cette nouvelle chronologie confirme donc bien l'attachement de Jésus au rituel essénien.

Quel était ce jour selon notre calendrier ?

D.W. Hughes (*The Star of Bethlehem*, v. bibl.) a étudié les dates du calendrier juif aux alentours des années trente et n'a trouvé que deux années où le 14 Nisân était un vendredi ; ce sont l'an 30 et l'an 33. Hughes calcule que ces dates correspondent, dans notre calendrier contemporain, aux 7 avril 30 et 3 avril 33. Mais d'une part, Hughes confond les préparatifs de la Pâque à la Pâque elle-même et, d'autre part, me paraît s'être trompé dans ses calculs du cycle lunaire sur lequel les juifs fondaient leur calendrier ; le cycle lunaire juif était de 6 939 jours et 18 heures, alors que sa durée exacte est de 6 939 jours 16 heures et 31 minutes, ce qui fait une différence d'un jour (à raison de 1 heure 29 minutes par cycle) par 308 ans. Or, Hughes a calculé ses dates sur la base du cycle exact. En fait, les 14 Nisân 30 et 33 correspondaient aux 15 et 11 avril de ces années respectives. J'ai estimé plus vraisemblable l'année 30 comme date de la crucifixion, mais ce point est secondaire. Jésus aurait donc eu trente-sept ans.

On a là, incidemment, un témoignage supplémentaire du fait que les évangélistes, y compris d'ailleurs Jean, bien qu'il nous donne ici un indice précieux sur la vraie date de l'arrestation de Jésus, modifiaient les données qu'ils rapportaient pour les faire coïncider à un plan préétabli. Au défi évident de la logique, puisqu'ils font célébrer la Pâque par Jésus à l'heure où, plus loin, ils l'ont mis au tombeau, ils s'efforcent de faire coïncider le sacrifice de Jésus avec le sacrifice de l'agneau, dans un parallélisme d'ailleurs risqué ; en effet, ils ressuscitent, si l'on peut ainsi dire, la tradition du sacrifice humain à la divinité. Comme on l'a vu par la suite, ce symbolisme cruel a été efficace. Il recréait le mythe du héros jeté en pâture à une terrible puissance céleste, exposé dans le chapitre 3 de cet ouvrage. Son archaïsme même était garant de son universalité.

Je m'étonne, mais en toute modestie, que les nombreux spécialistes qui ont bien eu connaissance des travaux d'Annie Jubert, publiés depuis déjà une vingtaine d'années à l'époque où je faisais mes recherches, n'aient pas approfondi la discordance éclatante entre les dates de la Cène et de l'arrestation. Que Jésus ait été crucifié un mercredi au lieu d'un vendredi ne change sans doute rien de fondamental.

Si ce n'est que cela confirme que la dernière Cène fut célébrée selon le rite essénien.

***67. Le procès.*** Truqué autant qu'il fut, ce dut être un moment périlleux pour le Sanhédrin, pour la simple raison que ce tribunal n'avait pas, comme on l'a dit, « le pouvoir du glaive », c'est-à-dire celui d'exécuter des sentences capitales, et qu'il courait le risque de se faire désavouer désormais par Pilate. Dans ce dernier cas, Jésus trouverait dans son acquittement un prestige supplémentaire. C'était donc là un quitte ou double. L'énergie de Caïaphas et d'un personnage que j'ai imaginé, Gedaliah, remporta la partie de justesse.

Il n'y avait évidemment rien de criminel, on l'a vu, qu'on pût imputer à Jésus. Bien qu'aucun évangéliste n'ait assisté au procès, et pour cause, le récit de Matthieu est convaincant, sauf peut-être dans le passage où il prétend que des membres du Sanhédrin se seraient jetés sur Jésus pour lui administrer des coups de poing (Mt. XXVI ; 59-67). Le Sanhédrin était bien plus vigilant que cela à l'égard de sa respectabilité. Celui de Marc souffre de l'erreur de traduction indiquée plus haut (*cf.* « Jésus et sa messianité ») et il paraît quelque peu expéditif (Mc. XIV ; 60-65), de même que celui de Luc (XXII ; 66-71). Apparemment le procès posthume du Sanhédrin par les synoptiques est aussi hâtif que celui de Jésus par le Sanhédrin.

Le récit de Jean est nettement plus circonstancié, il rapporte ainsi que Jésus fut d'abord interrogé par le précédent grand prêtre, Annas, beau-père de Caïaphas, et surtout le comportement de Jésus y est beaucoup plus plausible que dans les synoptiques : « J'ai parlé ouvertement à tout le monde ; j'ai toujours enseigné en synagogue et au Temple, où tous les Juifs se réunissent ; je n'ai rien dit de secret. Pourquoi m'interroger ? Demandez à ceux qui m'ont entendu ce que j'ai dit : ils le savent. » Jean précise également que c'est un officier de police qui donna un coup de poing au visage de Jésus, s'écriant : « Est-ce là une manière de répondre au grand prêtre ? » Jésus répliqua : « Si j'ai mal parlé, dites-moi pourquoi ; si j'ai bien répondu, pourquoi me frapper ? » (Jn. XVIII, 19-23). Tout cela est nettement plus vraisemblable que l'attitude décrite par les synoptiques, où Jésus se limite pratiquement à dire : « C'est toi qui l'as dit » chaque fois qu'on lui pose une question, ou bien ne répond rien.

Toutefois, et c'est là un point assez remarquable et dont l'analyse exigerait de nombreuses pages, Jean ne dit nulle part que Jésus comparut devant le Sanhédrin. Le procès, selon lui, semble avoir été exclusivement dressé par Annas et Caïaphas.

Les évangélistes synoptiques, qui n'y étaient évidemment pas non plus, décrivent le Sanhédrin comme un organisme abstrait, caricatural, animé exclusivement par la haine de Jésus. C'est oublier qu'ils citent au moins deux membres, Joseph d'Arimathie et Nicodème, qui sont favorables à Jésus et que, sur les soixante et onze, il y en a très probablement d'autres qui ont des scrupules sur la procédure engagée. Il y a quand même des juifs qui, vers l'an trente, croient au Messie ! Le spectacle grand-guignolesque que donne le grand prêtre, qui se déchire la robe en pleine séance, n'est pas fortuit, à coup sûr, c'est un geste destiné à impressionner les âmes pusillanimes, excessivement scrupuleuses ou simplement dubitatives. Caïaphas, Annas et leurs adjoints ont dû travailler les juges au corps pour s'assurer une majorité à la sentence.

C'est évidemment une sentence de mort, mais elle est virtuelle. La preuve en est que le Sanhédrin défère Jésus à Pilate, seul détenteur de l'exécutif. Jean le précise d'ailleurs : « Les juifs répondirent (à Pilate, qui leur dit, insidieusement, de juger Jésus selon leur propre loi) : "Nous ne sommes pas autorisés à mettre un homme à mort" » (Jn. XVIII ; 32).

Bultmann, extrêmement circonspect en de telles affaires, cite des opinions, telles que celle de Lietzmann, qui estime que les juifs avaient bien « le droit de glaive » et que, puisque Jésus avait été déféré à l'autorité romaine, c'est qu'il n'avait pas été condamné par le Sanhédrin (Bultmann, *L'Histoire de la tradition synoptique*, p. 622-623). Mais ce genre d'objection risque de mener à des raisonnements circulaires : si le Sanhédrin n'avait pas jugé Jésus coupable, pourquoi l'aurait-il donc déféré à l'autorité romaine ?...

### *68. La personnalité et l'attitude de Pilate.*

Jusqu'à la découverte éventuelle de documents nouveaux, il sera bien difficile de savoir si le préjugé éminemment favorable des évangélistes à l'égard de Pilate est dû à des raisons objectives ou bien à la seule volonté de l'opposer au Sanhédrin, selon une stratégie rhétorique qui reviendrait à dire : « Voyez, même le fonctionnaire romain a essayé de sauver Jésus, alors que les juifs, eux, ont été sans pitié. »

Toujours est-il que le préjugé existe. Jean écrit : « A partir de ce moment (celui où Jésus lui dit que la seule autorité dont il dispose lui vient d'en haut), Pilate s'efforça intensément de libérer Jésus » (Jn. XIX ; 12).

Les synoptiques prêtent au Romain un comportement étonnamment « humain », chez un personnage que les historiens décrivent par ailleurs comme un fonctionnaire borné et brutal. Est-ce à cause de la défense de Jésus prise par Procula et évoquée plus haut d'après Matthieu ? C'est possible.

On éprouve quand même quelque difficulté à imaginer un Pilate soudain touché par la grâce, et les efforts des évangélistes n'y changent pas grand-chose. Si Pilate avait réellement voulu sauver Jésus, il n'avait qu'à le placer sous sa protection et l'expédier sous escorte armée à Antioche ou Alexandrie. Faire de lui le prisonnier des juifs est peu plausible, même s'il est certain que Pilate a dû peser prudemment les risques d'émeutes que causerait son indulgence à l'égard de Jésus.

Il semble bien plus probable que Pilate, connaissant mal les juifs et l'Orient en général, ait d'abord été fasciné par la personnalité de Jésus, évidemment si différente de celles des chefs politiques qu'il avait rencontrés. Dans les quatre évangiles, il demande à Jésus, avec une insistance naïve : « Es-tu le roi des juifs ? » Ensuite, Pilate a pu caresser un projet qui paraît aujourd'hui extravagant, mais qui, à l'époque, méritait attention : Jésus, roi des juifs reconnu, pouvait peut-être prendre la succession d'Hérode le Grand et unifier enfin les cinq provinces sous son sceptre... et le protectorat romain. Ainsi Rome en finirait-elle de l'incessante et insupportable agitation de la Palestine et de cet état de guerre larvée qui durait depuis près d'un siècle. Idée deux fois naïve, d'abord parce que Jésus ne voulait pas d'une couronne temporelle, ensuite parce que, l'eût-il même acceptée, il n'eût jamais toléré une tutelle romaine. Mais on a vu plus d'une fois, en des temps très récents, de grandes puissances se livrer à des machinations qui n'étaient pas plus avisées !

Un troisième élément pesa sans doute aussi dans les raisonnements de Pilate : puisque Jésus exaspérait le Sanhédrin, il était, comme on dit en langage contemporain, l'allié objectif du procurateur.

De fait, le discours de Pilate au Sanhédrin est quelque peu pervers : « Vous avez déféré cet homme devant moi sous l'accusation de subversion. Mais, comme vous voyez, je l'ai examiné moi-même en votre présence et je n'ai rien trouvé qui confirme vos accusations. Hérode n'a rien trouvé non plus, car il nous l'a renvoyé. Clairement, il n'a rien fait qui mérite la mort. Je propose donc de le libérer après flagellation » (Lc. XXIII ; 13-17). Or, Pilate se fait là plus bête qu'il ne l'est, ou bien les évangélistes lui prêtent un discours « angélique ». Le représentant de Rome ne peut quand même pas ignorer aussi complètement les raisons réelles de la vindicte du Sanhédrin, surtout après que celui-ci est allé lui demander l'autorisation d'expédier plusieurs dizaines d'hommes pour arrêter Jésus ; il est impossible que Pilate ne se soit pas informé sur les motifs de cette arrestation.

Mais il est également possible que Pilate, Romain peu informé des nuances de la culture juive, n'ait pas vraiment perçu le danger que Jésus représentait aussi bien pour la puissance romaine. Si Jésus avait fomenté un soulèvement à la Pâque, ce n'était pas seulement le Sanhédrin et les institutions du Temple qui y sombraient, mais aussi, provisoirement du moins, sa propre autorité. Les dizaines de milliers de juifs réunis à Jérusalem pour la fête auraient réduit les soldats romains en chair à pâté. En a-t-il eu l'intuition ? Ce n'est pas exlu. Toujours est-il qu'il défère Jésus à Hérode, alors que rien ne l'y oblige.

Luc avance que Pilate déféra Jésus à Hérode parce qu'il avait appris que le prévenu était de la juridiction d'Hérode (Lc. XXII ; 7). C'était là une façon de se débarrasser d'une décision gênante ; c'était aussi là une façon de faire pièce au Sanhédrin, qui portait à Hérode autant d'exécration qu'il en recevait de lui. C'était, enfin, une courtoisie superfétatoire ; le délit supposé avait été commis en Judée, donc sous la juridiction de Pilate. Quand des troubles éclatèrent en 53 entre juifs et Samaritains, le gouverneur de Syrie, Ummidius Quadratus, ne se gêna pas pour aller faire chercher dix-huit juifs à Lydda, en Judée, qui n'était nullement sous sa juridiction, pour les faire décapiter (Josèphe, *La Guerre des Juifs*, II, 5-6). Les courtoisies que rapporte donc Luc sont des délicatesses de bourreau ; Pilate pouvait faire en Judée ce que bon lui semblait, et ses pseudo-courtoisies à l'égard d'Hérode ne semblent destinées qu'à jouer au chat et à la souris avec un roi soliveau. On devine l'aune des rapports entre les deux tyranneaux quand Luc dit que « le jour même Hérode et Pilate devinrent amis », car « jusqu'alors il y avait eu querelle latente entre eux » (Lc. XXIII ; 12).

### 69. *La personnalité et l'attitude d'Hérode.*

On en a eu plus haut un aperçu. Ambitieux, intrigant, pressé par sa femme de faire ce qu'il fallait pour devenir roi, comme le rapporte Josèphe, rongé de superstitions, jaloux de tout le monde, il était, quand il vit Jésus, « grandement content » (Lc. XXIII ; 8) ; « ayant entendu parler de lui, il avait nourri depuis longtemps l'envie de le voir, et il avait espéré le voir accomplir quelque miracle ». C'est bien possible, et cela confirmerait ce que l'on a vu plus haut des rapports entre le tétrarque et Jésus, mais il est quand même bizarre que nul autre évangéliste ne mentionne une rencontre de Jésus avec Hérode, même pas Jean qui pourtant rapporte les songes de Procula. L'histoire de la robe pourpre qu'Hérode aurait fait revêtir à Jésus est donc une fabrication telle qu'elle est présentée.

Il est vraisemblable qu'Hérode, qui s'était, en effet, rendu à Jérusalem pour rencontrer Jésus, ait obtenu de Pilate l'autorisation de s'entretenir avec ce personnage éminemment charismatique. Toutefois, dénué à Jérusalem de tout pouvoir, et n'obtenant sans doute pas grand secours des réponses de Jésus, comme le rapporte Luc, il en fut pour ses frais. S'il avait espéré se servir de Jésus comme pion politique, il avait essuyé l'échec. Disgracié peu après, en 39, il allait moisir en exil avec Hérodiade, à Saint-Bertrand-de-Comminges. Personnage finalement piteux, son rôle unique dans l'histoire de Jésus est d'avoir accéléré la prise de conscience de celui-ci en faisant sordidement exécuter le Baptiste.

Il est probable que la mention que Luc se croit tenu d'en faire soit due à une confusion avec Hérode le Grand, ou bien avec le successeur d'Hérode Antipas, Hérode Agrippa, bourreau de Jacques de Zébédée.

***70. La flagellation.*** Selon Jean, Pilate a tenté jusqu'au bout de sauver la vie de Jésus ; après la flagellation (Jn. XIX ; 1-2), en effet, il présente Jésus à ses accusateurs sur le *lithostroton* ou *gabbatha*, la terrasse située devant le prétoire, en face du mur d'enceinte de Jérusalem, à l'est ; il dit à la foule : « Voici l'homme... (Jn. XIX ; 4). Clairement, il n'a rien fait pour mériter la mort. Je propose donc de le libérer après une flagellation » (Lc. XXIII ; 16). La foule demande la crucifixion. Pilate revient à la charge « une troisième fois », précise Luc, et propose encore qu'on s'en tienne à une flagellation, mais la foule demande quand même la mort pour le prévenu. Il faut toutefois relever là une différence notable entre les synoptiques et Jean ; les premiers ne disent nulle part que la flagellation a eu lieu ; elle est simplement proposée par Pilate ; selon Jean, elle a lieu avant la sortie de Jésus sur le *lithostroton*, mais elle ne suffit pas à la foule.

Nous ne possédons donc pas de témoignage unanime sur la flagellation.

Hengel (*Crucifixion*, v. bibl.) indique que la flagellation pouvait être une alternative à la crucifixion, mais qu'elle ne l'était pas obligatoirement. Il est possible que Pilate ait fait flageller Jésus, dans l'espoir que cette peine, inférieure à la mise à mort par crucifixion, suffirait à conjurer la vindicte du Sanhédrin.

Il n'existe pas d'explication de l'omission de la flagellation par les synoptiques. Peut-être est-elle due au fait que les synoptiques en particulier essaient de conformer leur récit à des prophéties, et qu'il n'existait pas de prophéties de la flagellation. Mais peut-être aussi, les synoptiques, beaucoup plus proches de la source Q, qui ne mentionne pas la Passion de Jésus, n'ont-ils pas retenu cet épisode, pourtant essentiel.

***71. Le comportement de Pierre.*** Simon-Pierre tient indéniablement la vedette, à cet égard, dans les quatre évangiles. Selon Matthieu, il se trouve dans la cour du Palais Hasmonéen, quand une servante l'aborde et lui dit qu'il était avec Jésus ; il le nie et se réfugie près du portail, où une autre fille le reconnaît et dit aux gens présents : « Cet homme était avec Jésus. » Il le nie encore en jurant. Puis ce sont des badauds qui lui disent : « Tu es certainement un autre d'entre eux ; ton accent te trahit ! » Ce qui est un détail juste, car l'accent galiléen était, en effet, rude (Mt. XXVI ; 69-75). Marc reprend le récit à peu près dans les mêmes termes, mais introduit un deuxième chant du coq (Mc. XIV 66-72) et une précision intéressante, qui est que

Pierre se chauffe les mains, au-dessus d'un brasero sans doute. Ce qui indique qu'il faisait froid, point confirmé d'ailleurs par Jean (Jn. XVIII ; 18). Luc dit que les officiers de la police du Temple allumèrent un « feu » dans la cour, ce qui est un peu surprenant, car, même à l'époque, on ne bâtissait pas des feux impromptu dans les cours des palais ; mais il introduit quand même, lui aussi, un détail intéressant, qui est que la servante le reconnaît à la lueur du feu, ce qui indique qu'il faisait encore nuit (Lc. XXII ; 54-61). Jean confirme qu'il s'agissait bien d'un brasero, car il parle d'un « feu de charbon de bois » et précise qu'il y avait là plusieurs personnes qui se chauffaient (Jn. XVIII ; 12-18). Il n'est pas question d'un seul autre disciple dans les quatre récits, à l'exception du mystérieux disciple qui est une connaissance ou une relation du grand prêtre et qui, on l'a vu plus haut, semble ne pouvoir être que Lazare.

Il est bien possible que tous les autres aient effectivement pris le large, de peur d'être arrêtés. Dans ce cas, le seul témoin direct, mais extérieur, des événements participant à l'arrestation et à la crucifixion serait Pierre. Et cela expliquerait qu'il soit la source principale vraisemblable des synoptiques. Mais il se pourrait aussi qu'il se donne « la vedette » et qu'il se présente lui-même comme couard dans une autocritique pathétique, afin de mieux solliciter l'émotion des auditeurs. Si Pierre est l'unique témoin connu qui demeure, la présence de Jean au pied de la croix devient encore plus douteuse qu'elle ne l'était.

***72. Le pataquès du nom de Barabbas.*** « Pendant la saison du festival, c'était la coutume du gouverneur que de libérer un prisonnier choisi par le peuple. Il y avait alors en prison un homme quelque peu connu, appelé Jésus Bar-Abbas... » (Mt. XXVII ;

15-16). On connaît la suite : Pilate offre à la foule massée devant le *lithostroton* le choix entre la libération de Jésus ou de Jésus Bar-Abbas, et le peuple demande la libération du second. Marc précise que ce Bar-Abbas avait participé à un soulèvement et qu'il y avait commis des meurtres (Mc. XV ; 6-7). Luc apporte une précision supplémentaire : le soulèvement avait eu lieu à Jérusalem (Lc. XXIII ; 18-19). On n'a pas de témoignage sur un tel soulèvement, mais enfin il n'est pas impossible. Même Jean cite cet épisode, quoique très brièvement (Jn. XVIII ; 40).

Ce nom de Jésus Bar-Abbas est fortement suspect ; en effet, en hébreu, il signifie « Jésus Fils du Père » ; c'est, à peine modifié, le nom de Jésus même. De plus, il est absurde de croire que quiconque aurait pu s'appeler « Fils du Père » ; c'est tout aussi impossible que de s'appeler « jumeau », comme on l'a vu plus haut pour Thomas. Enfin, il est excessif d'imaginer qu'il y ait eu au même moment deux prisonniers prénommés tous deux Jésus, dont l'un passait pour le Fils de Dieu et dont l'autre s'appelait « Fils du Père ». Wells (*Did Jesus Exist ?* v. bibl.) qui est l'un des rares auteurs à avoir abordé ce problème de front, reconnaît l'invraisemblance générale de la similitude des noms et mentionne l'hypothèse suivante, tirée de *Revolution in Judae, Jesus and the Jewish Resistance*, de H. Maccoby, un auteur britannique qui présente Jésus comme un chef de la résistance juive antiromaine : il s'agirait là du produit d'une fabrication de Marc, destinée à contrebattre une tradition chrétienne ancienne, qui voudrait que les juifs aient demandé effectivement à Pilate la libération de Jésus, que Pilate, vrai coupable de l'histoire, aurait refusée. Marc aurait donc imaginé que les juifs auraient demandé à Pilate, non la libération de Jésus le Messie, mais d'un autre, un certain criminel prénommé lui aussi Jésus, mais qui s'appelait en fait Bar-Abbas.

L'hypothèse est astucieuse et ne manque pas d'intérêt ; elle tempère un peu, en effet, une certaine tendance à exonérer Pilate de toute responsabilité et à rejeter toute la culpabilité non seulement sur le Sanhédrin, mais également sur les juifs tous ensemble. Elle est d'autant plus plausible que Jésus a quand même été reçu en triomphe à Jérusalem quelques jours avant son arrestation. S'il comptait, comme on le verra plus loin, des adeptes parmi le Sanhédrin lui-même, en l'occurrence Joseph d'Arimathie et Nicodème, il devait bien en compter aussi dans le peuple. La versatilité des foules est notoire, mais encore faut-il qu'elle se fonde sur un motif ; or, les juifs n'avaient eu aucune raison de renier Jésus. Où étaient donc passés ses partisans ?

En revanche, on ne s'explique absolument pas que Marc et les trois autres évangélistes aient accepté un nom aussi invraisemblable. Marc aurait pu imaginer, par exemple, que l'autre criminel s'appelât Bar-Annas, ce que la foule aurait entendu « Bar-Abbas », ou encore « Bar-Adam », « Fils d'Adam », et qu'il y avait eu confusion avec le Fils de l'homme ; car il y avait des auditeurs qui comprenaient l'hébreu parmi les foules que visaient les évangélistes ; un tel nom, plus plausible, aurait évité des questions fâcheuses.

En tout état de cause, on n'a donc que deux explications possibles à cette énigme : ou bien, comme l'avance Maccoby, l'épisode du brigand Bar-Abbas est une pure fiction, ou bien il y a eu une formidable erreur de traduction du texte originel perdu qui a servi aux synoptiques (en ce qui concerne Jean, cette erreur est évidemment plus difficile à expliquer). En tout cas, il n'y a jamais eu de Barabbas.

***73. Le lavement de mains de Pilate.*** Les Évangiles disent que, devant la menace d'une émeute fomentée par le Sanhédrin, Pilate prit peur. « Une émeute se déclenchait » (Mt. XXVII ; 24), « Pilate désirait satisfaire la populace » (Mc. XV ; 15), « les clameurs persistaient et Pilate décida de leur donner gain de cause » (Lc. XXIII ; 24), « Pilate avait plus peur que jamais » (Jn. XIX ; 8). Le Sanhédrin était, en effet, en mesure de déclencher un soulèvement. L'eût-il vraiment fait ? C'eût été aller au-devant d'une répression sans doute beaucoup moins grave que les troubles qu'aurait engendrés le couronnement de Jésus ; le Sanhédrin ne pouvait pas se résoudre à un camouflet et il est possible qu'il ait poussé la provocation assez loin, sachant que Pilate n'avait guère de motif sérieux d'engager une épreuve de force pour défendre un inculpé dont le sort ne l'engageait pas personnellement. Le représentant de Rome effectua donc un repli : selon Jean, mais Jean seul, il accomplit un rite juif, qui était celui prescrit par le Deutéronome (XXI ; 6) pour dégager sa responsabilité de juge d'un crime dont il n'avait pas trouvé le coupable ; il l'accomplit en prononçant les paroles mêmes de l'Ancien Testament prescrites en de telles occasions (2 Sam. III ; 28 ; Ps. XXVI ; 6-73) et se lava les mains. Selon la Mishna, les assistants devaient prier le Seigneur d'éviter que le sang de l'innocent ne retombât sur Israël.

Il est vraisemblable que Pilate, qui administrait la justice en pays juif, était au courant de ce rite ; mais il est singulier que, lui, romain et païen, se soit mis dans le rôle d'un juge juif. Car ce rite et les paroles associées sont spécifiquement juifs ; leur adoption ne correspond absolument pas au comportement du fonctionnaire qui a fait monter les aigles romaines au fronton du Temple. Le récit de Matthieu (XXVII ; 24-26) est donc suspect, et les autres évangélistes ne le reprennent d'ailleurs pas. Tout aussi suspectes sont les paroles terribles que Matthieu prête à un juif dans la foule : « Que son sang retombe sur nous et sur nos enfants ! » (Mt. XXVII ; 26) et celles que Jean prête à la foule : « Nous n'avons pas d'autre roi que César ! » (Jn. XIX ; 15). Aucun juif n'aurait appelé le sang de qui que ce fût à retomber sur lui et ses enfants ; c'est là une inversion préméditée de la formule recommandée par la Mishna, et qui fleure fortement l'antisémitisme systématique de l'auteur de cet évangile rédigé à Rome par quelqu'un qui témoignait de préjugés favorables aux Romains (Wilson, *Jesus — The Evidence*, v. bibl.). Il faut dire que la formule a été singulièrement efficace dans les siècles suivants, et c'est une des phrases des Évangiles qui, soit dit en passant, appellent le plus fortement la suppression. Par ailleurs, si les juifs subissaient bien la tutelle romaine, il est excessivement douteux qu'ils eussent revendiqué César comme roi, puisque, justement, ils avaient failli déclencher une meute quand Pilate avait sommé le Temple des aigles romaines.

Tous rédigés après la destruction de Jérusalem, les Évangiles indiquent particulièrement leur éloignement matériel et psychologique de la Palestine et des juifs dans le récit, trop célèbre, du lavement des mains.

Quant au comportement de Pilate, il apparaît comme piteux. Après avoir défié le Sanhédrin, et témoigné une sollicitude extrême à Jésus, il fait brusquement volte-face, alors qu'il eût pu soustraire Jésus au châtiment immérité et infâme de la crucifixion, non seulement en l'éloignant de Jérusalem, sous escorte romaine, mais encore en le nommant citoyen romain. En dépit des efforts évangéliques pour en faire un défenseur du Messie, sa personnalité de pleutre à la fois roublard et brutal ne ressort que trop bien dans cet épisode.

***74. Le portement de croix.*** On a vu dans la première note de ce chapitre que c'était une convention pieuse. Jésus n'a porté que le *patibulum*, et c'était déjà bien lourd pour un homme qui n'avait pas pris un instant de repos depuis l'arrestation, ni aucune nourriture, et qui, surtout, avait été affaibli par le choc physique de la flagellation et l'horreur de l'arrestation.

On se demande, d'ailleurs, où Jésus eût pris sa croix toute montée, car le Palais Hasmonéen n'était certes pas une remise d'instruments de supplice ; si l'on pouvait y remiser quelques *patibuli* ou les faire mander de chez un charpentier, on ne voit guère qu'on y entreposât des croix toutes faites. Car les crucifixions s'effectuaient parfois par centaines et, ce jour-là, selon les Évangiles, il y en eut donc trois.

En tout état de cause, le secours de Simon de Cyrène n'était pas superflu. Simon de Cyrène fut-il bien l'âme compatissante qu'on dit ? Matthieu dit qu'il fut « pressé » de porter le bois (Mt. XXVII ; 32), ce que confirme Marc (Mc. XV ; 21), qui ajoute que ce Simon était le père d'Alexandre et de Rufus, indications mystérieuses, car on n'a vu ni ne reverra ces noms. C'est Luc qui fait de ce Simon une âme compatissante et qui prétend que, rentrant de la campagne, il mit la croix sur son dos (Lc. XXIII ; 26). Jean, lui, n'en parle pas.

***75. L'heure de la crucifixion.*** C'est aux environs de midi, rapporte Jean (XIX ; 14), que Pilate remit Jésus à la police du Temple. Le trajet du Palais Hasmonéen au Golgotha étant de quelque huit cents mètres, le trajet, bien que pénible, dut être franchi en moins d'une demi-heure ; il en fallut à peu près autant pour mettre le condamné en croix ; c'est-à-dire que Jésus était en croix vers treize heures. Ni Matthieu ni

Luc ne fournissent d'indications horaires sur le début du supplice, mais Marc précise que c'était la neuvième heure de la journée (et non, comme le lisent certains, neuf heures du matin, car les Romains, n'ayant pas notre système horaire, faisaient partir la première heure de la matinée du lever du soleil, la première heure de l'après-midi du midi solaire, et la première heure de la nuit de son coucher), ce qui correspond bien à l'indication de Jean (Jn. XV ; 25). Rappelons que les heures du jour étaient indiquées par des cadrans solaires et celles de la nuit mesurées par des clepsydres.

Jean n'indique pas l'heure à laquelle Jésus fut censé avoir rendu l'âme, mais Marc dit que ce fut à trois heures de l'après-midi (Mc. XV ; 34) : « Et à trois heures, Jésus cria fort : *Eli, Eli, lema sabbachtani ?* » C'est presque exactement ce que rapporte Matthieu (Mt. XXVII ; 45-46), tout comme Luc, qui omet toutefois le cri de désespoir de Jésus (Lc. XXIII ; 44-45).

Il en ressort que Jésus est resté sur la croix quelque deux heures.

***76. Les circonstances de la crucifixion.*** Étant donné que, selon les évangélistes synoptiques, aucun disciple n'était présent (la présence de Jean étant, comme on l'a vu plus haut, plus qu'improbable et Luc ne parlant que des « amis » et non des disciples (Lc. XXIII ; 49), les témoignages rapportés dans les Évangiles semblent ne pouvoir être que ceux des femmes et, en effet, de certains partisans de Jésus assez courageux pour défier le Sanhédrin.

• Les deux brigands crucifiés : ils sont mentionnés par les quatre évangiles, l'un à droite, l'autre à gauche.

• L'inscription au sommet de la croix, « Jésus le Nazaréen, roi des juifs », est également mentionnée par les quatre évangiles, mais c'est Jean qui la commente le plus ; elle était en hébreu, en latin et en grec, afin que nul n'en ignore. Elle aurait suscité une protestation du grand prêtre, qui voulait qu'elle portât l'inscription : « Il prétendait être le roi des juifs. » Pilate n'en aurait pas tenu compte et il aurait rétorqué : « Ce que j'ai écrit, je l'ai écrit. » C'est vraisemblable, car on peut y voir un témoignage du dépit de Pilate, qui ne pardonnait pas au Sanhédrin de lui avoir forcé la main. Une telle inscription était, en effet, un considérable outrage pour les juifs, puisqu'elle indiquait que leur roi avait subi le plus indigne des supplices. Elle n'atteste, bien évidemment, que la rancune de Pilate.

• Les déclarations des bandits sont sujettes à caution. Matthieu dit qu'ils se moquèrent de Jésus (Mt. XXVII ; 44), de même que Marc (Mc. XV ; 32), mais Luc raconte que l'un des deux, appelé depuis le bon larron, aurait prié Jésus de se souvenir de lui quand il serait assis sur son trône, et que Jésus lui aurait assuré qu'il serait le soir même au Paradis (Lc. XXIII ; 43). Les crucifiés avaient, certes, assez d'énergie pour parler, mais on peut douter qu'ils en eussent assez pour s'entretenir de croix en croix, car l'entretien entre Jésus et le bon larron est précédé d'un autre entre les deux larrons, qui devaient se trouver à une dizaine de mètres de distance... Comme dit Bultmann, le caractère légendaire de ce morceau ne fait même pas question (*L'Histoire de la tradition synoptique*, p. 200, v. bibl.).

• L'obscurité qui régna de la mi-journée jusqu'à trois heures, c'est-à-dire exactement pendant le temps de la crucifixion, est rapportée par les synoptiques, mais non par Jean. Elle eût pu correspondre à une éclipse de soleil ; il n'y en eut pas, ni cette année-là ni en 37, et, s'il faut prendre ce détail au pied de la lettre, on serait tenté de prendre l'obscurcissement du ciel pour l'effet d'un orage, puisque « le rideau du Temple se déchira du haut en bas » (Mt. XXVII ; 51 ; Mc. XV, 38 ; Lc.

XXIII ; 45). Il est vrai que Matthieu assortit ce détail de récits fantastiques, selon lesquels « il y eut un tremblement de terre, les rochers se fendirent et les tombeaux s'ouvrirent, et plusieurs des saints de Dieu furent tirés de leur sommeil ; et sortant de leurs tombeaux après leur résurrection, ils entrèrent dans la Ville sainte où plusieurs les virent » (Mt. XXVII ; 51-54). Bref, pour Matthieu, ce fut une répétition générale de la fin du monde. Cette affabulation, qui est le seul fait de Marc, correspond bien, d'ailleurs à son apocalyptisme ; pour lui, la mort de Jésus entraînait la fin des temps, ce qui n'est pas le cas de Luc et encore moins celui de Jean, pour qui cette mort inaugure en fait un âge nouveau. L'extraordinaire coïncidence de l'obscurcissement du ciel avec la crucifixion semble indiquer plutôt une fabrication, ou bien une amplification réinterprétée d'un orage de printemps. Ces orages sont fréquents en Palestine en avril et s'accompagnent parfois de vents de sable.

*77. **Les dernières paroles de Jésus sur la croix*** sont rapportées de façon très différente par les évangélistes. Matthieu s'en tient aux quatre paroles : « *Eli, eli, lema sabbachtani ?* » (Mt. XXVII ; 45), tout comme Marc (Mc. XV ; 34). Luc omet entièrement ce cri de désespoir, peut-être parce qu'il craignait qu'il ne choquât, et le remplace par un « Père, pardonne-leur, parce qu'ils ne savent pas ce qu'ils font » et par le discours avec le bon larron rapporté plus haut (Lc. XXIII ; 34 et 43). Jean ne rapporte aucune de ces paroles, mais une délégation de la mère de Jésus à Jean, supposé présent, et les mots : « J'ai soif » et « c'est accompli ! » (Jn. XIX ; 27, 28 et 30). Visiblement, les dernières paroles de Jésus sont accordées aux convictions personnelles des auteurs ; Matthieu et Marc,

« apocalyptistes », rapportent le cri de désespoir, Luc l'omet pour le remplacer par des paroles de miséricorde et Jean néglige les deux rapports et se présente comme l'héritier de Jésus, auquel il prête un cri de la chair et un cri de l'âme.

De toutes ces paroles, les seules dont on puisse être certain sont *Eli eli, lema sabbachtani*, parce que les évangélistes s'en seraient aisément passés (deux, d'ailleurs, s'en sont effectivement passés). Certains auteurs modernes se sont interrogés sur le sens exact de ces quatre mots, qui sont pourtant du pur araméen et qui sont couramment compris de nos jours par tous ceux qui parlent même l'arabe, dérivé de l'araméen : « Pourquoi, pourquoi m'as-Tu abandonné ? » Elles sont à l'évidence adressées à Dieu. L'état d'esprit qu'elles reflètent est analysé plus loin (note p. 264).

***78. Les personnages présents soit au Golgotha, soit au pied même de la croix :*** Les textes de Matthieu et de Marc sont très voisins : « Un certain nombre de femmes étaient aussi (cet adverbe se référant au centurion et à ses hommes qui étaient au Golgotha) présentes, observant à distance ; elles avaient suivi Jésus depuis la Galilée et le surveillaient. Parmi elles, il y avait Marie de Magdala, Marie la mère de Jacques et de Joseph et la mère des fils de Zébédée » (Mt. XXVII ; 55-56). « Un certain nombre de femmes étaient aussi présentes, observant à distance. Parmi elles, il y avait Marie de Magdala, Marie la mère de Jacques le Mineur et de Joseph, et Salomé qui toutes l'avaient suivi et avaient veillé sur lui quand il était en Galilée, et il y avait plusieurs autres qui étaient venues à Jérusalem avec lui » (Mc. XV ; 40-41). Luc ne cite personne et se contente de parler des « amis » de Jésus, précisant toutefois qu'ils se tenaient à distance, et y incluant les femmes qui étaient venues de Galilée et qui se tenaient avec eux, « et qui surveillaient tout cela » (Lc. XXIII ; 49). Jean indique des témoins tout à fait différents : « Mais entre-temps près de la croix où Jésus était attaché se tenaient sa mère, avec sa sœur, Marie femme de Clopas, et Marie de Magdala » (Jn. XIX ; 25). Il se cite également parmi les témoins.

En ce qui concerne l'identité de ces femmes, elle est analysée dans la note « les femmes autour de Jésus », p. 160-173. Ici, il faut noter que Jean est le seul à citer la présence de la mère de Jésus que, mystérieusement, il ne nomme pas par son nom ; il est également le seul à rapporter que les témoins sont au pied de la croix, alors que les synoptiques les décrivent unanimement à distance. Il n'existe pas de témoignages historiques sur le comportement des proches à l'égard des crucifiés, mais il est plus probable que l'accès des femmes à ces lieux d'agonie, où les criminels étaient exposés nus, n'était pas autorisé ; la version des synoptiques semble donc beaucoup plus plausible que celle de Jean ; les témoins évoqués par ces évangiles se tenaient le plus probablement à la porte d'Ephraïm, à quelque deux cents mètres du Golgotha.

***79. Le coup de lance***, qui est, dans la culture chrétienne, automatiquement associé aux souffrances de la crucifixion, n'est pas cité par les synoptiques, il faut le souligner ; il ne l'est que par Jean (Jn. XIX ; 34), qui en consolide la véracité en faisant dire à Thomas qu'il ne croira pas à la réalité de la Résurrection tant qu'il n'aura pas mis le doigt dans la plaie au côté (Jn. XX ; 25). Il est singulier que Marc, dont le récit est détaillé, et Luc, dont on sait la tendance à enjoliver les faits, n'aient pas plus mentionné ce détail que Matthieu. On peut également s'interroger sur les intentions symboliques de ce qui pourrait être une invention de Jean. En effet, le symbolisme de l'eau et du sang a été exploité par plusieurs auteurs.

En tout état de cause, il faut relever les trois points suivants :

- le coup de lance n'était pas réglementaire et l'on n'en saisit guère la nécessité ; s'il a bien été donné, il l'aura été avec la lance dont les soldats étaient normalement équipés quand ils n'étaient pas en campagne, qui était terminée par une lame plate et effilée ;
- il n'a pas été donné à la hauteur du cœur, sans quoi Jean n'eût pas manqué de le relever. Le terme utilisé par Jean est « côté » ou « flanc » ;
- bien que cela n'ait pas de valeur historique, il faut rappeler que, dans la tradition éthiopienne, dans les Actes de Pilate, dans la liturgie de Chrysostome et ailleurs (Bultmann, *L'Histoire de la tradition synoptique*, p. 644), le coup de lance a été donné au côté droit.

S'il faut encore prendre ce coup de lance en considération, il faut également y inclure les conséquences que Jean décrit : « ... Et il y eut tout de suite un jet de sang et d'eau. » C'est un point totalement contradictoire avec l'assertion précédente, qui est que, lorsque les soldats en vinrent à Jésus pour lui briser les jambes, ils virent qu'il était déjà mort. Or, les cadavres n'ont pas de sang. Dès l'arrêt du cœur, les globules rouges, non oxygénés, noircissent et se coagulent. Les vaisseaux se bouchent. Il ne peut y avoir de « jet » et encore moins, comme dans certaines traductions, de « flot ». Une plaie de cadavre laisse échapper en filet un liquide noir, connu des médecins légistes sous le nom de « sang de cadavre ».

Par conséquent, s'il y a bien eu coup de lance et jet de sang et d'eau, c'est que Jésus n'était pas mort. En ce qui concerne d'ailleurs les compétences en matière de constat de décès des soldats romains du Ier siècle sur des corps situés en l'air, on me permettra d'émettre les plus vives réserves.

Le coup de lance était-il de nature alors à achever Jésus ? Du côté gauche, après avoir percé la paroi musculaire, il pouvait blesser le côlon descendant, du côté droit, le côlon ascendant ou le foie, des deux côtés, il pouvait percer la plèvre ; c'est l'interprétation la plus plausible que suggère la description de Jean ; aucune plaie au flanc ne laisse échapper de « l'eau », si ce n'est celle qui est faite à la plèvre. Une blessure à la plèvre peut être très dangereuse, car elle entraîne à plus ou moins longue échéance un collapsus pulmonaire. Mais elle n'est pas fatale.

Étant donné le peu de vraisemblance de l'ensemble du rapport de Jean sur la crucifixion, étant donné aussi sa tendance, commune à l'ensemble des évangélistes, à dramatiser son récit, étant donné également que, très bizarrement, les synoptiques ne mentionnent pas un détail aussi marquant que le coup de lance, étant donné enfin que Jean révèle sa volonté d'accorder son texte à des prophéties (« ils regarderont celui qu'ils ont percé », Jn. XIX ; 37) dont la seconde est d'ailleurs impossible à retrouver, selon son schéma général de prédestination de Jésus, on peut douter de la véracité du coup de lance. Il est possible qu'un soldat ait voulu s'assurer que Jésus fût mort et qu'il l'ait piqué du bout de sa lance pour le vérifier. La lance infligea sans doute une blessure, magnifiée par Jean aux dimensions d'un jet d'eau et de sang symboliques.

***80. La démarche de Joseph d'Arimathie et de Nicodème*** mériterait à elle seule un ouvrage entier. Nicodème est présenté par Jean, à Jérusalem, en ces termes : « Il y avait un Pharisien nommé Nicodème, un membre du Conseil juif, qui vint voir Jésus de nuit :

"Rabbi, dit-il, nous savons que tu es un maître envoyé par Dieu ; personne ne pourrait accomplir ces signes que tu fais si Dieu n'était pas avec lui." Jésus répondit : "En vérité, en totale vérité, je te le dis, à moins qu'un homme ne soit né de nouveau, il ne pourra voir le royaume de Dieu. — Mais comment est-il possible, dit Nicodème, qu'un homme naisse de nouveau quand il est vieux ?..." » Jésus indique le baptême de l'eau et de l'esprit, Nicodème s'étonne et Jésus à son tour s'étonne de l'ignorance de ce « fameux maître d'Israël ». L'épisode est long (Jn. III ; 1-21), ce qui indique que Jean accorde une certaine importance à la visite clandestine de ce membe du Sanhédrin.

Marc (Mc. XV ; 42), qui passe auprès de beaucoup d'exégètes pour être la source de Matthieu et de Luc, présente Joseph, un juif de la ville d'Arimathie, en Judée, comme un autre membre du Sanhédrin. Et Jean, mais lui seul (Jn. XIX ; 38-39), joint les deux hommes dans une démarche extraordinaire : ils vont demander à Pilate l'autorisation de disposer du corps de Jésus.

Jean fait de Joseph d'Arimathie un « disciple secret » de Jésus, secret parce qu'il avait « peur des juifs » (Jn. XIX ; 38). Il semble douteux que Joseph d'Arimathie ait été un disciple au sens ordinaire qu'on donne à ce mot ; en effet, Jésus exigeait de ses disciples le renoncement à toutes leurs richesses, comme en témoigne l'épisode de l'homme riche qui veut suivre Jésus (Mc. X ; 17-22). Or, Joseph d'Arimathie était resté riche et, de surcroît, membre du Sanhédrin, ce qui était tout à fait incompatible avec l'état de disciple. Jean a donc utilisé le terme « disciple » au sens large de « partisan ».

Toujours est-il que la démarche des deux notables est extraordinaire à trois égards :

• ils s'adressent à Pilate pour obtenir la disposition du corps de Jésus, reconnaissant explicitement l'autorité du Romain sur un condamné religieux, alors qu'ils sont eux-mêmes membres d'une instance religieuse juive qui a, en dernier recours, refusé à Pilate la latitude d'exercer son droit de grâce ; de plus, les deux juifs enfreignent un interdit de leur religion : ils franchissent le seuil d'une demeure païenne ;

• ils défient ouvertement l'autorité du Sanhédrin, puisqu'ils réclament le corps du condamné pour lui rendre les derniers hommages et l'enterrer dans un caveau neuf, propriété de Joseph d'Arimathie ; c'est aussi scandaleux que si un membre du tribunal qui avait condamné à mort Sacco et Vanzetti avait demandé la disposition des cadavres des deux électrocutés pour les inhumer dans son caveau de famille ; à l'égard des convenances, l'institution judiciaire à Jérusalem n'était certes pas différente de ce qu'elle est de nos jours et, de toute façon, dans aucun pays au monde, à aucune époque, il n'est loisible aux juges de manifester pareille déférence à l'égard d'un homme condamné par leur autorité ; Joseph d'Arimathie et Nicodème prennent donc des risques considérables qui peuvent entraîner non seulement leur exclusion du Sanhédrin, mais également leur bannissement de Jérusalem et des persécutions policières telles que celles que craint Pierre-Simon. Ce point particulier incite à réflexion : deux notables ne peuvent pas s'être ainsi compromis sans des raisons sérieuses ; en effet, ils eussent pu déléguer le soin de disposer du corps et de lui éviter la fosse commune à des domestiques ; mais non, ils interviennent personnellement auprès de Pilate ;

• enfin, ils enfreignent un interdit formel du Talmud : le contact avec un cadavre, qui entraîne l'impureté rituelle. Les rites purificatoires durent une semaine ; or, le contact avec le cadavre présumé de Jésus se situe à la veille de la Pâque, c'est-à-dire le 13 Nisân dans l'après-midi après trois heures, heure indiquée par Marc et Luc (Mc. XV ; 33 et Lc. XXIII ; 44) comme étant celle où Jésus aurait rendu son dernier cri. Le Talmud enjoignant aux juifs d'être purifiés avant le coucher du soleil et dans l'enceinte de la Grande Jérusalem pour la célébration de la Pâque, il en découle que les deux notables se trouvent en infraction grave avec les prescriptions rituelles, puisqu'ils n'ont évidemment pas le temps de procéder aux rites purificatoires.

Dans la postface de *L'Homme qui devint Dieu*, je propose, dans la reconstitution du temps de Joseph d'Arimathie et de Nicodème, l'hypothèse qu'ils sont allés voir Pilate à dix-huit heures ; je me base pour cela sur les indications de Matthieu et de Marc (Mt. XXVII ; 57 et Mc. XV ; 42) selon lesquelles l'intervention des deux notables s'est faite à la nuit tombée ; ce jour-là, elle est tombée vers 17 h 40. Il est d'ailleurs plus plausible que Joseph d'Arimathie et Nicodème aient préféré attendre la tombée de la nuit pour entreprendre leur démarche auprès de Pilate, afin de ne pas aggraver le caractère provocateur de leur démarche.

On est en droit de se demander pourquoi deux hommes mettent ainsi en jeu leur sécurité et celle de leurs familles pour accomplir une cérémonie funéraire que même les disciples les plus fervents, tel Jean, n'ont pas eu le courage d'entreprendre et qui, en fin de compte, ne semble rien devoir changer au destin de Jésus. La révérence à l'égard de Jésus ne semble pas constituer une raison suffisante ; bien d'autres nourrissaient la même révérence et n'ont cependant pas pris de tels risques. On ne peut que s'interroger également sur l'intervention soudaine de ces deux personnages dans le récit, tel des *dei ex machina*.

De fait, Joseph d'Arimathie et Nicodème se comportent comme s'ils savaient que Jésus n'est pas mort. En témoigne un détail particulier des rites d'ensevelissement tels que les décrivent les évangélistes. Matthieu dit que Joseph d'Arimathie enveloppa le corps dans « un drap de lin propre » (Mt. XXVII ; 59) ; c'est ce que rapporte Marc en termes à peu près identiques (Mc. XV ; 46) ; ainsi que Luc (Lc. XXIII ; 53). C'est Jean seul qui avance que Joseph d'Arimathie était accompagné de Nicodème et qu'ils apportèrent avec eux une quarantaine de kilos (cent livres) de myrrhe et d'aloès.

Mais aucun des quatre ne rapporte le lavement du corps, ce qui est totalement en contradiction avec les rites juifs. De toute façon, Jésus devait être couvert de sang, de poussière, de sueur, sinon d'autres humeurs. Il est absolument inconcevable que ses ensevelisseurs eussent omis de l'envelopper dans un linceul propre sans cette cérémonie.

Quelle put être la raison d'une omission aussi importante ? Sans doute la crainte que l'eau, entraînant les croûtes, ne déclenchât de nouveaux saignements. Car, on va le voir plus loin, Jésus continuait à saigner, preuve formelle qu'il était encore en vie. Joseph d'Arimathie et Nicodème remirent les soins médicaux à quelques heures de là. Ils avaient procédé, pour le bénéfice des spectateurs, parmi lesquels on comptait à coup sûr des espions du Sanhédrin, à un enterrement simulé.

***81. Le linceul*** est un élément essentiel de l'enquête sur la mort de Jésus. On a vu que, selon Matthieu (Mt. XXVII ; 59), Marc (Mc. XV ; 46) et Luc (Lc. XXIII ; 53), c'était un drap de lin. Seul Jean diffère sur ce point : il mentionne des « bandes de lin » et ajoute « selon la tradition funéraire juive » (Jn. XIX ; 40). Jean utilise le terme grec *othonia*, neutre pluriel de *othonion*, bande d'étoffe de lin destinée en général à servir de pansement ; Jean ne parle pas là de linceul, *soudarion* ce qui est extrêmement singulier ; ou bien Jean, c'est-à-dire son copiste, est totalement ignorant des usages juifs et du vocabulaire funéraire, car il eût dû parler, en effet, de linceul, *soudarion*, ou bien il faut évoquer une autre explication, comme on le verra plus loin.

L'usage de bandelettes funéraires est, en effet, totalement exclu chez les juifs ; il ne peut correspondre qu'à l'embaumement à l'égyptienne, que les juifs ne pratiquent pas, parce qu'il comporte une profanation du cadavre, qui est l'éviscération. Les bandelettes servent chez les Égyptiens à resserrer les plaies béantes causées par l'éviscération afin d'éviter que les aromates ne se répandent à l'extérieur des cavités cadavériques. Jean ne peut pas plus faire allusion à un enserrement du corps de Jésus dans des bandelettes qu'il ne peut, comble, ajouter « selon la tradition funéraire juive ». Il est beaucoup trop précis pour se permettre une pareille bévue et il connaît trop bien pour cela les mœurs juives.

On pourrait supposer que ces bandelettes sont celles qui servent, et cette fois selon la tradition juive en effet, à tenir ensemble les mains et les pieds du cadavre, comme on le voit dans la description de la résurrection de Lazare (Jn. XI ; 44). Toutefois, ce n'est pas le cas, parce que, là, Jean aurait employé un autre terme qu'*othonia*, qui est *keiriai*, c'est-à-dire sangles.

A quoi correspond donc l'utilisation du terme *othonia*, puisqu'il ne peut s'agir ni de bandelettes funéraires ni de sangles ?

On a vu en maints lieux que Jean est souvent étonnamment précis. Ce qu'il a donc décrit, à mon avis, ce sont bien des pansements que Joseph d'Arimathie et Nicodème ont apportés pour panser les plaies de Jésus.

Or, c'est là un détail extraordinairement révélateur, car on ne panse pas les plaies d'un cadavre. C'est là une preuve de plus que Joseph d'Arimathie et Nicodème savent bien que le cadavre qu'ils font mine d'embaumer n'est qu'un faux cadavre ; ils pansent les plaies afin d'arrêter le saignement.

On peut se demander pourquoi Jean n'a pas mentionné le suaire. On peut imaginer qu'il l'ait fait et qu'ensuite un copiste peu informé, lui, des coutumes juives ait imaginé que les *othonia* faisaient double emploi avec le *soudarion* et que, par souci de simplification, il ait éliminé un ou deux versets sur le suaire ; les Évangiles ont souffert bien d'autres corrections. C'est toutefois peu probable, car il parle à trois reprises des *othonia* dans la découverte et la visite du sépulcre vide (Jn. XX ; 6, 7 et 8) ; la première fois est quand Jean voit que le sépulcre est vide et que les *othonia* gisent par terre, mais qu'il n'entre pas dans la tombe ; la deuxième fois, quand Simon-Pierre entre, lui, dans la tombe et voit aussi les *othonia* par terre et que le *soudarion* n'est pas avec les *othonia*. Jean parle donc à trois reprises des *othonia*, avec une insistance singulière, mais il n'utilise pas une seule fois le mot suaire. C'est évidemment une grande singularité, puisqu'il sait bien qu'on n'emmaillote pas les cadavres dans des bandelettes.

Jean a-t-il offert au lecteur des indices secrets sur l'étrangeté des circonstances qui entourent la disparition de Jésus du sépulcre ? C'est une hypothèse que confirme partiellement le détail troublant du *soudarion* qui est plié dans un coin. Mais on ne peut pas faire dire aux textes plus qu'ils n'en disent.

***82. Le suaire de Turin et son paradoxe.*** Cette relique a suscité des livres très nombreux depuis qu'en 1898 un photographe italien, Secondo Pio, photographiant ce vestige, découvrit que le négatif de sa photo était, en fait, un positif d'un corps entier, de face et de dos. L'émotion fut grande, car l'on avait soutenu jusqu'alors que seul le visage de l'homme censé avoir été inhumé dans ce linceul, Jésus donc, avait été visible. C'est un premier point intégralement faux. On sut très tôt que le suaire représentait l'image en négatif d'un corps humain entier ; la preuve en est donnée par l'un des documents anciens les plus connus, qui représente le saint suaire ; c'est une peinture de Giulio Clovio, qui date du XVIe siècle et qui, dans sa moitié inférieure, représente l'inhumation de Jésus dans un linceul faisant environ deux fois la longueur du corps et, dans sa moitié supérieure, le vestige tel quel, avec l'image en négatif recto et verso.

Il n'en est fait mention dans ces notes que parce que ce vestige a été avancé par bien des gens comme une preuve historique que Jésus était bien mort quand il fut mis au tombeau, voire qu'il ressuscita, de façon miraculeuse, dans l'« éclair de lumière » qui impressionna le linceul ! Pendant les années où je travaillais à *L'Homme qui devint Dieu* et jusqu'en octobre 1988, six mois après sa parution, on m'opposa le suaire de Turin aux mêmes fins. Puis, en 1988, le Vatican même dut se rendre à l'évidence : c'était un truquage astucieux.

Des études détaillées exclusivement photographiques pour commencer, indiquèrent dès le début du siècle que l'homme qui avait été enseveli dans ce tissu semblait avoir subi un traitement singulièrement semblable à celui de la Passion de Jésus ; il avait été crucifié, comme en attestaient les blessures aux pieds et aux mains, caractéristiques de percements avec des clous. En particulier, ce « crucifié » présentait des blessures aux poignets et non dans les paumes des mains, selon l'iconographie classique ; c'était un point frappant, car chez les crucifiés dont on fixait les extrémités supérieures à la *crux* avec des clous et non avec des cordes, comme ce pouvait aussi être le cas, les tissus des mains se seraient déchirés sous le poids du corps ; il était donc beaucoup plus logique, comme l'indiquait le suaire, de planter les clous dans les poignets, entre l'humérus et le radius, qui sont attachés par des ligaments beaucoup plus solides. Détail encore plus frappant, le crucifié du suaire présentait (ou semblait présenter) les pouces repliés sur les paumes, selon un fait anatomique également inconnu des artistes qui avaient représenté la crucifixion ; c'est que, lorsqu'on enfonce, en effet, le clou dans un poignet, comme l'avaient démontré des expériences faites sur des cadavres, on déclenche un réflexe qui entraîne le repli du pouce vers la paume.

Les mêmes études photographiques révélèrent que le crucifié avait été flagellé, et qu'il l'avait été avec un fouet romain aux lanières terminées par des plombs ou des os, le *flagrum* ; et, assurèrent certains, tel Paul Vignon, qu'il avait été coiffé d'une couronne d'épines ; et qu'il avait reçu un coup de poing au visage qui lui avait tuméfié la pommette droite et sans doute cassé l'os du nez. On retrouva même la cicatrice du coup de lance, au côté droit, selon la tradition originelle chrétienne. C'étaient là, assurément, des preuves de « véracité » étonnantes, voire troublantes.

Les analystes se partagèrent d'emblée en deux camps, ceux qui croyaient que le suaire de Turin était un document authentique, qui ne pouvait être, étant donné la parfaite concordance entre ses « informations » et le récit de la Passion, que celui de Jésus comme l'assurait la tradition. Le chef de file de ce parti fut le Français Paul Vignon à partir des années 1930. Puis il y avait ceux qui n'y croyaient pas et qui assuraient que le suaire était une fabrication. Les chefs de file de ce parti furent les rationalistes, dits « humanistes », d'abord français, puis américains, Paul Kurtz et Joe Nickell, ces derniers essentiellement dans les années 1970 et jusqu'en 1988.

En faveur des « pros », on comptait deux arguments principaux. Le premier était la véracité anatomique de l'image. Les connaissances anatomiques ont été médiocres jusque vers le XIXe siècle ; or, l'histoire du suaire de Turin pouvait être reconstituée sans interruption depuis le XIIIe siècle ; il était donc très peu plausible qu'un faussaire ou un groupe de faussaires eussent confectionné selon les moyens habituels, c'est-à-dire les procédés de la peinture, une image d'un crucifié qui non seulement était d'un réalisme saisissant, mais encore qui contredisait la tradition iconographique en vigueur jusqu'à la fin du XIXe siècle. La seconde raison était qu'il n'existe pas d'exemple dans l'histoire de l'art — car, s'il fallait parler de faux, c'était bien de faux artistique qu'il s'agissait — de représentation humaine qui ne comporte de marques stylistiques caractéristiques de l'époque. Tout artiste se réfère plus ou moins consciemment à un idéal, qui est celui d'un moment de l'histoire, et il y a autant de différence entre une anatomie d'homme représentée par Dürer et par le Caravage qu'entre Van Gogh et le Caravage ; or, là, il s'agissait d'une image documentaire, notion strictement inconnue au XIVe siècle.

Les sceptiques américains (car c'étaient les Américains qui menaient le débat aux yeux du monde, tant la technique américaine inspirait alors de révérence) n'invoquaient, à vrai dire, qu'un argument historique valable : le suaire était apparu, soudainement, en possession du seigneur Geoffroy de Charny deux ou trois ans avant 1356 ; on ne savait ni où ni comment ce féal de Jean II le Bon, qui mourut en 1356 à la bataille de Poitiers, avait acquis le suaire. Il semble que c'eût été en Orient, mais ce n'est pas sûr. Toutefois, cette argumentation, fondée sur l'absence de preuves antérieures, était fragile. Nous disposons, en effet, d'un témoignage de Robert de Clari, chroniqueur de la quatrième croisade, qui affirme avoir vu à Constantinople un linceul portant l'effigie du « corps entier » de Jésus, et cela en 1204. Rien n'interdisait de penser que le linceul de Constantinople était le même que celui de Turin, ni même qu'il eût pu exister avant le témoignage de Robert de Clari.

Si les sceptiques américains, autant d'ailleurs que les partisans français et internationaux, avaient commencé par faire des recherches historiques, comme il est de rigueur dans le monde de l'art pour toute œuvre d'art suspecte, ils auraient découvert un dossier assez surprenant : c'est qu'il y avait eu de nombreux suaires ! Dans son *Traité des reliques* (v. bibl.) de 1543, Calvin énumère une douzaine de villes « qui se vantent d'avoir le suaire de la sépulture tout entier ». En 1902, même, comme le rappelle Gilbert Brunet dans son remarquable article « Le dernier des saints suaires : le suaire de Turin » (*Cahiers Ernest-Renan*, n° 110, mai-juin-juillet 1979), Fernand de Mély n'inventoriait pas moins de quarante-deux suaires, ce qui, bien entendu, suscitait la vive contrariété de l'un des sindonologistes les plus ardemment convaincus de l'authenticité de celui de Turin, le jésuite et intégriste Paul du Gail, qui diffusait alors un bulletin intitulé *Les Amis de la Sainte Face* (!).

Brunet, déjà cité, analyse quelques-uns de ces suaires, celui de Compiègne, le plus anciennement honoré en Occident comme en Orient et pour lequel Charles le Chauve fit construire une abbaye en 877, le suaire de Cadouin, qui était conservé depuis 1115 dans l'abbaye cistercienne de ce nom, le suaire de Besançon, théoriquement offert par l'empereur Théodose II à l'évêque Célidoine en 445... Tous ces linges ont été détruits et c'est fort dommage. Celui de Compiègne fut détruit pendant la Révolution, celui de Cadouin sombra dans le ridicule, l'orientaliste Gaston Wiet ayant démontré en 1935 que les bandes ornementales qui le bordaient étaient, en fait, des bénédictions adressées à un calife égyptien, et celui de Besançon fut expédié par la

Convention aux hôpitaux de Paris pour en faire de la charpie !

Nous disposons toutefois des dimensions de ces trois suaires, qui furent abondamment décrits — et copiés (Charles Quint, Philippe II, Marguerite de Parme avaient chacun une copie et le peintre Dargent s'était fait, au XVIe siècle, une spécialité de copies du suaire de Besançon). Elles sont toutes différentes : environ 2,40 m pour le suaire de Compiègne, qui était une bande comme celui de Turin, 2,41 m x 1,13 m pour celui de Cadouin, 2,60 m de long pour celui de Besançon. Il faut quand même espérer qu'un jour on retrouve quelques-uns de tous ces suaires, dont le nombre, copies comprises, doit excéder de loin le chiffre cité par Mély et avoisiner la centaine.

A propos de dimensions, relevons en passant que celles du suaire de Turin étaient bizarres : 4,35 m × 1,10 m, ce qui est un peu trop long pur un homme de taille moyenne, surtout en Palestine au Ier siècle (1,70 m), et bien étroit. Mais enfin, nous ne savons pas quelles étaient les dimensions réglementaires des suaires en Palestine au Ier siècle, ni même s'il y en avait.

A mon avis, cette abondance de linges funèbres eût dû inspirer le sourire aux sceptiques et faire économiser des centaines de milliers de dollars ou de francs, comme on voudra, en recherches byzantines. De telles sommes eussent trouvé, en archéologie, des utilisations beaucoup plus intéressantes. Mais telle est, depuis un demi-siècle, la ferveur qui entoure le suaire de Turin, le seul qui continue d'être exposé à intervalles plus ou moins longs, que les partisans s'enfiévrèrent naïvement à son sujet et que, piqués au vif, les sceptiques se mirent en demeure de démontrer que la relique était un faux.

Ultime argument utilisé par les sceptiques américains, dont on déplorera au passage qu'ils aient mené le jeu, parce que disposant de moyens financiers plus importants : le fait que l'évêque de Troyes, Henri de Poitiers, ait déclaré à l'époque, déjà, que le suaire de Turin était une fraude. Or, les motivations d'Henri de Poitiers sont suspectes. En effet, le suaire, qui était une source de revenus appréciable, ne se trouvait pas dans son diocèse, ce qui ne pouvait manquer de le chagriner. Mais surtout, le droit d'exploitation de reliques, à peu près équivalent à ce que serait aujourd'hui le droit d'exploitation de films à succès, n'était accordé que par l'évêque du siège épiscopal le plus proche, qui était le sien, et Marguerite de Charny l'avait court-circuité en demandant directement l'autorisation d'ostension au pape Clément VII d'Avignon, neveu de son second mari, Aymon de Genève.

Défié dans son autorité et n'ayant aucun pouvoir sur les revenus du suaire, Henri de Poitiers se vengea donc en accusant le suaire, l'actuel suaire de Turin donc, d'être un faux. Clément VII, d'ailleurs, ne le contredit pas, puisqu'il demanda aux chanoines qui exposaient cet artefact d'« avertir les fidèles... que ce n'est pas le vrai suaire qui a recouvert le corps du Christ, mais seulement une peinture faite pour représenter ce suaire ». Or, ce sont là des propos extrêmement importants, car ils démontrent d'abord que la croyance dans l'authenticité du suaire de Turin est récente (douze papes, dont Pie XII, Jean XXIII et Paul VI, ont expressément affirmé leur foi dans l'authenticité du suaire, qualifié de « relique »), alors que Clément VII savait que c'était un faux. Le mémoire de l'évêque Pierre d'Arcis, successeur d'Henri de Poitiers, mentionne même une attestation de l'artiste qui avait fabriqué le suaire, et qui ne nous est pas parvenue, malheureusement.

Il eût suffi, je le répète, d'approfondir un peu les données historiques, dont plusieurs furent d'ailleurs reprises (mais de travers) par Wilson dans son ouvrage sur le suaire (v. bibl.), pour s'éviter tous les travaux qui visaient à établir si la relique était ou non authentique et s'intéresser plutôt à la véritable énigme, c'est-à-dire la manière dont l'effigie supposée de Jésus avait été réalisée sur le tissu. Cette énigme est analysée plus loin. En tout cas, on savait déjà que le suaire de Turin avait été fabriqué au XIIIe siècle par un artiste. Les incrédules, hélas, n'en firent pas cas.

Le reste de l'argumentation des sceptiques était encore plus fragile. Nickell assurait avoir obtenu des empreintes comparables à celles du suaire de Turin par estampage, c'est-à-dire en appliquant un linge sur une sculpture en ronde-bosse, et affirmait que l'image du suaire de Turin avait été réalisée par cette technique. Or, il n'expliquait pas qui aurait réalisé une sculpture aussi réaliste et ne faisait donc que déplacer le problème. De plus, l'explication de l'estampage, qui a malheureusement été reprise plusieurs fois par des journalistes pressés de démontrer leur scepticisme, mais non d'étudier un problème archéologique, s'effondra en 1978. Cette année-là, en effet, le Dr John Jackson, de l'université de Yale, et une équipe de savants américains se rendirent à Turin où l'autorisation leur avait été donnée d'examiner le suaire. Parmi les nombreuses expériences auxquelles ils se livrèrent, il y en eut une qui consista à soumettre une photo du suaire à un sytème couramment utilisé par le Jet Propulsion Laboratory américain, de Sandia, organisme dépendant de la NASA. Ce système consiste à établir par ordinateur les différences de densité des éléments d'une image, qui correspondent normalement à des parties plus ou moins éclairées, pour reconstituer ensuite l'image en trois dimensions. Si l'image du suaire avait été obtenue par estampage, elle eût été développée, c'est-à-dire panoramique en quelque sorte. Or, elle ne l'était pas ; elle était frontale, comme une photo. Ce point, faussement mystérieux, sera analysé plus loin. Qu'il suffise de dire ici qu'il exclut l'utilisation de l'estampage sur une statue pour expliquer la formation de l'image du suaire.

Toutefois, ce point de la tridimensionnalité et du développement a pris une importance démesurée et fini par égarer les recherches, alors que la solution est beaucoup plus simple, comme on le verra plus loin.

La même équipe releva deux autres points importants. Le premier était la totale absence de coups de pinceau directionnels, inévitables dans l'œuvre de tout artiste (car les Américains examinèrent également l'hypothèse du faux), le second était la présence de traces d'éléments sanguins, confirmées par l'analyse en fluorescence aux rayons X. Ces traces, dissoutes pour analyse chimique dans l'hydrazine, donnent une fluorescence positive de la porphyrine, pigment sanguin, un hémochromogène positif, une protéine positive et une réaction cyanméthémoglobine positive (John H. Helle, *Enquête sur le suaire de Turin*, v. bibl.). C'étaient là trois preuves formelles qu'il s'agissait de sang humain. S'il fallait imaginer que le suaire de Turin est l'œuvre d'un faussaire, réalisée au XIVe siècle, il fallait alors croire qu'il s'est agi du faussaire le plus génial de tous les temps, dirait-on, car il aurait eu à l'époque la prescience des méthodes d'analyse scientifique du XXe siècle ; on va voir que cette opinion est très exagérée.

La présence de sang sur le suaire de Turin a déclenché en 1978 des réactions d'une vivacité assez surprenante dans le camp des sceptiques inconditionnels, et j'ai assisté à quelques-unes d'entre elles. Il convient de retracer cet épisode dans le détail, aussi bien selon l'hypothèse que le suaire est faux que selon l'hypothèse qu'il n'en est pas un.

En 1978, les techniciens américains qui eurent le loisir de manipuler le suaire à Turin en prélevèrent de nombreuses fibres superficielles avec des bandes adhésives ; par la même occasion, d'ailleurs, ils prélevèrent les poussières, spores et fragments divers, y compris des débris de mouches qui se trouvaient sur le tissu. Ces prélèvements se firent uniformément sur la surface du suaire. Dans leur nombre, on releva des éléments inconnus qui présentaient une fluorescence aux rayons X ; l'esprit scientifique imposait d'en établir la nature. Heller, qui faisait partie de l'équipe, partit de l'hypothèse que c'étaient des pigments minéraux, arsenic, cobalt, mercure, qui auraient servi à peindre l'image du crucifié et qui étaient déjà utilisés au Moyen Age. Or, ce n'étaient pas des pigments qui avaient servi à la « peinture », car ils étaient uniformément répartis sur toute la surface du suaire, même là où il n'y avait pas d'image. Toutefois, dans ces particules infimes, telles que calcium et strontium dont l'origine n'a pas été établie, il y avait aussi du fer ferrique qui présentait la particularité d'être présent aux endroits de l'effigie qui ressemblaient à des taches de sang.

Heller se demanda donc si ce qui passait pour du sang n'en serait pas véritablement, car la porphyrine, pigment de l'hémoglobine, contient en effet du fer ferrique. C'est alors qu'en cours d'étude de ce fer Walter McCrone, éminent spécialiste des particules, intervint pour affirmer que c'était de l'oxyde de fer, et cela alors même qu'il ne l'avait pas testé chimiquement. Or, l'oxyde de fer n'est pas le fer, mais McCrone en conclut que cet oxyde de fer avait servi à peindre l'effigie sur le suaire, nonobstant le fait que l'oxyde de fer était réparti sur toute la surface du suaire, mais non sur les endroits dits « taches de sang », et que, là, c'était bien du fer qu'on avait trouvé. Confronté à ses collègues, comme le raconte Heller dans *Enquête sur le suaire du Turin* (v. bibl.), et convaincu de légèreté, pour dire le moins, McCrone quitta les lieux et ne revint jamais.

Mais à ce jour l'hypothèse de McCrone est encore

invoquée, contre les évidences microphotographiques, pour réfuter la présence de sang sur le suaire, qui ne fait aucun doute. Beaucoup plus extraordinairement encore, McCrone affirma par la suite que, vu la taille des particules d'oxyde de fer, et vu le fait qu'elles étaient inférieures à un micron, le suaire avait été peint après 1800 ! En effet, ce n'est qu'après 1800 qu'on a su fabriquer des particules inférieures à un micron...

Par la suite, McCrone, à qui l'on fit observer que le suaire était quand même antérieur à 1800, imagina que l'effigie avait été retouchée au XIXe siècle à l'oxyde de fer ; de la sorte, il s'obstinait une fois de plus à nier ce que ses collègues avaient établi, c'est que l'oxyde de fer était uniformément réparti sur toute la surface du suaire, mais non le fer ferrique porphyrinique des taches de sang ! On mesure là les égarements extraordinaires et antiscientifiques que l'esprit de système peut causer même chez des esprits scientifiques réputés. Tant il est vrai que la seule référence à Jésus peut provoquer des aberrations intellectuelles surprenantes.

Il va sans dire que l'hypothèse d'une fabrication du suaire après 1800 n'a pas résisté longtemps, même dans le camp des sceptiques les plus endurcis.

Il fallait un esprit de système remarquablement obstiné pour douter que, quelle qu'en fût l'époque originelle, le suaire de Turin eût contenu le corps d'un homme. Cela ne prouvait certes pas que cet homme, apparemment crucifié, eût été Jésus. En 1980, j'adressai une lettre à Kurtz contenant l'hypothèse suivante : le suaire avait peut-être été fabriqué avec un crucifié après la crucifixion de Jésus, par exemple au IXe siècle par Constantin le Grand ou par sa mère Flavie Hélène, ardents champions du christianisme. Une telle relique aurait enflammé les foules et renforcé aussi bien la dévotion à la famille impériale qu'à Jésus. L'hypothèse n'eut pas l'heur de retenir l'attention de Kurtz, qui, comme Nickell, s'en tenait à l'hypothèse de l'estampage, contre vents et marées. Sans doute un estampage relevé au sang.

Il faut ici dénoncer l'extraordinaire partialité des textes publiés sur le suaire de Turin (plus de trois cents ouvrages et dix fois autant d'articles). Tout le monde voulait prouver quelque chose. Les sceptiques tenaient que la seule preuve formelle serait fournie par l'examen d'un échantillon de la relique au carbone 14, et beaucoup doutaient que le Vatican, gardien du suaire depuis 1452, date à laquelle la petite-fille de Geoffroy de Charny l'avait vendu à la Maison de Savoie, en donnerait l'autorisation. Les partisans du suaire, eux, semblaient assurés que l'authenticité de celui-ci constituerait une preuve absolue de la véracité du récit de la Passion, ce en quoi ils se trompaient lourdement, comme on va le voir. Le sceptiques considéraient exactement la même chose tout en soutenant le contraire, car on ne voit guère pourquoi l'hypothèse de l'authenticité les contrariait au point de nier l'évidence. Après tout, si c'était bien un vestige authentique, cela ne prouvait pas qu'il eût enveloppé Jésus et, même s'il avait enveloppé Jésus, cela ne prouvait pas que Jésus était le Fils de Dieu ni qu'il fût ressuscité. En réalité, la majorité des sceptiques étaient des athées, ce qui est une position tout à fait respectable, à la condition qu'elle n'influence pas les jugements. Mais il est vrai qu'on a vu également des partisans de l'authenticité du suaire, tel l'Allemand Hans Naber, clamer aux Olympiades d'été, à Munich, en 1972, qu'il était victime de la censure politique parce qu'on ne le laissait pas publier son hypothèse sur le coup de lance « au cœur ». Le même Naber, pour démontrer cette hypothèse, avait précédemment « forcé » des photos du suaire... Bref.

En 1988, le Vatican donna pourtant l'autorisation à trois laboratoires (après une première sélection de sept) d'effectuer des datations au carbone 14. La réticence du Vatican jusque-là s'explique, entre autres causes, par la nécessité de sacrifier des échantillons de la taille approximative totale d'un mouchoir, ce qui est appréciable. Les échantillons ainsi prélevés furent confiés « en aveugle » — théoriquement, mais non en réalité — à trois laboratoires, l'un d'Oxford, l'autre de Tucson, en Arizona, le troisième de Zurich. « En aveugle » signifie que chaque laboratoire reçut avec un échantillon du suaire deux autres d'apparence identique, l'un du Ier siècle, certifié, l'autre du IXe siècle, également certifié, tous trois numérotés dans des ordres différents selon les laboratoires, chacun de ces laboratoires ignorant lequel avait été prélevé sur le suaire ; les ordres de distribution n'étaient connus que de M. Michael S. Tite, du British Museum de Londres. De la sorte, aucun des trois laboratoires ne savait lequel des trois échantillons qu'il devait dater était celui du suaire et l'on s'assurait théoriquement des conditions maximales d'objectivité. En fait, le tissage en chevron du suaire de Turin est caractéristique et il a été reproduit d'innombrables fois dans des publications savantes et moins savantes, et les spécialistes des trois laboratoires ont admis, avec une certaine gêne, qu'ils savaient très bien lequel des trois échantillons qu'ils étudiaient avait été prélevé sur le suaire. La datation ne s'est donc pas faite en aveugle, comme l'exigerait l'objectivité scientifique absolue, mais enfin il n'y a pas lieu de douter de la bonne foi des chercheurs, du moins jusqu'à plus ample informé.

Le 13 octobre, les trois laboratoires communiquèrent les résultats de leurs travaux, et ceux-ci furent concordants : le tissu du suaire avait été fabriqué entre 1260 et 1390 ; comme ce vestige était connu depuis les environs de 1356, on devait en conclure qu'il n'avait été fabriqué qu'un siècle auparavant.

La technique de datation par le carbone 14 se fonde sur le phénomène suivant : les rayons cosmiques venus de l'espace abordent la haute atmosphère où, après quelques collisions, ils perdent la plus grande partie de leur énergie et se combinent avec l'azote pour donner la réaction suivante :

$$^{14}N + n \rightarrow {}^{14}C + H$$

Chaque neutron produit donc un atome de carbone 14 plus un atome d'hydrogène. Quelque 7,5 kg de carbone ou radiocarbone atteignent donc chaque année la surface terrestre, où ils se mélangent aux atomes ordinaires de carbone et sont absorbés par les êtres vivants, végétaux et animaux. Ce carbone n'est absorbé que tant que l'être qui l'intègre est vivant. Après la mort de l'animal ou de la plante, l'absorption s'arrête. Étant donné que ce radiocarbone se désintègre, étant donné que sa période ou demi-vie est de 5 568 ans, c'est-à-dire qu'il perd la moitié de sa masse au bout de ce laps de temps, étant donné encore que le taux moyen de ses désintégrations est de 15 par minute par chaque gramme de carbone présent, on peut calculer l'âge d'un vestige animal ou végétal en comptant le nombre des désintégrations par compteur à scintillations. Plus l'objet est ancien (jusqu'à une limite inférieure d'une cinquantaine de milliers d'années et une limite supérieure de quelque cinq siècles), plus le taux de désintégration est faible. Ironie de la science : l'on vérifiait donc ce que le pape Clément VII avait déjà dit au XIIIe siècle !

Les sceptiques triomphèrent. Ce triomphe n'explique toutefois pas grand-chose, d'un strict point de vue scientifique ; il laisse ainsi intacte une énigme majeure, qui est la manière dont s'est formée l'image. Celle-ci ressemble, techniquement, à une photo grandeur nature d'un corps de crucifié sur ses deux faces. On l'a vu plus haut : les analyses chimiques et microdensitométriques de 1978 confirment trois points essentiels :

• la « photo » est prise plus ou moins en trois dimensions, comme une photo ordinaire ;

• on a identifié dans les taches brunes des composants sanguins ;

• et celles des taches qui constituent le « négatif » n'ont pas été appliquées par une main d'artiste.

Ce dernier point continue de contrarier certains sceptiques, qui se refusent à admettre que l'image présente sur le suaire de Turin ait pu être réalisée autrement que de façon artistique. Une telle hypothèse exclurait, en effet, le suaire de Turin du domaine des faux ordinaires et risquerait de réintroduire des éléments irrationnels, tels que l'« éclair de lumière » imaginé par Wilson, qui aurait brûlé le tissu de manière à former une image photographique. Hypothèse irrecevable que celle-là : outre son extravagance, elle a été émise avant la datation au carbone 14 dans la perspective que le suaire eût pu être celui de Jésus ; de plus, et à supposer même que le suaire eût bien été celui de Jésus et que Jésus eût explosé à la manière d'une ampoule au magnésium, il n'aurait pas impressionné le lin de cette façon précise, mais aurait créé une vaste tache lumineuse.

Force est pourtant de chercher une explication autre que la falsification ordinaire, c'est-à-dire avec des pinceaux et des pigments, puisqu'on n'a pas retrouvé ces pigments. S'obstiner à croire que le suaire a été réalisé de cette manière est méconnaître les moyens ordinaires, et très raffinés, d'expertise scientifique d'une œuvre d'art, rayons X, photomacrographie, spectrographie de masse, qui ont tous été utilisés sur le suaire, mais en vain. Ce n'est pas un faux peint de la manière ordinaire.

En réalité, l'hypothèse la plus rationnelle à cet égard a été formulée, paradoxalement, par un tenant de l'authenticité du suaire, le Français Paul Vignon, en 1938.

C'est l'hypothèse connue sous le nom de vaporographie, qui a résisté à l'épreuve des critiques. Elle peut servir à l'explication de l'effigie sur le faux suaire.

Pour Vignon, l'aloès utilisé dans l'enterrement de Jésus se serait oxydé au contact de la sueur du corps, riche en ammoniac. L'aloès est composé, en effet, de deux éléments chimiques, l'aloïne et l'aloétine, qui s'oxydent au contact d'un alcali tel que l'ammoniac, et prennent alors une couleur brune. Vignon et son collègue René Colson professeur de physique à l'École polytechnique, le vérifièrent expérimentalement. Ils trempèrent une pièce de lin dans un mélange d'huile d'olive et d'aloès, puis la trempèrent à moitié dans une solution d'ammoniac : la motié en contact avec l'ammoniac brunit instantanément. Quand le tissu eut séché, l'huile et l'aloès formèrent des écailles pulvérulentes qui se détachèrent du tissu.

La vaporographie a le mérite, entre autres, d'expliquer une particularité de l'effigie du suaire : celle-ci semble, en effet, teinte dans la masse ; les taches brunes semblent s'être diffusées par capillarité dans les fibres longitudinales du tissu, ce qui est tout à fait cohérent avec l'hypothèse d'une imprégnation double du linceul, d'abord à la teinture d'aloès, puis à l'ammoniac.

J'ai personnellement refait une expérience similaire sur un moulage (celui de la célèbre « Inconnue de la Seine »). J'ai enduit ce moulage d'une solution à 10 p. 100 d'ammoniac et appliqué dessus un linge préalablement trempé dans une solution à 10 p. 100 de teinture d'aloès, puis séché : le tissu a, en effet, immédiatement bruni sur tous les points où il était en contact avec le moulage. On obtenait de cette façon une sorte de négatif du visage de l'« inconnue », avec le front, les cheveux, les arcades sourcilières, le nez, les pommettes, la bouche et la pointe du menton.

Ayant appliqué le tissu de manière à envelopper le

masque, j'ai obtenu une image qui était, celle-là, en développé réel, c'est-à-dire qu'une fois étalé, et à la différence du suaire, le tissu offrait l'image d'un visage élargi.

Je retrouvai là le problème de la tridimensionnalité évoqué plus haut. Si la vaporographie pouvait expliquer la nature en quelque sorte « immatérielle » de l'effigie du suaire, elle n'en expliquait cependant pas la représentation spatiale. Sur le suaire de Turin, en effet, le visage a des proportions normales, et non élargies. C'est d'ailleurs, soit dit en passant, un point singulier : pourquoi le suaire n'indique-t-il pas les oreilles, par exemple ? Pourquoi, sur le verso, qui représente le dos du crucifié, voit-on nettement la plante du pied droit ? En d'autres termes, pourquoi donne-t-il une vue de plan exclusivement frontal ? En vaporographie, seul phénomène capable donc d'expliquer la formation de l'effigie, on eût dû obtenir des éléments de représentation latérale, par exemple la chevelure étalée sur les côtés, l'arrondi des cuisses, etc.

L'examen des photos du suaire de Turin devait ainsi dissiper peu à peu l'illusion de tridimensionnalité, qui a été considérablement exagérée, notamment par les techniciens américains : l'effigie qu'on voit dessus évoque beaucoup plus une empreinte en ronde-bosse qu'une véritable image en trois dimensions. Et c'est ainsi que la solution s'imposa : le faussaire n'avait badigeonné son modèle d'ammoniac (sans doute de l'urine) que sur la partie frontale du corps, pour obtenir, en effet, une image frontale au caractère d'apparition. En appliquant artistement le linceul sur le corps, il ménageait les effets voulus.

Reste évidemment à savoir sur qui le faussaire a procédé et comment lui est venue l'idée de ce mode de reprographie qui anticipe l'invention de la photo de quelque cinq siècles.

La première idée qu'implique le réalisme de l'effigie est que le faussaire s'est servi d'un véritable crucifié. A l'analyse, cette hypothèse apparaît bien fragile pour trois raisons. La première est que la crucifixion n'était plus pratiquée au XIIIe siècle. On ne voit guère non plus un faussaire faisant crucifier un homme après l'avoir fait flageller, même avec des appuis en haut lieu. La deuxième est que vu l'abondance des saints suaires, il aurait fallu faire crucifier trois à quatre douzaines d'hommes pour réaliser des reliques, ce qui est encore plus absurde, même si l'on tient compte de l'esprit de superstition de l'époque. La troisième, ce sont les fameuses traces de sang indiquées plus haut, celles que l'on voit donc aux poignets, du moins sur le poignet gauche, sur le front et surtout sur le dos, là où le flagrum a laissé ses traces avec une étonnante précision.

Là réside, en effet, la bourde du faussaire, qui a jusqu'ici étonnamment échappé à l'attention des critiques. Si ç'avait été véritablement le linceul d'un homme crucifié après flagellation, on n'y aurait pas vu de sang du tout, pour la bonne raison qu'un cadavre ne saigne pas. On peut, à la très grande rigueur, imaginer qu'au bout de quelque trois heures qu'a duré le supplice de Jésus, et dans l'hypothèse où il eût été mort, les plaies majeures, celles des poignets et des pieds, eussent laissé échapper ce que l'on appelle du « sang de cadavre » (v. note 78 sur « Le coup de lance ») ; c'est hautement douteux pour les raisons exposées plus haut. Mais en aucun cas les plaies infligées à Jésus pendant qu'il était encore censément en vie, celles de la couronne d'épines et de la flagellation, plaies épidermiques, n'eussent continué de saigner. Son système de coagulation fonctionnant encore, le sang s'y fût coagulé depuis longtemps et, à l'heure de la mise dans le linceul, il n'eût plus laissé que des croûtes.

Ces croûtes se seraient-elles accrochées au tissu du

linceul ? C'est possible, mais, dans ce cas, elles se seraient désintégrées et seraient depuis longtemps tombées en poussière. En aucun cas, le sang de ces plaies épidermiques n'eût pénétré les fibres du tissu, comme le démontre Heller dans son *Enquête sur le saint suaire de Turin* (v. bibl.). Ce sang, qui agace tant certains sceptiques, est la preuve formelle de la falsification.

Autre bourde extraordinaire du faussaire : la netteté des traces de la flagellation. En admettant, dans l'absurde, que le corps de Jésus crucifié eût continué de saigner après sa mort (on a lu et entendu de bien pires invraisemblances à cet égard), les traces n'auraient jamais été si nettes. Comme le savent tous ceux qui ont porté des pansements pour des plaies, ces pansements bougent et, quelque précise que soit la plaie, elle ne laisse jamais qu'une tache floue. Comme Jésus est censé avoir saigné dans le linceul, mais comme ce linceul a été manipulé pendant le transfert du corps jusqu'au sépulcre, les traces de sang eussent dû être tout à fait floues.

Or, ce n'est pas du tout ce que l'on voit sur le linceul, où les traces sont comme appliquées par décalcomanie, avec une précision étonnante.

Voilà donc deux absurdités majeures : la présence de sang dans les fibres du tissu et la netteté de ces traces.

Ces mêmes indices semblent exclure, une fois de plus, que le faussaire ait procédé sur un vrai crucifié ; il a procédé, à mon avis, sur un homme en parfaite santé, qu'il a donc badigeonné d'urine (source d'alkali facile à obtenir) sur le plan frontal et sur lequel il a ensuite appliqué astucieusement le suaire trempé dans la poudre d'aloès ou une décoction de cet aromate. Les traces de sang ont été ensuite appliquées au pinceau, d'où leur étonnante netteté. L'emploi de l'urine expliquerait la présence de bilirubine dans les taches du suaire de Turin, qui ont porté certains commentateurs à échafauder des théories assez romanesques (la bilirubine pouvant être excrétée dans la sueur dans certains cas de souffrance intense, on a voulu y voir une preuve de la souffrance du « crucifié », et cela après que la datation au carbone 14 eut établi que le suaire était un faux...).

Si l'on examine ces traces, selon le commentaire de Heller, on s'avise qu'elles sont bizarrement réparties : elles montrent un écoulement longitudinal, qui ne s'explique absolument pas si le cadavre présumé avait continué à saigner jusque dans le suaire : on eût alors obtenu un écoulement latéral, mais celui-ci aurait été beaucoup moins visible. C'est là que le faussaire a commis sa troisième bourde : il a appliqué le sang sur le visage selon un écoulement longitudinal, de haut en bas, qui ne serait plus possible en position allongée.

Restent deux points singuliers, qui ont fait l'objet de tant de commentaires qu'on a fini par les prendre pour des certitudes, car, à force de répéter certaines idées, on finit parfois par les faire confondre avec des faits. Le premier de ces points est le placement des plaies aux poignets, le second est le repli du pouce, conforme au réflexe que déclencherait l'insertion d'un clou entre le radius et l'humérus.

Or, il est d'abord tout à fait possible que le faussaire, qui a pu être originaire de Constantinople, ait été beaucoup plus au fait des modes de crucifixion tels qu'ils étaient pratiqués réellement dans l'Empire romain, dont Byzance était l'héritière. Il a donc placé les plaies ou, pour être précis, la plaie du poignet gauche (car on ne voit pas le droit) convenablement.

Quant au repli du pouce, il me paraît bien plus un postulat qu'une certitude. Le crucifié du suaire de Turin est représenté les mains croisées (posture qui ne correspond pas du tout, d'ailleurs, à la coutume juive, qui voulait qu'on liât les poignets des cadavres ensemble, avec les *keryai* déjà cités par Jean l'évangéliste à propos de Lazare). Si l'on prend la peine, ne fût-ce qu'en lisant ces lignes, de prendre cette posture, on s'avise sur-le-champ que le pouce gauche vient envelopper partiellement le poignet et qu'il ne se trouve plus du tout dans le plan frontal qui lui permettait d'être « imprimé » par le faussaire ; il disparaît et peut sembler, en effet, replié à l'intérieur de la main. Il faut quand même rappeler que le suaire est une image très abîmée, et qu'on peut y voir bien des choses qui n'y sont pas. Surtout quand une image telle que celle qu'on y lit présente, et pour cause, un caractère réaliste aussi frappant.

A cet égard, une observation en passant : la taille du crucifié censé représenter Jésus est de 1,80 m environ, alors que les fouilles archéologiques et l'anthropométrie archéologique indiquent que la taille moyenne des populations de Palestine au Ier siècle avoisinait 1,70 m. Certes, il y a des exceptions, mais on doit observer que le personnage du suaire aurait plutôt le type germanique...

Beaucoup plus bizarre, et jamais relevée, est la singularité de l'angle apparent du visage par rapport à celui du corps. Sur le suaire de Turin, l'effigie de Jésus se présente comme si le personnage était debout et non couché. Pour obtenir un tel angle chez un homme couché, il faudrait lui placer un oreiller sous la tête. Comme l'indique le dessin de la p. 406, si le suaire en question avait été celui de Jésus, ce que nous savons donc qu'il n'est pas, on eût obtenu un angle d'impression totalement différent, où c'eût été d'abord le menton avec la barbe qui fût apparu en relief, puis la lèvre inférieure, le bas du nez et l'arête de l'arcade sourcilière. Mais l'image eût été macabre et impersonnelle. Nous possédons donc ici l'indice que le faussaire a surélevé la tête de son « crucifié » avec une sorte de galette, dont la place a été maquillée, sur l'empreinte du dos, avec des traces de sang. Une preuve indirecte de cette astuce est fournie par le fait que les cheveux, que le personnage porte pourtant longs, apparaissent bien sur le recto, mais non sur le verso, alors que, là, la chevelure eût dû être déployée, écrasée par le poids de la tête.

Dans un tel cas, on eût dû voir le cou en extension, avec une image particulièrement saillante pour la pomme d'Adam, ce qui n'est pas le cas.

Autre invraisemblance anatomique qui a mystérieusement échappé aux observateurs : il est impossible en position allongée, au repos, de joindre les mains sur le pubis, comme on le voit dans l'effigie du suaire de Turin : le poids des bras les fait glisser en arrière et les mains se retrouvent au niveau de l'estomac, non jointes. Si l'on avait pensé que cette posture, qui coïncidait si bien avec les préceptes de la décence, s'expliquait par la *rigor mortis* du sujet, censément Jésus, il eût aussi fallu penser que la même rigidité cadavérique interdisait de faire prendre au sujet quelque posture que ce fût, décente ou non. Et c'est là la preuve que le personnage sur lequel a opéré le faussaire était parfaitement vivant, car seul un sujet vivant peut garder cette pose anormale, le temps, sans doute, que l'empreinte à l'aloès fût réalisée.

Enfin, il est singulier que, tout le temps que l'on a cru à l'authenticité du suaire de Turin, on ne se soit pas interrogé sur la totale absence de traces de couture, au moins latérales, car les linceuls étaient, en effet, cousus, puisque les morts n'étaient pas mis dans des cercueils, mais laissés à sécher dans les sépulcres avant d'être mis en terre et que leur fonction était, chez les juifs, d'éviter à la terre la souillure du cadavre. Mais il est vrai que cet aspect-là de la question risquait de soulever des interrogations subversives ou impies, telles que : quand Jésus ressuscita dans le sépulcre, comment défit-il ces coutures ?...

La dernière question, évoquée plus haut, est : comment le faussaire a-t-il eu l'idée de ce procédé ? Il s'agit certainement d'une découverte accidentelle, non d'une invention, qui s'explique par l'utilisation, quasi générale dans le monde méditerranéen, du linceul et des aromates dans les rites funèbres, jusque très tard (le linceul a été utilisé pour les morts jusqu'au XIXe siècle dans certaines provinces françaises). Par ailleurs, dans sa volonté de nier la mort, l'humanité a recouru depuis des millénaires aux pratiques les plus compliquées pour essayer de conserver aux êtres disparus, chers ou révérés, une apparence plus ou moins conforme à ce qu'elle avait été de leur vivant. Dans son *Histoire des embaumements* (citée par Louis-Vincent Thomas dans *Le Cadavre*, v. bibl.), publiée en 1841, Jean-Nicolas Gannal, précurseur de la thanatopraxie moderne, cite vingt-quatre aromates utilisés pour retarder la putréfaction, soit en injections, soit dans les pratiques de saupoudrage ; l'aloès est cité avec la myrrhe, le santal, le styrax, etc. Car c'est un antiseptique dont l'usage a traversé les siècles.

Au Moyen Age, il était par ailleurs très fréquent qu'on exhumât des cadavres, de monarques, de notables, de prélats, de personnages pieux, pour les changer de sépulture. Ce genre de cérémonie a même donné lieu à des tableaux, tels que le *Saint François Borgia devant le cercueil d'Isabelle de Portugal*, de Pietro della Vecchia, au musée de Brest. Il est donc très probable qu'au cours de telles exhumations certains témoins se soient avisés que le linceul portait, s'il n'avait pas été trop altéré par les phénomènes de putréfaction, des empreintes évoquant plus ou moins les traits des défunts. Et, dans les premiers siècles du christianisme, fort portés à la recherche et à la fabrication de reliques (bras, jambes, crânes, doigts, viscères, sang, et jusqu'au prépuce supposé de Jésus), certains témoins, analysant le phénomène, y virent la possibilité de fabrication de saints suaires. L'industrie de ces reliques dut commencer

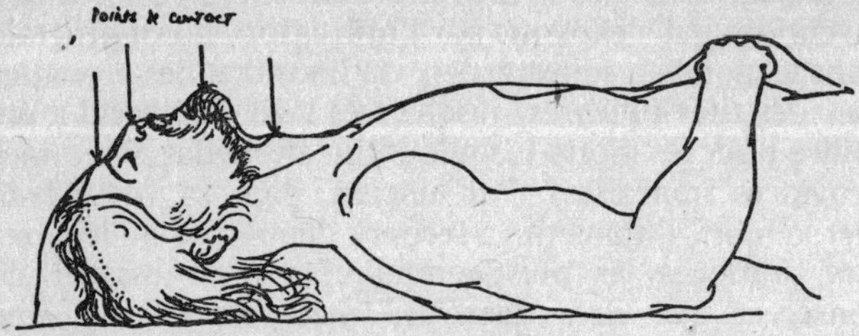


**En position allongée normale, le visage est rejeté vers l'arrière. Les points de contact d'un suaire avec le visage et le corps sont alors totalement différents de ceux qu'indique le suaire de Turin.**

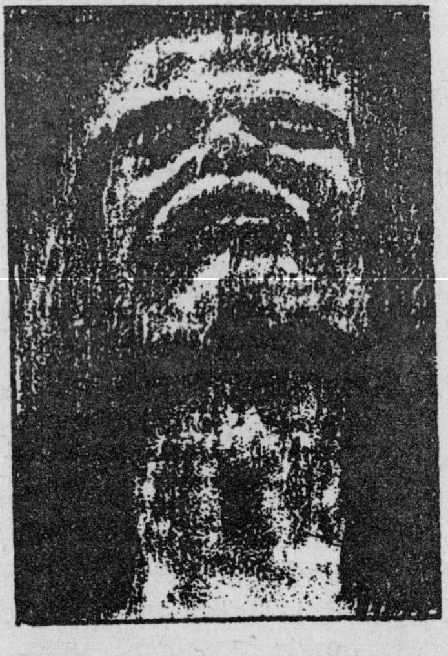

**Dans ce cas-là, l'image du visage eût dû être radicalement différente et se rapprocher de cette impression d'artiste.**

très tôt, car, avant même le suaire de Compiègne, de 877, il y eut entre 525 et 544 le *madilion* d'Edesse, qui ne montrait, lui, que la sainte face (et dont il exista des versions à Paris, à Gênes, à Rome...).

Il est probable que ce fut à Constantinople que l'industrie des suaires naquit, et le suaire de Turin semble bien être venu d'Orient, peut-être par l'entremise des Templiers, comme le propose Brunet, déjà cité.

En tout état de cause, les partisans eussent dû se méfier de cet énième suaire qui plaidait secrètement contre les Évangiles avec sa « photo » de cadavre qui saignait, qui tenait les bras dans une posture impossible, qui n'avait pas eu les poignets ni les pieds attachés, sur la tête duquel on n'avait pas posé de *mandilion* ou *soudarion*, contrairement à la coutume (mais conformément au récit provocateur de l'Évangile de Jean, v. note suivante), et qui ressemblait un peu trop au Christ des traditions iconologiques...

Les scientifiques, sceptiques ou non, eussent sans doute été mieux inspirés de témoigner d'un peu plus de réserve dans leur intérêt pour ce suaire entre tant d'autres. La simple étude historique du vestige, comme je l'ai dit, suffisait à le rejeter. L'étude anatomique devait confirmer la méfiance. Mais il a été une occasion de plus pour les experts de se discréditer en voulant trop prouver.

Souhaitons donc que le dossier en soit clos. Mais étonnons-nous que cette fabrication scandaleuse continue de faire l'objet de la vénération et de la piété des croyants, comme le confirmait après l'expertise Mgr Thomas. Ce n'est là qu'une farce macabre destinée à duper les naïfs.

***83. Les circonstances de la « résurrection » :*** elles sont étonnamment contradictoires. Jean, par exemple, donne à penser qu'après être sorti du sépulcre, Jésus était capable de traverser les murs tel un fantôme : « Une semaine plus tard, ses disciples étaient de nouveau dans la chambre et Thomas était avec eux. Bien que les portes fussent verrouillées, Jésus entra et se tint parmi eux » (Jn. XX ; 26). Néanmoins, c'est Jean qui, quelques versets plus haut, rapporte que « tôt le dimanche matin, alors qu'il faisait encore nuit, Marie de Magdala se rendit au tombeau. Elle vit que la pierre (qui le fermait) avait été déplacée de la porte... » (Jn. XX ; 1) On se demande alors pourquoi, si Jésus était capable de traverser la matière, il avait jugé bon d'ouvrir la porte du sépulcre (ce qui, de l'intérieur, eût d'ailleurs été une prouesse).

Toujours est-il que, selon Jean, c'est Marie de Magdala qui se rend au sépulcre et qu'elle trouve la pierre circulaire qui le ferme roulée et la porte béante. Selon Matthieu, Marie de Magdala est accompagnée de « l'autre Marie », sans doute Marie de Zébédée, et, là, c'est au cours d'un tremblement de terre qu'un ange apparaît et roule la pierre pour s'asseoir dessus (Mt. XXVIII ; 1-2). Selon Marc, Marie de Magdala était accompagnée non de Marie de Zébédée, mais de Marie mère de Jacques, donc Marie d'Alphée, et de Salomé, et il faisait alors déjà jour, contrairement à ce que rapporte Jean, puisque c'était « juste après le lever du soleil ». Le récit est toutefois invraisemblable, parce que les trois femmes sont porteuses d'huiles aromatiques destinées à oindre le cadavre de Jésus. Or, on n'imagine guère trois femmes se rendant à un sépulcre pour oindre un cadavre qui a, d'ailleurs, été largement pourvu d'aromates par Joseph d'Arimathie et Nicodème ; elles se demandaient alors qui allait rouler la pierre pour elles, quand elles s'aperçurent qu'elle avait déjà été roulée ; « elles entrèrent dans la tombe et virent un jeune homme assis sur la droite » (Mc. XVI ; 1-5). Ce jeune homme est, comme Lazare, vêtu d'une robe blanche, et l'on peut se demander si, en effet, ce ne serait pas le jeune Lazare, qui erre dans sa robe blanche à travers tout l'Évangile de Marc. Ce jeune homme leur tient un discours assez singulier, car il leur dit : « Ne craignez pas ; vous cherchez Jésus de Nazareth, qui a été crucifié. Mais il est de nouveau debout » ('ηγζφθη), ce que l'on peut traduire par : « il est ressuscité ». Chez Luc, ce sont plusieurs femmes qui se rendent au sépulcre, toujours avec l'intention d'oindre le cadavre, Marie de Magdala, Joanna, Marie mère de Jacques et d'autres. Elles trouvent le sépulcre déjà ouvert et elles en sont étonnée quand deux hommes vêtus de « vêtements éblouissants » leur apparaissent pour leur dire : « Pourquoi chercher parmi les morts celui qui est vivant ? » (Lc. XXIV ; 1-5).

Bref, les circonstances varient beaucoup d'un évangéliste à l'autre : chez Matthieu, il y a un ange et un tremblement de terre ; chez Marc, un jeune homme vêtu de blanc ; chez Luc, deux personnages angéliques, et chez Jean, aucun héraut céleste. A cet égard, le récit de Jean est de loin le plus sobre et le plus vraisemblable. Le plus propre aussi à piquer la curiosité.

Chez Jean, en effet, Marie de Magdala ne nourrit aucun projet extravagant d'aller oindre un cadavre de parfums encore une fois. Telle que Jean la décrit, elle va au sépulcre par chagrin. Elle trouve le sépulcre ouvert et, de façon tout à fait vraisemblable, elle s'affole et court prévenir Simon-Pierre et « le disciple que Jésus aimait », Jean, de toute évidence. Les deux disciples accourent et, détail piquant comme en fournissent souvent les évangélistes, Jean devance Simon-Pierre ; il atteint le premier le sépulcre. Et c'est là que les détails déroutants abondent. Jean, interdit, n'ose pas entrer dans le sépulcre ; c'est Simon-Pierre, qui l'a rejoint, qui l'ose. Il voit les fameux *othonia* cités plus haut, qui gisent par terre, et le *soudarion*, qui avait été placé sur la face de Jésus, non pas avec eux, mais « plié dans un lieu à part ».

Ce détail est peut-être le plus extraordinaire de tous les Évangiles. En effet, il indique que Jésus s'est défait ou a été défait des pansements en désordre, ce qui est tout à fait vraisemblable, car il a sans doute fallu les changer, mais que le *soudarion*, ce linge qu'on place sous le suaire, sur la face du mort, pour absorber les sueurs, en fait les suintements cadavéreux, a été, lui, soigneusement plié et mis à part ! Outre qu'on n'imagine guère le Fils de Dieu ressuscité pliant soigneusement le *soudarion*, telle une serviette qui va peut-être resservir, on est contraint de conclure que ce *soudarion* n'a jamais été posé sur le visage de Jésus. En effet, lors de leur simulacre d'enterrement, Joseph d'Arimathie et Nicodème ne l'ont tout simplement pas posé sur la face de Jésus comme la tradition l'exigeait. L'un d'eux le tenait en main et, quand les deux hommes sont entrés dans le sépulcre, il l'a posé tout plié dans un coin et ils n'y ont plus pensé, ni l'un ni l'autre. De toute façon, Jésus n'était là que pour quelques heures. Il n'existe aucune autre raison imaginable pour expliquer la présence de cet accessoire funéraire tout plié dans un coin.

Vient ensuite l'enlèvement du corps. Jésus n'étant pas, pour les raisons que je viens d'exposer, mort sur la croix, il n'y avait pas, pour moi, lieu de parler de résurrection. *L'Homme qui devint Dieu* s'efforce d'évoquer l'horreur physique qui suivit la condamnation à mort par un supplice infâme, suffocation, douleurs des blessures, douleurs des crampes, froid, troubles cardiaques et autres, et l'horreur morale de l'abandon par tous et du choc brutal d'une ambition splendide contre les réalités politiques et les bassesses humaines. Les descriptions évangéliques montrent que Jésus est inanimé ; il dut, en effet, perdre conscience. Il n'est pas exclu que cette perte de conscience ait été — miséricordieusement ? — accélérée par le breuvage qu'on lui tendit au bout d'une *lancea*, du vinaigre, dit Jean (Jn. XIX ; 28). Luc, toutefois, ne mentionne pas ce fait, mais Marc précise que Jésus refusa de boire le « vin drogué » (Mc. XV ; 22) qu'on lui aurait offert. Matthieu, lui, dit que c'était du vin mélangé à de la myrrhe selon certains traducteurs, à de la noix de galle selon d'autres (Mt. XXVII ; 33-34). Edersheim (*The Life and Times of Jesus the Messiah*, p. 590, v. bibl.) explique toutes ces différences entre vin et vinaigre, d'une part, myrrhe et noix de galle, d'autre part, par le fait que le mot hébreu originel et évident, *chomets*, désigne bien du vinaigre, littéralement, mais qu'en fait il était utilisé pour désigner du vin de deuxième qualité, ce que nous appelons en français de la piquette, et qu'il existe une ressemblance graphique entre les mots *lebhonah*, myrrhe, et *laanah*, noix de galle, qui induisit en erreur les copistes grecs. L'erreur est d'autant plus compréhensible que l'une et l'autre substances sont, en effet, des stupéfiants.

Il en ressort que le vin drogué d'abord refusé et le vinaigre absorbé ensuite sont bien la même boisson. Ayant d'abord rejeté le vin drogué, Jésus l'accepta au sommet de la croix, contraint par la soif. Ce breuvage le jeta sans doute dans l'inconscience.

Il faut relever ici, et contrairement à des interprétations sentimentales égarées, que cette coutume d'offrir du vin drogué n'était due ni à la perfidie des juifs ou des Romains ni réservée à Jésus : comme le relève Edersheim (*ibid.*), elle dérive du Livre des Proverbes (XXXI ; 6), qui commande de donner au condamné une « liqueur forte », sans doute mélangée, en effet, à un stupéfiant. Elle était, au Ier siècle, appliquée par une association de femmes de Jérusalem, qui payaient ce vin de leurs deniers, pour alléger les souffrances des crucifiés. Il s'agit donc bien d'une coutume miséricordieuse.

Qui donc vint enlever Jésus au sépulcre ? Et quand ?

Pour enlever Jésus, il fallait certainement un complot. L'opération exigeait plusieurs personnes, de l'argent pour soudoyer les gardes, la disposition d'un lieu sûr où l'on pût soigner Jésus… Il apparaît que deux hommes au moins ont participé à ce complot, Joseph d'Arimathie et Nicodème, qui en avaient les moyens et qui avaient déjà pris les risques qu'on a vus. Il est vraisemblable que d'autres personnes ont pu participer à ce complot. J'ai imaginé que Marie de Cléophas a été, vu son influence, un membre de ce compot auquel aurait également participé sa petite-nièce Salomé, bientôt femme de Philippe. Il n'existe pas d'autre indice servant d'origine à cette création romanesque que la soudaine apparition de Marie de Cléophas à la fin de l'Évangile de Jean, car il semble peu probable que les nombreuses femmes qui suivaient Jésus, dont au moins une femme de la cour d'Hérode, telle Joanna, femme d'un chambellan, n'aient pas songé à sauver leur maître par la ruse.

Inconscient ou à peine conscient, certainement en proie à une forte fièvre, incapable de marcher, Jésus ne pouvait être emporté que sur une monture et par des hommes, après que les gardes eurent été soudoyés pour laisser dérober le corps. L'enlèvement dut avoir lieu dans la nuit même qui suivit la crucifixion avant que le Sanhédrin se mît en demeure, par méfiance, de sceller le sépulcre. Matthieu rapporte, en effet, que le lendemain matin le grand prêtre mena une délégation chez Pilate pour demander qu'on scellât justement le sépulcre, de peur que les disciples ne vinssent dérober le corps et prétendre que Jésus avait ressuscité (Mt. XXVII ; 62-66). Démarche à laquelle Pilate aurait répondu : « Vous pouvez avoir votre garde ; allez et établissez la sécurité du mieux que vous pouvez », ce qui est en contradiction totale avec la faveur qu'il avait jusque-là témoignée à Jésus ; mais il est également possible que Pilate, déjà au fait de l'enlèvement du corps, se soit tout bonnement payé la tête du Sanhédrin. Cette interprétation n'est cependant pas certaine, car, selon Matthieu, la sortie du tombeau aurait eu lieu non pas la nuit de la crucifixion, que Matthieu situe un vendredi, mais la nuit suivante. Le récit de Matthieu ne viserait donc qu'à démontrer que la porte était scellée.

Il est en tout cas exclu que le rétablissement de Jésus ait pu se faire durant les trois jours symboliques qui séparent sa crucifixion de sa réapparition. On peut estimer qu'il y fallut plusieurs semaines. Jésus fut-il envoyé dans une province lointaine ? La suite des événements semble indiquer le contraire.

***84. Le complot.*** Il y a donc bien eu complot. En attestent, à titre récapitulatif, les points suivants :

• l'intervention extraordinairement téméraire de deux membres du Sanhédrin, Joseph d'Arimathie et Nicodème. Quels que fussent leur prestige et leur fortune, ces deux hommes n'auraient pu se lancer tout seuls dans une entreprise aussi provocatrice que la réclamation à Pilate du corps de Jésus et son inhumation dans un sépulcre appartenant à Joseph d'Arimathie. Ils avaient indéniablement des soutiens, peut-être des intelligences dans le Sanhédrin même, sans doute des complicités dans la maison hérodienne, certainement l'appui tacite de Pilate ;

• le fait que, seul des trois crucifiés, Jésus n'ait pas eu les tibias brisés (Jn. XIX ; 33) ;

• le fait que la pierre du sépulcre, le *dopheq*, fort lourd, ait été roulée, ce que Jésus ne pouvait pas faire de l'intérieur (et qu'il n'eût pas eu besoin de faire s'il avait été capable de traverser les murs) ;

• enfin le fait que Jésus ait trouvé un lieu où se rétablir, donc des protections. Car on peut aisément supposer que ceux du Sanhédrin qui lui étaient hostiles, et qui ne croyaient pas beaucoup au surnaturel, ont dû alerter leurs espions quand il fut révélé qu'on avait, le dimanche, trouvé le sépulcre vide. Le grand prêtre a dû, pour commencer, essayer de savoir où le corps, supposé cadavre, avait été transporté, ensuite, comme ni lui ni ses conseillers n'étaient des naïfs, il a dû concevoir le soupçon que Jésus n'était peut-être pas mort et il s'est efforcé de savoir où on le cachait.

Ce point est totalement obscur. Selon Matthieu, Jésus est allé en Galilée après s'être manifesté à Marie de Magdala ; l'Évangile de Marc, incomplet, n'offre pas d'indications utiles ; celui de Luc ne mentionne que la Judée comme territoire des déplacements de Jésus après sa réapparition. Mais celui de Jean, comme celui de Matthieu, mentionne aussi la Galilée. On peut donc supposer, sans plus, que la convalescence de Jésus s'est d'abord déroulée en Judée, non loin de Jérusalem, puis achevée en Galilée. Ce qui renforce la thèse d'une protection influente, assurée par une personne de Jérusalem sûre et de son pouvoir et de sa domesticité (voir cartes p. 213 à 216).

La thèse générale des évangiles canoniques est que Jésus aurait été l'objet d'une immense et collective trahison. Après son entrée triomphale à Jérusalem, il aurait soudain été renié par « les juifs », puis déserté par les siens avant d'être effectivement trahi par Judas Iscariote. Seules quelques âmes compatissantes auraient incidemment été émues par son sort, Simon le Cyrénéen, Joseph d'Arimathie et Nicodème. La pusillanimité des foules est bien connue, certes, mais la version simplifiée, voire simpliste, des Évangiles fait fi d'un point essentiel : la situation que Jésus dénonçait et contre laquelle il s'était insurgé n'avait pas pris fin avec lui. La Palestine était toujours occupée et le clergé n'avait pas changé. Plusieurs de ceux qui s'étaient ralliés à lui lui restaient certainement fidèles, car il avait incarné leur espoir. Parmi ces fidèles, il y en avait indéniablement de plus résolus que d'autres, des gens attachés à l'antique tradition patriarcale mosaïque, que l'influence romaine érodait, si l'on peut dire, à vue d'œil. C'est parmi ceux-là qu'il faut chercher les organisateurs du complot.

Ceux-ci devaient tirer avantage de la relative bienveillance de Pilate à l'égard de Jésus, si abondamment développée par les Évangiles, et du fait que, contrairement à ce que laissent entendre les Évangiles, Hérode n'était pas hostile, du moins pas de façon soutenue, à Jésus, comme Marc le rapporte (quand le tétrarque pense que Jésus n'est autre que le Baptiste ressuscité, Mc. VI ; XIV ; 16) et comme le confirme Luc (XXIII ; 8, v. note sur « La personnalité et l'attitude d'Hérode », p. 362).

***85. La transformation de Jésus.*** L'un des points les plus énigmatiques et les moins expliqués des Évangiles est que ses familiers ne le reconnaissent pas après sa réapparition.

Matthieu, certes, élude tout récit qui évoquerait cette amnésie soudaine, incompréhensible. Mais Marc, lui, la mentionne, bien qu'en termes flous, quand il dit que Jésus apparut sous « une forme différente » à deux disciples, sans spécifier lesquels (Mc. XVI ; 12). Luc est plus spécifique ; racontant comment Jésus rencontre deux de ses disciples sur la route d'Emmaüs et leur adresse la parole, ils ne le reconnaissent pas. « Quelque chose les empêchait de voir qui il était » (Lc. XXIV ; 16). Toute une conversation s'ensuit, les pèlerins, immortalisés plus tard par tant de tableaux, finissent par inviter cet interlocuteur prolixe, et ce n'est qu'une fois à table qu'ils reconnaissent enfin Jésus : à la manière dont il rompt le pain et le leur offre (Lc. XXIV ;

30). Après quoi, il s'évanouit comme un fantôme. Ce pourrait passer pour un récit d'ensorcellement, comme y excellent les écrivains fantastiques.

C'est, une fois de plus, Jean qui offre les détails les plus révélateurs. D'abord, Jésus rencontre Marie de Magdala. Le lieu de la rencontre est improbable : ce serait devant le sépulcre, c'est-à-dire à brève distance du Golgotha, et il est fortement douteux que Jésus ait eu envie de revoir ces parages. Mais enfin, admettons que l'unité de lieu serve à l'unité d'action pour faciliter à Jean la transition littéraire. Toujours est-il que Marie pleure, parce qu'on a emporté son Seigneur elle ne sait où ; c'est le mythe d'Orphée et d'Eurydice à l'envers. Elle se retourne, Jésus est là et elle ne le reconnaît pas. Elle le prend, dit Jean, pour le jardinier. Hypothèse plausible, car le sépulcre se trouve, en effet, dans le jardin de Joseph d'Arimathie et il est entretenu sans doute par un jardinier ; sans doute aussi y cultivait-on des légumes et ce jardinier eût été un maraîcher. Mais enfin, il est incompréhensible qu'une femme qui a suivi non pas n'importe quel homme, mais un personnage aussi magnétique que Jésus pendant plusieurs mois ne le reconnaisse plus et, pis, le prenne pour un quelconque passant. Sans doute Marie de Magdala, comme on l'a vu dans la note consacrée aux femmes qui gravitent autour de Jésus (v. p. 160-173), est-elle sujette à des troubles nerveux, mais serait-ce au point d'être prise, comme les disciples sur la route d'Emmaüs, d'accès brusques d'amnésie ?

Si elle était sujette à de telles crises, il faudrait supposer que celles-ci n'affectent que sa mémoire visuelle. En effet, s'adressant au présumé jardinier, elle lui demande si c'est lui qui a enlevé le corps de son Seigneur et quand l'interlocuteur lui répond : « Marie ! » elle se tourne vers lui et s'écrie : « *Rabbuni !* » c'est-à-dire, traduit Jean, « Mon maître ! » Elle a donc reconnu Jésus à sa voix.

On peut imaginer, et on l'a d'ailleurs imaginé fort pieusement, pour essayer d'injecter un brin de logique, fût-elle théologique, dans cette étonnante histoire, que Jésus a voulu prendre les apparences d'un autre pour déjouer leur vigilance et vérifier ce qu'il était du souvenir que ses amis et disciples conservaient de lui. L'hypothèse est médiocre, car ce jeu de cache-cache est indigne d'un personnage tel que Jésus, et elle ne tient simplement pas debout. Quand Marie de Magdala s'adresse à lui comme s'il était un étranger, Jésus coupe court à ses lamentations et lui dit, d'un ton de rappel : « Marie ! » Quant à elle, elle n'est nullement amnésique ; elle reconnaît immédiatement dans la voix du présumé jardinier cet homme dans lequel certains interprètes ont vu un amant. Suit le dialogue qui est l'un des plus célèbres de la culture occidentale, celui où Jésus enjoint à Marie de ne pas le toucher, car, dit-il, « je ne suis pas encore monté chez mon Père ».

Que veulent dire ces mots ? Je me suis fait un devoir de ne jamais, dans ces pages, aborder la théologie ; aux oreilles de la logique, ils signifient : « Je ne suis pas encore mort. » Et Jean prête à Jésus les paroles suivantes : « Mais va voir mes frères et dis-leur que je monte maintenant vers mon Père et ton Père, mon Dieu et ton Dieu » (pour tout ce passage : Jn XX ; 10-18). Ces derniers mots ont été commentés dans la note sur le Fils de l'homme (p. 327-330), en tant qu'indices de l'idée que Jésus se fait de son personnage. Il faut souligner qu'ici ils indiquent, dans l'intention de Jean, que le passage de Jésus sur la Terre a pris fin.

Aucun autre évangéliste ne reprend ces derniers mots ; ils sont donc le fait de Jean. Or, Jean n'assistait évidemment pas à l'entrevue entre Jésus et Marie de Magdala. S'il rapporte ce qu'a dit Jésus, ce ne peut être que par l'entremise de cette dernière. Peut-être faut-il considérer les déclarations de Jésus avec réserve, comme c'est le cas chaque fois qu'un évangéliste isolé prête à Jésus des paroles que les autres n'ont pas entendues. Jean a, en effet, pu les prêter à Jésus afin d'annoncer la fin de son évangile. Mais on ne peut non plus exclure que Jésus les ait bien prononcées, soit que son état de santé ait été assez vacillant pour lui laisser croire qu'il allait mourir bientôt, soit encore qu'il s'en soit servi pour mettre un point final à ses rapports avec ses disciples. Mais aucune de ces hypothèses n'est pleinement satisfaisante, la première parce que Jésus a conservé assez de forces pour aller ensuite à Emmaüs et sur le lac de Tibériade, la seconde parce que, loin de monter vers le Père, il s'engage ensuite dans des pérégrinations à travers la Palestine et va jusqu'en Galilée, ce qui est tout à fait contradictoire avec l'annonce d'une disparition imminente. Plusieurs jours plus tard il est encore sur la Terre.

Toujours est-il que Jésus est physiquement méconnaissable par ses proches et, comme on l'a vu, sa voix, ses gestes, sa stature sans doute, sont restés les mêmes. C'est donc son visage seul qui a été le siège de la transformation qui fait qu'il passe inaperçu. A-t-il été à ce point émacié par les souffrances de la Passion ? C'est une possibilité qu'il faut prendre en considération et qui a probablement joué un rôle, mais elle n'est pas non plus entièrement satisfaisante. Il est, en effet, exceptionnel qu'une émaciation rende totalement méconnaissable.

Le récit de la pêche miraculeuse par Jean (Jn. XXI ; 1-8) ne contribue qu'à épaissir le mystère. Là, ce ne sont pas deux disciples, mais Simon-Pierre, Thomas, Nathanaël, Jean et Jacques qui reviennent au matin d'une pêche infructueuse sur le lac de Galilée. Jésus les attend sur le rivage ; il leur dit de jeter le filet à tribord et le filet se remplit à craquer. Ce n'est que de retour à terre qu'ils commencent enfin à reconnaître leur maître ; jusqu'alors, rien ; quand il se tenait sur le rivage, « ils ne savaient pas que c'était Jésus », ce qui est un peu fort, surtout lorsqu'on pense que Jean est du nombre des éberlués et qu'il a eu une relation affectueuse privilégiée avec Jésus.

Rien, dans la logique courante, ne permet d'expliquer ce mystère, et la théologie, avec toute la révérence qu'on lui doit, l'épaissirait au contraire, puisqu'elle postule que Jésus est ressuscité en tant que « corps glorieux », c'est-à-dire sous ses apparences physiques ordinaires, mais avec des pouvoirs surnaturels. On ne saisit donc pas la raison pour laquelle, si l'on supposait qu'il fût miraculeusement ressuscité en effet, Jésus aurait à ce point changé de physionomie que ses plus intimes compagnons ne le reconnaissent *a*) qu'à la voix, ce qui est le cas de Marie de Magdala, *b*) à des gestes familiers, ce qui est le cas des deux disciples cités par Marc et Luc et *c*) à une prescience extraordinaire, comme c'est le cas des cinq disciples cités par Jean, qui n'ont pas vu là où le poisson abondait, alors que, du rivage, Jésus l'a vu.

Ce qui induit, car la divinité a quand même sa logique, du moins dans les affaires terrestres, à conclure d'abord que, si Jésus a, dans un dessein obscur, volontairement changé de visage, il a conservé sa voix et ses gestes, ensuite que, puisque c'est seulement son visage qui a changé, c'est que le phénomène présente des caractères de nature essentiellement terrestre.

Un seul indice, offert par Jean, indique la piste : Marie de Magdala prend Jésus pour le jardinier. Le terme à l'époque, est indifférencié de maraîcher. Bien qu'on ne sache pas exactement où se trouvait Gethsémani, son nom même, « Pressoir d'huile », indique que c'était un lieu où l'on cultivait l'olivier, sans doute entre autres activités agricoles. Il n'y avait en tout cas pas d'horticulture au sens moderne, et un jardinier de l'époque n'exerçait pas le même métier que le disciple de l'art développé en France par Le Nôtre. Il s'occupait de fumage, de drainage, d'émondage, de récoltes aussi, de cultures maraîchères, car Jérusalem consommait évidemment des légumes, laitues, chicorée, cresson, herbes amères, panicaut... (Jeremias, *Jérusalem au temps de Jésus*, v. bibl.). A titre documentaire, on cultivait certes des fleurs en Palestine et dans les environs de Jérusalem, lys, jasmin, rose (les roseraies étant les seules autorisées à l'intérieur de la Ville sainte), mais c'était à des fins industrielles, pour la fabrication d'huiles odorantes.

Or, dans les deux listes dressées par Jeremias (*Jérusalem au temps de Jésus*, v. bibl.) des métiers méprisés à Jérusalem, on trouve celui de marchand de produits de jachère. Certaines de ces professions sont méprisées, méprisées parce qu'on soupçonne ceux qui les pratiquent d'être malhonnêtes ; ainsi en est-il de celle d'orfèvre, d'autres parce que ceux qui les exercent sont au service des païens et sont également soupçonnés d'être malhonnêtes, comme celle de percepteur ou publicain, d'autres encore parce qu'elles sont malpropres, comme celle de tanneur et de blanchisseur. Les bouchers sont soupçonnés par principe de vendre de la viande d'animaux atteints de défauts physiques mortels et ils courent le risque de manipuler des excréments lors de l'abattage. Les marchands de produits de jachère ou maraîchers sont soupçonnés de vendre des produits qu'ils ont indûment cueillis dans des cultures qui ne leur appartiennent pas et ils manipulent du fumier.

Le mépris qui s'associe à ces professions entraîne pour certaines d'entre elles la privation de leurs droits civiques *de jure* et plus seulement *de facto*, comme pour d'autres (de nombreux rabbins exerçaient, rappelle

Jeremias, les métiers bannis *de facto*). Jéremias les énumère : joueur de dès, usurier organisateur de concours de pigeons, marchand de produits de jachère, berger, collecteur d'impôts. Ceux qui les pratiquent sont tenus de se raser, à l'instar des Romains et à la différence des autres juifs.

Si Marie de Magdala et les disciples n'ont pas reconnu Jésus, c'est parce que c'était la première fois qu'ils lui voyaient le visage glabre. La barbe modifie considérablement la physionomie d'un homme. L'émaciation évoquée plus haut accentua la différence entre le Jésus que ses familiers avaient connu et celui qu'ils retrouvaient. D'où l'incrédulité des disciples ; ils le prennent pour un fantôme, comme l'indiquent ses déclarations : « "Regardez mes mains et mes pieds. C'est moi. Regardez-moi et vérifiez : aucun fantôme n'a de la chair et des os comme vous voyez que j'en ai." Ils n'étaient toujours pas convaincus, demeurant sceptiques, car c'était trop beau pour être vrai. Alors il leur demanda : "Avez-vous ici quelque chose à manger ?" Ils lui offrirent un morceau de poisson qu'ils avaient cuit, qu'il prit et mangea sous leurs yeux » (Lc. XXIV ; 39-43). Ce n'est certes pas là le discours d'un homme qui se présente comme un esprit, ni même comme un Dieu ressuscité.

Jésus le dit donc clairement : il n'est pas une apparition. Ses propos ne comportent aucune ambiguïté ; il ne dit à aucun moment quoi que ce soit qui laisse penser qu'il participe du surnaturel, au contraire. Ce sont les seuls récits de Marc, Luc et Jean qui allèguent qu'il traverse les murs.

Mais nul ne peut s'étonner que des cœurs simples aient vu dans la réapparition de Jésus la preuve d'une résurrection miraculeuse.

Trois indices majeurs, puisés exclusivement dans les évangiles canoniques, concourent donc à indiquer que

Jésus n'est pas mort sur la croix : le comportement extraordinaire de Joseph d'Arimathie et de Nicodème, le *soudarion* plié dans le sépulcre et l'incapacité de ses familiers à le reconnaître.

***86. Les événements qui ont suivi la réapparition de Jésus*** font l'objet de rapports totalement contradictoires des évangélistes :

1. sur le lieu où Jésus est réapparu pour la première fois aux disciples ;
2. sur les circonstances qui entourent cette réapparition ;
3. et sur le lieu où il a été vu pour la dernière fois.

Selon Matthieu, il est réapparu à Marie de Magdala et « l'autre Marie » à Gethsémani (Mt. XXVIII ; 1-2) ; selon Marc, c'est à Marie de Magdala, Marie de Zébédée et Salomé (Mc. XVI ; 1). Selon Luc, à Marie de Magdala, Joanna, Marie de Zébédée et « d'autres femmes » (Lc. XXIV ; 10) ; selon Jean, à Marie de Magdala seule (Jn. XX ; 14). Deux points seulement sont communs aux quatre récits : la présence de Marie de Magdala et le lieu, Gethsémani.

Selon Matthieu, il est réapparu ensuite à « onze disciples » sur une montagne de Galilée (Mt. XXVIII ; 16-17) ; selon Marc, à deux disciples d'abord, puis à onze, en un lieu indéfini (Mc. XVI ; 12-14) ; selon Luc, à deux disciples sur la route d'Emmaüs, puis à onze disciples à Jérusalem (Lc. XXIV ; 13-36) ; selon Jean, d'abord à dix disciples, puis une semaine plus tard, aux mêmes dix plus Thomas, en des lieux indéfinis, puis encore à cinq sur les rives du lac de Galilée (Jn. XX ; 19-31 à XXI ; 1-13). Le fait que les cinq de Galilée ne l'aient pas reconnu indique qu'ils n'étaient pas présents à la première réapparition. Détail qui, incidemment, nous ramène au nombre des disciples ; étaient-ils donc quinze ? Car, parmi les cinq présents à la seconde réapparition il devait y en avoir au moins qui auraient assisté à la première et qui auraient donc alerté leurs compagnons... Bref. Un seul point est commun aux quatre récits : une réapparition en Galilée.

Matthieu ne fait aucune mention d'une réapparition de Jésus aux disciples alors que ceux-ci sont à table ; selon Marc, c'est bien le cadre de la deuxième réapparition, mais Marc évoque un repas des onze disciples, alors que Luc le restreint à deux. Selon Jean, cette dernière cène aurait été un petit déjeuner.

Selon Matthieu c'est sur une montagne de Galilée que Jésus apparaît pour la dernière fois aux disciples ; selon Marc, c'est en un lieu indéfini, « à la campagne », apparemment en Judée ; selon Luc, c'est à Béthanie, en Judée (Lc. XXIV ; 50) ; selon Jean, c'et sur le lac de Galilée (Jn. XXI ; 1-22). L'Évangile de Matthieu s'achève sur des paroles de Jésus : « Je serai avec vous jusqu'à la fin des temps », sans indiquer de quelle manière ils quittèrent leur maître ; celui de Marc s'achève sur la vision qu'ont les disciples de Jésus emporté au ciel et assis à la droite de Dieu ; celui de Luc s'achève, de manière très étonnante, sur des adieux sur la route de Béthanie, les bras de Jésus levés pour une bénédiction et les disciples s'en retournant à Jérusalem « pleins de joie ». Celui de Jean s'achève après le petit déjeuner sur le lac de Galilée. Aucun point commun (v. cartes p. 213 à 216).

Il semble que Jésus soit réapparu à ses disciples en Judée et en Galilée, en Judée à ceux qui avaient maîtrisé leur peur des persécutions évoquée par Jean (Jn. XX ; 19), en Galilée où s'étaient réfugiés les autres, vraisemblablement les cinq nommés par Jean. Puis il a disparu de Palestine.

Outre les divergences extraordinaires sur le lieu où

les disciples sont censés avoir vu leur maître pour la dernière fois, qui eût pourtant dû marquer les mémoires unanimes de façon indélébile, on ne peut manquer d'être surpris par la fin abrupte des Évangiles de Matthieu, de Luc et de Jean, les deux plus étonnants étant ceux de Luc et de Jean. Ils éveillent le sentiment qu'il s'agit là d'artifices littéraires pour clore un récit et, combiné avec la gêne que suscitent les contradictions, ce sentiment se change en scepticisme : les narrateurs n'ont certes pas été témoins de la réapparition de Jésus et ne savent comment traiter les témoignages qui leur en sont parvenus, sans doute parce qu'ils étaient confus. C'est Jean qui s'en tire le plus habilement, en déclarant que Jésus accomplit bien d'autres actions, que tous les livres du monde ne suffiraient pas à contenir. Cela n'empêche pas la fin de sa narration d'être aussi abrupte que celle des autres évangélistes, y compris celle de Marc, qui achève son récit sur une manifestation surnaturelle, « expédiée » en deux versets. Mais il est communément admis par les exégètes que l'Évangile de Marc, dans la version que nous en connaissons, est tronquée et que sa fin est due à une autre plume.

Il convient d'observer qu'aucun des apocryphes, qui pourtant ne pèchent guère par manque d'imagination, n'offre quelque version que ce soit de la dernière vision que les disciples eurent ou purent avoir de Jésus.

***87. Raisonnement.*** La première question qui se pose à la lumière de ces exposés est la suivante : pourquoi Jésus est-il demeuré en Palestine après avoir été sauvé de la mort ? Et la seconde : pourquoi n'a-t-il pas repris son action ?

Dans *L'Homme qui devint Dieu*, je décris Emmanuel, car c'est le nom qui lui fut donné selon Matthieu (Mt. I ; 24), cherchant un réconfort à la source chaude de

Hammat, au sud du lac de Galilée. Il eût certainement pu fuir et gagné sa vie ailleurs comme charpentier-menuisier. Mais il est difficile, pour un homme qui a vécu une aventure aussi prodigieuse que la sienne, porté l'espérance à tout un peuple au nom d'un Dieu à la fois très ancien et neuf, de se détacher brusquement, brutalement, dirais-je, du théâtre de ses aspirations et de ses souffrances, surtout s'il est protégé par l'anonymat. Il lui fallait sans doute réfléchir aux causes d'un échec immense et splendide qui, s'en doutait-il, allait modifier l'histoire du monde. La première de ces causes étant le barrage que toute foi établit entre la masse des humains et le Dieu immanent sous la forme d'un corps constitué d'intercesseurs et d'interprètes des volontés de la Divinité. Toute religion collective se transforme ainsi en un fait social, donc politique, donc contingent. Il n'est alors pas d'autre recours à Dieu qu'individuel et secret. Dès le moment où ce recours devient public, il est subversif, s'il ne veut pas être politique. Ç'avait été, en effet, le refus d'une messianité temporelle, qui l'eût sacré chef et roi d'une subversion politique, qui avait détaché de lui la masse des juifs.

Ces constatations s'imposaient d'elles-mêmes et elles contiennent la réponse à la seconde question : outre que la reprise de son ministère public l'eût exposé à une nouvelle mise à mort, elle était vaine. Mais de telles considérations n'ont qu'une valeur historique. A la limite, elles assimileraient Jésus à l'auteur d'un coup d'État manqué, un Che Guevara du Ier siècle. Ce qu'il ne fut évidemment que pour ceux de ses suiveurs qui lui avaient fait défaut, justement parce qu'il se refusait à être un messie politique.

L'aventure de Jésus avait été métaphysique au sens fondamental du mot. Elle avait, en effet, visé à mettre fin au monde physique, possession du « Prince de ce monde », afin d'accélérer l'avènement du Royaume de

Dieu. C'est pourquoi il me paraît erroné de chercher à voir en Jésus, comme Renan s'y est essayé, un philosophe supérieur venu fonder une éthique nouvelle. Cette interprétation est comme on l'a vu plus haut, essentiellement basée sur les synoptiques, reflet de la communauté primitive des chrétiens, qui s'efforcent pour leur succès de présenter l'image d'un chef porteur d'une éthique nouvelle. Seul Jean, à cet égard, restitue la dimension métaphysique de Jésus, si fortement exprimée dans les paroles qu'il prête à Jésus : « Je ne suis pas venu juger le monde ; je suis venu sauver le monde. » L'absence même de jugement implique le renoncement à une morale, ancienne ou nouvelle.

J'ai d'ailleurs tenté d'indiquer (v. note sur « Le caractère contradictoire de l'enseignement de Jésus ») à quel point l'enseignement de Jésus est variable dès lors qu'il aborde le domaine de la Loi et de la morale. D'ailleurs les préceptes « moraux » d'un homme qui disait qu'il était venu semer la discorde dans les familles et qui s'entourait de gens de mauvaise compagnie ne pouvaient être que secondaires, d'où la méfiance, justifiée, des Pharisiens.

La tentative de Jésus avait été de se hausser au niveau du Démiurge des gnostiques, au-delà du Bien et du Mal pour mettre fin à l'empire du Mal, qui faisait éternellement échec au Dieu du Bien. Tentative héroïque, qui ne peut être comparée à celle d'aucun autre héros religieux puisqu'elle mettait fin, du coup, au caractère circulaire de l'Histoire. Elle excluait donc l'Éternel retour.

C'est là que se situe l'échec, et il est impossible d'imaginer le choc cataclysmique qu'il asséna à Jésus. Il en avait déjà subi les premières violences sur la croix ; lui qui avait clamé : « J'ai conquis le monde » (Jn. XVI ; 33), avait ensuite crié : *Eli, eli, lamma sabbachtani !* Tout le reste devenait accessoire. S'il tenait encore à la vie et s'il n'allait pas se manifester au grand prêtre, pour lui dire : « Je ne suis pas mort ! » et observer l'épouvante sacrée dévorer le chef de Jérusalem, ce n'était pas seulement dans l'appréhension d'un échec renouvelé et de souffrances supplémentaires, mais parce qu'il voulait savoir quelles traces étaient restées de lui.

C'est pourquoi il se manifesta d'abord à Marie de Magdala. Ce n'avaient été ni la rébellion contre la Loi telle que l'interprétaient les docteurs de Jérusalem, ni le souci du destin d'Israël et encore moins de l'humanité qui avaient jeté cette femme peu équilibrée vers Jésus, mais l'amour. Marie était la confidente la plus sûre.

Amour d'autant plus grand, je le répète ici, qu'il était inassouvi. La sexualité ne pouvait occuper qu'une place négligeable dans la vie d'un homme tel que Jésus et, de toute façon, le déséquilibre de Marie de Magdala, je l'ai dit plus haut, n'incitait guère à ce que, dans le « petit langage » contemporain, on appellerait une liaison. La faveur témoignée à Marie de Magdala s'explique bien plus aisément par la tendresse donnée en échange d'une dévotion sans limites. C'est là que doit se situer l'humanité de Jésus.

Jésus s'est ensuite manifesté aux apôtres, pour voir ce qu'il en était donc de la marque qu'il avait laissée. Mais, singulièrement, son enseignement a pris fin ; sa conversation porte sur des rapports personnels. Il demande trois fois à Simon-Pierre s'il l'aime. Et quand celui-ci interroge Jésus sur le destin de Jean, Jésus répond énigmatiquement : « Si c'était ma volonté qu'il vive jusqu'à mon retour, qu'est-ce que cela peut te faire ? » (Jn. XXI ; 23).

Surtout, il prononce ces mots déchirants sur la vieillesse, tellement étonnants dans la bouche d'un homme qui a fomenté en vain la fin du monde : « Quand vous étiez jeunes, vous attachiez votre ceinture et vous alliez où vous vouliez ; mais quand vous serez vieux, vous tendrez les bras et un étranger vous attachera et vous emmènera là où vous ne voulez pas aller. »

Puis il s'en va, sans gloire ni fanfare, reprendre sa méditation. L'ordre des Puissances supérieures n'est pas celui qu'il avait cru, ou bien le Dieu-Démiurge s'est refusé à mettre un terme au Temps. En tout cas, il ne peut y avoir d'intercesseur entre Lui et l'humanité. Il est possible à l'être humain de se hausser vers la Divinité, mais Elle ne quitte jamais Son Siège céleste.

La souffrance n'est donc pas une monnaie que l'on puisse échanger avec la Divinité ; on ne l'échange qu'avec soi-même pour se dégager de son enveloppe terrestre. Les hommes ne peuvent s'arroger la parole de Dieu et ceux qui le font ne sont pas mandatés pour cela. Jérusalem est vide comme sont vides tous les livres et toutes les Jérusalem du monde. Il n'y a pas lieu de détruire le Temple : il n'a jamais existé parce qu'il était impossible de le construire. Le grand prêtre est un spectre dans un lieu vide.

Cependant, les Esséniens attendent toujours la consommation imminente des Temps...

Méditation éminemment douloureuse, pendant laquelle Jésus tentait d'alléger les souffrances que lui valaient ses cicatrices, dans les eaux d'une source réputée efficace pour les rhumatisants.

Peut-être médita-t-il sur l'une de ses dernières prophéties avant la crucifixion, qui constituent l'un des points les plus énigmatiques des Évangiles, lesquels en comptent pourtant quelques-uns. Dans sa dernière prédication, qui tourne d'ailleurs au soliloque inspiré, il annonce à deux reprises un Avocat. « Mais quand votre Avocat sera venu, celui que je vous enverrai depuis le Père — l'Esprit de vérité qui est issu du Père —, il témoignera pour moi. Et vous serez aussi mes témoins, parce que vous avez été avec moi depuis le début » (Jn. XV ; 26). Et encore : « ... Je vous dis la vérité : c'est pour votre bien que je vous quitte. Si je ne m'en vais pas, votre Avocat ne viendra pas, tandis que, si je m'en vais, je vous l'enverrai » (Jn. XVI ; 7). La suite de la prophétie indique que cet Avocat sera, en fait, celui de Jésus bien plus que celui de l'humanité : c'est lui qui démontrera au monde qu'il avait tort de ne pas croire en Jésus. Qui est donc cet avocat ?

Aveu d'échec prématuré, avant l'autre échec, celui de la constatation que la vie continuait après lui, espoir d'un défenseur futur. Mais quel avocat, inspiré donc par la puissance céleste, annonçait donc Jésus ? Avait-il déjà compris que son sacrifice ne parviendrait pas à forcer la main de Dieu ? C'est ce que semblent indiquer ces paroles qui, par ailleurs, font écho à la question troublante de Baptiste : « Es-tu celui que nous attendons, ou bien doit-il en venir un autre ? » Ou bien alors, est-ce Jean l'évangéliste qui lui a mis dans la bouche ces paroles énigmatiques entre toutes ?

Bien évidemment, l'ultime question qui se pose est : puisque Jésus n'est pas mort, qu'est-il advenu de lui ? Elle n'est pas récente. En ébauche de réponse, je me limiterai à évoquer le début des Actes apocryphes de Thomas, romance indéniablement tardive, où Jésus, déguisé en marchand, délègue Thomas à un émissaire du roi (historique) indien, Gondaphorus...

Que Thomas soit allé évangéliser l'Inde est probable. Que Jésus y soit allé aussi n'est pas improbable.

# 5

# Bibliographie

Actes des Apôtres, introduction L. CERFAUX, traduction et notes J. DUPONT, OSB, Cerf, 1964.
ALLEGRO, J., *The Dead Sea Scrolls*, Penguin, 1959, Londres ; *The People of the Dead Sea Scrolls*, New York, 1958 ; *The Sacred Mushroom and the Cross*, Londres, 1970 ; *The Chosen People*, Londres, 1971.
*The Apocryphal New Testament*, traduit par MONTAGUE RHODES JAMES, Clarendon Press, Oxford, 1924 et 1975.
ARON, R., *Le Dieu des origines*, Paris, 1964.
BERNAND, A., *Alexandrie la Grande*, Arthaud, 1966.
BERNARD, J.L., *Apollonios de Tyane*, Robert Laffont, « Les portes de l'étrange », 1977.
BEURDELEY, C., *Sur les routes de la soie*, Office du Livre, Fribourg, 1985.
BLACK, M., *An Aramaic Approach to the Gospels and the Acts*, Oxford University Press, 1967.
BORSCH, F.H., *The Christian and Gnostic Son of Man*, Studies in Biblical Theology, SCM Press Ltd., Londres, 1970.
BULTMANN, R., *Histoire de la tradition synoptique*, Le Seuil, 1973.
BURKILL, T.A., *New Light on the Earliest Gospel*, Cornell University Press, 1972.

CAQUOT, A., *Hébreu et araméen*, Annuaire du Collège de France, 1973, 1974 et 1975.
CARMICHAEL, J., *The Death of Jesus*, Victor Gollancz, Londres, 1963.
CARMIGNAC, J. & GUILBERT, P., *Les Textes de Quoumrân*, vol. 1, Paris, 1961 ; CARMIGNAC, J., GUILBERT, P. & LIGNÉE, E., *Les Textes de Quoumrân*, vol. 2, Letouzey et Ané, Paris, 1963.
CHARLESWORTH, J., *The Odes of Solomon*, Oxford University Press, 1973 ; *The Pseudepigrapha and Modern Research*, University of Montana, 1976.
CLÉMENT D'ALEXANDRIE, *Stromates*, Cerf, 1981.
CLÉMENT DE Rome, *Épître aux Corinthiens*, Cerf, 1984.
CONTENAU, Dr., *La Médecine en Assyrie et en Babylonie*, Maloine, 1953.
CORNFELD, G., *Archaeology of the Bible Book by Book*, Harper & Row, New York, 1976.
CULLITON, B.J., « The Mystery of the Shroud of Turin Challenges 20 th Century Science », *Science*, vol. 2011, juillet 1978.
DANIÉLOU, J., *Les Manuscrits de la mer Morte et les origines du christianisme*, Édition de l'Orante, 1957 et 1974.
DANIÉLOU, J., HONORÉ, POUPARD, J., *Le Catholicisme*, Buchet-Chastel, 1979.
DANIEL-ROPS, *Jésus en son temps*, Paris, 1928 et 1971 ; *La Vie quotidienne au temps de Jésus*, « Vie quotidienne », Hachette, 1961 ; *Évangiles apocryphes*, Cerf, Fayard, 1952.
DELCOR, M. & al. *Quoumrân, sa piété, sa théologie et son milieu*, Paris-Gembloux, Ed. Duculot, Leuven University Press, 1978.
DIEL, P., *Le Symbolisme dans la Bible*, Petite Bibliothèque Payot, 1975.
DODD, C.H., *La Tradition historique du quatrième évangile*, Cerf, 1963.

DUBOURG, B., *L'Invention de Jésus*, I. *L'hébreu du Nouveau Testament*, L'infini-Gallimard, 1987.

DUPONT-SOMMER, A., *Trente années de recherches sur les manuscrits de la mer Morte (1947-1977)*, Institut de France, Académie des inscriptions et belles-lettres, 1977.

EDERSHEIM, A., *The Life and Times of Jesus the Messiah*, Wm. Eerdmans, Grand Rapids, Mich., 1979.

ELIADE, M., *Histoire des croyances et des idées religieuses*, 2 col. Payot, 1976 et 1978 ; *Initiation, rites, sociétés secrètes*, Idées-Gallimard, 1959 ; *Méphistophélès et l'androgyne*, Idées-Gallimard, 1962.

EPHREM DE NISIBE, *Commentaires sur l'Évangile Concordant ou Diatessaron*, Cerf, 1966.

EUSÈBE DE CÉSARÉE, *Ecclesiastical History*, trad. Lake, Loeb Classical Library, Londres, 2 vol. 1957-1959 ; Discours touchant les miracles attribués par les Payens à Apollonios de Tyane. Contre Hiérocles. Préparation évangélique, 11 vol., Cerf.

L'Évangile selon Thomas, traduit par Philippe DE SUAREZ, Métanoïa, Paris, 1975.

Évangiles apocryphes, traduits par F. AMIOT, choisis et présentés par DANIEL-ROPS, Paris, 1952.

Évangile de Barnabé, traduit par L. CIRILLO & M. FRÉMAUX, Paris, 1977.

FÉRET, H.M., *Mort et résurrection du Christ d'après le linceul de Turin*, Buchet-Chastel, 1980.

FLAVIUS JOSÈPHE, *La Guerre des Juifs*, traduit par P. SOVINEL, Éditions de Minuit, 1977 ; *Antiquités judaïques*, Paris.

FRAZER, sir J., *The Golden Bough*, Londres, 1922 et New York, 1968.

GHALIOUNGUI, P., *La Médecine des pharaons*, Robert Laffont, « Énigmes de l'univers », 1983.

GOULDER, M., *Two Roots of the Christian Myth*, in Hick, *The Myth of the God Incarnate*.
GRANT, M., *An Historian's Review of the Gospels*, New York, 1977.
GUIGNEBERT, C., *The Christ*, New York, 1968.
GUILMOT, M., *Les Initiés et les rites initiatiques en Égypte ancienne*, Paris, 1977.
HANLON, J., « Christ under the Microscope », *New Scientist*, vol. 80, n° 1124, 12 oct. 1978.
HENGEL, M., *Crucifixion*, SCM Press Ltd., Londres, 1977.
HICK, J. & al. *The Myth of the God Incarnate*, SCM Press Ltd. Londres, 1977.
HOFFMANN, R.J., LARUE, J.A., *Jesus in History and Myth*, Prometheus Books, 1986.
HUGHES, D., *The Star of Bethlehem*, Pocket Books, New York, 1979.
JAUBERT, A. *The Date of the Last Supper*, Alba House, New York, 1965.
JEREMIAS, J., *Jerusalem zur Zeit Jesu*, Göttingen, 1962 (*Jérusalem au temps de Jésus*, Éditions du Cerf) ; *Les Dernières Paroles de Jésus*, Cerf, 1970.
KENNARD, J.S., « Was Capernaum the Home of Jesus ? » *Journal of Biblical Literature*, n° 65, 1946.
KONZELMANN, G., *Jérusalem — 40 siècles d'Histoire*, Laffont, 1985.
KOTT, J., *Manger les Dieux*, Payot, 1975.
LAPERROUSAZ, E.M., « À propos des ossements d'animaux trouvés à Quoumrân », *Revue de Quoumrân*, n° 36, t. 9, Gabalda ; *Les Manuscrits de la mer Morte*, P.U.F., « Que sais-je ? », 1961 et 1984.
LAURENTIN, R., « L'Évangile selon saint Thomas », *Études*, Paris, décembre 1975.
LAVALLARD, J.L., « Controverse sur la date de naissance de Jésus-Christ », *Le Monde*, 28 décembre 1977, Paris.

LEISEGANG, H., *La Gnose*, Paris, Petite Bibliothèque Payot, 1951.
LIGHT, J., *Legs as a Sign of Election*, Tarbeyyat, Jérusalem.
LOISY, A., *Le Quatrième Évangile*, Paris, 1902.
MACCOBY, H., *Revolution in Judaea, Jesus and the Jewish Resistance*, Ocean Books, Londres, 1963.
MCHULL, J., *Hellenistic Magic and the Gnostic Tradition*, Londres, 1974.
MCINTIRE, C.T., *God, History and Historians*, New York, 1978.
MEREJKOWSKY, D. DE, *Jésus, cet inconnu*, Éditions du Rhône, Genève, 1946.
MESSINA, S.J., *Il Diatessaron Persiano*, Pontifico Istituto Biblico, Rome, 1951.
METZGER, B.M., *The Early Versions of the New Testament*, Clarendon Press, Oxford, 1977.
MODI, J.T., *Who were the Persian Magi who influenced the Sect of the Essenes ?*, in *Fetschrift für M. Winternitz*, Leipzig, 1933.
NOLLAND J., « A Misleading Statement of the Essene Attitude to the Temple », *Revue de Quoumrân*, n° 36, t. 9, Gabalda.
ORIGÈNE, Homélies, 10 vol., Cerf.
PAGELS, E., *The Gnostic Gospels*, Vintage Books, New York, 1981.
PHILON D'Alexandrie, *Legatio ad Caium*, trad. A. Pelletier, Cerf, 1972.
PHILOSTRATE, *Vie d'Apollonios de Tyane, in Romans grecs et latins*, Gallimard, « La Pléiade », Paris, 1963.
POUILLY, J., *La Règle de la Communauté de Quoumrân*, Paris, 1976.
PUECH, H. Ch., *En quête de la gnose*, I. *La gnose et le temps*, II. *L'Évangile de Thomas*, Gallimard, « Bibliothèque des sciences humaines », 1978.

PYTHAGORE, *Biblion*, trad. A. Slosman, Robert Laffont, 1980.

REIMARUS, H.S., *Apologie oder Schutzschrift für die vernünftigen Vereher Göttes*, Hambourg, 1877.

RENAN, E., *La Vie de Jésus*, 1863.

RHODES, M.D., *The Apocryphal New Testament*, Oxford, at the Clarendon Press, 1975.

RIAD, Dr. N., *La Médecine au temps des pharaons*, Maloine, 1955.

ROBERTS, C.H., *An Unpublished Fragment of the Fourth Gospel*, Manchester University Press, 1935.

ROBERTSON, J.M., *Pagan Christ*, Dorset Press, New York, 1966.

ROBINSON, J.M., *The Nag Hammadi Library*, Harper & Row, New York, 1977.

ROLLAND, Ph., *Les Premiers Évangiles, un nouveau regard sur le problème synoptique*, Cerf, 1984.

SANDMEL, S., *Judaism and Christian Beginnings*, New York, 1978.

SCHWEITZER, A., *Le Secret historique de la vie de Jésus*, Albin Michel, 1961.

SILLAMY, N., *Dictionnaire de psychologie*, 2 vol. Bordas, 1980.

SMITH, G.A., *Jerusalem, the Topography, Economics, History*, Londres, 1908.

SMITH, M., *Clement of Alexandria and a Secret Gospel of Mark*, Harvard University Press, 1973 ; *The Secret Gospel*, Victor Gollancz, Londres, 1974 ; *Jesus the Magician*, Victor Gollancz, Londres, 1978.

SOUBIRAN, A., DE KEARNEY, J., *Du médecin guérisseur aux hommes en blanc*, Kent, 1960.

SOUBIRAN, A., *Le Baron Larrey, chirurgien de Napoléon*, Kent.

STEINBERG, L., *La Sexualité du Christ dans l'art de la Renaissance et son refoulement moderne*, Gallimard, 1987.

STURGEON, T., *The Shroud of Turin, Omni*, New York, 1978.
SULLIVAN, W., « Bethlehem Star Theory Challenged », *International Herald Tribune*, 19 décembre 1977.
THURSTON, H., *Les Phénomènes physiques du mysticisme*, Gallimard, 1963.
VAUX, R. DE, *Archaeology and the Dead Sea Scrolls*, The British Academy & Oxford University Press, Oxford, 1973.
VERMES, G., *The Dead Sea Scrolls in English*, Penguin, Londres, 1962.
WELLS, G.A., *Did Jesus Exist ?*, Erek Pemberton, Londres, Prometheus Books, Buffalo, 1975 ; *The Historical Evidence for Jesus*, Prometheus Books, Buffalo, 1988.
*Who's who de la mythologie*, Seghers, 1975.
WILCOX, R.A., *Shroud*, Macmillan Publishing Co., New York & Collier Macmillan, Londres, 1977.
WILKINSON, J., *Jerusalem as Jesus Knew it*, Thames & Hudson, Londres-New York, 1978.
WILSON, E., *Israel and the Dead Sea Scrolls*, New York, 1978.
WILSON, I., *Jesus — The Evidence*, Weidenfeld & Nicolson, Londres, 1984.
WRIGHT, W., & MACLEAN, N., *The Ecclesiastical History of Eusebius in Syriac*, Cambridge University Press, 1898.

Nombreuses consultations ont été faites sur divers points historiques dans les éditions de l'*Encyclopaedia Britannica* de 1964 et 1980, dans l'*Encyclopaedia universalis* et dans l'*Encyclopédie catholique* (Marcel Rivière, Genève). Plusieurs ouvrages ici référencés ont été consultés à la New York Public Library et à la Bibliothèque du Congrès, à Washington.

# INDEX DES NOMS ET TITRES ANCIENS*

* Index établi par Pierre Peuchmaurd.

# INDEX DES NOMS ET TITRES MODERNES

# INDEX DES LIEUX

# INDEX THÉMATIQUE

# LETTRE OUVERTE
# AUX GENS DE BONNE FOI
## et à quelques chiens de garde

L'intérêt témoigné par le public français et international à *L'Homme qui devint Dieu* appelle des réflexions qui dépassent de loin les considérations d'auteur. Elles méritent donc d'être offertes à ce public. Je veux évidemment parler du public de bonne foi, car il en est un autre.

La première est que le personnage de Jésus demeure présent dans les consciences, mais que ni l'image qu'en donne l'Église, ni l'enseignement officiel des Églises ne répondent à l'attente philosophique et religieuse contemporaine. Quelques extraits de lettres, présentés plus loin, en témoignent. Il serait abusif de prêter à un peu plus d'un millier de lettres la valeur d'un sondage, ces lettres fussent-elles spontanées, ce qui leur prête évidemment plus de poids. Mais *L'Homme qui devint Dieu* s'écarte assez, ce fut d'emblée notoire, des versions traditionnelles de la vie et de la nature de Jésus pour que nul ne s'y soit trompé ; les lecteurs attendaient donc une recherche qui permît d'en offrir une représentation plus conforme à leur attente et, dans mon cas, à ce que l'histoire changeait au personnage.

La seconde réflexion porte sur la réaction officielle des autorités religieuses en France. Elle fut, nul n'en fut surpris et moi-même moins que quiconque, défavorable (l'Allemagne et l'Espagne semblent avoir été beaucoup plus modérées). Des prêtres m'ont adressé des lettres ouvertes dans la presse, d'autres ont prêché en chaire contre moi, d'autres enfin ont pris la plume pour contester *L'Homme qui devint Dieu*.

La plus longue et la plus véhémente des réactions écrites fut celle de Pierre Grelot, un religieux auquel *Le Monde* demanda une recension de mon livre, qui se livra d'abord à un éreintement dont il n'exposait pas les motifs, puis publia un opuscule intitulé *Un Jésus de comédie — L'homme qui devint Dieu*. La singularité de ces réactions, et notamment celle de Grelot, qui joua en cette occasion le rôle de chien de garde, commis ou zélé, je n'en sais, ni n'en veux rien savoir, est l'oblitération de tout esprit critique. On ne critiqua pas sur des bases objectives, on démolit, tout simplement, c'était plus rapide. Leur mauvaise foi insigne pouvait également surprendre. C'est ainsi que, le 27 septembre 1989, *La Croix* publiait un éditorial s'affligeant du succès d'un livre qui tirait l'essentiel de sa matière, disait-il, des évangiles apocryphes, dont chacun sait qu'ils sont tardifs et fantaisistes. Contre-vérité flagrante : à la page 54 des *Sources*, instruit par quelques commentaires, j'écrivais déjà : « Ce genre d'assertion est démenti par l'évidence de ce livre : 90% des références du présent ouvrage sont empruntées aux évangiles canoniques. » Ou bien l'éditorialiste de *La Croix* ne m'a pas lu, ou bien il a voulu faire accroire que je ne m'étais servi que des apocryphes. Lesquels, mais cela est une autre affaire, ne sont ni tous tardifs, ni tous fantaisistes.

Le destin de tout écrivain, surtout s'il a quelque succès, est d'être malmené. Il n'y avait donc pas lieu d'en être plus surpris que de l'accueil courroucé réservé à un livre qui revendiquait pour tout humain le droit d'étudier Jésus hors de la tutelle ecclésiastique. Ce qui était plus grave était d'abord que ces attaques prétendaient réduire mon travail en poussière, ensuite qu'elles mettaient en cause ma valeur professionnelle. J'eusse attendu qu'on me critiquât sur le fond. « Eh quoi », eût-on pu dire, si l'on voulait démolir le livre (mais le livre seul), « Messadié n'a rien inventé de bien neuf. La thèse selon laquelle Jésus n'était qu'un être humain, nous la connaissons ô combien ! C'est celle du presbytre alexandrin Arius, qui propagea son hérésie dès le IVe siècle. Le Concile de Nicée la résolut en 325. Messadié prétendrait la ranimer sur des bases historiques. S'il est logique avec lui-même, honneur que nous lui concéderons, il faudra bien qu'il reconnaisse qu'il ne croit donc pas à la Rédemption. Mais alors, nous serions dans le domaine de la théologie, où il reconnaît lui-même ne rien savoir. Nous le laisserons donc se débrouiller avec son postulat. C'est la pire punition. Car ce n'est pas le succès de son livre qui lui apportera quelque réconfort. » C'eût été raide, mais honorable. Et je peux rédiger dix autres réfutations de mon livre, car l'occasion ne m'a pas manqué de m'interroger sur les conséquences de mon travail vis-à-vis de moi-même.

Mais c'est la solution infamante qu'ont choisie mes adversaires, celle de l'injure. Elle ne déshonore qu'eux. En vingt lieux de son opuscule, Grelot me traite plus ou moins directement d'ignare, d'imbécile et d'imposteur. Son procédé eût justifié des poursuites juridiques, ne fût-ce que pour l'utilisation indue qu'il avait faite du titre *L'Homme qui devint Dieu*, et pour la diffamation caractérisée à laquelle il s'est livré. Je répugne à poursuivre en justice des religieux. Tout au plus pourrais-je dire : « Père, ne leur pardonne pas, car ils savent ce qu'ils font. »

Je devais donc ces réflexions à ceux des lecteurs que ces attaques ont troublés, autant que je me devais de me défendre contre des calomnies.

Je commencerai par celles-ci. Le ton de Grelot n'invite pas à la modération. D'entrée de jeu, il évoque un compte rendu du *Bulletin religieux du diocèse de Nantes* qui « soulignait la nullité absolue du roman » ; l'opinion de ce bulletin est certes aussi respectable qu'une autre, mais enfin, je ne surprendrai personne en rappelant que ce n'est certes pas un organe de référence dans la critique littéraire ; le citer ne se justifie que par la volonté de dénigrement. Le public n'a apparemment pas suivi son opinion. Grelot parle, lui, d'« œuvre aussi prétentieuse que dénuée de valeur », de « néant », d'« invraisemblable prétention à l'enquête érudite », de « lectures mal digérées », de « coquetterie faussement savante », de « bourdes », etc. Il se présente comme « spécialisé dans l'étude des langues sémitiques » et plongé « depuis trente-cinq ans dans des livres de toutes opinions qui tournent autour de la Bible ». Comme on le voit à la fureur du ton, le bât a fortement blessé l'âne. Mais ce n'est qu'à moi que Grelot manifeste autant d'animosité, car, page 11 de son livret, il dit : « J'ai lu... des positions anti-critiques et des "vies de Jésus" commandées par l'intégrisme le plus obtus (je ne cite aucune nom, car certains auteurs sont encore vivants et je dois ménager leur sensibilité). » Grelot ménage donc les autres. Il faut le remercier de l'honneur éloquent qu'il me fait.

Il me traite donc d'âne, mais c'est son ouvrage qui fourmille d'âneries, de contrevérités et de falsifications pures et simples.

Prétendant examiner le roman, c'est-à-dire le récit historique, Grelot commence par écrire, avec une pédanterie hors de propos que « l'auteur avait certainement lu le roman grec de Philostrate : Vie d'Apollonios de Tyane : dans la bibliographie du vol. II, il en citera une traduction qui n'est pas la meilleure ». Qu'est-ce que le roman de Philostrate vient faire ici ? Je ne m'en suis servi que dans mes références à Apollonios de Tyane, qui sont brèves, je le cite dans la bibliographie, et un enfant de dix ans verrait qu'il n'y a pas le moindre rapport entre le récit historique *L'Homme qui devint Dieu* et l'ouvrage de Philostrate. Grelot voudrait, c'est l'évidence, faire entendre que j'ai plagié Philostrate ! Je crains que Grelot n'ait pas lu Philostrate et le mets publiquement au défi de trouver quelque parenté entre *L'Homme qui devint Dieu* et l'ouvrage de l'antique auteur.

Page 13, Grelot, me citant (« L'époque pullulait de héros messianiques »), s'étonne de l'adjectif « messianique ». Je le renvoie au *Petit Robert*, car il semble méconnaître l'intérêt des dictionnaires. Outre Dosithée, Apollonios de Tyane et Simon le Magicien, disais-je, « il y en eut bien d'autres, à commencer par le Maître de justice des Esséniens, qui fut mis à mort et dont le "profil" préfigure étrangement celui de Jésus ». Grelot écrit que c'est là une « proposition de Dupont-Sommer, qui était tout de même plus nuancée ». J'écrivais que les gnostiques étaient les héritiers de ce corpus de croyances originaires d'Asie qui s'est coagulé au Ier siècle au contact de l'hellénisme et du judaïsme. Grelot commente avec le ton méprisant qu'il ne peut s'empêcher de proférer à l'égard de tout ce que j'écris, que « ce méli-mélo d'histoire des religions pourra éveiller la curiosité des spécialistes ». Cet auteur, qui répugne apparemment à consulter une bibliothèque et encore plus les encyclopédies, se fût épargné le ridicule de ce jugement en se reportant, faute de mieux, à l'article *Gnosticism* de l'Encyclopaedia Britannica : « Origines : le dualisme iranien, sans doute par le relais du judaïsme hétérodoxe (sectaire) ou de la pensée hellénistique pourrait bien avoir offert l'une des conditions essentielles à l'essor du gnosticisme... Il y a des analogies (du gnosticisme) avec la pensée égyptienne et mésopotamienne autant qu'avec l'iranienne. » S'il ne lit pas l'anglais, à ce qu'il semble, il eût pu consulter la *Nouvelle encyclopédie catholique Thoé* : « Aux IIe et IIIe siècles, Valentin, Marcion, Basilide et beaucoup d'autres élaborèrent chacun leur propre gnose... à partir des doctrines grecques, égyptiennes, juives, chrétiennes et babyloniennes. » L'influence hindoue sur le monde méditerranéen était, elle, très ancienne, et c'est pourquoi l'on attribue une origine hindoue à la pensée pythagoricienne. Le suicide par le feu de l'ascète hindou Zarmanochegas, à Athènes, en 20 av. J.-C., avait beaucoup frappé les esprits. « La plus frappante ressemblance entre la pensée grecque et le pensée hindoue réside dans la gnôsis mystique (connaissance ésotérique) décrite dans les *Ennéades* du philosophe néoplatonicien Plotin (IIIe siècle). » J'avais bien raison, donc.

Avec un peu plus de curiosité, Grelot eût pu consulter des ouvrages spécialisés. Je lui recommande celui de H. Leisegang, dans la Petite bibliothèque Payot, cité dans ma bibliographie.

Après de nouvelles injures qui n'apprennent rien au lecteur que l'âcreté de ses humeurs peccantes, Grelot écrit, à propos du nom par lequel je désigne Jean le Baptiste par Jokanaan : « Le nom hébraïque, choisi par coquetterie faussement savante, est malheureusement écorché et, de ce fait, dénué de sens », juge-t-il doctement, « il faudrait Johana ou Johanan (avec un h guttural qui n'a pas d'équivalent en français) ». Or, cette orthographe absurde et indéfendable sera maintenue dans les deux volumes, sans doute pour « faire scientifique ». Notre « spécialiste des langues sémitiques » eût dû consulter un de ses confrères en la matière, autrement plus respecté, Alfred Edersheim, qui écrit spécifiquement dans *The Life and Times of Jesus the Messiah*, page 139, que la véritable orthographe est Jochanan ou Jehochanan. Ce qui est beaucoup plus près de mon Jokanaan, lequel a été emprunté à la « Salomé » d'Oscar Wilde. Or, ce n'est pas pour « faire scientifique » que j'ai choisi cette orthographe pour le Baptiste, c'est afin de le différencier plus commodément de Jean l'apôtre, c'est tout.

Tout de suite après, dans un autre accès de pédanterie, Grelot me reproche de dire, page 22, qu'Hérode le Grand était « roi de Palestine ». « L'auteur ignore, écrit-il, que ce nom ne fut donné à la province romaine qu'après la seconde révolte juive (135 de notre ère), en étendant à l'arrière-pays celui du rivage anciennement habité par les Philistins (Palaistinè en grec). » Cette démonstration de cuistrerie omet un fait important : c'est que la désignation d'Hérode comme roi de Palestine est faite dans une conversation entre deux personnages de l'époque et qu'il y avait alors belle lurette que les Romains nommaient cette terre Palestine. S'il en veut la preuve, je le renvoie à la *Britannica*, que ses éditeurs feraient bien de lui offrir : « Les Romains utilisaient le terme Syrie Palestine au IIe siècle av. J.-C. pour le tiers inférieur de la province de Syrie, y compris l'ancienne Judée. » Soit trois siècles un tiers avant la date citée par le docte Grelot.

Plus loin, toujours avec une mauvaise foi déconcertante, il feint de m'attribuer la malignité d'Hérode, qui fait des Pharisiens des Parsis ! Afin donc que nul n'en ignore, le mot Pharisiens signifie littéralement « Séparatistes » et le terme « Parsi » dérive du nom de ville iranien de Parsis. Mais notre Grelot prend les enfants du Bon Dieu pour des canards sauvages.

Après s'être, dit-il ennuyé à recenser mon livre, il s'en prend à l'analyse que je fais de la confusion entre Nazaréen et Nazaréthain, arguant que j'« ignore visiblement que le nom de Nazaréen donné à Jésus figure en grec sous deux formes, *nazarènos*, bon adjectif de formation régulière, et *nazoraios*, qui permet un jeu de mots de sens discuté ». Je ne l'ignore pas du tout, au contraire : *nazoraios* n'aurait jamais pu désigner un habitant de Nazareth, c'est tout. Ce qu'on savait déjà, comme je l'ai relevé dans *Les Sources*, en vertu du passage de Marc, « Quand il revint à Capharnaüm, le bruit se répandit qu'il était rentré dans son foyer ». Jésus était donc de Capharnaüm. Et ce qui ne change rien au fait que Grelot est visiblement mal à l'aise et sans doute mal équipé pour discuter de ce point, qui le mettrait en contradiction avec la tradition de « Jésus de Nazareth », contestée par plus d'un exégète.

Pour orner son étalage de fausse science, Grelot se moque de ce que je définisse Thomas comme « un gnostique exemplaire ». Je le renvoie simplement à la page 92 du tome II de l'ouvrage d'Henri-Charles Puech, sur l'évangile de Thomas, où Thomas est effectivement décrit comme un gnostique exemplaire (vétilleux à l'égard des pailles chez les autres, Grelot me reproche d'avoir omis le second segment du prénom de Puech ; où donc a-t-il vu cela ? Et quand bien même, est-ce là une preuve de mon inculture et de ma sottise ?).

« L'érudition de notre auteur est fort courte », écrit Grelot, parce que je cite les travaux d'Henri-Charles Puech comme clef à la compréhension de l'évangile de Thomas : « On connaît la traduction copte de cet évangile depuis la traduction de J. Doresse... » etc. (ici, autres cuistreries et manifestations de pédanterie, trop assommantes pour être citées au grand complet). Le mérite de Puech, que je suis libre d'élire, est d'avoir offert l'analyse la plus approfondie de l'évangile de Thomas, ce qui n'enlève rien à la valeur de la traduction de Doresse.

Mon intérêt pour l'évangile de Thomas agace visiblement Grelot (et bien d'autres), qui me le reproche à plusieurs reprises. Or, cet évangile a suscité un intérêt considérable chez bien d'autres que moi, à commencer donc par Puech. L'aversion de Grelot pour cet évangile tient au fait qu'il s'agit là d'un texte gnostique et que les gnostiques ont été persécutés par l'Église, dont ils prétendaient s'affranchir tout en conservant le nom de Chrétiens.

Mais c'est Grelot qui parle de mon « érudition de pacotille ». S'enfonçant avec bonheur la poutre dans l'œil, il me reproche d'avoir dit qu'il y avait des juifs en Europe : il prétend, avec aplomb, que « la Dispersion juive était surtout orientale et elle n'atteignait pas encore ces régions européennes ». C'est un exemple de plus de l'étonnante ignorance historique de ce critique. Il y avait des synagogues à Rome depuis au moins un siècle, et les juifs étaient protégés par la loi romaine, qui garantissait leur liberté de culte. S'il avait feuilleté seulement le livre de Joachim Jeremias, *Jérusalem au temps de Jésus*, ce même livre qu'il m'accuse de ne pas avoir lu et qu'il eût pourtant pu se procurer à peu de frais, puisqu'il est paru chez le même éditeur que lui, Grelot se fût épargné de proférer pareille contrevérité. Citant une lettre de Philon, *Leg. ad Gaium*, § 281 s., Jeremias rappelle qu'il y avait des juifs en Pamphilie, en Cilicie, en Asie, en Bithynie, dans le Pont, en Europe, en Thessalie, en Béotie, en Macédonie, en Eolie, en Attique, à Argos, à Corinthe, dans les Îles d'Eubée..., etc. L'*Atlas du monde juif* des Éditions du Fanal indique clairement les colonies juives d'Europe, il y en a même à Tarracone, en Espagne ! À moins que Grelot ne situe l'Espagne, Rome et la Grèce en « Orient ».

Emporté par sa jactance, Grelot me fait dire ce que je ne dis pas, que Callirhoé était une grande ville (c'était une villégiature palestinienne) et, plus fort que tout, qu'« Agrippium n'existe pas » ! En ce qui concerne cette ville, Agrippium, Aggripéeum ou Agrippeion (les orthographes peuvent varier) était une des villes construites par Hérode Agrippa (cf. Edersheim, p. 120). Grelot devrait s'intéresser un peu à l'archéologie ; il y a quelques années, on doutait, par exemple, que Scythopolis eût existé, jusqu'à ce que les archéologues israéliens l'eussent découverte. Mais, on a pu en juger, l'ignorance de Grelot sur les points qu'il conteste avec le plus de hargne est, elle, authentique.

Toujours s'il avait lu Jeremias, Grelot eut évité de me reprocher (« Quelle ânerie ! » écrit-il, avec la courtoisie toute cléricale qui anime son respect pour moi) de parler de « famille sacerdotale », et de connaître « décidément la sociologie juive d'une façon curieuse ». Citant la liste des chefs du Temple à Jérusalem, Jeremias cite la « famille (sacerdotale) de Garmu, qui assurait la fabrication des pains de proposition et la famille (sacerdotale) d'Abtinas, qui assurait celle des parfums à brûler » (p. 239). Mais, beaucoup mieux, et ce qui démontre la parfaite ignorance qu'a Grelot du sujet sur lequel il prétend me corriger, Jeremias écrit spécifiquement, page 263 de *La Vie à Jérusalem au temps de Jésus*, et citant Josèphe : « En conséquence, ils (les bienfaiteurs du peuple) mandèrent l'une des tribus pontificales, celle d'Eniachim, et tirèrent au sort un grand prêtre. » « À dessein », commente Jeremias, « Josèphe choisit le mot "tribu" comme le seul convenant ici. » Si Grelot veut bien, je me décharge sur lui du bât qu'il prétend me faire porter.

Bien évidemment, Grelot trouve « rocambolesque » l'installation de Joseph à Capharnaüm et l'explication que je donne de la fuite de Joseph en Égypte. Puis, toujours vétilleux, il me reproche une faute typographique, réelle celle-ci (la paille, vous dis-je), *har-ba-bavit* au lieu de *har-ba-bayit*. Sans doute aucun des ouvrages de Grelot n'a-t-il souffert de fautes typographiques ; elles vaudraient pourtant mieux que ses défauts de culture.

Impavide dans la mauvaise foi, il prétend que je fais échouer Jésus à l'examen des docteurs du Temple. A-t-il seulement lu mon livre ? Jésus s'y montre si brillant que trois interrogateurs se succèdent pour interroger l'adolescent. C'est là de la falsification pure et simple que commet donc mon Zoïle.

Passons sur le reproche qu'il me fait de mon « érudition étonnante » ; on le conçoit, il est le seul érudit international. Passons également sur le « résumé » qu'il prétend offrir en trois ou quatre pages d'un roman qui en exigea plus de 800 ; c'est du niveau du théâtre de chansonniers, mais infiniment moins drôle et d'une malveillance sans faille. Mais ne passons toutefois pas sur le terme de « pseudonyme » que ce religieux applique (p. 28) au nom d'Emmanuel ; c'est pourtant le nom qui fut donné à Jésus selon l'évangile de Matthieu (I ; 24). Grelot a-t-il seulement lu les évangiles ?

Il n'a en tout cas pas lu mes livres. Pressé de livrer son travail de commande, pour endiguer l'intérêt du public, il a bâclé son pensum à la six-quatre-deux, sans quoi il ne m'eût jamais fait dire, autre altération malveillante, que *Les Sources* constituent le résumé de 10 000 pages de notes critiques. Je dis clairement, page 109 des *Sources*, que j'avais réuni plus de « deux mille notes ». Qu'importe l'exactitude, n'est-ce pas ! Mais c'est lui qui prétend que je ne connais Flavius Josèphe ou Origène que par des « citations de seconde main » ; il s'agit là encore de calomnies de bas étage, les deux ouvrages sont parmi bien d'autres dans ma bibliothèque, et passablement fatigués par-dessus le marché. On peut juger de l'honnêteté de certains quand leurs intérêts sont en cause...

Mon sycophante assure que c'est le cardinal Pizzardo et non Ottaviani qui fit à l'abbé Marc Oraison la fameuse communication du secret de l'éducation sexuelle (l'éducation sexuelle, Grelot, pas le célibat des prêtres)

« *I spaghetti e la paura !* » Et il fait, l'occasion en est bonne, reproche à Oraison du « malin plaisir » qu'il a pris à rapporter cette sottise. Oraison a eu raison : il a au moins révélé au monde que Pizzardo, puisque c'était lui, était gâteux, comme le reconnaît Grelot. Après tout, il était le secrétaire du Saint-Office, poste de responsabilité que Grelot eût pu occuper avec autant d'inefficacité.

Toujours dans son arrogance monumentale, Grelot avance que je n'ai rien compris à l'affaire de la source Q, source conjecturale des évangiles synoptiques. Il prétend qu'elle est « conjecturale » et qu'elle remonte au XIXe siècle. Quelle erreur ! On en débattait encore en 1989... Mais Grelot montre là sa parfaite méconnaissance du problème quand il prétend, de manière restrictive, que la source Q ne désignerait que l'origine des « matériaux » (et pas les matériaux eux-mêmes) « communs à Matthieu et à Luc, indépendamment de Marc ». Il en est resté, en effet, au XIXe siècle (et eût mieux fait de ne pas le quitter). En effet, depuis les travaux de B.H. Streeter, en 1925, il est démontré que la chronologie de Marc constitue le canevas sur lequel Matthieu bâtit son évangile, c'est-à-dire qu'il y a soit présomption d'identité entre une version primitive de Marc et la source Q, qui furent tous deux rédigés en grec, soit origine commune de Matthieu, Marc et Luc dans la source Q. Grelot, qui n'a pas non plus lu Bultmann, saurait qu'il y a eu rétroversion de cette source hypothétique. Il parle de ma « bibliothèque renversée » qui aurait livré ses matériaux en désordre. Je crains que ce qui est ici à l'envers, ce ne soit son érudition.

Grelot prétend que ma connaissance du « pseudo-Marc », l'auteur du passage inédit de l'évangile de Marc retrouvé à Mar Saba, qui rapporte la version réelle de la résurrection de Lazare, est de « troisième main ».

Grand merci ! Elle est de première main. Grelot prétend aussi que « les Américains » y avaient soupçonné une fabrication. Or, « les Américains » en question se réduisent à un seul et unique auteur, qu'il cite, Quentin Quesnel, et dans quelle publication ! Le *Catholic Biblical Quarterly !* C'est exactement comme si j'avançais, sur la foi du palimpseste de Grelot, que « les Français » estiment que le tiercé est dangereux pour la paix des familles, etc. Il se trouve simplement que le passage en question contrarie fortement les exégètes catholiques pour deux raisons. La première est visible de tout le monde, c'est que Jésus n'aurait pris aucune part dans la « résurrection » de Lazare ; il n'a fait que rouler la pierre qui scellait le tombeau du jeune homme. La seconde est plus délicate : c'est la troublante concordance entre l'esprit du passage retrouvé en question et l'ésotérisme qui inspire l'évangile de Marc tel que nous le connaissons, pour lequel Jésus était un messie secret. Ce n'est pas Grelot qui réglera ce problème.

Je n'aurais rien compris à la méthode de Bultmann, affirme plus loin Grelot. On se demande, au lu de son pamphlet, à quoi j'aurais compris quoi que ce soit ! Et il me cite, en dénigrement, parce que je dis que la *Formgeschichte* de Bultmann « est plus couramment désignée sous le nom de radicalisme critique ». Je renvoie Grelot à la préface de Bultmann par Malet, qu'il n'a visiblement pas lu, ai-je déjà dit. Je ne suis certes pas l'inventeur de la formule « radicalisme critique ». « Pareillement, poursuit Grelot, il paraît que son (celui de Bultmann) objectif serait de "démythifier" l'enseignement de l'Église. C'est une compréhension absurde de la "démythologisation", qui est une interprétation du langage employé dans le Nouveau Testament pour parler du Christ, langage que Bultmann appelle abusivement "mythologique" en oubliant... », etc. Tout ça, c'est de la sauce pour napper une viande pas fraîche.

Bultmann dit (cf. *Grand dictionnaire encyclopédique Larousse*, pour le cas où Grelot prétendrait que j'avance des opinions farfelues) qu'il faut débarrasser les évangiles de la langue culturelle qui les rend irrecevables pour l'homme moderne, un point c'est tout. Cela dérange évidemment Grelot et quelques autres, car on ne peut pas attaquer Bultmann aussi facilement que Messadié. Mais cette remise en forme de l'évangile de façon qu'il soit recevable de l'homme contemporain est exactement ce que j'ai tenté de faire. Il faut croire que Bultmann avait raison, si j'en juge par l'écho que j'ai rencontré auprès du public. Et ce n'est pas le bourdon de Grelot qui y changera quoi que ce soit. Or, c'est là un point majeur sur lequel je reviendrai plus loin. En attendant, je me trouve en droit de craindre que Grelot n'ait pas lu Bultmann, ou bien qu'il n'y ait rien compris.

Suivent d'autres malveillances contournées, où Grelot écrit qu'« Albert Schweitzer est une autorité reconnue par M. » (M. étant Messadié). Je ne suis pas seul à reconnaître l'importance de Schweitzer : la Britannica dit que son livre *Von Reimarus zu Wrede* (« De Reimarus à Wrede », noms d'exégètes allemands, paru en français sous le titre *En quête de Jésus*, 1906 et 1966) lui conféra d'emblée une stature internationale. Grelot dit que, « pour les sources anciennes, il (c'est de moi qu'il s'agit) consent à utiliser le cadre historique de Jean. Mais c'est qu'il croit sentir dans son évangile un relent » — « relent » ! — « de gnosticisme : il retrouve par là, sans le savoir, une appréciation de Bultmann dans son "Commentaire de Jean" et dans "Théologie du Nouveau Testament". Ces deux livres ne sont pas traduits en français, mais ils existent en anglais. » Grelot semble entendre par là que je n'aurais pu prendre connaissance de ces livres parce qu'ils sont en anglais. Disons pour commencer que l'anglais est aussi bien ma langue que le français et que l'essentiel de mes premières recherches, comme l'ont noté plusieurs lecteurs au lu de ma bibliographie, fut constitué d'auteurs anglo-saxons. Mes notes furent toutes écrites en anglais. J'ai donc lu les deux ouvrages que cite Grelot, même si je ne les cite pas dans ma bibliographie ; celle-ci ne comporte que les ouvrages dont je me suis spécifiquement servi. Disons aussi que ce n'est pas sans le savoir que je rejoins Bultmann en retrouvant du gnosticisme dans l'évangile de Jean, ni que je suis le seul en cela. Si Grelot avait lu *La tradition historique du Quatrième évangile* de C.H. Dodd, paru pourtant au Cerf, son propre éditeur, il se fût épargné des considérations qui n'apprennent rien à personne sur le gnosticisme de Jean. Jean est bien sous influence gnostique.

Page 34, Grelot conteste mon orthographe de Quoumrân. Les Anglo-Saxons, et je ne sais pourquoi les Français et autres Latins suivent leur exemple sur ce point, écrivent Qumrân. La raison en est qu'en anglais, le *u* dans ce cas est prononcé *ou*, comme dans *full*, ou *rude*. Or, parlant et écrivant l'arabe, quoi qu'en pense Grelot, je sais qu'on prononce ce nom comme je l'écris et non à l'anglaise ou à la turque. Il n'y a donc aucune raison de se conformer à la graphie anglo-saxonne.

Dans la même page, Grelot s'en prend, ce qui n'est pas surprenant, au thème du séjour que Jésus aurait fait à Quoumrân, exposé dans le récit historique *L'Homme qui devint Dieu* : « Ce séjour iniatique est une invention pure et simple qui n'a aucun appui dans aucun texte. » C'est là faire totalement abstraction des explications que j'en donne dans *Les Sources*. Mais il n'est pire aveugle que celui qui ne veut voir. Je dis explicitement page 192 des *Sources* qu'il n'y a pas de preuves formelles que Jésus ait séjourné à Quoumrân, mais seulement des faisceaux d'indications. J'en rappelle brièvement les plus importantes : les similitudes de l'enseignement de Jésus et de celui des Esséniens, la pratique du baptême et le fait que Jésus ait célébré sa Pâque, avant la crucifixion, selon le calendrier essénien et non pas juif orthodoxe.

Grelot aimerait sans doute qu'on passât sous silence l'opuscule du cardinal Jean Daniélou, *Les Manuscrits de la mer Morte et les origines du christianisme*, auquel je fais longuement référence dans *Les Sources*. Car le défunt prélat, qui avait une autre culture que celle de mon détracteur, dit et redit toutes les raisons qu'il y a de penser que Jésus fit effectivement partie de la communauté essénienne. Grelot se garde bien d'en parler dans l'un des petits exposés scolaires en italique dont il parsème son opuscule, dont celui sur les Esséniens.

Mais je n'ai pas de raison de lui faire plaisir ; je cite donc Daniélou :

Page 23 de son livre, après avoir évoqué les « contacts de la communauté de Qumrân et du milieu évangélique » : « Nous aurons à dire... qu'un des disciples du Christ, précisément saint Jean, paraît très fortement marqué dans sa vision des choses par les conceptions de Qumrân. »

Pages 24-25 : « Ainsi le Christ aurait célébré la Cène la veille de la Pâque selon le calendrier essénien... La question du calendrier n'est pas la seule qui suggère une relation entre la Cène et les milieux de Qumrân. »

Page 26 : « On croit voir dès lors que la communauté formée par le Christ avec ses apôtres a présenté des analogies avec la communauté de Qumrân. »

Page 29 : « Il n'est pas que la structure de la hiérarchie qui manifeste des analogies entre la communauté fondée par le Christ et celle de Qumrân. »

Et Daniélou pose ouvertement la question de l'appartenance de Jésus à la communauté essénienne. Il tend à conclure par la négative. Mais alors, on est en droit de penser qu'il n'y avait aucune raison pour Jésus de suivre les habitudes et l'enseignement des Esséniens, à moins qu'il n'eût été de leur nombre. Ma thèse est que Jésus a bien fait partie de cette communauté, mais qu'il l'a quittée en raison de divergences fondamentales, tout en en conservant plusieurs rites, dont celui de la célébration de la Pâque un mercredi. Les effets oratoires de Grelot n'y changent rien.

Dans cette même page 34, Grelot croit relever de manière peu logique, observerai-je en passant, des contradictions et des absurdités dans les indications que, dans *Les Sources*, je donne sur les évangiles apocryphes. « En fait, ce ne sont pas là des évangiles, mais des listes de livres dont M. a dû pêcher les noms je ne sais où », écrit-il. L'assertion est hardie : la liste des apocryphes, disponibles et perdus, est tirée de la préface de l'ouvrage de référence de Montague Rhode James, *The Apocryphal New Testament* (Oxford, at The Clarendon Press, 1975). « Il en ignore visiblement le contenu », poursuit Grelot. L'assertion est, là, inutilement injurieuse : l'ouvrage de M.R. James est le plus complet qui soit disponible sur les apocryphes. N'importe quel lecteur intéressé par les apocryphes résiste mal à l'intérêt de ces textes, qui propagèrent la foi chrétienne. Comme Grelot semble ignorer visiblement le contenu de ce livre, entre autres, il serait mal venu de mettre en doute la connaissance que j'en ai.

« D'après lui », poursuit Grelot, faisant toujours référence à mes livres, « la liste des quatre évangiles canoniques n'aurait pas été fixée avant le décret du pape Gélase Ier, au ve siècle ». Je m'en voudrais d'avoir « inventé » l'histoire du décret gélasien ; Grelot, comme tout autre lecteur, en trouvera référence dans le *Grand Dictionnaire encyclopédique Larousse*, pour ne citer que la source la plus aisément disponible : « Gélase Ier (saint) († Rome 496), pape de 492 à 496, originaire d'Afrique.

Il combattit les manichéens, les pélagiens et les ariens... Il est surtout connu par le décret *gélasien*, attribué parfois à Damase, qui distingue les écrits canoniques et apocryphes... » S'il lit l'anglais, Grelot et tout lecteur également, pourront consulter en divers points l'*Encyclopaedia Britannica*. À l'article « Censure » *(Censorship)*, l'*EB* écrit que le décret gélasien comportait cinq listes, dont la deuxième est un canon de l'Écriture sainte et la cinquième, une liste des livres à accepter et des livres à rejeter, lesquels étaient déclarés apocryphes ou hérétiques.

Grelot joue sur les mots, alléguant que les apocryphes seraient des « livres », non des évangiles : malheureusement pour lui, les évangiles canoniques figurent, dans le décret gélasien, parmi les *livres* à accepter. Il en ressort bien que le terme « livres » s'applique aussi bien aux canoniques qu'aux actuels apocryphes et que la distinction de Grelot est sans aucun fondement. Page 21 de *The Apocryphal New Testament*, M.R. James précise que l'auteur du décret gélasien n'avait même pas lu les livres qu'il mentionnait. Je conçois que Grelot essaie d'occulter la façon autoritaire et arbitraire dont il fut décidé que certains textes étaient apocryphes et d'autres non, mais il n'était guère besoin de mettre en cause ma compétence : je n'y suis pour rien.

Grelot s'en prend aussi à l'expression « canon muratorien » que j'emploie et la relève par un « sic ! ». Or, de même qu'on dit décret gélasien, on dit canon muratorien. « Faut-il apprendre à M. que le "Canon de Muratori", ainsi appelé du nom de celui qui l'a découvert, est un document romain datant de 150-170 ? » demande Grelot. Il n'en est rien, j'ai l'*Encyclopaedia Britannica* à portée de main et, entre maintes autres sources, la consulte constamment ; le canon muratorien y est largement commenté. Mais, n'en déplaise à Grelot, il n'est pas du IIe siècle ; je le renvoie, pour vérifier cela, à l'article du *Grand Dictionnaire encyclopédique Larousse*, ouvrage qu'il semble décidement ignorer : « Muratori *(canon de)*, manuscrit du VIIIe siècle, découvert à la bibliothèque ambrosienne de Milan et publié en 1740 par L.A. Muratori. Il est la plus ancienne liste qui nous soit parvenue des livres acceptés comme canoniques au début du IIIe siècle dans l'Église de Rome... » Grelot ignore la révision de la date de ce canon. Néanmoins, il écrit : « Mais c'est tout le résumé de l'histoire du Canon qui est absurde et qui dénote une ignorance totale des données du problème. » Or, je n'ai pas offert de résumé de l'histoire de ce canon ; je crains que ce chien de garde n'aboie après un fantôme.

« On voit ainsi qu'il est absurde de dire que tous les évangiles avaient un crédit égal jusqu'au décret gélasien », écrit Grelot. Je n'ai jamais dit cela non plus ; j'ai écrit très précisément que, même après l'interdiction prononcée par le décret gélasien, plusieurs apocryphes conservaient leur crédit auprès de communautés chrétiennes, ce qui est très différent.

Jusqu'ici, absolument tout ce qu'écrit Grelot est marqué au coin de l'erreur ou de l'ignorance, sinon de la mauvaise foi. Quand il trouve une erreur véritable, Grelot glose évidemment d'abondance ; il s'agit d'une faute typographique, « *evangelos* » au lieu d'« *evangelion* » (et pas « *evangelium* », Grelot !) due au fait que le terme était, non pas dactylographié, mais manuscrit. Et s'empresse de conclure que « toute l'histoire de la formation des livrets évangéliques est à l'avenant », cela sans la moindre preuve d'erreur. Mais quand, page 46 de son opuscule, il croit encore me corriger, il commet une belle bourde ; il prétend, en effet, que je commets « une faute de grec qui transforme *didymaíos* en *didymeos*, qui est un barbarisme ». Or, n'importe qui peut consulter le Dictionnaire grec-français de Bailly ;

il y trouvera d'abord que *Didymeos*, « de *Didymes* », est loin d'être un « barbarisme » : c'est une des trois orthographes que cite Bailly ; à savoir, *Didymaîos* (Διδυμαῐος), *Didymeús (Διδλμεύς)*, dont Bailly donne la variante *Didyméos* (Διδυμέος), et *Didymios* (Διδυμήϊος). Donc, Grelot coiffe son bonnet pointu pour dire des faussetés. De plus, il noie le poisson ; ce que j'écrivais est que *Didymaios*, ou *Didymios*, « de Didymes », a pu être confondu avec *didymos* « jumeau ». La preuve est doublement faite, de ce que je dis et des fabrications de Grelot. Mais ceux qui n'ont pas les moyens de vérifier auront pris mon détracteur pour un puits de science ! Il est vrai que Grelot raconte qu'il y a 2 000 à 3 000 kilomètres entre le sanctuaire de Didymes et Edesse, alors qu'il y en a moins de 1 000 ! À quoi servent donc les cartes ?

Il glose aussi sur une autre omission, celle du nom de Montague Rhodes James dans la bibliographie ; on me concédera qu'un travail qui consiste à résumer quelque deux mille notes en moins d'une centaine comportait quelque difficulté ; c'est ainsi que, en effet, j'ai omis le nom de cet excellent auteur, qui n'est cependant pas omis dans l'index des noms modernes et dont le livre est cité plusieurs fois en cours d'ouvrage. Quel auteur n'a laissé passer des fautes typographiques ? Qu'il me jette la première pierre. Je crains toutefois que les bourdes de Grelot ne l'eussent, en d'autres temps, condamné à être enseveli sous les pierres.

Suit une allégation gratuite : je chercherais « à montrer l'autorité du Protévangile de Jacques ». Je n'ai rien cherché du tout, c'est M.R. James qui écrit que cet évangile remonte au IIe siècle ; il est donc aussi ancien que les synoptiques. L'étalage livresque d'érudition de Grelot à ce propos n'y change rien.

Sans désemparer, et après de nouvelles injures, assez surprenantes de la part de quelqu'un qui se targue d'érudition véritable, et qui eût donc témoigné d'un peu plus de froideur, sinon de courtoisie, comme il est de rigueur dans les milieux savants qu'il prétend fréquenter (« M. s'est fait une spécialité des absurdités les plus éclatantes »... « patauge lamentablement », etc.), Grelot en vient au mot *rabbi*, dont il dit qu'« il désignait aussi bien quelqu'un d'instruit qu'un professeur ». Grelot eût dû consulter, une fois de plus, Jeremias.

Page 318 de l'ouvrage déjà cité, cet auteur écrit : « ... c'était seulement lorsqu'il avait atteint l'âge canonique pour l'ordination, fixé à 40 ans selon une donnée post-tannaïte, qu'il pouvait par l'ordination *(semikah)* être reçu dans la corporation des scribes comme membre de plein droit, "docteur ordonné" *(hakam)*. Dorénavant, il était autorisé à trancher par lui-même les questions de législation religieuse et de rituel, à être juge dans les procès criminels et à porter des jugements dans les procès civils, soit comme membre d'une cour de justice, soit individuellement. Il avait le droit de se faire appeler rabbi, car il est certain que ce titre était déjà en usage pour les scribes du temps de Jésus. » On voit donc que, contrairement à ce que prétend Grelot, il ne suffisait pas d'être « instruit » pour être appelé rabbi ; il fallait être ordonné, et les pouvoirs attachés à ce titre n'étaient donc pas conférés à la légère. Une fois de plus, Grelot écrit n'importe quoi.

La tentative de démolition malheureuse de mon Zoïle se poursuit sur l'origine du nom Génésareth ; je propose l'origine *genna nazar*, « belle vue » en araméen. Je fais grâce au lecteur des protestations indignées de Grelot et le renvoie, par exemple, ainsi que le lecteur au *Manuel d'araméen samaritain* de L.H. Vilsker, aux éditions du CNRS, ainsi qu'à l'ouvrage de Ladislas Szczepanski, S.I., *Geographia historica Palestinae antiquae*, paru en latin à Rome, à l'Institut pontifical d'études bibliques en 1928. Le lac de Génésareth a varié de nom au cours des temps ; dit lac Kinroth dans l'Ancien Testament, puis Genesar, il a été par la suite appelé aussi bien lac de Tibériade et mer de Galilée. C'est Gennesar (avec deux n, oui, Grelot !) que l'appelle Josèphe, cité par Szczepanski, qui en vante, à l'instar de Josèphe, la beauté incomparable. Le Manuel cité plus haut prouve que mon étymologie proposée est correcte. C'est l'étymologie citée par Grelot qui n'est donc pas valable.

« La déformation des mots étrangers est un indice qui ne trompe pas, écrit Grelot, surtout quand on y fait appel pour montrer sa "science". » Ce préambule injurieux sert d'introduction à mes commentaires sur le mot « zélote », à des corrections pédantes sur l'orthographe du nom « Athrongée ».

Cette occasion est bonne pour offrir un exemple de la mauvaise foi de Grelot et des falsifications patentes auxquelles il se livre. Il écrit donc : « Le berger *Athrongée* est en réalité Athrongès, et la référence à Josèphe, *La Guerre des Juifs*, est fausse : il est question en cet endroit d'un faux prophète égyptien. » Or, l'on peut consulter l'édition de *La Guerre des Juifs*, II ; 4-3, des Éditions de Minuit, 1977, dans la traduction de Pierre Savinel, avec, en avant-propos, une étude de Vidal-Naquet dont je recommande aussi la lecture à Grelot : « Du bon usage de la trahison. » À la page 230, je cite textuellement : « Il se trouva même à ce moment un berger pour oser briguer la royauté. Il s'appelait Athrongée et fondait ses espérances sur sa force physique... »

On peut juger que la correction prétendue qu'indique Grelot sur l'identité et l'orthographe d'Athrongée est fausse, qu'il n'a pas consulté *La Guerre des Juifs* et qu'il donne donc des informations sciemment fausses. Ce n'est pas qu'il ait été emporté par un récit et que, ce qui est toujours possible, il commette une erreur d'attribution ; non, tel un professeur qui corrige une copie, il prétend avoir vérifié ses références, ce qui est un mensonge. Mais c'est dans l'obstination de la malveillance que Grelot poursuit : « Pour Athrongès, il faut se reporter au livre des *Antiquités juives*, XVII, 273. On n'a, dans divers cas, que des indications prises de seconde main et mal recopiées : est-ce là le travail "scientifique" sur *Les Sources ?* » J'en laisse le lecteur juge ; s'il y a bien quelqu'un qui ne se sert que de travail de seconde ou de troisième main, ce n'est pas moi.

Bien évidemment, Grelot rejette l'identification de Marie de Béthanie à Marie de Magdala ; c'est ce que veut, pour des raisons mystérieuses, la tradition catholique. Or, l'analyse que j'offre de cette identification dans *Les Sources* est assez claire : Marie de Béthanie a une sœur qui s'appelle Marthe ; Marie de Magdala aussi ; Jean désigne explicitement Marie de Magdala comme étant la femme qualifiée de pécheresse par Luc, qui a versé des parfums sur la tête de Jésus chez Simon le Lépreux et qui est la sœur de Lazare. Cela est assez clair, et logique il me semble, mais ce n'est pas la clarté ni la logique qui inspirent Grelot, ni d'ailleurs, la tradition catholique sur ce point.

« À propos du messianisme de Jésus, j'ai signalé... que M. ne semblait pas connaître le sens du mot "Messie", spécifiquement et exclusivement juif », écrit Grelot. Cette assertion est risible, car l'index thématique des *Sources* indique 29 références approfondies au mot et à la notion de messie. Je crains que Grelot ne s'y soit pas référé. S'il y a bien eu un terme et une notion sur lesquels mes recherches ont été poussées, c'est bien ceux-là.

« Page 177, on apprendra avec étonnement qu'il semble tout à fait plausible que des bouddhistes se soient installés en Palestine au Iᵉʳ siècle », écrit Grelot, au mépris intégral des références que je donne à ce sujet. Grelot semble ignorer, par exemple, le grand mouvement missionnaire lancé vers le milieu du IIᵉ siècle av. J.-C. par le roi Açoka et l'importance des échanges commerciaux et culturels antérieurs entre le bassin méditerranéen et l'Asie. S'il y avait des missionnaires, ce n'étaient donc pas des gymnosophistes, comme le suppose Grelot.

« Dois-je continuer l'enquête ? » demande Grelot, à la page 48. On l'en prie. C'est ainsi qu'il s'étonne que je décrive la Samaritaine comme une jolie femme. Il ne viendra évidemment pas à l'esprit de cet auteur qu'une femme qui a eu cinq maris soit jolie ! Mais on verra plus loin que l'épisode de la Samaritaine et l'interprétation que j'en offre ont suscité des questions plus intéressantes que les injures et diffamations de Grelot.

Au faîte de l'ignorance, Grelot glose avantageusement sur le mot « omophagie » que j'emploie et qu'il prend pour un néologisme de mon invention, alors qu'il se trouve dans le *Grand Dictionnaire encyclopédique Larousse*, ouvrage guère difficile à consulter, pourtant. En trente-cinq ans de fréquentation de littérature religieuse (selon lui), Grelot n'a donc jamais vu ce mot ! Citons donc le Larousse : « Antiq, Gr. Sacrifice suivi de la manducation de la chair crue. L'omophagie était pratiquée dans le culte de Dionysos Zagreus. Elle paraît dériver d'anciens sacrifices humains. » Se donnant les gants de l'élégance, Grelot m'a écrit pour me dire que j'avais « tout à fait raison » et pour m'assurer du respect qu'il me portait. Je tiens à l'assurer ici que je ne lui en porte aucun et que ses assurances de respect personnel sont une mômerie. Quand on accuse publiquement quelqu'un d'ignorance, d'ânerie et d'imposture, quand on lui conseille de se faire hospitaliser, il est ridicule de lui jurer le respect. Tartuffe en faisait autant.

Page 49, Grelot prétend que l'utilisation du terme « zélote » du temps de Jésus-Christ est un anachronisme. Une fois de plus, s'il avait consulté *La Vie à Jérusalem du temps de Jésus*, de Jeremias, dont pourtant il assure que je ne l'ai pas lu, il se fût épargné ce non-sens. En effet, page 106, Jeremias écrit : « C'est en Galilée que se développa le parti des Zélotes ; avec le temps, il prit en main le sort du peuple tout entier. Judas, dont la révolte contre les Romains (6-7 ap. J.-C.) donna l'impulsion décisive à la formation du mouvement zélote, était originaire de Galilée.. »

À propos de l'interprétation que je donne du fait que Judas a mis, lors de la Cène, la main au plat en même temps que Jésus, Grelot perd encore une belle occasion de se taire. « Le récit de la Cène, écrit-il, désigne, dans la bouche de Jésus, Judas comme "celui qui porte la main au plat en même temps que moi". Un petit coup de pouce sur le texte grec de Matthieu 26, 23, écrit Grelot... cela permet d'expliquer : Il s'agit de quelqu'un qui conteste la prééminence. » Et ce point appelle des éclaircissements pour le lecteur, où Grelot sans doute aussi trouvera son bénéfice, car il est visible qu'il n'y connaît rien. La Cène était un repas solennel. Dès que les participants étaient plus de deux, explique Edersheim, déjà cité (II, p. 494), il convenait d'établir une hiérarchie dans les places. Dans la Cène, donc, la place prééminente revenait à Jésus. Edersheim, qui a reconstitué le plan de table probable de la Cène, après des études approfondies comme toutes celles qu'il a publiées, conclut qu'il devait s'agir, selon la coutume juive, d'un plan en fer à cheval, où Jésus occupait, non la place centrale, comme dans les banquets actuels, mais, si l'on se place face à un U renversé, la deuxième sur le segment gauche. À sa droite, il plaça Jean, selon les indications des évangiles ;

et à sa gauche, profitant d'un certain désarroi dans l'installation des convives, suppose Edersheim, Judas se serait installé d'office. Pierre aurait été assis en face de Jésus, sur le segment droit de l'U renversé. C'est la raison pour laquelle il n'entend pas ce que Jésus murmure à Jean à propos de la trahison de Judas, et la même raison pour laquelle Judas, lui, l'entend.

Il y a donc bien prééminence, n'en déplaise à Grelot. Celle-ci se manifeste par le fait que celui qui la détient a le privilège de distribuer le pain qui va servir de « mouillette » pour le plat commun (toujours selon Edersheim). C'est le droit de commencement, qui était respecté avec un scrupule particulier chez les Esséniens. Toute personne qui met la main au plat en même temps que Jésus lui conteste donc cette prééminence. Ai-je « donné un coup de pouce » au texte de Matthieu ? On peut en juger : personne n'avait lieu de porter la main au plat en même temps que Jésus ; bien évidemment, celui-ci n'avait même pas lieu de signaler cette incongruité si tout le monde avait la permission de porter la main au plat en même temps que lui ; la phrase de Jésus n'aurait même pas eu de sens. Or, c'est Judas qui commet le manquement.

Si Grelot avait quelque connaissance en ce domaine, il eût au moins lu un ouvrage qui a été écrit en français et qui n'est pas plus « sulfureux » que celui d'Edersheim ; c'est *La Vie quotidienne en Palestine au temps de Jésus* de Daniel-Rops, cité dans ma bibliographie. Page 380, citant quelques-unes des coutumes répertoriées par le Talmud, Daniel-Rops écrit : « Mettre la main au plat en même temps qu'un autre convive portait le mauvais œil. » Judas commettait donc une infraction au Talmud autant qu'un manquement aux règles de la préséance en mettant la main au plat en même temps que son maître. On jugera, une fois de plus, des « connaissances » de Grelot en matière d'histoire.

La rectification de Grelot à propos de mon analyse du nom Barabbas ne peut manquer de retenir l'attention. Tenant pour nulle et non avenue la coïncidence suspecte qui voudrait que le même jour on crucifiât deux Jésus, l'un fils de Dieu, l'autre « Fils du Père », Grelot offre une démonstration sur la possibilité pour *Abba* d'être un patronyme... et l'illustre par des exemples tels que Abba Shaoul et Abba Joudân ; or, Abba Shaoul signifie tout simplement « père de Shaoul » et Abba Joudân, « père de Joudân ». Cela n'explique rien ; tout le discours de Grelot ne change rien au fait que *Bar* signifie « fils » et *Abba*, « père ».

Je passe enfin sur une faute d'orthographe supposée, qui aurait consisté à redoubler le b dans « *sabbachtani* », mot de la phrase prononcée sur la croix par Jésus. S'il est bien exact que dans la majorité des versions des Évangiles, il n'y a qu'un b à ce verbe, le reproche ne peut que frapper en ce qui concerne un « spécialiste des langues sémitiques ». En premier lieu, en effet, au temps parfait, qui désigne une action accomplie, il y a redoublement de la deuxième consonne : dans *qtl*, « tuer », cela donnerait *quattaltani* (avec la tonique sur *tal*). En second lieu, le libellé des paroles de Jésus est incertain ; dans Matthieu, c'est « *Eli, eli lema sabbachtanei* » (avec la tonique sur la seconde syllabe, cause du redoublement du b), dans Marc, c'est la forme syriaque, « *Eloi, eloi, lemai sabachtanei* », et Chouraqui, dans sa version, écrit : « *Elohai, elohai, lama sabaqtani* », le Targum donnant pour les Psaumes (XXII ; 2) « *Ell, ell, metul shebhaqtani* ». Mais il s'agissait d'amonceler les « fautes » imaginaires que j'aurais commises.

Page 59, Grelot postule que j'ai été attiré vers l'évangile de Thomas par René Guénon. Rien ne l'autorise à faire des suppositions gratuites : j'ai été informé de l'existence de cet évangile par Charles Bachatly, de l'Institut copte du Caire. « Je n'ai pas connu René Guénon, écrit Grelot, mais je l'ai lu il y a quelque quarante ans : il me reste dans l'esprit une petite idée de sa pensée et du genre de séduction qu'il pouvait exercer sur certains esprits faibles » (sous-entendu, « comme celui de Messadié »). Je ne porte aucune curiosité à la contenance et au tonus de l'esprit de Grelot et de ce qui peut rester dans sa tête de lectures de Guénon. Il y a eu beaucoup d'« esprits faibles » qui se sont intéressés à Guénon et qui le tenaient en haute estime. Je pourrais citer, par expérience personnelle, Jean Paulhan, qui me demanda de photographier Guénon pour lui. Mais je m'en remets à l'*Encyclopaedia Universalis*, par exemple, qui lui consacre un long et élogieux article. Guénon dénonçait la société contemporaine « comme radicalement aberrante par rapport aux normes raditionnelles qui régissent (et doivent toujours régir) la vie collective ». Spiritualiste, Guénon s'est insurgé dans son œuvre contre le matérialisme occidental ; c'est bien là la preuve d'un esprit superficiel, n'est-ce pas ! Cependant, Guénon n'a pas été mon maître, je m'en explique plus loin.

Il s'agit là d'un exposé cursif de l'opuscule de Grelot qui, à la fin, ne me paraît pas mériter tant d'honneur. Bien d'autres contrevérités et falsifications y abondent, toutes nappées dans la sauce aigre de la volonté de nuire. Car la volonté de nuire à mon honneur professionnel est patente, Grelot ironisant à plusieurs reprises sur mes compétences de journaliste scientifique et citant la revue à laquelle je collabore depuis trente-trois ans. Il me conseille même d'aller me faire hospitaliser ! Puis il assure qu'il ne veut pas ma mort ! Or, il est difficile de croire que l'accumulation extraordinaire d'erreurs, de contrevérités et de falsifications qui émaillent l'ouvrage de Grelot soit le fruit du hasard et même de la seule ignorance.

N'importe quel lecteur s'étonnera de ce torrent de venin, qui cadre si peu avec la dignité humaine, si ce n'est avec les fonctions cléricales. Grelot prétend faire des recensions mensuelles d'ouvrages « de toutes opinions qui tournent autour de la Bible » ; leur consacre-t-il donc un opuscule aussi haineux quand il n'est pas d'accord avec eux ? On frémit en tout cas de ce qu'un auteur aussi peu exact, aussi peu scrupuleux, peut écrire dans ses recensions. La raison de son attaque personnelle est claire, et Grelot montre le bout de l'oreille dès la première page de son opuscule : « On m'a parlé de soixante mille exemplaires, mais est-ce bien vrai ? » Ce qui alarme les maîtres de Grelot, c'est le succès de *L'Homme qui devint Dieu*. Oui, le tome I, à l'époque où Grelot concoctait son entreprise, au début de l'été 89, avait bien atteint ce chiffre ; il en est à sa 17e réimpression et atteignait, en janvier 90, 83 000 exemplaires, et ce non compris l'édition canadienne, non compris les éditions clubs, France Loisirs et GLM, avec lesquelles il avoisine 150 000, non compris les traductions allemande et espagnole, non compris les chiffres du tome II, qui en est à 45 000 non compris le Livre de Poche, qui en a 70 000. Les maîtres qui tiennent la laisse de Grelot n'aiment pas qu'on puisse parler de Jésus hors de leur domaine. La seule parade consistait donc à tenter de démolir, c'est le mot, le travail auquel je m'étais livré, dont je me suis expliqué dans le tome II et dont j'ai exposé, en résumé, les sources. Ce fut Grelot qui en fut chargé.

Grelot se gausse en divers lieux du fait que je sois un « autodidacte ». J'avais, le premier, prévenu mes lecteurs que je n'ai pas de titre académique à l'exégèse biblique. Cela ne m'a empêché de ne commettre que les fautes typographiques sur lesquelles Grelot fait tant de grimaces, et d'avoir été, en tout cas, plus précis, et dirai-je, surtout plus honnête que lui. Toutes proportions gardées, l'opuscule de Grelot évoque le discours de ce membre alors honorable de l'Académie de médecine qui, à l'époque, affirma que Pasteur inoculait la rage ! Il évoque bien plus la mauvaise foi de l'Inquisition, celle-là même où les condamnés n'avaient même pas droit à un avocat, comme ce fut le cas de Galilée.

Ce n'est pas l'amour-propre d'écrivain qui inspire ces pages, mais, je l'ai dit, d'abord l'amour-propre professionnel. Les allégations de Grelot, dont on a pu mesurer la fausseté, ne mettaient pas seulement mon travail en cause, mais encore, indirectement, mon honnêteté, et cela sans m'accorder le moindre droit à l'erreur. Car tout le monde a ce droit dans une mesure relative, tant qu'il peut faire la preuve de sa bonne foi. J'étais parfaitement ouvert à la critique, je ne puis l'être à la haine, qui transpire des pages de Grelot. Je ne pense certainement pas que mon livre soit parfait, ni qu'il soit ultime.

D'abord, je souhaite vivement que d'autres découvertes historiques que les manuscrits de la mer Morte et l'évangile de Thomas, enrichissent encore notre connaissance de Jésus. J'y crois. Les bibliothèques et les terrains de fouilles du monde n'ont certes pas livré tous leurs secrets. D'autres livres sur Jésus viendront, nourris par ces découvertes.

Ensuite, il était possible de critiquer le détail de mon travail, sans y mettre la hargne qu'on a vue. Un lecteur belge, M. Olivier Rogeau, m'en a donné l'exemple. Dans une longue lettre, il m'adresse un certain nombre d'observations qui, me semble-t-il, intéressent tous mes lecteurs ; c'est pourquoi je leur en fais part. « Vous écrivez, dit-il, qu'André et Simon habitent Capharnaüm (récit, p. 469). Pourtant (Jean, votre source préférée) mentionne que les deux apôtres sont de Bethsaïde. (Jn

1 ; 44) » À quoi j'ai répondu que Simon habitait Capharnaüm, parce qu'il s'y était marié (Mc 1 ; 29-30) et que j'avais supposé qu'André l'y avait rejoint, car ils sont toujours cités ensemble.

« Pourquoi indiquez-vous que Nathanaël est de Cana (*Sources*, p. 236 et 249-250) ? » me demande encore ce lecteur. « Jean (1 ; 43) donne à penser que Jésus et les premiers apôtres ont seulement décidé de se rendre vers la Galilée quand ils rencontrent Nathanaël. » C'est que, en XXI ; 2, Jean dit spécifiquement que Nathanaël est de Galilée.

« La fête à Machéronte n'est pas donnée à l'occasion de l'anniversaire de la mort d'Hérode le Grand (roman, p. 623) », écrit M. Rogeau, « mais à l'occasion de l'anniversaire d'Hérode Antipas (Mt XIV ; 6 et Mc VI ; 21). » Ce lecteur a raison, c'est bien ce que disent les deux évangélistes, mais ils se sont trompés. Edersheim, cité dans la bibliographie des *Sources*, se range à l'avis des historiens Wieseler et Meyer, qui jugent peu probable que les Hérodiens aient célébré leurs anniversaires de naissance, mais que, vu la date où l'anniversaire est célébré, il s'agit bien de celui de la mort d'Hérode le Grand, qui coïncide avec celui de l'accession d'Hérode Antipas au trône. On a, là, une preuve de plus de la méconnaissance du monde et des personnages que décrivent les évangélistes.

« Antipas ne fait pas décapiter le Baptiste par jalousie de le voir aimé de Salomé (récit, p. 639-640) », dit M. Rogeau, « mais parce que Salomé, conseillée par sa mère, lui demande la tête du Baptiste (Mc VI ; 22) ». Telle est, en effet, la version de Marc ; je ne l'ai pas suivie, parce que je l'ai trouvée peu plausible telle qu'elle est présentée. En effet, la suite des Évangiles témoigne que Jokanaan, saint homme dont la réputation s'étendait à toute la Galilée, avait été un personnage redouté d'Hérode Antipas. Le Tétrarque l'avait fait emprisonner pour mettre fin à ses vitupérations dangereuses ; le pas à franchir entre l'emprisonnement et la mise à mort était considérable, et il est plus que douteux qu'Hérode Antipas, qui d'abord était superstitieux et qui, ensuite, se savait peu aimé de ses sujets, offrît la tête du Baptiste à la fille d'Hérodiade, sur simple demande de celle-ci. Car il y eût risqué un soulèvement populaire. Or, Hérode n'était pas fou. La version évangélique est d'autant plus invraisemblable que Salomé, quelle que fût sa juvénile séduction, avait encore moins d'ascendant sur Hérode qu'Hérodiade, sa mère, femme du tétrarque. Les récits de Marc (et de Matthieu, que ne cite pas M. Rogeau) ne tenaient pas debout psychologiquement. J'ai donc reconstitué l'événement différemment, combinant les deux éléments suivants : la séduction incestueuse probablement exercée par Salomé sur son beau-père Hérode, mais aussi le scandale causé par l'exhibition sensuelle de Salomé devant le Baptiste et devant les prêtres qui participaient à la célébration. Car il fallait une impulsion irrésistible, telle que celle de la jalousie et de l'indignation, pour que le potentat accédât à la demande de Salomé.

La multiplication des pains est un des miracles attribués à Jésus qui est le plus déconcertant, non seulement parce qu'on en saisit mal la symbolique (ce serait avant tout une manifestation de pouvoirs surnaturels), mais parce qu'il est répété : il y a une fois multiplication de cinq pains, une autre fois, de sept. Jean parle des cinq, mais pas des sept, on se demande pourquoi, et les synoptiques parlent bien tous trois des cinq, mais seuls Marc et Matthieu parlent des sept, Luc s'en abstenant, ce qui est également inexplicable. Tout aussi déconcertant, je l'ai exposé dans *Les Sources*, est le fait que les auditeurs de Jésus soient deux fois de suite venus là avec de grands paniers, mais des grands paniers vides, comme s'ils attendaient de les remplir.

Il me paraît donc nécessaire de faire, pour ma part, toutes réserves sur la réalité de ces miracles et encore plus sur les récits qu'en font les Évangélistes. Il s'agit là, de toute évidence, d'illustrations littérales de la parole de Jésus, selon laquelle l'homme ne vit pas seulement de pain, mais de toute parole qui tombe de la bouche de Dieu, formées par accrétion autour d'un incident qui s'est sans doute produit alors que Jésus prêchait aux Galiléens.

Toujours est-il que le lecteur cité plus haut, M. Rogeau, relève que Jean (VI ; 10) dit que 5 000 personnes étaient présentes, et non un millier, comme je l'écris dans le récit (p. 653). Il convient à ce propos de rappeler que ces gens venaient probablement de Capharnaüm, peut-être aussi de Bethsaïde, notamment par voie de mer, sur le lac de Galilée. Or, le plan reconstitué de Capharnaüm, qu'on peut trouver dans l'*Atlas de la Bible* des Éditions du Fanal, exclut que 5 000 personnes aient pu y vivre. Bethsaïde était encore moins importante. Il eût donc fallu imaginer que c'était plus que la totalité des populations des deux villages qui s'était rendue sur l'autre rive du lac, abandonnant tout derrière elle, foyers, enfants en bas âge et vieillards. C'était encore plus invraisemblable par voie de mer, car, pour transporter une pareille foule, il eût fallu une armada. L'évidence s'imposait, Jean avait exagéré l'affluence (même de nos jours, on sait les difficultés qu'il y a à estimer combien de personnes constituent un rassemblement et l'on n'y parvient le plus souvent qu'avec l'électronique) ; un millier de personnes venues par voie de terre et de mer, c'était largement raisonnable.

« Vous écrivez (p. 880 du récit) que Simon le Magicien ayant appris la résurrection de Jésus, se fait aussi inhumer vivant... mais n'en réchappe pas. D'où tirez-vous cette mort de Simon, car dans les Actes (VIII ; 5-24), on voit que quatre ans après la "mort" de Jésus,

Simon le Magicien œuvre en Samarie, où le diacre Philippe commence à le concurrencer », relève M. Rogeau. C'est dans l'*Encyclopaedia Britannica*, édition de 1964 (l'article de celle de 1980, plus succinct, ne reprend pas ces données) que j'ai trouvé le récit de cette mort pittoresque de Simon le Magicien, emprunté à Epiphane de Constance. Mais il existe d'autres versions de cette mort, par exemple que, lors d'un de ses vols dans les airs (il avait la réputation de pouvoir se déplacer ainsi), le magicien fut lâché dans les airs par les mauvais anges qui le soutenaient, ou encore que, lors d'une querelle avec lui, l'apôtre Pierre le poussa du haut d'une montagne. Le personnage de Simon le Magicien, qui a suscité beaucoup de légendes, reste énigmatique, et il est possible que les apôtres qui en parlent l'aient confondu avec un autre Simon, qui fut l'un des pères du gnosticisme et qui aurait été baptisé, justement, par Philippe.

Ce lecteur s'étonne aussi de contradictions internes, apparentes ou réelles, de mes livres. Ainsi, dans le récit historique (p. 59), les mages annoncent la naissance de Jésus pour novembre, alors qu'à la page suivante, j'indique avril. Or, ce n'est nullement là une contradiction, mais une malice de ma part à l'égard des prédictions des mages parthes.

M. Rogeau s'étonne aussi de la rencontre entre Apollonios et Jésus. Jésus étant né en 7 avant notre ère, et Apollonios en 3 ou 4 de notre ère, la disparité d'âge fait qu'Apollonios eût été trop jeune, car, suppose ce lecteur, « Jésus n'était pas encore allé à Quoumrân et qu'il avait « donc moins de dix-huit/vingt ans ». Il est certain que les Esséniens recrutaient des jeunes, mais on pouvait adhérer à leur communauté au-delà de cet âge (de même qu'ils préféraient les célibataires, mais ne refusaient pas formellement les hommes mariés). En tout cas, il n'est pas du tout certain que ce ne soit qu'à dix-huit ans ou avant que Jésus ait rejoint leurs rangs. La maturité d'esprit que je lui prête dans le récit infirme d'ailleurs cette possibilité. Jésus a donc pu rencontrer Apollonios plus tard.

Ce point m'invite à préciser un aspect important de mon récit ; c'est que j'ai pris consciemment des libertés chronologiques pour exposer le décor de la Palestine. Je ne crois pas du tout que la rencontre de Jésus avec Apollonios ait été déterminante pour le premier ; mais le récit appelait un exposé des spéculations, théories et personnages qui occupaient l'espace géographique et psychologique de la Palestine au temps de Jésus.

L'importance que je donne au personnage de la Samaritaine et le déchiffrement de l'épisode singulier de la rencontre de celle-ci avec Jésus ont retenu l'attention de très nombreux lecteurs, qui m'ont écrit et téléphoné pour me demander des éclaircissements, des confirmations, des détails. Parmi ceux-ci, quelques-uns ont contesté que la Samaritaine eût pu être « une femme de mauvaise vie », c'est-à-dire une putain, sans quoi Jésus n'eût pas choisi de lui faire la seule révélation de sa messianité qu'on trouve dans les Évangiles. Notons ici que ceux qui s'empressent de recourir au symbolisme pour expliquer de nombreux passages des Évangiles, y compris certains qui ne semblent pas l'exiger, y répugnent fortement quand il s'agit d'interpréter un texte qui, lui, s'impose d'emblée comme symbolique, et ils s'étonnent de ce que je rejette la possibilité d'une Samaritaine qui aurait eu cinq maris.

Je rappelle d'abord que, selon Jean, l'entretien entre Jésus et la Samaritaine eut lieu en l'absence des apôtres. La relation de la conversation entre ces deux interlocuteurs est donc fortement douteuse, car on n'imagine guère que Jésus rapportât à ses disciples les conversations privées qu'il pouvait avoir, ni que Jean eût suivi la Samaritaine pour lui demander la teneur de son entretien avec Jésus.

On imagine encore plus difficilement, dans le cas où il faudrait prendre le récit de Jean de manière littérale, que Jésus eût confié le secret de sa messianité à la représentante d'une secte juive tenue en discrédit, non seulement par l'ensemble des autres juifs, mais encore par lui-même, puisqu'il enjoint à ses disciples de ne pas aller en Samarie. Jean a-t-il inventé de toutes pièces la révélation que fait Jésus de sa messianité ? Tout ce qu'on peut dire à ce point-ci de l'exposé est que Jean n'écrit pas n'importe quoi ; s'il évoque cette révélation, c'est avec un dessein secret, aussi paradoxal puisse-t-il sembler au premier abord. On va voir plus loin ce que peut être ce dessein.

Reste donc l'aspect du personnage féminin énigmatique que fut cette Samaritaine. Qu'elle fût jolie, on l'a dit, est peu douteux, car on n'a guère vu qu'une laideronne ait eu cinq maris à la suite et vive avec un sixième homme. C'est là un record comme s'en autorisent surtout les stars de l'écran contemporain.

Ces cinq maris dont parle Jean par la bouche de Jésus ne peuvent manquer de retenir l'attention. Ils constituent, en effet, l'une des clefs de ce personnage hors série qu'est la Samaritaine. Les études de Jeremias, déjà cité, sur le statut de la femme en Palestine au temps de Jésus rendent fort improbable aussi bien une succession de cinq veuvages qu'une succession de cinq mariages annulés par des divorces. Le veuvage n'annulait pas la possession de la femme au mari, même défunt, ce qui entretenait la tradition du mariage léviratique ; en cas de décès du mari, c'était l'un des frères qui pouvait épouser la veuve, afin d'assurer une paternité secondaire aux enfants orphelins. Mais on n'envisage guère une succession de cinq mariages léviratiques, cas de figure d'ailleurs tout à fait extravagant, car la superstition était répandue et une femme dont les maris mouraient les uns à la suite des autres n'eût pas manqué de passer pour maléfique.

Le divorce ne se prononçait que sur des raisons valides, telles que la stérilité, l'infidélité, ou bien des « raisons honteuses », telles qu'un défaut génital. Comme le divorce était prononcé publiquement, il est exclu que le deuxième, et à plus forte raison le troisième, le quatrième et le cinquième mari n'eussent rien su de la stérilité, de l'infidélité irrésistible ou des tares qui affligaient l'énigmatique Samaritaine, l'impossibilité de cette ignorance croissant de façon exponentielle. De plus, les communautés de Samarie n'étaient pas nos grandes villes où l'on peut, à la grande rigueur, imaginer qu'une femme se remarie cinq fois de suite sans attirer sur elle une attention particulièrement indiscrète.

Il faut donc en conclure que les cinq maris constituent une figure de style. La Samaritaine est bien une putain, pour parler net, hypothèse renforcée par le fait que Jésus lui dit savoir que l'homme avec lequel elle vit n'est pas son mari. Voilà donc une femme qui court d'homme en homme et qui, au moment où elle le rencontre, vit en concubinage avec un sixième. C'est donc une femme adultère après avoir été plus que volage.

Or, Jésus lui accorde une importance particulière. Quelle qu'ait pu être la tolérance et l'indulgence de Jésus à l'égard des femmes adultères, il ne pouvait leur concéder l'honneur immense d'une révélation encore plus immense. À supposer qu'il ait fait exception pour la Samaritaine, c'est qu'elle revêtait une importance particulière. C'était donc une Samaritaine exceptionnelle.

Or, il y en a une, en effet, qui est contemporaine de Jésus, comme je l'ai dit dans *Les Sources* : c'est Hélène, qui a été compagne de Dosithée, magicien, chef de secte, tenu par nombre de ses contemporains pour messie. Dosithée est un personnage singulier, mal connu, qui a déjà retenu l'attention du cardinal Jean Daniélou ; dans *Les Manuscrits de la mer Morte et les origines du christianisme*, déjà cité, Daniélou émet l'hypothèse que Dosithée ait été un Essénien, c'est-à-dire qu'il ait appartenu à la secte qui contribua si profondément à la formation de Jésus. C'est-à-dire que c'est quelqu'un que Jésus a pu connaître à Quoumrân.

Or, Dosithée avait choisi Hélène, qui « travaillait » dans les bordels d'Edesse, comme compagne. Ce choix singulier à nos yeux peut s'expliquer par diverses raisons, telles que l'identification des prostituées à des célébrantes du culte d'une version de la Grande Déesse, sous l'influence des religions phénicienne ou babylonienne. Il s'explique également par le gnosticisme de Dosithée, les prostituées, comme on le verra plus bas, étant considérées comme les figures symétriques des Femmes vêtues de Soleil.

L'affirmation que fait Jésus, « L'homme avec lequel tu vis n'est pas ton mari », confirme d'autant mieux mon hypothèse que son interlocutrice était bien Hélène, que celle-ci, en effet, a quitté Dosithée pour le disciple Simon le Magicien. Ce dernier est un autre faux messie, qui a instauré un culte dans lequel Hélène est identifiée à la Lune, ce qui peut confirmer l'influence de la religion phénicienne sur l'enseignement de Dosithée aussi bien que refléter une variante de la Femme vêtue de Lune.

Il me faut ici aller plus loin que je ne l'ai fait dans le récit historique et dans *Les Sources*. En effet, nous disposons ici d'une indication entièrement négligée par les exégètes sur l'idée que Jean se fit de la messianité de son maître, beaucoup moins probablement, de l'idée que Jésus se serait faite de sa messianité.

Que la rencontre entre Hélène-la Lune et Jésus ait

été réellement fortuite est peu probable. On peut, en effet, douter fortement que la grande prêtresse d'un culte de vaste ampleur, pratiqué selon l'*Encyclopaedia Britannica* dans la Palestine du Nord, allât chercher de l'eau au puits comme une simple ménagère. Le puits même indique bien le caractère entièrement symbolique du récit, puisque c'est le puits de Jacob, considéré par les Esséniens, ainsi que je l'ai rappelé dans *Les Sources*, comme le fondement de la foi juive selon les Esséniens. Première déduction, c'est que Jésus est allé exprès en Samarie pour voir, non pas Hélène, mais Simon le Magicien. Simon eût été décrit de nos jours comme un mégalomane, car il se faisait appeler « La Puissance de Dieu », rien de moins. D'où l'idée qu'il se présenta comme le Messie. On peut raisonnablement postuler que c'est bien Simon que Jésus est allé voir et non pas Dosithée, maître du magicien ; pour cela, je me fonde sur l'assertion que Jésus fait à la Samaritaine, selon laquelle l'homme avec lequel elle vit n'est pas son mari. La séparation d'avec Dosithée n'a pas été sanctionnée par un divorce, mais par la fuite d'Hélène avec Simon. Jésus signifie donc à Hélène qu'elle n'est pas l'épouse de Simon et qu'il le sait. Simon était-il absent quand Jésus se rendit en Samarie ? On ne le sait pas ; toujours est-il que c'est avec sa compagne qu'eut lieu l'entrevue.

De quoi débattirent-ils ? La référence au puits de Jacob pourrait indiquer que Jésus aurait invoqué l'enseignement essénien, pour signifier à Hélène que son culte s'en écartait considérablement. Plus spécifiquement, la première parousie du Messie, dont Jean avance qu'elle fut annoncée à Hélène serait, elle, incompréhensible si l'on ne tenait compte de l'enseignement de Simon, ou tout au moins de ce qu'on en sait de nos jours. Disciple de Dosithée, Simon est considéré par des auteurs des IIe et IIIe siècles, Irénée (« Révélation et réfutation de la prétendue gnose ») et Hippolyte (« Réfutation de toutes les hérésies ») comme l'un des fondateurs du gnosticisme post-chrétien. Certains contestent que le Simon fondateur de la gnose soit le même que Simon le Magicien. Ce n'est pourtant pas exclu, d'une part, parce que Irénée et Hippolyte sont quand même assez proches des événements pour ne pas faire une telle confusion, et d'autre part, surtout, parce que la gnose se rapproche à la fois de certains aspects de l'essénisme, évoqués dans *Les Sources*, et de l'enseignement de Jésus, comme l'explique, dans *Les Sources* également, le commentaire sur les termes « Fils de l'Homme ».

Simon enseigne le dualisme universel, fondement de la gnose, l'opposition entre l'esprit ou souffle, *pneuma*, et la matière, et la nécessité d'une prise de conscience globale des deux, qui permet l'avènement du souffle dans la matière, condition nécessaire pour l'accession au titre de Fils de l'Homme, selon, entre autres textes, l'Évangile de Thomas. Mais bien plus, Simon se présente comme l'intercesseur terrestre entre Dieu et la matière, le « Fils souffrant de Dieu », conception quasi trinitaire dont on comprend sans peine qu'elle ait exaspéré les Pères de l'Église et qui fut reprise, telle quelle, au compte de Jésus.

En tout état de cause, Simon « Fils et Puissance de Dieu » apparaît d'emblée, tout au moins à Jean et puis aux autres apôtres, comme un rival de Jésus, rival d'autant plus dangereux que son enseignement dérive de celui d'un ancien Essénien. Le récit de Jean, et surtout la révélation que Jésus fait de sa messianité à la Samaritaine indiquent donc que Jésus est allé affronter Simon. Et selon Jean, il lui aurait donc dit en substance : c'est moi le Messie.

Jésus l'a-t-il vraiment dit ? Nous n'avons pour cela que la parole de Jean, qui n'assista pourtant pas à l'entretien, il faut le répéter. Au-delà des incertitudes sur cet événement unique dans les Évangiles (car Jésus ne fait cette révélation extraordinaire à personne d'autre), il faut cependant tirer du récit de la rencontre avec la Samaritaine une deuxième déduction : pour Jean, ou en tout cas l'auteur qui se désigne comme tel, c'est à partir de cette rencontre que Jésus prit conscience de, voire revendiqua, sa messianité.

J'ai expliqué dans *Les Sources* les raisons pour lesquelles les références très nombreuses de Jésus à la notion de Fils de l'Homme sont peu compatibles avec une revendication de messianité, et d'autant plus, avec une revendication faite de but en blanc et pour d'hypothétiques raisons de rivalité. Car je ne crois pas que ce soit de la rivalité de Simon dont Jésus aurait pu prendre ombrage, mais de la trahison de l'enseignement essénien. Jusqu'à la découverte de nouveaux documents, nous sommes en tout cas dans l'obscurité en ce qui concerne la véritable teneur de l'entretien de Jésus avec Hélène. Tout ce qu'on peut supposer sans grand risque d'erreur, c'est que Jésus se montra méfiant, peut-être hostile, à l'égard d'un culte qui rejetait aussi bien l'Ancien Testament que la tradition essénienne et dont la grande prêtresse était une ancienne femme de mauvaise vie.

S'il faut donc trouver une raison au fait que Jean postule que Jésus aurait fait cette revendication, il faut sans doute la chercher dans le comportement même de Simon ; à une date indéterminée, mais en tout cas à l'époque où les disciples ont commencé leur campagne d'évangélisation, c'est-à-dire après la Crucifixion, Simon, en effet, se fait baptiser par l'apôtre Philippe. Il semble donc très probable que l'évangéliste dit « Jean » ait eu connaissance de ce fait et en ait déduit que la parole de Jésus, lors de la rencontre en Samarie, avait convaincu Hélène de l'immanente supériorité de Jésus et, par répercussion, son compagnon Simon.

Il n'en demeure pas moins que l'insertion dans l'évangile de Jean de cet épisode, qui ne comporte pas en lui-même de valeur didactique, est étonnante. Et d'autant plus qu'aucun des évangiles synoptiques n'y fait allusion. Jésus n'y démontre rien d'autre que sa supériorité discursive et sa conviction d'être le Messie ; d'où son caractère rapporté. Pourquoi donc Jean l'a-t-il inséré ? Pour indiquer que c'est à partir de la rencontre avec la Samaritaine que Jésus a cristallisé sa messianité ? C'est bien douteux ; je tendrais plutôt à croire que c'est pour régler son compte au messianisme « professionnel » de Simon. Il est vraisemblable que le texte original de la rencontre avec la Samaritaine fut rédigé en termes beaucoup plus clairs, puis qu'il fut oblitéré par les copistes au point d'en devenir énigmatique. Mais ce seul point appellerait une longue analyse qui n'est pas l'objet de ces pages.

*Les Sources* indiquent la forte teinture de gnosticisme de l'évangéliste Jean. Or, cette tendance à elle seule explique aussi bien l'apparition de la Samaritaine dans le texte évangélique. Dans la gnose, en effet, la grande prostituée de Babylone représente l'autre figure des grandes dualités chères aux gnostiques, l'autre terme en étant, je l'ai indiqué plus haut, la Femme vêtue de Soleil (de même que l'Antéchrist et le Christ, saint Michel et le Dragon constituent d'autres couples symboliques).

Pourquoi n'ai-je jugé utile de publier ces précisions que dans cette Lettre ? C'est qu'elles se réfèrent, en majeure partie, à quelque deux cent cinquante pages qui, je l'ai déjà indiqué dans *Les Sources*, furent retranchées dans le but d'alléger un ouvrage qui eût sans cela totalisé un millier de pages. Et aussi, parce que j'ai éprouvé quelque réticence à publier des pages qui, en dépit de leur respect à l'égard de Jésus, eussent pu surprendre, voire dérouter ou choquer des lecteurs, c'est-à-dire prendre un relief excessif. Il s'agit de pages sur les rapports de Jésus avec l'amour et la sexualité.

Si je garde l'intime conviction que le ministère de Jésus lui laissa peu de loisir ou de désir pour le commerce charnel, je n'ai pas moins une conviction aussi forte, c'est que cet aspect-là de la vie ne put pas le laisser indifférent. La nature humaine de Jésus n'en fit certes pas un asexué, qu'on reconnaisse ou non sa nature divine. Je reconnais donc que les deux volumes de *L'Homme qui devint Dieu* sont, à certains égards, incomplets ; mais cela n'est que le résultat de ma volonté de ne pas heurter au moins certains de mes lecteurs.

Car je n'ai pas cherché à heurter ; j'ai même volontairement atténué tout ce qui pouvait le faire. Devrais-je m'étonner d'être injurié publiquement pour avoir traité de Jésus sur des bases toujours imbues de révérence, mais sur un canevas, des analyses et des raisonnements historiques, sans aucune obédience idéologique ? À la réflexion, non, mais je dois révéler que je nourrissais quand même l'espoir fragile qu'un des religieux qui m'en ont écrit, après la publication du récit historique, prît la parole pour poser la question de fond. Cette question est celle de la difficulté croissante des chrétiens contemporains à accepter l'enseignement officiel des Églises, difficulté déjà relevée par Bultmann. Elle mérite toujours débat.

Cet espoir fut suscité par la lettre du père de M. (il m'a demandé de taire son nom), religieux, qui m'écrivit quelque six semaines après la parution du tome I : « Plusieurs personnes, dont quelques-unes que je connaissais pour n'avoir plus de lien réel avec la religion catholique, sont venues me parler de votre livre. Certaines d'entre elles ont retrouvé une ferveur inattendue à l'égard du personnage et de la Passion de Jésus, et une d'elles m'a dit avoir retrouvé la foi, foi que je trouvais déconcertante, puisque cette lectrice adhérait à votre hypothèse, selon laquelle Jésus ne serait pas mort sur la croix et n'aurait été qu'un mortel comme nous tous.

J'ai donc lu votre livre, et je vous écris pour vous dire qu'il m'a troublé. Votre connaissance historique des milieux de l'époque est étonnante, mais ce ne serait là que de l'érudition, et elle n'est pas si rare. Ce qui est troublant est votre révérence et votre amour pour Jésus, qui imprègnent vos pages et qui vous ont sans doute soutenu pendant les années que vous avez consacrées à les écrire. Et pourtant, vous êtes en formelle contradiction avec l'enseignement catholique. Il me faudrait donc conclure, ce qui est difficile, qu'un livre hérétique peut pousser vos lecteurs vers Jésus, et, ce qui est plus troublant encore, des lecteurs qui avaient perdu la foi et n'avaient plus d'intérêt pour Jésus ! Et que votre travail de romancier a plus fait pour vos lecteurs, en tout cas certains d'entre eux, que l'enseignement chrétien ! Vous reposez là le problème de cet enseignement. C'est sans doute à moi de le faire, mais je vous demande : vous, y avez-vous réfléchi ? Et comment vous dites-vous chrétien ? »

Je répondis au père de M. que j'y avais, en effet, réfléchi, mais *a posteriori*. Mon livre n'était rien autre que le fruit d'un cheminement sans doute très ancien, d'une nécessité insurmontable. J'avais cherché à approcher d'abord la vérité et ne m'étais jamais appesanti, lors de mes recherches, sur le fait qu'elles fussent ou non conformes à tel enseignement ou tel autre. Quant à être chrétien, cela veut dire disciple du Christ, non sujet d'une Église. Ma révérence pour Jésus indique bien, en effet, mon élan vers le personnage. Je m'obstine à penser que la seule lecture des Évangiles, tels qu'ils sont, peut suffire comme guide dans le cheminement spirituel de tout être humain.

Quelle que fût ma sérénité (non ma certitude, car, comme dit Nietzsche, ce n'est pas le doute qui rend fou, ce sont les certitudes, maxime que je donne à méditer à tous ceux qui en sont bardés, de ces certitudes) à l'égard de mon travail et de Jésus, forte fut mon émotion au lu de la lettre du père G., de Troyes. « J'en suis à la troisième relecture de votre livre *L'Homme qui devint Dieu*. Quelle lumière projetée sur nos évangiles canoniques !... Le fait que vous vous écartiez du texte de nos évangiles ne me trouble nullement. C'est un roman, mais qui comble tellement les vides de nos synoptiques ! J'ai noté des passages ou des pages entières que je ne cesse de relire avant de méditer sur l'Évangile... D'autres de mes paroissiens l'admirent également. Merci. » Lisez donc Grelot. J'adressai copie de cette lettre, à vrai dire exceptionnelle, à Robert Laffont, tant j'en étais ému. Ainsi, il existait des prêtres qui avaient compris que ce n'était pas l'impiété, mais l'élan vers Jésus qui m'avait animé. Pourquoi pas, l'intolérance n'est pas plus que la tolérance le fait des seuls religieux. Il en fut d'autres.

D'une longue conversation téléphonique avec le père F., de Strasbourg, je retiens cette seule phrase : « Votre foi en Jésus m'effraie, parce qu'elle remet la mienne en question. J'en viens à me demander si, moi qui suis prêtre depuis vingt-sept ans, j'avais compris Jésus », disait-il ensuite en substance. Décontenancé à mon tour par ces témoignages émanant de prêtres, j'en venais, moi, à me demander ce qu'on enseignait donc pendant les années de séminaire. Qu'y enseigne-t-on donc, Seigneur, qui puisse faire qu'il y ait des fois qui s'excluent ?

Je fus également troublé par le nombre de lecteurs qui m'écrivaient pour me dire que, jusque-là indifférents à la religion, ils avaient retrouvé Jésus grâce à mon livre. Ils m'engageaient souvent dans le domaine de la théologie ; je le refusai, car je n'y ai aucune compétence et je me suffis de ce que je pourrais appeler l'interrogation fondamentale, assise sur l'analyse critique.

Quelques lecteurs se sont prévalus de ce qu'on pourrait

appeler une « tradition ésotériste », pour m'emmener sur des sentiers où ce n'était pas l'enseignement de Jésus que je retrouvais, qui ne m'intéressaient donc pas de prime abord, qui me paraissaient d'intérêt historique très mince, et qui, enfin, me paraissaient confus, car chacun pouvait y dire n'importe quoi sur la foi de déchiffrements numérologiques cabbalistiques et de légendes invérifiables. J'en traiterai plus loin. Ce qui m'intéresse, c'est Jésus à son époque et la présence de son enseignement aujourd'hui.

Élan, dis-je, et non pas simple curiosité. Le peu que les évangiles, canoniques et apocryphes, laissent filtrer de l'homme à travers leur évidente volonté de propagande, l'impose au cœur. C'est un rebelle, qui fréquente des gens rejetés par la société, car, dit-il, « ce sont les malades et non les gens bien portants qui ont besoin du médecin » ; qui s'entoure aussi de femmes, ô scandale, alors qu'elles étaient rabaissées au rang de génitrices et n'avaient même pas le droit de toucher aux rouleaux des Livres, y compris celles qu'au XIXe siècle on eût qualifiées de « traînées », telle Marie-Madeleine dont Luc (ou plutôt celui qui rédigea son évangile sous ce nom) évoque dédaigneusement la « mauvaise vie » ; qui va manger chez les Pharisiens, mais les agonit d'injures (exemple étonnant de « mauvaises manières »), et qui, pis encore, brave l'interdit du Sabbat, ne se lave pas les mains avant de toucher à la nourriture, au grand émoi donc des Pharisiens ; qui s'emporte ; qui annonce qu'il apporte la violence et non la paix ; puis qui tient des propos singuliers, demeurés jusqu'aujourd'hui indéchiffrables. Qui désigne donc la référence à la Reine du Sud, et qui est l'Avocat qu'il annonce dans l'évangile de Jean, et qui viendra après lui ? Pourquoi et contre qui, un avocat ?

Qu'est-ce qui motive sa rébellion ? Le recours métaphysique : il reproche aux Pharisiens de méconnaître la parole de Dieu pour se plier aux lois des humains. Le projet est saisissant : les juifs de l'époque se piquent peu de métaphysique, pour peu que le mot ait pour eux un sens, et le projet divin qui va prendre un sens si particulier dans l'Église, sous le nom de Révélation, se limite pour eux à l'apparition de Dieu à Moïse. Le problème juif majeur au Ier siècle, c'est l'occupation romaine qui menace l'identité juive.

Rebelle inspiré, Jésus n'est certes pas un homme de respect, et sa seule image contraste violemment avec les préceptes respectueux, justement, que l'Église imposera dans le cours des siècles à ceux qui sont ou croient être ses suiveurs. On en a ainsi fait le défenseur de la famille, il l'a honnie ; des rites, il les a exécrés ; des bonnes mœurs, il les a bravées ; du respect, il a été l'insolence personnifiée ; de la douceur, il a été violent. L'a-t-on vraiment lu ? « Je ne suis pas venu apporter la paix, mais le glaive. »

Le choc est rude pour quiconque a reçu une éducation chrétienne rigoriste de retrouver ce Jésus-là au hasard d'une relecture, non, d'une lecture, car on n'encourage guère les enfants, ni même les jeunes, à lire les Évangiles. Un de mes deux grands-pères interdisait d'ailleurs aux siens la lecture des deux Testaments.

La fascination est inévitable. Comment ce rebelle inspira-t-il une foi dont l'histoire séculière est faite de trahisons successives de ses messages ? La nature, politique, souvent bassement politique, l'arrogance (Galilée ne fut qu'une des victimes de la prétention du pape à la connaissance scientifique, il y en eut bien d'autres, de Copernic à Kepler, de Buffon à Descartes), l'intolérance furieuse et sanguinaire (l'Inquisition, modèle originel des Gestapos, auto-investie de pouvoirs temporels qui eussent fait hurler Jésus d'indignation), les innombrables massacres tels que les cinquante mille morts de la Saint-Barthélemy, qui emplirent de joie le cœur du pape Grégoire XIII, l'acoquinement avec tous les pouvoirs temporels, à la condition qu'ils fussent vainqueurs, sans parler des prévarications (à l'occasion mâtinées d'imposture comme dans l'affaire de la Donation de Constantin[1], qui faisait léguer par cet empereur néophyte ses biens temporels au Vatican, et qui ne fut qu'une pure et simple fabrication de faussaires), les concussions, l'ignorance véhémente pure (Léon XII interdisant la vaccination comme contraire à la loi divine), le népotisme, l'imposture dictatoriale (l'infaillibilité pontificale, proclamée en 1870 par M. Giovanni Maria Mastai-Ferretti, plus connu sous le nom de Pie IX), le mépris de la masse des opprimés (Jean-Paul II allant prêcher la continence et l'interdiction de la contraception aux masses illettrées et inéduquées des pays d'Amérique du Sud, affligées par la surnatalité), mépris qui fut particulièrement sensible dans le chapitre des prêtres-ouvriers, qui voulaient porter la parole de Jésus aux travailleurs ouvriers.

Et l'on eût voulu qu'un disciple de Jésus ne s'en indignât pas ? Mais c'est que, malheureusement, je vois trop bien Jésus allant fouetter tous ces marchands du Temple et disant, devant Saint-Pierre de Rome : « Ce Temple, je peux le détruire et le reconstruire en trois jours. » Car c'est le Temple même d'Hérode, mais ailleurs, et plus magnifique encore. Je le vois, giflant Rodrigue Borgia, dit pape Alexandre VI, comme il eût giflé plus tard le dénommé Ugo Boncompagni, dit pape Grégoire XIII, dont on peut voir le masque de tyran fou à l'église de Santa Maria in Aracoeli, à Rome. Ah, que je l'eusse souhaité vraiment investi de pouvoirs surnaturels, apparaissant dans la majesté divine pour foudroyer les célébrants de l'infâme, du pré-stalinien

1. On peut en admirer l'original à la Bibliothèque vaticane, faux somptueusement enluminé.

*Te Deum* organisé pour fêter, oui fêter, le massacre de la Saint-Barthélemy !

« Rébellion contre l'autorité divine ! » a-t-on clamé dans plus d'une lettre qui me fut adressée. Divine ou papale ? Parce qu'on eût voulu que je me soumisse à l'autorité des héritiers des humains cités plus haut ? Mais que représentaient-ils, sinon eux-mêmes ? D'où tenaient-ils donc leur autorité ? Fallait-il donc supposer qu'avant 1870 les papes avaient eu licence de commettre les pires abus, sottises et crimes parce qu'il n'y avait pas d'infaillibilité ? Et que penser alors de leurs victimes ? Excommuniées, avaient-elles donc été en Enfer ? Et fallait-il penser qu'après 1870, tout était rentré dans l'ordre ? Et que le Vatican était, enfin, éclairé par l'inspiration divine ?

J'entends aisément qu'on me taxe d'anticléricalisme. Grelot croit, me lisant, dit-il, revenir aux temps de *La Calotte*, publication mange-curés. Peut-être méconnaît-il le fait que le premier des anticléricaux fut Jésus.

Et c'est que je me refuse à la reconnaître, cette inspiration divine. Parce que je me refuse à croire que, dans Sa sagesse, Dieu donne aux hommes ces certitudes qui rendent fou et sanguinaire, comme en atteste atrocement l'histoire des religions révélées. Je ne crois à l'amélioration de l'individu que par le doute et me retrouve dans cette définition que Dostoïevski donne de l'un de ses personnages : « Si Stavroguine croit, il ne croit pas qu'il croit, s'il ne croit pas, il ne croit pas qu'il ne croit pas. » L'athéisme mène au nihilisme, la foi sûre mène au meurtre. Nous sommes voués à avancer sur le fil du rasoir. En tout état de cause, je me refuse avec la dernière énergie à assimiler la foi à un tranquillisant, parce qu'elle donne bonne conscience. Elle ne peut être qu'une perpétuelle interrogation, donc une perpétuelle souffrance. Le redirais-je autrement ?

Refuser cette souffrance est s'abaisser au rang de l'animal.

J'entends ici qu'on va s'indigner de ce que la foi pure mène au meurtre. Nous en avons pourtant eu le témoignage ces dernières années, dans les excès du chi'isme. Qu'est-ce donc que le chi'isme ? Mouvement politique à son début, la *Chi'ah* se sublima en mouvement religieux à tendance messianique. Messianique, dis-je, car ce mouvement postule que son chef ou imâm est sans péché, doté de connaissances et de pouvoirs surnaturels, et seul capable d'interpréter infailliblement le Coran. Ce héros délivré du péché originel, ce surhomme radieux ressemble singulièrement à la figure du messie, d'autant plus qu'il est, comme ce messie qu'espéraient les juifs au Ier siècle, à la fois le chef religieux et le chef politique de ses fidèles. C'est d'ailleurs sur ce point que le sunnisme ou *Sunna* diverge fondamentalement d'avec la *Chi'ah* et pour cette raison que les Sunnites ont persécuté les Chi'ites, lesquels y ont vu une voie royale d'accès au ciel. Tout combattant qui meurt aux mains d'un ennemi des Chi'ites est, en effet, promis au ciel. La *Chi'ah* cultive le martyre avec une ardeur sans défaut, comme on peut le voir lors de l'Ashoura, cette fête où les célébrants torse nu se flagellent jusqu'au sang avec des fouets armés de plombs. Et qu'on se rappelle la sinistre « fontaine de sang » qui coule à Téhéran depuis l'avènement de la théocratie.

Je ne peux, personnellement, douter de la foi des Chi'ites. Rien ne m'y autorise et je crois que rien n'y autorise personne. Les élans religieux dont elle nous a donné l'image, l'héroïsme effrayant dont ses fidèles ont témoigné dans la guerre contre l'Irak, le dévouement au péril de la vie individuelle, ce sont là les images de l'héroïsme tel qu'on nous l'a présenté dans la culture européenne depuis des siècles. De quelles valeurs est donc tissée notre *Chanson de Roland*, si ce n'est de ces fils mixtes d'héroïsme militaire et de foi chrétienne ? Nous avons eu nous aussi nos flagellants, nos chevaliers mourant avec le nom du Christ sur les lèvres et sûrs de leur paradis, nos saints civils qui mouraient dans des souffrances atroces plutôt que d'abjurer leur foi. Regardons en arrière et nous retrouverons le chi'isme chez nous. Venu sept siècles après le christianisme, cet Islam-là (qu'on me permette de n'y pas inclure la Sunna, infiniment plus paisible) est tout simplement en retard d'autant. Je le répète donc : la foi absolue me paraît relever de l'abdication dc la raison, pas seulement chez les Chi'ites, mais chez les Chrétiens aussi bien.

Or, ce délire n'est pas seulement un phénomène personnel, il est asocial. La certitude de la Révélation accomplie enclenche un certain nombre de symptômes dont il faudra bien se dire un jour qu'ou bien ils relèvent de la psychiatrie, ou bien de la seule gloire infinie que peut s'offrir l'humanité. En effet, ou bien il est licite de tuer celui qui doute de cette révélation, et non seulement de cette révélation, mais encore de la vérité immanente, absolue, indiscutable de la forme exacte que lui assigne le rite qu'on pratique, parce que celui qui doute est un ennemi de Dieu, et dans ce cas l'on est promis au Paradis, et le seul jugement auquel on puisse se soumettre est celui de Dieu ; ou bien il faut conclure que le fervent zélateur de cette révélation est un sujet atteint de psychose aiguë à forme paranoïaque, avec fracture de la personnalité, et qu'il est donc préférable de l'interner. Mais personne n'a jamais évoqué ces critères à propos de Khomeini (qui donc l'eût osé ou en eût eu d'ailleurs les moyens ?) quand il prononça la *fetwah* qui condamnait Salman Rushdie à mort, parce que c'eût été très gênant pour les chrétiens, qui ont, eux, allumé autrefois un nombre incalculable de bûchers et supplicié un nombre encore plus effroyable de « mécréants » au nom de Dieu.

Partageant avec mes compatriotes un certain nombre de souvenirs d'histoire ancienne et récente, je me refuse donc à admettre une foi qui ne serait pétrie de doute et de raison. C'est la raison pour laquelle de bien plus illustres que moi, dont le théologien Hans Küng, qui voient le danger, demandent carrément que l'Église renonce à ses dogmes. La seule répartie de l'Église consiste à les priver du droit d'enseigner. Küng s'est vu retirer sa chaire de théologie. L'exemple n'est hélas pas unique ; dès qu'un religieux doté de quelque influence (et je pense ici au père Valadier, directeur d'*Études* jusqu'à ce qu'un oukase le démît) témoigne de la moindre divergence à l'égard de la « ligne générale », il se voit fendre l'oreille.

Quelle a été la réaction de l'Église à la Déclaration de Cologne de théologiens allemands et à la lettre de solidarité de théologiens francophones, qui demandaient une révision de l'attitude de cette Église ? Une déclaration du cardinal Josef Ratzinger, préfet de la Congrégation romaine pour la doctrine de la foi, selon laquelle « le devoir de critiquer s'arrête au devoir d'amour de l'Église [1] » *Perinde ac cadaver redivivus !* En d'autres termes, vous n'avez pas le droit de critiquer l'Église ! Et Jésus dans tout ça, comme dirait un célèbre présentateur de télé ?

Donc, ce n'est pas la foi qu'on demande à ceux qui se disent chrétiens, c'est-à-dire disciples du Christ, c'est l'obédience à d'autres hommes. Car qu'est donc l'Église sinon une institution humaine, ô combien faillible ! Ce qu'on demande n'est pas la liberté de pensée, qui est la dignité fondamentale d'un homme, c'est la servilité aveugle. Nous avons vu cela dans le domaine politique.

---

1. *Le Monde*, 30 décembre 1989.

Nous avons aussi vu ce qu'un tel totalitarisme a entraîné. Hans Küng, non plus que les théologiens allemands, n'a pas le droit de réfléchir, de se servir de sa sensibilité, de sa raison et de sa culture quand il parle de théologie. Ou il se soumet, ou il se démet. Que reprochait-on donc à Staline, à Mao, à Ceausescu ?

Alors que j'achève ces pages, je retrouve la confirmation d'un état de choses que je connaissais depuis plusieurs années. Le catholicisme est en chute libre en France. Un sondage du CREDOC de décembre 1989 révèle que 82% des Français se déclarent catholiques, mais que 12% sont pratiquants réguliers. Les sans-religion sont des jeunes (68% de moins de quarante ans), d'un niveau égal ou supérieur au bac dans 34% des cas, et l'on compte dix fois moins de catholiques pratiquants chez les jeunes que chez les plus de soixante ans. Le catholicisme n'est plus que la référence d'une culture. Or, cette culture change.

Et la dégradation est constante. « Le pourcentage (encore très élevé) de catholiques est en diminution régulière depuis des décennies », écrivait en 1985 Gérard Mermet dans sa « Francoscopie [1] ». « Les Français font de moins en moins baptiser leurs enfants, ils vont de moins en moins à l'église, même pour s'y marier. » La proportion de baptisés qui, en 1970, était de 84% (sur 90% de catholiques), était tombée, selon la même « Francoscopie », à 74,7% en 1981. Le nombre d'ordinations de prêtres est passé dans la même période de 264 à 105.

On peut supposer qu'à ce train, sans excès, dans un siècle, le catholicisme ne subsistera plus en France qu'à l'état de trace. Il n'y aura quasiment plus de prêtres, les églises seront abandonnées. Le christianisme n'aurait

1. *Larousse.*

donc été qu'une religion de plus dans la longue histoire des rapports de l'homme avec son Dieu.

C'est une vive alarme qu'inspire pourtant la disparition du sentiment religieux dans les peuples d'Occident et son remplacement par des superstitions innombrables, des sectes à l'astrologie, des ésotérismes de tout poil aux intolérances les plus abominables, parce que l'intolérance est, justement, la méconnaissance de Dieu. Cet immense déclin de la référence à Jésus tel qu'en lui-même, pour ne parler que de lui, coïncide si fortement avec la montée de nihilisme depuis un siècle environ qu'il est impossible de ne pas y voir une relation de cause à effet. Nous vivons sous le signe d'un Mammon absolu, le seul qui résiste au nihilisme, parce qu'il en est le plus bas commun dénominateur. Le vertige du rien, qui a saisi la philosophie, puis la littérature et les beaux-arts, attaque même la science, puisque des épistémologistes déclarent même que tout se vaut, que les lois de la nature sont des inventions, la raison, une fiction, l'objectivité ou sa recherche, un leurre, et qu'on est libre de penser que ce n'est pas la vapeur qui fait fonctionner une chaudière, mais de petits diables verts. L'héritage de raison et de tolérance, qui ne sont certes pas des armes absolues, mais qui sont en tout cas préférables à la violence et l'irrationnel (nouveau nom de la déraison), que nous avions si péniblement préservé depuis les Grecs et qui pouvait s'allier si harmonieusement à l'enseignement de Jésus, est jeté aux décharges. Le ciel n'est plus qu'une référence atmosphérique.

Quand on mesure l'archaïsme des monitions pastorales sur les problèmes de la vie réelle, notamment sur la pratique de la sexualité, le contrôle des naissances ou la prévention du Sida par l'utilisation de préservatifs, on comprend l'inefficacité de la parole religieuse officielle sur les expériences de génétique, par exemple. Les comités d'éthique nationaux qui se sont fondés pour contrôler les manipulations du patrimoine génétique héréditaire ne doivent plus rien ou quasiment rien aux dictums du Vatican. Le raisonnement implicite des savants est qu'une autorité spirituelle qui s'oppose, par exemple, au contrôle des naissances dans des pays qui n'ont déjà pas les moyens de nourrir la population existante et où la famine est endémique, à plus forte raison qui n'auront pas la capacité de supporter une démographie galopante, ce raisonnement donc est que des gens qui tiennent de tels discours ne comprennent rien à la souffrance humaine et aux réalités économiques. On peut donc les écouter poliment et faire comme si on n'avait rien entendu.

On avance donc tranquillement vers des manipulations dont on entrevoit à peine l'ampleur. Par exemple, celles qui consisteront à modifier les mécanismes cellulaires connus sous le nom d'horloges biologiques afin de retarder le vieillissement. C'est-à-dire à permettre d'atteindre un âge avancé sans souffrir des altérations physiques et psychiques qui semblaient jusqu'ici fatales. Formidable chambard dans la condition humaine. Les contrôleurs éthiques laïcs sont censés veiller à ce que de telles recherches ne dérapent pas ; toujours est-il que les héritiers de l'enseignement de Jésus seront étonnamment absents de cette révolution, à moins qu'ils ne figurent, mais à titre strictement individuel, dans leurs comités.

Ne croit-on donc plus en Dieu ? J'en doute, à considérer les progrès de l'Islam, même en France, où l'on commence à voir des chrétiens s'y convertir. Je crois plutôt que l'image de Dieu qu'offre le christianisme ne correspond absolument pas à mes contemporains. Son formidable appareil de dogmes et de rites est devenu archaïque ; non qu'il ait jamais été viable en lui-même : il n'a subsisté que tant que l'Église disposait, soit directement, soit indirectement, d'un bras séculier et que, par exemple, il était possible de condamner à mort quelqu'un (le chevalier de La Barre) qui ne s'était pas découvert au passage de la procession du Saint-Sacrement ; il a encore survécu, jusqu'à la Seconde Guerre mondiale environ, parce qu'une société conservatrice pratiquait encore les rites religieux. Une fois abolie la pression de cette société, cet appareil était voué à la déshérence.

Je crois aussi que beaucoup s'imaginent religieux, et partant, disciples de Jésus, parce qu'ils fréquentent deux dangereux fantasmes qui sont le « sacré » et la « tradition ». Le sacré est pour moi une technique de transe destinée à induire un état d'esprit irrationnel sous l'égide supposée de Dieu. Que de bavardages n'ai-je pas lus et entendus sur la « présence du sacré » à des propos aussi décousus que le Dalaï Lama, le rock and roll, la drogue, la méditation transcendantale, le sexe bien sûr, et j'en passe. Bavardages le plus souvent accompagnés d'invitations pressantes à « éteindre son esprit critique et à se laisser pénétrer »... Termes douteux qui évoquaient beaucoup plus pour moi un lupanar pseudo-intellectuel destiné à des âmes frustrées qu'à un esprit attentif à l'enseignement de Jésus, sur lequel seul, après tout, se fonde le christianisme. Je me suis fait proprement éjecter d'une réunion où l'on en débattait, parce que je représentais aux discuteurs que ce genre de vacance de l'intelligence s'était vu au rallye nazi de Nuremberg en 1935. Le spectacle, les chants, les vociférations du Führer mirent alors tout un peuple en transe sacrée, « germanique » bien sûr. Après tout, on pourrait très bien soutenir que là, la nation allemande retrouvait enfin ses archétypes originels, si chers à cet incoercible obscurantiste travesti en savant germanique, connu sous le nom de Carl-Gustav Jung. Il me semble que je dois le dire aussi : c'est à cette transe encore, « sacrée » bien sûr, qu'a cédé le morne et méphitique Heidegger, philosophe tellement baigné dans sa propre transe, comme une truffe dans son jus, que son langage en est incompréhensible et que des philosophes allemands estiment qu'il est intraduisible... en allemand ! Heidegger qui, après avoir été obsédé par l'image religieuse du « salut » allemand (qu'il voyait en Hitler, « un homme avec de si belles mains »), se jeta vers la « sagesse orientale ».

Puis j'avoue nourrir une profonde méfiance à l'égard des syncrétismes mystico-sacrés. Ils constituent une échappatoire au vrai problème de la foi, un mélange de confiseries sentimentico-littéraires (de préférence sur accompagnement musical, d'ailleurs présent chez ses adeptes) piquées dans les bazars Khalil Gibran & Co., Rudolf Steiner AG, Mircea Eliade, Ltd., Edouard Schuré, S.A. On y mélange tout avec du rien, l'hindouisme, le surréalisme, la démonologie, la kabbale, les tarots, le spiritisme, l'Ancien Testament, la réincarnation, Freud, l'Égypte des fous, Alastair Crawley, Annie Besant, Mme Blavatsky et la théosophie, les Templiers, les mythologies africaines, Gaston Bachelard, que sais-je ! Autant j'ai de respect pour l'étude comparative des religions, telle que l'illustra Georges Dumézil, autant j'en manque pour ce genre de pizzas pour gens qui n'ont plus la foi et ne risquent pas de l'attraper.

La Tradition avec un grand T est une autre chausse-trape où s'égarent des gens qui se croient, se veulent chrétiens et qui sont tout prêts à faire de Jésus « un grand initié », style Schuré (auteur bien plus redoutable que les anticléricaux, voire les athées). Combien de lettres n'ai-je pas reçues de lecteurs mépris qui se disaient ravis que j'eusse « reconnu » un grand initié en Jésus !

À ce propos, je le dis tout net : je ne sais pas ce qu'est un initié, grand ou petit. On peut être initié aux échecs, à la sémantique, au swahili, mais on ne peut pas être « initié » tout court. L'idée qu'il existerait une

« tradition » qui constituerait un réservoir unique de toutes les sagesses du monde (présumées contenues sous forme symbolique dans la pyramide de Chéops, je suppose) et à laquelle auraient eu accès un Jésus ou un Bouddha me semble d'une parfaite ineptie, que n'étaie pas le premier iota de trace ou de document historique.

J'ai émis l'hypothèse que Jésus est allé en Égypte et qu'il y a eu connaissance du rite osiriaque ; ce n'est qu'une hypothèse, et au moins, elle est fondée. Il y a, en effet, des points précis, communs entre les rites osiriaques et les rites esséniens, notamment l'immersion dans une piscine d'eau lustrale. Je n'ai jamais imaginé pour autant que Jésus eût pu être initié à d'autres systèmes que les rites de Quoumrân. Car qui dit initiation dit noviciat préalable. Je n'en ai jamais fait un « initié » avec un grand I.

La Tradition me paraît ressortir à un travers de l'esprit humain, qui est le recours à des pulsions fondamentales, donc irrationnelles, inspiré par la conviction que les vieilles recettes ont fait leurs preuves. La ligne de métro qui parcourt ce territoire ténébreux va de la station Mgr Lefebvre au terminus Rika Zaraï, l'un voulant obstinément dire sa messe en latin, l'autre voulant imposer les tisanes et le bain de siège. On doit y voir un effet du réductionnisme inhérent à la paresse intellectuelle. Chacun s'en va clamant qu'il y a, il doit y avoir, il ne peut ne pas y avoir une « clef » universelle à tout, depuis le métabolisme des bactéries jusqu'aux trous noirs, en passant par les positions sexuelles, la cuisine et le cancer.

C'est, pour compléter l'information ébauchée plus haut, à partir du moment où je me suis aperçu que Guénon mettait la tradition au-dessus de l'analye critique que j'ai délaissé son enseignement. Le sacrifice d'êtres humains fut aussi une tradition, de même que les haruspices et le meurtre du Roi. Or, je ne vois pas qu'à l'occasion de l'élection du prochain président de la République, on mette à mort M. François Mitterrand dans la cour de l'Élysée, après avoir dépecé un bœuf pour déchiffrer les signes inscrits dans son foie et, que par la même occasion, on mène, dans la même cour, une jeune vierge au bûcher.

Mais trêve d'ironie. Est-ce une nouvelle Réforme que je réclame donc ? La première s'imposa à coup sûr, le clergé commettant alors massivement (une sorte de capitalisme spirituel) le péché reproché, ô coïncidence, à Simon le Magicien, c'est-à-dire le trafic des influences, c'est-à-dire encore la simonie. Je suivrais volontiers une nouvelle Réforme, à la condition qu'elle ne tournât pas à l'établissement de sectes et qu'elle ne s'institutionnalisât pas. Les structures humaines vieillissent aussi, il faut les réinventer. Telle est la raison pour laquelle je ne crois pas plus à l'héritage éternel des révolutions qu'aux traditionalismes. Pour mon compte, je demande seulement qu'on laisse à la dignité d'un croyant le droit d'être croyant et d'aimer Jésus sans en référer à aucune autorité terrestre. Je n'ai pas besoin de visa pour le ciel, ni de consulat, ni de formulaires en trois copies. Les conseils de révision et les chiens de garde, assez ! S'il fallait le préciser, je voudrais être un disciple du Ier siècle. Je ne respecterais aucun Sabbat, je ne me laverais pas les mains avant de manger, je fréquenterais les Pharisiens tout en les injuriant, moi aussi.

Jésus ne s'est pas soumis. Quel que soit le détournement d'usage qui a fait, par le truchement de Saül-Paul, d'un prophète exclusivement juif une déité à l'usage des Gentils, son enseignement demeure. Qu'on me permette de me réclamer de lui, comme symbole de la résistance éternelle. Contre les intolérants, les superstitieux, les nihilistes. Les paresseux intellectuels, quoi !

*Paris, le 25 janvier 1990.*

# Table

# Dans Le Livre de Poche

## Gerald Messadié

## *L'Homme qui devint Dieu*

***Jésus comme on ne l'a jamais raconté.***

« *L'Homme qui devint Dieu*, de Gerald Messadié, c'est le résultat de dix ans de travail pour reprendre la brève et fulgurante trajectoire de Jésus en son temps (...). Passionnant et foisonnant ouvrage (...). La force, l'élan de ces pages suffisent à nous persuader — si besoin était — que Jésus a bouleversé l'état du monde. »

Françoise Ducout, *Elle*.

« Gerald Messadié a tenté de reconstituer ce qu'avait pu être réellement la vie du Christ, de manière complète, factuelle, quasiment minutée. C'est le portrait d'un homme implanté dans une époque bien précise qu'il trace dans cet épais volume. Il fait revivre ceux qui l'ont entouré, aimé ou condamné, en essayant de clarifier bon nombre d'éléments restés obscurs.

Nous glanons au fil des pages une multitude de renseignements sur la vie à cette époque, ce qui relance l'intérêt et constitue un arrière-plan coloré et vivant. »

Gérard Mannoni, *Le Quotidien de Paris*.

« *L'Homme qui devint Dieu*, grand prophète initiateur du christianisme, y apparaît très vivant, très réel, inscrit dans la vie quotidienne de la Palestine d'il y a deux mille ans, déjà déchirée par des conflits de nations ennemies. Un livre audacieux, remarquablement documenté. »

*Prima*.

## Gerald Messadié

# *Matthias et le Diable*

Vers 1745, désespéré qu'on lui ait pris celle qu'il aimait, le jeune Matthias invoque le Diable — et le Diable répond : il permet au jeune peintre de donner vie aux personnages de ses toiles.

L'aventure va durer jusqu'à nos jours. Deux siècles pendant lesquels, à travers des femmes imaginées, Matthias va poursuivre l'amour perdu et découvrir l'extrême complexité des sentiments.

Venise, le Paris de Louis XV, Londres, l'Amérique encore neuve, l'Italie, la Russie... Chaque fois que Matthias croit trouver la paix, le Diable le précipite à nouveau dans l'aventure.

Avec ce récit échevelé, inclassable, Gerald Messadié ressuscite la légende de Faust dans une fable où le mysticisme le dispute à l'érotisme et le vertige à la sagesse.

# DU MÊME AUTEUR

L'ALIMENTATION-SUICIDE, Fayard, 1973

LA FIN DE LA VIE PRIVÉE,
Calmann-Lévy, 1978.

LES GRANDES DÉCOUVERTES
DE LA SCIENCE, Bordas, 1987.

LES GRANDES INVENTIONS DE L'HUMANITÉ
JUSQU'EN 1850, Bordas, 1988.

REQUIEM POUR SUPERMAN,
Robert Laffont, 1988.

LES GRANDES INVENTIONS
DU MONDE MODERNE, Bordas, 1989.

L'HOMME QUI DEVINT DIEU :
1. *Le récit*, Robert Laffont, 1988.
2. *Les sources*, Robert Laffont, 1989.
3. *L'incendiaire*, Robert Laffont, 1991.

LA MESSE DE SAINT PICASSO, Robert Laffont, 1989.

MATHIAS ET LE DIABLE, Robert Laffont, 1990.

*En collaboration avec Bruno Lussato*

BOUILLON DE CULTURE, Robert Laffont, 1986.

Composition réalisée par NORD-COMPOSITION

IMPRIMÉ EN FRANCE PAR BRODARD ET TAUPIN
Usine de La Flèche (Sarthe).
LIBRAIRIE GÉNÉRALE FRANÇAISE - 6, rue Pierre-Sarrazin - 75006 Paris.
ISBN : 2 - 253 - 06441 - 6 30/9694/8